O FIM DO MUNDO É SÓ O COMEÇO

MAPEANDO O COLAPSO DA GLOBALIZAÇÃO

OUTRAS OBRAS DE PETER ZEIHAN

Disunited Nations: The Scramble for Power in an Ungoverned World

The Absent Superpower: The Shale Revolution and a World Without America

The Accidental Superpower: The Next Generation of American Preeminence and the Coming Global Disorder

O FIM DO MUNDO É SÓ O COMEÇO

MAPEANDO O COLAPSO DA GLOBALIZAÇÃO

PETER ZEIHAN

ALTA BOOKS
GRUPO EDITORIAL
Rio de Janeiro, 2024

O Fim do Mundo É Só o Começo

Copyright © 2024 STARLIN ALTA EDITORA E CONSULTORIA LTDA.
Copyright ©2022 Peter Zeihan.
ISBN: 978-85-508-2244-0

Alta Cult é uma Editora do Grupo Editorial Alta Books.

Translated from original The End of the World Is Just the Beginning. Copyright © 2022 by HarperCollins Publishers. ISBN 745-2-58437-500-5 This translation is published and sold by Peter Zeihan, the owner of all rights to publish and sell the same. PORTUGUESE language edition published by Starlin Alta Editora e Consultoria Eireli, Copyright © 2024 by STARLIN ALTA EDITORA E CONSULTORIA LTDA.

Impresso no Brasil — 1ª Edição, 2024 — Edição revisada conforme o Acordo Ortográfico da Língua Portuguesa de 2009.

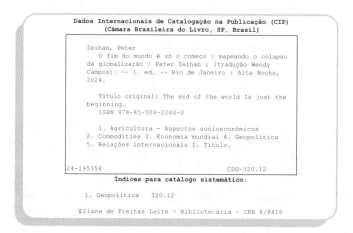

Todos os direitos estão reservados e protegidos por Lei. Nenhuma parte deste livro, sem autorização prévia por escrito da editora, poderá ser reproduzida ou transmitida. A violação dos Direitos Autorais é crime estabelecido na Lei nº 9.610/98 e com punição de acordo com o artigo 184 do Código Penal.

O conteúdo desta obra fora formulado exclusivamente pelo(s) autor(es).

Marcas Registradas: Todos os termos mencionados e reconhecidos como Marca Registrada e/ou Comercial são de responsabilidade de seus proprietários. A editora informa não estar associada a nenhum produto e/ou fornecedor apresentado no livro.

Material de apoio e erratas: Se parte integrante da obra e/ou por real necessidade, no site da editora o leitor encontrará os materiais de apoio (download), errata e/ou quaisquer outros conteúdos aplicáveis à obra. Acesse o site www.altabooks.com.br e procure pelo título do livro desejado para ter acesso ao conteúdo.

Suporte Técnico: A obra é comercializada na forma em que está, sem direito a suporte técnico ou orientação pessoal/exclusiva ao leitor.

A editora não se responsabiliza pela manutenção, atualização e idioma dos sites, programas, materiais complementares ou similares referidos pelos autores nesta obra.

Grupo Editorial Alta Books

Produção Editorial: Grupo Editorial Alta Books
Diretor Editorial: Anderson Vieira
Editor da Obra: José Ruggeri
Vendas Governamentais: Cristiane Mutüs
Gerência Comercial: Claudio Lima
Gerência Marketing: Andréa Guatiello

Produtor Editorial: Thiê Alves
Tradução: Wendy Campos
Copidesque: Ana Gabriela Dutra
Revisão: Denise Himpel; Hellen Suzuki
Diagramação: Cristiane Saavedra

Rua Viúva Cláudio, 291 — Bairro Industrial do Jacaré
CEP: 20.970-031 — Rio de Janeiro (RJ)
Tels.: (21) 3278-8069 / 3278-8419
www.altabooks.com.br — altabooks@altabooks.com.br
Ouvidoria: ouvidoria@altabooks.com.br

Editora **afiliada à:**

Para mim, dedicatórias são difíceis pois eu tenho... sorte.

Nasci no país certo e na época certa para crescer em segurança.

E, ao mesmo tempo, com idade e juventude suficientes para reconhecer as desconexões e oportunidades na transição entre a insegurança da guerra e o 5G.

Fui abençoado com mais mentores do que posso contar, algo que só foi possível porque eles escolheram desempenhar o papel.

Atuo em minha área graças àqueles que vieram antes, e somente sou capaz de ler o futuro em razão das perguntas que me são feitas por aqueles que virão depois.

Sem a proverbial aldeia, meu trabalho — minha vida — não seria possível.

Então, obrigado. Obrigado a todos.

*É assim que o mundo acaba,
não em um estrondo, mas em um lamento.*
— **T. S. ELIOT**

Se tivermos sorte.
— **PROVÉRBIO ALEMÃO**

SUMÁRIO

INTRODUÇÃO   XIII

PARTE I: O FIM DE UMA ERA

O COMEÇO DESDE O INÍCIO	2
ENTRA EM CENA A SUPERPOTÊNCIA ACIDENTAL	16
E AGORA O OBJETIVO É TOTALMENTE DIFERENTE	26
A HISTÓRIA DAS... PESSOAS	32
A HISTÓRIA ACELERA	36
APRENDENDO UMA PALAVRA ASSUSTADORA	49
O FIM DO MAIS	54
MODELOS *BEM* CONTURBADOS	64
OS ÚLTIMOS REDUTOS DO MAIS	72
UMA NOTA RÁPIDA DO AUTOR... SOBRE MOSCOU	87

PARTE II: TRANSPORTE

UMA LONGA, LONGA ESTRADA	90
LIBERTANDO-SE DOS GRILHÕES	97
A AMERICANIZAÇÃO DO COMÉRCIO	103

O GRANDE DESMANTELAMENTO	115
REFÚGIOS NA TEMPESTADE	126

PARTE III: FINANÇAS

MOEDAS	138
AVENTURAS COM O CAPITAL	151
O DESASTRE É RELATIVO	165
O FIM DO MAIS, O RETORNO	169
O COMPÊNDIO DO CRÉDITO	174
CONTORNANDO FUTUROS COLAPSOS FINANCEIROS	181

PARTE IV: ENERGIA

PERSEGUINDO O PROGRESSO	188
A DEMANDA DA ORDEM POR PETRÓLEO	195
O MAPA DO PETRÓLEO	198
HÁ MAIS DO QUE PETRÓLEO NO PETRÓLEO	216
ABASTECENDO O FUTURO	242

PARTE V: MATERIAIS INDUSTRIAIS

DESMONTANDO A HISTÓRIA	246
OS MATERIAIS ESSENCIAIS	255
OS MATERIAIS DO FUTURO	261
OS MATERIAIS ETERNOS	266
OS MATERIAIS EXÓTICOS	270
OS MATERIAIS CONFIÁVEIS	274
É ASSIM QUE O MUNDO ACABA	282

PARTE VI: MANUFATURA

FABRICANDO O MUNDO QUE CONHECEMOS	286
O MAPA DO PRESENTE	297
O MAPA DO FUTURO	313
FABRICANDO UM NOVO MUNDO	334

PARTE VII: AGRICULTURA

O QUE ESTÁ EM JOGO	348
A GEOPOLÍTICA DA VULNERABILIDADE	361
EVITANDO — OU ACEITANDO — O PIOR	372
MITIGANDO A FOME	380
EXPANDINDO A DIETA, ENCOLHENDO A DIETA	387
AGRICULTURA E MUDANÇAS CLIMÁTICAS	396
ALIMENTANDO UM NOVO MUNDO	411
A LONGA CAVALGADA DO TERCEIRO CAVALEIRO DO APOCALIPSE	421

EPÍLOGO	423
NOTAS	428
AGRADECIMENTOS	436
ÍNDICE	441
SOBRE O AUTOR	445

INTRODUÇÃO

O SÉCULO PASSADO FOI UMA ESPÉCIE DE BOMBARDEIO DE PROgresso. De carroças puxadas por cavalos a trens de passageiros, de carros particulares a viagens aéreas diárias. Do ábaco a máquinas de somar, de calculadoras de mesa a smartphones. Do ferro ao aço inoxidável, da liga de alumínio e silicone ao vidro sensível ao toque. Da espera pela safra do trigo aos cítricos ao alcance das mãos, do chocolate à disposição ao guacamole sob demanda.

Nosso mundo ficou mais barato. Com certeza, melhor. E, definitivamente, mais *rápido*. Nas últimas décadas, o ritmo da mudança e das realizações acelerou ainda mais. Testemunhamos o lançamento de mais de trinta versões cada vez mais sofisticadas do iPhone em apenas quinze anos. Estamos implementando a mudança radical para veículos eletrônicos em um ritmo dez vezes maior do que o da adoção dos motores a combustão tradicionais. Meu notebook tem mais memória do que o total combinado de *todos os* computadores do mundo no final da década de 1960. Não muito tempo atrás, eu era capaz de refinanciar minha casa a uma taxa de 2,5%. (Era absurdamente incrível.)

Não se trata apenas de bens materiais, velocidade e dinheiro. A condição humana também melhorou. Durante as últimas sete décadas, em percentuais da população, menos pessoas morreram em menos guerras, ocupações, fome e surtos de doenças do que desde o início da história registrada. Em termos históricos, vivemos em uma era de abundância de riqueza e paz. Todas essas evoluções, e muitas mais, são intimamente interligadas. Inseparáveis. Mas há um fato simples que muitas vezes é negligenciado.

Elas são artificiais. Estamos vivendo um momento perfeito.

E ele está chegando ao fim.

O mundo ao longo das últimas décadas tem sido o melhor que jamais será *em nosso tempo de vida*. Em vez de barato, melhor e mais rápido, estamos em acelerada transição para um mundo mais caro, pior e mais lento. Porque o mundo — o *nosso* mundo — está se desintegrando.

Mas estou me adiantando.

Em muitos aspectos, este livro é o projeto que mais sintetiza minha essência. Meu trabalho me coloca diretamente na interseção da geopolítica e da demografia. A geopolítica é o estudo do lugar, explorando como tudo a nosso respeito é um resultado de *onde* estamos. A demografia é o estudo das estruturas populacionais. Adolescentes agem de forma diferente de pessoas na faixa dos 30, 50 e 70 anos. E eu entrelaço esses dois temas díspares para prever o futuro. Meus três primeiros livros foram sobre nada menos do que a ascensão e a queda das nações. Sobre explorar o "quadro geral" do mundo que está por vir.

Mas palestras na CIA são um evento raro. Para pagar as contas eu faço outra coisa.

Meu *verdadeiro* trabalho é uma espécie de híbrido de palestrante/consultor (o extravagante termo de marketing é estrategista geopolítico).

Quando um determinado grupo me contrata, é raro que queira discorrer sobre o futuro de Angola ou do Uzbequistão. Suas necessidades e perguntas são mais próximas a suas realidades e seus bolsos, formuladas em uma série de questões econômicas sobre comércio, mercados e acesso. O que eu faço é aplicar geopolítica e demografia aos *seus* problemas. Seus sonhos. Seus medos. Pego as partes apropriadas do meu "quadro geral" e as aplico a questões de demanda de eletricidade no Sudeste norte-americano; fabricação de precisão em Wisconsin; liquidez financeira na África do Sul; nexo entre segurança e comércio na região fronteiriça do México; opções de transporte no Meio-Oeste; política energética durante a transição de governos nos Estados Unidos; indústria pesada na Coreia; ou árvores frutíferas no estado de Washington.

Este livro é tudo isso e mais. Muito mais. Novamente utilizo minhas confiáveis ferramentas de geopolítica e demografia para prever o futuro das estruturas econômicas globais ou, para ser mais preciso, da ausência delas muito em breve. Para mostrar os contornos do mundo que já espreita no horizonte.

O cerne do problema que todos nós enfrentamos é que, em termos geopolíticos e demográficos, durante a maior parte dos últimos 75 anos temos vivido naquele momento perfeito.

No final da Segunda Guerra Mundial, os norte-americanos criaram a maior aliança militar da história para prender, conter e derrotar a União Soviética. Isso nós já sabemos. Não é surpresa. O que muitas vezes é esquecido, no entanto, é que essa aliança era apenas metade do plano. A fim de consolidar sua nova coalizão, os norte-americanos também promoveram um ambiente de segurança global para que qualquer parceiro pudesse se deslocar para qualquer *lugar*, a qualquer *momento*, interagir com qualquer *indivíduo*, por meio de qualquer transação econômica, participar de qualquer cadeia de suprimentos e ter acesso a qualquer insumo — tudo sem precisar de uma escolha militar. O lado da "manteiga" do clássico modelo "armas e manteiga" dos norte-americanos criou o que hoje conhecemos como livre comércio. Globalização.

A globalização trouxe o desenvolvimento e a industrialização para uma ampla faixa do planeta pela primeira vez, gerando as sociedades de consumo de massa, a abundância do comércio e o rolo compressor do progresso tecnológico que todos achamos tão familiar. E *isso foi o que remodelou* a demografia global. O desenvolvimento e a industrialização em massa prolongaram a expectativa de vida, ao mesmo tempo em que incentivaram a urbanização. Durante décadas, isso significou cada vez mais trabalhadores e consumidores, responsáveis pelo forte impulsionamento das economias. Um dos muitos resultados foi o crescimento econômico mais rápido que a humanidade já viu. Por *décadas*.

A Ordem pós-guerra dos norte-americanos desencadeou uma mudança de condição. Ao mudar as regras do jogo, a economia se transformou em nível global. Nacional. *Local. Em todos* os lugares. Essa mudança de condição gerou o mundo que conhecemos. O mundo dos transportes e das finanças avançadas, dos alimentos e da energia onipresentes, das infinitas melhorias e da velocidade alucinante.

Mas tudo um dia acaba. E agora enfrentamos uma nova mudança de condição.

Trinta anos após o fim da Guerra Fria, os norte-americanos voltaram para casa. Ninguém mais tem a capacidade militar de garantir a segurança global e, a partir disso, o comércio global. A Ordem liderada pelos norte-americanos está se transformando em Desordem. O envelhecimento global não parou quando alcançamos o momento de crescimento perfeito. O envelhecimento continuou. Ainda continua. A base global de trabalhadores e consumidores está envelhecendo e gerando aposentadorias em massa. Em nossa corrida para urbanizar, não fomos capazes de criar a geração de substituição.

Desde 1945, o mundo tem sido o melhor que *já* foi. O melhor que *jamais* será. É uma maneira poética de dizer que esta era, este mundo — *nosso mundo* — está condenado. A década de 2020 testemunhará um colapso do consumo *e* da produção, do investimento *e* do comércio *em quase todos os lugares*. A globalização se partirá em pedaços. Alguns regionais. Alguns nacionais. Outros menores. Custará caro. Tornará a vida mais lenta. E, sobretudo, pior. Nenhum sistema econômico ainda imaginado pode funcionar no tipo de futuro que nos espera.

Essa "desevolução" será chocante, para dizer o mínimo. Foram necessárias décadas de paz para resolver as complexidades de nosso mundo. Pensar que nos adaptaremos fácil ou rapidamente a esses desdobramentos de proporções titânicas é mostrar mais otimismo do que sou capaz.

Mas isso não é o mesmo que dizer que não temos alguns referenciais.

O primeiro ponto é o que chamo de "Geografia de Sucesso". A localização é importante. E muito. As cidades egípcias se desenvolveram no lugar em que estão porque tinham a combinação de acesso à água e efeito tampão do deserto mais adequada para a era pré-industrial. Da mesma forma, os espanhóis e portugueses conquistaram proeminência no mundo não apenas por causa do domínio inicial das tecnologias de navegação em águas profundas, mas porque sua localização em uma península os livrou do conflito generalizado que imperava na Europa.

Acrescente tecnologias industriais à combinação e a história muda. Utilizar carvão, concreto, ferrovias e vergalhões de aço em grande quantidade requer *muito* dinheiro, e os únicos lugares que poderiam se autofinanciar eram aqueles com uma infinidade de vias navegáveis que gerem capital. A Alemanha é o país com mais redes fluviais da Europa, tornando a ascensão alemã inevitável. Mas os EUA são o país com mais redes fluviais do mundo *inteiro*, tornando a *queda* alemã tão inevitável quanto.

O segundo ponto — você já deve ter descoberto isso — é que as Geografias de Sucesso *não* são imutáveis. À medida que as tecnologias evoluem, a lista de vencedores e perdedores muda com elas. Os avanços no aproveitamento da água e do vento suplantaram o que tornou o Egito especial ao longo da história, proporcionando espaço para uma nova lista de grandes potências. A Revolução Industrial reduziu a Espanha a uma província atrasada, ao mesmo tempo que proclamou o início do Império Inglês. A vindoura Desordem global e o colapso demográfico farão mais do que relegar uma variedade de países ao passado; serão o prenúncio da ascensão de outros.

O terceiro ponto é que alterar os parâmetros do que é possível impacta... praticamente tudo. Nosso mundo globalizado é... global. Um mundo globalizado tem uma geografia econômica: a do todo. Independentemente do comércio ou do produto, quase todos os processos cruzam pelo menos uma fronteira internacional. Alguns dos mais complexos cruzam *milhares*. No mundo em que estamos desevoluindo, isso é incrivelmente insensato. Um mundo desglobalizado não tem apenas uma geografia econômica diferente, tem *milhares* de geografias diferentes e *separadas*. Em termos econômicos, o todo era mais forte pela inclusão de todas as suas partes. Foi assim que conseguimos nossa riqueza, nosso ritmo de melhoria e nossa velocidade. Agora as partes se tornarão mais fracas por essa separação.

O quarto ponto é que, apesar da perturbação e da degradação global e em muitos casos *por causa delas*, os Estados Unidos escaparão de grande parte da carnificina que está por vir. Essa declaração provavelmente acionou seu detector de baboseira. Como posso afirmar que os EUA superarão tanta turbulência? Sobretudo com a desigualdade econômica cada vez maior, o tecido social cada vez mais desgastado e o cenário político cada vez mais pungente e autodestrutivo?

Entendo a reação de descrença. Cresci na era das inseguranças da guerra. Acho enervante que certas questões — como "espaços seguros" em faculdades desprovidas de pontos de vista divergentes; política de banheiro transgênero; e benefícios das vacinas — tenham chegado à proverbial praça pública, enquanto outras questões — como proliferação nuclear ou o papel dos Estados Unidos no mundo — são deixadas de fora. Às vezes, parece que a política norte-americana é uma colagem de pensamentos aleatórios de uma criança de 4 anos, nascida de um romance casual entre Bernie Sanders e Marjorie Taylor Greene em um encontro de motociclistas.

Minha resposta? Essa é fácil: não é sobre *eles*. Nunca foi sobre eles. E por "eles" não quero dizer apenas os fanáticos desenfreados da esquerda e da direita radicalizadas da atualidade, quero dizer os atores políticos norte-americanos em geral. A década de 2020 não é a primeira vez que os EUA passam por uma reestruturação completa de seu sistema político. Para o leitor que gosta de saber dados históricos: esta é a sétima vez. Os norte-americanos sobreviveram e prosperaram antes porque sua geografia é isolada e seu perfil demográfico é muito mais jovem do que a maior parte do mundo. Eles vão sobreviver e prosperar agora e no futuro por razões semelhantes. Seus pontos fortes possibilitam que o país se preocupe com debates mesquinhos sem que isso afete seus pontos fortes.

Talvez o aspecto mais bizarro do nosso futuro não muito distante seja que, enquanto se deleitam em suas pequenas disputas internas, os norte-americanos mal notarão que em outros lugares *o mundo está acabando*!!! As luzes vão piscar e se apagar. As implacáveis garras da fome vão cravar fundo e agarrar firme. O acesso aos insumos — financeiros, de matéria-prima e de trabalho — que definem o mundo moderno deixará de existir em quantidade suficiente para tornar a modernidade possível. A história será diferente em todos os lugares, mas o tema geral será inconfundível: os últimos 75 anos serão lembrados como uma era de ouro que não durou o bastante.

O ponto central deste livro não é simplesmente a profundidade e amplitude das mudanças reservadas para todos os aspectos de todos os setores econômicos que fazem nosso mundo como ele é. Não é simplesmente a história mais uma vez avançando. Não se trata apenas de como o mundo acaba. O foco *real* é mapear como será o cenário depois dessa mudança de condição. Quais são os novos parâmetros do possível? Em um mundo *des*-globalizado, quais são as *novas* Geografias de Sucesso? *O que virá a seguir?*

Afinal, o fim do mundo *é* só o começo. Então, é melhor começarmos por aí. Do início.

PARTE I:
O FIM DE UMA ERA

O COMEÇO DESDE O INÍCIO

NO INÍCIO, ÉRAMOS NÔMADES.

Não perambulávamos por aí para buscar nossa essência; vagávamos porque tínhamos *FOME*. Perambulamos ao sabor das estações para lugares com mais abundância de raízes, nozes e bagas. Andamos para cima e para baixo cruzando elevações para forragear diferentes plantas. Seguimos as migrações de animais porque era onde estavam os bifes. O que servia de abrigo era qualquer lugar que pudéssemos encontrar quando precisássemos. Normalmente, não ficaríamos no mesmo lugar por mais de algumas semanas, pois esgotaríamos os recursos de nosso "quintal" em pouco tempo. Então, nossos estômagos nos obrigavam a vagar de novo.

As limitações de tudo isso eram bastante, bem, limitantes. A única fonte de energia que os humanos tinham era os músculos, primeiro os nossos e depois os dos poucos animais que poderíamos domesticar. Fome, doenças e lesões eram comuns e tinham uma alta probabilidade de se provarem letais. E, por dependermos da natureza, qualquer raiz ou coelho consumido por um indivíduo era um recurso a menos para outro se alimentar. Então, é claro, vivíamos em "harmonia com a natureza"... que é outra maneira de dizer que tendíamos a agredir nossos vizinhos sempre que os víamos.

A probabilidade era de que quem ganhasse a luta comesse o perdedor. Emocionante, não é?

Então, em um dia milagroso, começamos a fazer algo novo e maravilhoso que tornou a vida menos violenta e menos precária, e nosso mundo mudou fundamentalmente:

Começamos a usar nossas fezes no cultivo de alimentos.

A REVOLUÇÃO AGRÍCOLA SEDENTÁRIA

As fezes humanas são únicas. Como os seres humanos são onívoros, seu cocô ostenta uma das concentrações mais densas de nutrientes no mundo natural. Uma vez que os seres humanos sabem onde seu cocô é, hmm,

O COMEÇO DESDE O INÍCIO

depositado... digamos que foi um processo simples "estocar" e "garantir suprimentos frescos".*

As fezes humanas provaram ser um dos melhores fertilizantes e meios de cultura não apenas no mundo pré-civilizado, mas até a introdução em massa de fertilizantes químicos em meados do século XIX — e, em algumas partes do mundo, até hoje. Gerenciar nossas fezes nos apresentou algumas de nossas primeiras distinções baseadas em classe. Afinal, ninguém de fato *quer* coletar, estocar, distribuir e... usar o cocô. É parte do motivo pelo qual os Intocáveis da Índia eram/são tão... intocáveis — eles faziam o trabalho sujo de coletar e distribuir o chamado "solo noturno".[1]

A Grande Revolução do Cocô — mais comumente chamada de agricultura sedentária, a primeira real aplicação tecnológica da humanidade — também apresentou aos humanos a primeira regra da geopolítica: a localização é importante, e quais localidades são as *mais importantes* muda conforme a tecnologia da época.

A primeira Geografia de Sucesso, a da era do caçador-coletor, estava relacionada a alcance e à variedade. Uma boa nutrição significava ser capaz de explorar vários tipos de plantas e animais. Ninguém gosta de se mudar o tempo todo, então permanecíamos em um local até esgotarmos os recursos. Tendo em vista que tendíamos a exaurir uma área rapidamente, e a fome impiedosamente nos obrigava a procurar pastagens mais verdes, precisávamos ser capazes de nos mudar com certa facilidade. Passamos a nos concentrar, portanto, em regiões com uma grande variedade climática em um perímetro bastante denso. O sopé das montanhas provou ser particularmente popular porque podíamos acessar várias zonas climáticas diferentes em uma distância horizontal relativamente curta. Outra escolha popular eram as interseções de florestas tropicais e savana, de modo a explorarmos as savanas ricas em caça, na estação chuvosa, e as florestas tropicais ricas em vegetação, na seca.

A Etiópia era particularmente favorecida por caçadores-coletores, pois misturava savana, floresta tropical e estriações verticais em um único local. Mas era uma bela porcaria para a agricultura (com cocô).

Obter toda a comida que você precisava de um lugar exigia uma única área relativamente plana — não com o tipo de extensão ou variedade capaz de sustentar caçadores-coletores. O deslocamento sazonal requerido pela dieta de caçadores-coletores era em grande parte incompatível com a constante exigência de atenção das culturas, enquanto a natureza sazonal das colheitas era em geral incompatível com a necessidade humana de comer

---

* Importante lição de geopolítica: a história — *real* — não é para pessoas sensíveis.

durante todo o ano. E só porque *você* se fixava em um local e cultivava a terra não significava que seus vizinhos faziam o mesmo. Sem desincentivos apropriados, eles tendiam a forragear a plantação, e você perderia meses de trabalho e voltaria ao modo da fome. Muitas tribos começaram cultivos e acabaram por abandoná-los por serem impraticáveis.

Resolver esses impasses específicos não apenas exigia que aprendêssemos uma maneira diferente de nos alimentar, mas também nos forçava a encontrar um tipo diferente de geografia da qual poderíamos obter o alimento.

Precisávamos de um clima com *ausência* suficiente de sazonalidade para que as culturas pudessem ser cultivadas e colhidas durante todo o ano, eliminando, assim, a estação da fome. Precisávamos de fluxos de água consistentes para que essas culturas pudessem ser usadas para nosso sustento ano após ano. Precisávamos de locais onde a natureza fornecesse cercas naturais boas e resistentes para que os vizinhos não conseguissem entrar e se servir dos frutos do nosso trabalho. Precisávamos de uma Geografia de Sucesso diferente.

A Revolução da Água

Os únicos lugares na Terra que ostentam todos os três critérios ficam ao longo de rios que correm por desertos de baixa *latitude* e baixa *altitude*.

Alguns motivos são óbvios.

- Como qualquer fazendeiro ou jardineiro sabe, se não chover, você está ferrado. No entanto, se você se estabelecer nas margens de um rio, nunca ficará sem água para irrigação, a menos que algum cara barbudo comece a escrever uma Bíblia.
- As regiões de baixa latitude têm dias longos e ensolarados durante todo o ano; a falta de variação sazonal permite o cultivo múltiplo. Mais vegetais em mais colheitas significa menos fome, e a fome é uma droga.
- Rios de alta altitude fluem rápido e em linha reta e criam desfiladeiros ao longo do caminho. Em contraste, os rios de baixa altitude são mais propensos a serpentear por zonas planas, levando suas águas até potenciais terras agrícolas. Como bônus, quando um rio entrelaçado transborda para as margens com as inundações da primavera, ele deixa para trás uma espessa camada de sedimentos ricos em nutrientes. O lodo é um *ótimo* potencializador do cocô.

- Estar em uma região desértica mantém os irritantes vizinhos forrageiros a distância. Nenhum caçador-coletor em sã consciência vai se aproximar das fronteiras de um deserto, olhar para a massa interminável de ondas de calor e sugerir com ar sonhador: "Aposto que há alguns coelhos e rutabagas incríveis por ali." Especialmente em uma época em que as sandálias abertas eram o calçado mais durável disponível.

Os rios também proporcionam algumas vantagens menos óbvias, mas igualmente cruciais.

A primeira delas é o transporte. Mover coisas não é tão fácil. Supondo que você tenha acesso a uma estrada de asfalto ou concreto — o tipo de estrada que não existia até o início do século XX —, é preciso cerca de doze vezes mais energia para mover as coisas em terra do que na água. No início dos primeiros milênios AEC, quando uma estrada de alto nível era de *cascalho*, essa desproporção de energia necessária era por volta de 100 para 1.*

Ter um rio desértico que flui lentamente cruzando nossas primeiras terras permitiu que os humanos realocassem tudo de onde havia em excesso para onde havia demanda. A distribuição do trabalho permitiu que os primeiros seres humanos explorassem mais campos e, assim, aumentassem o cultivo e o suprimento de alimentos, em lugares que não precisavam estar a uma curta caminhada de onde moravam. Tais vantagens eram muitas vezes a diferença entre o sucesso espetacular (isto é, ninguém morre de fome) e o fracasso igualmente espetacular (todos *morrem* de fome). Havia também a questão nada trivial da segurança: a distribuição de soldados pelas vias navegáveis nos permitiu rechaçar vizinhos burros o suficiente para invadir nossas terras.

A questão do transporte, por si só, distinguiu os primeiros agricultores de todos os demais. Mais terras produtivas e mais seguras significavam mais alimentos, que possibilitavam populações maiores e mais estáveis, que, por sua vez, significavam mais terras produtivas e mais seguras, e assim por diante. Não éramos mais tribos errantes, éramos comunidades estabelecidas.

A segunda questão resolvida pelos rios é a da... digestão.

Só porque algo é comestível não significa que possa ser ingerido in natura. Coisas como trigo cru certamente podem ser mastigadas, mas tendem a ser desagradáveis para todo o sistema digestório, contribuindo para sangramentos na boca, no estômago e nas fezes. O que não é bom em nenhum momento histórico.

---

* Não existiam sequer *paralelepípedos* até o século III AEC.

Cereais *podem* ser cozidos para fazer um mingau que tem aparência, textura e sabor terríveis, mas o cozimento também destrói o perfil nutricional dos grãos e exige uma quantidade substancial de combustível. O cozimento pode fornecer um fluxo suplementar de alimentos para uma tribo que perambula de um lugar para outro e, muitas vezes, tem um suprimento de lenha fresca e apenas algumas bocas para alimentar, mas é inviável em um vale desértico. Em primeiro lugar, os desertos nunca têm muitas árvores. E as áreas onde o deserto e as árvores coexistem ficam, é claro, ao longo dos rios, colocando o suprimento de combustível para o fogo em concorrência direta com o cultivo. De qualquer forma, o ponto é que a agricultura ribeirinha bem-sucedida gera *grandes* populações locais. Cozinhar para muitas pessoas — para uma comunidade — todos os dias simplesmente não é viável em um mundo antes do carvão ou da eletricidade.

Resultado? Limpar a terra, cavar trincheiras de irrigação, plantar sementes, cuidar de plantações e colher e debulhar grãos são as partes *fáceis* da agricultura primitiva. O trabalho realmente brutal é pegar dois pedaços de rocha e moer sua colheita — *alguns grãos de cada vez* — até obter um pó grosso que pode, então, ser preparado como um mingau facilmente digerível (sem precisar de calor) ou, se você tiver um amigo gourmet, assado em forma de pão. A única fonte de energia mecânica disponível era a força muscular — tanto dos humanos quanto de animais domesticados — e a nefasta física do processo de moagem exigia tanto trabalho que lançou a humanidade em um frenesi tecnológico.

Os rios nos ajudaram a resolver esse problema. As rodas d'água nos permitiram transferir um pouco da energia cinética de um rio para uma máquina de moagem — o moinho d'água. Enquanto a água fluía, a roda girava, uma grande pedra batia contra outra, e só precisávamos despejar nossos grãos na tigela de moagem. Pouco tempo depois, presto! Farinha.

As rodas d'água foram o primeiro poupador de trabalho. No início, quase todo trabalho poupado era simplesmente revertido para a árdua tarefa da agricultura irrigada, aumentando a área de cultivo, permitindo colheitas maiores e mais confiáveis. Mas, com o processo do campo para a mesa demandando menos mão de obra, começamos a gerar excedentes de alimentos pela primeira vez. Isso diminuiu um pouco mais do trabalho, e nós inadvertidamente criamos algo para as pessoas fazerem: gerenciar os excedentes de alimentos. Bam! Agora temos cerâmica e números. Então precisávamos armazenar os recipientes e manter a matemática em dia. Bam! Agora temos escrita e engenharia básica. Então precisávamos de uma maneira de distribuir os alimentos armazenados. Bam! Estradas. Todos os nossos pertences precisavam ser mantidos, gerenciados e guardados em um local centralizado, enquanto todas as nossas *habilidades* precisavam ser passadas para as gerações futuras. Bam! Urbanização e educação.*

Em cada estágio, diminuímos um pouco do trabalho na agricultura e nos engajamos em novas atividades que gerenciaram, alavancaram ou melhoraram a agricultura, que deu origem a todo esse trabalho. Os níveis cada vez maiores de especialização de mão de obra e urbanização primeiro nos deram cidades, depois cidades-Estado, depois reinos e, finalmente, impérios. A agricultura sedentária pode ter nos fornecido mais calorias e os desertos proporcionado mais segurança, mas foi preciso o poder dos rios para nos colocar na estrada da civilização.

E, durante os primeiros milênios, nessa estrada... não havia muito tráfego.

Os sistemas agrícolas ribeirinhos se espalharam ao longo dos muitos rios do mundo, mas as culturas que desfrutavam desse rico "oásis" no deserto eram raras. Nossas primeiras boas escolhas para civilizações sedentárias baseadas na agricultura foram os rios Baixo Tigre, Eufrates e Nilo, o meio do Indus (no atual Paquistão) e, em menor grau, a parte superior do rio Amarelo (no atual Centro-Norte da China).

As culturas poderiam ter construído nichos — reinos ou até mesmo impérios — ao longo dos rios Missouri, Sena, Yangtze, Ganges ou Kwanza —, mas nenhuma delas teria isolamento suficiente dos vizinhos para perseverar. Outros grupos — civilizados ou não — destruiriam essas culturas em uma competição implacável. Mesmo o maior e mais influente de todos esses impérios — o romano — sobreviveu "somente" por cinco séculos no mundo do "matar ou morrer" da história primitiva. Em contraste, a Mesopotâmia e o Egito perduraram por vários milênios.

O verdadeiro problema é que a mudança tecnológica seguinte não tornou as culturas humanas mais duráveis graças ao isolamento, mas, sim, *menos* duráveis pelo aumento da concorrência.

A REVOLUÇÃO DO VENTO

No século VII EC, as tecnologias de moagem finalmente superaram uma série de barreiras técnicas e combinaram o moinho d'água com uma nova fonte de energia. Em vez de usar uma roda para aproveitar o poder da água em movimento, usamos varas e velas para explorar o poder do vento. O resto do aparelho — uma roda dentada e um par de superfícies de moagem

---

* Sim, igual ao jogo *Civilization*, de Sid Meier. O cara fez o dever de casa!

— permaneceu mais ou menos igual, mas a substituição da fonte de energia mudou a geografia de onde o desenvolvimento humano era possível.

Na era da água, os únicos lugares que desfrutavam de mão de obra excedente e especializada eram aqueles baseados ao longo dos sistemas fluviais. Os demais tinham que reservar uma parte de sua força de trabalho para a árdua tarefa de moagem. No entanto, ao aproveitar o poder do vento, praticamente qualquer pessoa era capaz de produzir farinha em um moinho. A especialização do trabalho — e, a partir dela, a urbanização — poderia ocorrer em qualquer lugar com chuva e vento moderado ocasionais. Isso não significava que essas novas culturas eram mais estáveis ou seguras. No geral, elas tinham muito *menos* isolamento estratégico do que seus pares que não dominavam a utilização do vento. Mas a energia eólica aumentou em cem vezes as áreas onde a agricultura poderia gerar mão de obra excedente.

Essa disseminação generalizada de novas culturas teve uma série de consequências imediatas.

A primeira é que a vida civilizada pode ter se tornado muito menos rara à medida que as rígidas condições para Geografias de Sucesso se afrouxaram um pouco, mas a vida se tornou muito *menos* segura. Com cidades surgindo em qualquer lugar onde a chuva caísse e o vento soprasse, diferentes culturas se esbarravam o tempo todo. As guerras envolviam aquelas com melhores suprimentos de alimentos e tecnologias cada vez mais avançadas, o que significa que a guerra não se tornou apenas mais comum, mas também mais destrutiva. Pela primeira vez, a existência de uma população humana estava ligada a partes específicas de *faz*. Destrua os moinhos de vento e você pode matar de fome uma população adversária.

A segunda consequência é que, assim como no salto para a agricultura sedentária a geografia capaz de propiciar sucesso passou de altitudes variadas para vales de rios desérticos de baixa altitude, a substituição da energia hídrica para a eólica possibilitou o uso de diferentes tipos de terras. O truque era ter fronteiras internas tão grandes quanto possível e uma fácil distribuição. Os rios ainda eram ótimos, é claro, mas qualquer tipo de planície grande e aberta serviria. E, para equilibrar tudo isso, deveria haver boas e resistentes barreiras. Desertos ainda funcionariam bem, mas qualquer área que *não* permitisse a agricultura seria suficiente. Os exércitos tinham que se deslocar a pé e só conseguiam carregar uma quantidade limitada de alimentos. Nessa época, a maioria dos exércitos era propensa a saquear tudo o que encontrasse pelo caminho, então, se suas terras fronteiriças não tivessem nada para saquear, você tendia a ser invadido com menos frequência e com menor... prejuízo.

Se suas fronteiras fossem muito amplas, grupos como os mongóis arruinariam sua vida. As Chinas e as Rússias do mundo tendiam a se dar muito mal. Se seu interior fosse muito acidentado, você nunca conseguiria uma unificação cultural suficiente para manter todos do mesmo lado. Ninguém queria ser uma Pérsia ou uma Irlanda, constantemente tendo que lidar com discórdias internas. As geografias ideais eram aquelas com áreas externas áridas e acidentadas e centros férteis e planos: Inglaterra, Japão, Império Otomano, Suécia.

A terceira é que essas novas culturas dependentes do vento não duraram necessariamente *mais* — na verdade, a maioria delas era efêmera —, mas havia tantas outras que a oferta absoluta de mão de obra qualificada explodiu, acelerando ainda mais o ritmo do avanço tecnológico.

A primeira fase da agricultura sedentária teve início quando as pessoas começaram a se fixar em torno de 11000 AEC. Cerca de três milênios depois, descobrimos como domesticar animais e cultivar trigo. O salto para o moinho d'água finalmente aconteceu nos últimos dois séculos AEC (e foi popularizado graças aos gregos e aos romanos). O moinho de vento levou mais vários séculos, e só se tornou comum nos séculos VII e VIII EC.

Mas agora a história acelerou. Dezenas de milhares de protoengenheiros passaram a lidar constantemente com dezenas de projetos de moinhos de vento para o benefício de milhares de áreas povoadas. Todo esse trabalho intelectual naturalmente se desdobrou em uma série de tecnologias que utilizavam o vento.

Uma das tecnologias eólicas mais antigas é a simples vela quadrada. Apesar de gerar um impulso para frente, ela só permite navegar na direção do vento — uma grande limitação se você não quiser ir naquela direção ou se houver, bem, ondas. E uma vela maior não ajuda (na verdade, um quadrado maior de tecido só aumenta a probabilidade da embarcação virar).

Toda essa nova experimentação com moinhos de vento, no entanto, significou melhorias incrementais em nossa compreensão da aerodinâmica. Embarcações a vela com um único mastro e uma vela quadrada deram lugar a embarcações com vários mastros e uma variedade estonteante de formatos de vela exclusivamente projetados para diferentes condições das águas e do vento. Melhores capacidades de locomoção, manobrabilidade e estabilidade dispararam inovações em tudo, desde métodos de construção de navios (pregos no lugar de estacas) até técnicas de navegação (bússolas em vez de observação da posição do Sol) e armamento (*canhões* e portinholas para armas no lugar de arcos e flechas).

Em "meros" oito séculos, a experiência da humanidade no mar transformou-se completamente. A quantidade de carga que um único navio poderia transportar aumentou de algumas centenas de quilos para algumas centenas de *toneladas* — sem contar armas e suprimentos para a tripulação. Viagens de Norte a Sul cruzando o Mediterrâneo — antes tão perigosas a ponto de serem consideradas praticamente suicidas — simplesmente se tornaram o primeiro trecho de viagens de vários meses, transoceânicas e circuncontinentais.

Isso resultou em um mar de consequências para a condição humana. Entidades políticas capazes de explorar as novas tecnologias ganharam uma imensa vantagem sobre a concorrência. Elas poderiam gerar enormes fluxos de renda, que, por sua vez, seriam usados para fortalecer as defesas, educar suas populações e pagar por serviços civis e forças militares expandidas. As cidades-Estado do Norte da Itália tornaram-se potências regionais independentes no patamar dos impérios da época.

E os avanços continuaram.

Até a navegação de águas profundas, a opressão da distância provou ser tão esmagadora que o comércio era extremamente raro. As estradas só existiam dentro de uma cultura e na maioria delas não havia uma variedade de bens grande o bastante para justificar um grande comércio. (Lugares com sorte suficiente para ter rios navegáveis eram exceções e, como tal, tendiam a ser as culturas mais ricas.) Produtos prontos para ser comercializados tendiam a se limitar ao exótico: especiarias, ouro, porcelana — itens que tinham que competir com alimentos na carga do aspirante a comerciante.

Bens de alto valor geravam problemas específicos. Um forasteiro surgindo na cidade com uma carroça carregada pedindo para comprar alimentos equivalia a um idiota nos dias de hoje que coloca um identificador de prata em sua bagagem e a despacha no aeroporto.* Por causa da restrição alimentar, nenhum comerciante conseguia fazer a viagem. Em vez disso, o comércio tomou a forma de centenas de intermediários conectados ao longo de rotas difíceis, como um colar de pérolas, e cada um adicionava sua comissão ao custo das mercadorias. Era praxe que o comércio transcontinental por rotas como as Rotas da Seda gerasse, por necessidade, acréscimos de 10.000% nos preços. Tudo isso mantinha o comércio de bens limitado a itens leves, de baixo volume e não perecíveis.

A navegação de águas profundas contornou todo o problema.

Os novos navios não apenas podiam navegar longe da vista das pessoas em terra por meses a fio, reduzindo a exposição a ameaças; enormes porões

---

* Me roubem, por favor!

limitavam a necessidade de paradas para obter suprimentos. Quando os navios *precisavam atracar*, seus temíveis arsenais garantiam que os habitantes locais preferissem não se aventurar para ver o que podiam roubar. A ausência de intermediários reduziu o custo dos itens de luxo em 90% — e isso foi antes que as potências que patrocinavam os novos comerciantes de águas profundas começassem a despachar tropas para controlar diretamente as fontes de especiarias, sedas e porcelana que o mundo considerava tão valiosas.

Potências mais inteligentes[*] não se contentaram com o fornecimento e a distribuição e passaram a controlar os portos ao longo da rota de navegação para que suas embarcações de carga e militares tivessem pontos para se abrigar e obter suprimentos. Os lucros aumentaram. Se um navio conseguisse reabastecer com segurança ao longo do caminho, não precisaria carregar consigo o equivalente a um ano de suprimentos. Isso liberou mais espaço de carga para bens valiosos. Ou para mais homens armados a fim de se proteger melhor... ou surrupiar coisas alheias.[**]

A renda desses produtos, o acesso a bens e a economia de recursos capacitaram ainda mais as geografias mais bem-sucedidas. A exigência de grandes pedaços de terra arável e de alta qualidade não desapareceu, mas a importância de ser capaz de se proteger do ataque terrestre aumentou consideravelmente. Por mais dinheiro que pudesse ser ganho no comércio marítimo, a infraestrutura de apoio de docas e navios representava tecnologias fundamentalmente novas que só poderiam ser exploradas a um grande custo. Qualquer dinheiro destinado para a construção de uma frota mercante, por definição, não estaria disponível para manter um exército.

As novas Geografias de Sucesso não eram os lugares que se destacavam na construção de navios ou no treinamento de marinheiros, mas, sim, aqueles que não tinham que se preocupar tanto com invasões de terras e tinham o espaço estratégico para pensar além do horizonte. As primeiras culturas fruto da navegação de águas profundas assentaram-se em penínsulas — Portugal e Espanha, para ser específico. Quando os exércitos só podem se aproximar de você a partir de uma direção, é mais fácil concentrar seus esforços em criar uma marinha. Mas os países baseados em *ilhas* são ainda mais defensáveis. Com o tempo, os ingleses superaram os ibéricos.

Havia abundância de perdedores nessa corrida — culturas que poderiam explorar as tecnologias de navegação de águas profundas, mas que não conseguiam necessariamente acompanhar os espanhóis ou os ingleses.

---

* Estou falando com você, Portugal!
** Ainda estou falando com você, Portugal!

Um grupo quase igualitário que incluía todo o resto — franceses, suecos, italianos, holandeses — demonstrou que, por mais revolucionária que a tecnologia de navegação de águas profundas fosse em áreas que variam desde alimentação a riqueza e guerra, ela não necessariamente impactava o equilíbrio de poder se *todos* tivessem as novas tecnologias. O que ela *fazia era* abrir uma lacuna entre as culturas capazes e incapazes de dominar essas novas tecnologias. A França e a Inglaterra não conseguiriam conquistar uma à outra, mas podiam navegar para terras distantes e conquistar todos os povos que não igualassem sua perspicácia técnica — e foi o que fizeram. A unidade política dominante do mundo evoluiu rapidamente de comunidades agrícolas isoladas a impérios gerados pela navegação de águas profundas e baseados no comércio.

Com as rotas comerciais agora medidas não em dezenas, mas em milhares de quilômetros, o valor e o volume do comércio explodiram mesmo quando o custo desse transporte despencou. A mudança atingiu a tendência de urbanização em ambas as extremidades. Entre as novas indústrias navais e a variedade estonteante de produtos comercializados, os impérios precisavam de centros para desenvolver, processar, criar e distribuir tudo que conseguissem produzir. A demanda por urbanização e especialização de mão de obra nunca foi tão alta. A queda nos custos de transporte por unidade também abriu oportunidades para enviar itens muito menos exóticos, como madeira, têxteis, açúcar, chá ou... trigo. Alimentos de um continente distante agora poderiam abastecer os Centros Imperiais.

Esse fator fez mais do que dar origem às primeiras megacidades do mundo. Criou centros urbanos onde *ninguém* estava envolvido na agricultura. Onde *todos* se engajavam em trabalho de valor agregado. A explosão resultante na urbanização e na oferta de mão de obra qualificada acelerou ainda mais a curva tecnológica. Menos de dois séculos na era da navegação de águas profundas, Londres — uma cidade que, em termos de Eurásia, é o ponto mais distante dos centros comerciais das Rotas da Seda — tornou-se a maior, mais rica e mais instruída do mundo.

Tal concentração maciça de riqueza e habilidades técnicas em um só lugar rapidamente atingiu um ponto de inflexão. Sozinhos, os ingleses geraram novas tecnologias suficientes para lançar sua própria transformação civilizacional.

A Revolução Industrial

Apesar do alcance tecnológico cada vez maior e da intensidade da era da navegação de águas profundas, a humanidade manteve muitas das limitações que prejudicaram o avanço desde o início. Tão "recentemente" quanto 1700, toda a energia usada pelos seres humanos se encaixava em uma das três categorias: muscular, hídrica ou eólica. Os treze milênios anteriores podem ser resumidos como o esforço da humanidade para capturar as três energias em volumes maiores e com melhor eficiência, mas, no final, se o vento não soprasse, a água não fluísse ou os músculos não fossem alimentados e descansados, nada seria feito.

O aproveitamento de combustíveis fósseis transformou tudo isso. A capacidade de queimar primeiro o carvão (e depois o petróleo) para produzir vapor permitiu que os seres humanos gerassem energia quando, onde e nas quantidades desejadas. Os navios não precisavam mais navegar ao redor do mundo conforme as estações do ano; eles podiam levar seu próprio combustível com eles. Aumentar a força e a precisão da aplicação de energia em duas ordens de magnitude redefiniu indústrias tão variadas quanto mineração e metalurgia, construção e medicina, educação e guerra, manufatura e agricultura — cada uma gerando o próprio conjunto tecnológico, o que, por sua vez, transformou a experiência humana.

Os avanços na medicina não apenas melhoraram a saúde, eles dobraram a expectativa de vida. O concreto não só possibilitou estradas *de verdade*, como também nos proporcionou edifícios.* O desenvolvimento de corantes não só deu origem à indústria química, como levou diretamente à criação de fertilizantes que aumentaram em quatro vezes a produção agrícola. O aço — mais forte, mais leve, menos quebradiço e mais resistente à corrosão do que o ferro — proporcionou a todas as indústrias que usavam metal um salto quântico na capacidade, seja no setor de transporte, manufatura ou guerra. Qualquer coisa que tornasse a força muscular menos necessária ajudou a martelar um prego no caixão da escravidão institucionalizada. Da mesma forma, a eletricidade não apenas aumentou a produtividade do trabalhador, mas gerou *luz*, o que criou *tempo*. Ao adiar a noite, as pessoas tinham mais horas para (aprender a) ler, expandindo a alfabetização para as massas. A eletricidade concedeu às mulheres a possibilidade de uma vida não totalmente restrita a cuidar do jardim, da casa e dos filhos. Sem eletricidade, nada de movimentos pelos direitos das mulheres.

A maior restrição dessa nova era industrial não era mais músculos, água ou vento — ou mesmo energia em geral —, mas capital. Tudo nessa nova era — seja ferrovias, rodovias, linhas de montagem, edifícios ou navios de guerra — era *novo*. A nova era substituiu a infraestrutura dos milênios anteriores por algo mais leve, mais forte, mais rápido, melhor... e isso teve

---

* Prédios com mais de três andares.

que ser construído a partir do zero. Isso exigia dinheiro, muito dinheiro. As demandas da infraestrutura industrializada exigiram novos métodos para mobilização de capital: capitalismo, comunismo e fascismo emergiram.

A economia "simples" de mover bens de lugares de alta oferta para alta demanda tornou-se infinitamente mais complexa; áreas industrializadas que forneciam volumes maciços de produtos essencialmente únicos eram vizinhas de outras áreas industrializadas que forneciam volumes maciços de produtos essencialmente únicos. Havia apenas duas limitações na expansão: a capacidade de financiar a construção industrial e a capacidade de transportar os produtos para consumidores pagantes.

E, assim, a lógica das Geografias de Sucesso... se dividiu. Desde os tempos da transição da economia de caçadores-coletores para a era das rodas d'água, *sempre* foi melhor estar perto de um rio. Isso não mudou. Mas não era mais suficiente, e ninguém tinha tudo do que precisava. Densas redes de rios navegáveis poderiam ampliar o comércio local e gerar uma enxurrada de capital, mas nunca o suficiente para financiar o desenvolvimento local *e* comprar os resultados desse desenvolvimento. O comércio tornou-se mais importante, tanto como fonte de capital quanto de consumidores. A Alemanha provou-se a mais bem-sucedida no primeiro aspecto, com os rios Reno, Elba, Óder e Danúbio revelando ser a zona de geração de capital mais densa do mundo industrializado e elevando o Império Alemão ao status de mais poderoso da era. Mas a Grã-Bretanha dominava os oceanos e, portanto, o acesso às rotas comerciais e aos consumidores necessários para tornar a Alemanha uma hegemonia global.

O padrão de geografias favorecidas, consolidado pelas regras da era da navegação de águas profundas, manteve-se sólido na era industrial. Os impérios com vias navegáveis e amplos domínios ficaram maiores, mais fortes e mais letais à medida que se industrializaram. A navegação de águas profundas proporcionou a esses impérios um alcance global, enquanto a industrialização da guerra deixou esse alcance mais mortal com a adição de metralhadoras, aeronaves e gás mostarda. Ainda mais importante, a combinação de navegação de águas profundas e industrialização permitiu que esses impérios testassem suas novas capacidades militares uns nos outros em uma questão não de meses e semanas, mas de dias e horas. E em qualquer lugar do planeta.

Desde os primeiros conflitos industriais reais — a Guerra da Crimeia de 1853 a 1856, a Guerra Civil Americana de 1861 a 1865 e a Guerra Austro-Prussiana de 1866 —, não levou mais de duas gerações para a Era Industrial gerar a mais terrível carnificina da história, resultando em cerca de 100 milhões de mortes em duas guerras mundiais. Uma das muitas razões pelas quais as guerras foram tão catastróficas em termos humanos foi que as construções tecnológicas da Revolução Industrial não apenas criaram armas de guerra mais destrutivas, como também tornaram o tecido cultural, a expertise técnica, a vitalidade econômica e a relevância militar da sociedade muito mais dependentes da infraestrutura artificial. Os combatentes teriam como alvo a infraestrutura civil inimiga porque era ela que possibilitava a guerra. Mas essa mesma infraestrutura também possibilitava educação, emprego, saúde e o fim da fome em larga escala.

Se as guerras mundiais provaram alguma coisa foi que a geografia ainda importava. Pois, enquanto nações como Grã-Bretanha, Alemanha, Japão, China, França e Rússia estavam ocupadas *destruindo* a infraestrutura eólica, hídrica e industrial umas das outras, um povo relativamente novo — em uma nova geografia — não só não era alvo de toda essa destruição em larga escala, como também estava usando a guerra para aplicar maciçamente em seu território as tecnologias hídrica, eólica e de navegação de águas profundas, bem como a capacidade industrial... em muitos casos, pela primeira vez.

Talvez você já tenha ouvido falar deles. Eles são chamados de norte-americanos.

ENTRA EM CENA A SUPERPOTÊNCIA ACIDENTAL

OS NORTE-AMERICANOS SÃO UM POVO ESTRANHO.

Há vários aspectos sobre os norte-americanos que geram grande interesse e ataques, debate e conflito, gratidão e inveja, respeito e raiva. Muitos apontam para o dinamismo da economia norte-americana como a perfeita manifestação da cultura cosmopolita e individualista dos Estados Unidos. Outros enfatizam a perspicácia militar como um determinante global. E ainda outros consideram a flexibilidade de sua constituição como o segredo para seus dois, quase três, séculos de sucesso. Nenhuma dessas opiniões está totalmente incorreta. Todos esses aspectos certamente contribuem para a perseverança dos Estados Unidos. Mas eu sou um pouco mais direto:

A história norte-americana é fruto da Geografia de Sucesso *perfeita*. Essa geografia determina não só o poder dos Estados Unidos, mas também seu papel no mundo.

OS ESTADOS UNIDOS SÃO A POTÊNCIA FLUVIAL E TERRESTRE MAIS PODEROSA DA HISTÓRIA

Em conformidade com as tecnologias da época, as colônias norte-americanas eram todas de natureza agrícola. Nenhuma delas era o que chamaríamos de celeiros no sentido contemporâneo. As colônias da Nova Inglaterra — Connecticut, Rhode Island, Massachusetts e New Hampshire — sofriam com solos rasos e rochosos, clima frequentemente nublado e verões curtos, limitando as opções agrícolas. O trigo era inviável. O milho, uma vaga possibilidade. A principal economia agrícola era uma mistura de caça de baleia, pesca, silvicultura e Fireball.[*]

---

[*] Ou qualquer bebida alcoólica amarronzada e horrível que eles conseguissem destilar naquela época.

ENTRA EM CENA A SUPERPOTÊNCIA ACIDENTAL

A Geórgia e a Carolina do Sul e a do Norte desfrutavam de um clima mais favorável à agricultura, ampliando e melhorando as opções agrícolas, mas o solo era pobre de uma maneira diferente. Os principais insumos do solo do Planalto de Piedmont são restos decompostos dos Apalaches, argila rica em minerais, mas não necessariamente repleta de nutrientes orgânicos. O resultado natural foi a cultura itinerante, na qual os agricultores limpavam a terra, cultivavam por algumas estações até que o perfil de nutrientes se esgotasse e, em seguida, passavam para um novo lote. Permanecer em um lugar exigia fertilização aplicada à mão, o que é um trabalho árduo em qualquer época. Modelos de emprego não padronizados, como servidão e escravidão, criaram raízes no Sul principalmente devido à necessidade de melhorar a química do solo.

As melhores terras agrícolas das Treze Colônias originais ficavam na região do Médio Atlântico — Maryland, Pensilvânia, Virgínia, Nova York e Nova Jersey. Mas não tinham o mesmo nível de qualidade de Iowa (Meio-Oeste norte-americano), dos Pampas (Argentina) ou de Beauce (França).* Essas terras só eram consideradas "boas" em comparação às demais. Além de essas colônias terem a mistura menos ruim de solo e clima, elas também ostentavam a maior parte de orla marítima e fluvial útil das colônias: as baías de Chesapeake e Delaware, Estuário de Long Island e os rios Hudson e Delaware. A densa rede de vias navegáveis incentivou concentrações de populações (também conhecidas como cidades), e moradores urbanos não lavram a terra.

Configurações menos do que ideais para a agricultura, combinadas com incentivos geográficos na direção geral da urbanização, empurraram os sofridos colonos para caminhos não agrícolas, levando a produtos de valor agregado como artesanato e têxteis... algo que os colocou em conflito econômico direto com a Grã-Bretanha, que via essa parte particular da economia imperial como algo que deveria permanecer sob o domínio do Centro Imperial.[2]

A colcha de retalhos e a natureza mutável da agricultura nas colônias exigiam um complicado balé logístico. A maior parte da distribuição local de alimentos ocorria por meio do tráfego marítimo costeiro; era o meio mais barato e eficaz de transportar mercadorias entre os centros populacionais das colônias, que eram em sua maioria costeiros. Em 1775, com a chegada da revolução, a situação ficou turbulenta, pois o senhor colonial dos norte-americanos controlava a marinha mais poderosa do mundo. Muitos

---

* Chamar Nova Jersey de "Estado Jardim", como é conhecido, sempre foi motivo de indignação.

colonos norte-americanos passaram fome por seis longos anos. A Revolução Americana pode ter sido bem-sucedida no final, mas a economia da nova nação era no mínimo questionável.

A expansão resolveu quase tudo.

O Grande Meio-Oeste, por si só, tem cerca de 520 mil quilômetros quadrados das terras agrícolas mais férteis do mundo — maior do que a área total da Espanha. É composto de pradarias com solo denso e profundo, repleto de nutrientes. O Meio-Oeste está situado na zona temperada. O inverno mata os insetos, o que mantém as pragas sob controle, diminuindo as despesas com pesticidas e exigindo um processo anual de regeneração e decomposição do solo que reduz a necessidade de fertilizantes. As quatro estações bem definidas garantem ampla precipitação — incluindo neve no inverno —, o que normalmente fornece umidade adequada ao solo e limita a necessidade de irrigação suplementar às extremidades ocidentais da região.

A primeira onda migratória norte-americana cruzou os Apalaches e convergiu pelo Desfiladeiro de Cumberland, deixando uma pegada histórica mais concentrada no território de Ohio. Ohio tinha acesso aos Grandes Lagos, o que levou os nova-iorquinos à construção do Canal de Erie, a fim de transportar a abundância agrícola de Ohio pelo Hudson. A segunda grande onda de migração se espalhou de Ohio para o que é hoje Indiana, Illinois, Iowa, Wisconsin e Missouri. Era muito mais fácil — e mais barato — para os novos habitantes do Meio-Oeste enviar seus cereais para o Oeste e para o Sul por meio dos rios Ohio e Mississippi até Nova Orleans. De lá, era uma navegação barata e fácil (embora longa) pela rota intracosteira das ilhas-barreira dos Estados Unidos até Mobile, Savannah, Charleston, Richmond, Baltimore, Nova York e Boston.

Entre os Grandes Lagos e o Grande Mississippi, todos nessas duas grandes ondas de assentamento desembarcaram a 240 quilômetros do maior sistema aquático navegável e em algumas das melhores terras agrícolas do mundo. A matemática era muito fácil. Pelo custo equivalente de um carro compacto contemporâneo — cerca de US$12.500 em 2020 —, uma família poderia obter uma concessão de terra do governo, deslocar-se em uma diligência para os novos territórios, se instalar, cultivar a terra e, vários meses depois, exportar cereais de alta qualidade.

Tanto para os novos territórios quanto para as Treze Colônias originais, a ocupação do Meio-Oeste provou ser totalmente transformadora de várias maneiras:

- Com as exceções da escassez provocada pelos bloqueios britânicos durante a Guerra de 1812 e da provocada pelo colapso do governo confederado na Guerra Civil, a fome não fez parte da experiência dos norte-americanos continentais como país independente. A produção de alimentos era muito confiável e onipresente, e o sistema de transporte interno dos Estados Unidos era muito ativo e eficaz para que a fome fosse uma preocupação significativa.

- Com o Norte capaz de acessar alimentos do Meio-Oeste, a maior parte da região do Médio Atlântico e quase todos os campos da Nova Inglaterra foram reflorestados, e a agricultura remanescente se restringiu às culturas especiais impróprias para o Meio-Oeste, como uvas, maçãs, batatas, milho doce, mirtilos e cranberries. Esse processo de *des*agriculturalização liberou mão de obra para ser empregada em outros projetos, tal como a industrialização.
- O crescimento do Meio-Oeste também impulsionou o Sul na direção de culturas comerciais. Cultivar índigo, algodão ou tabaco é muito mais trabalhoso do que trigo ou milho. O Meio-Oeste não tinha mão de obra para isso, mas, graças à escravidão, o Sul tinha. Cada região do país se especializou em produtos com base em sua geografia econômica local, com o transporte aquático permitindo o comércio intraestadual barato e onipresente, gerando economias de escala até então inéditas na experiência humana.
- *Todas* as terras no novo Meio-Oeste eram de alta qualidade, então não havia grandes lacunas entre as áreas povoadas, como havia nos Apalaches. Esse padrão de assentamento relativamente denso, combinado com a alta produtividade da região e os baixos custos de transporte, levou naturalmente à formação da cultura de cidade pequena do coração agrícola dos Estados Unidos. Pequenos bancos surgiram em todo o sistema do rio Mississippi para gerenciar o capital gerado pelo comércio de produtos para a Costa Leste e para a Europa. A solidez financeira logo se tornou uma característica definidora dos Estados Unidos. Isso não apenas permitiu expansões constantes na agricultura do Meio-Oeste em termos de território e produtividade, mas também forneceu o capital necessário para iniciar o desenvolvimento regional em termos de infraestrutura e educação.
- O fácil transporte de pessoas e bens em toda a rede fluvial forçou os norte-americanos a interagir uns com os outros regularmente, contribuindo para a unificação da cultura norte-americana, apesar de uma grande variedade de origens étnicas.
- A Guerra Civil interrompeu esse processo. O Meio-Oeste perdeu o acesso às vias de navegação pelas rotas do Mississipi e

intracosteira até o fim da guerra. Mas, no início da Reconstrução no final da década de 1860, a densidade de agricultores no Meio-Oeste havia atingido um volume crítico e o fluxo constante de produtos agrícolas que chegavam à Costa Leste transformou-se em uma enxurrada. O que sempre fora a porção mais densamente povoada e industrializada do país não precisava mais se preocupar em produzir a própria comida. E todo o cereal produzido no Meio-Oeste gerou fluxos maciços de capital para os Estados Unidos, ampliando os processos de industrialização e urbanização que já estavam avançando.

Além de economia, cultura, finanças, comércio e estrutura, também há questões de segurança a serem consideradas.

O território dos Estados Unidos é a própria definição de "seguro". Ao norte, florestas profundas e escarpadas e gigantescos lagos separam a maioria dos centros populacionais norte-americanos e canadenses. Apenas uma vez, na Guerra de 1812, os norte-americanos lutaram contra seus vizinhos do norte. Evento que seria descrito com mais precisão como uma guerra com o então senhor colonial dos canadenses — que na época era a superpotência militar do mundo — do que entre os próprios ianques e a polícia montada. Nos dois séculos desde a guerra, a hostilidade entre norte-americanos e canadenses gradualmente não apenas deu lugar à neutralidade ou à amizade, como evoluiu para a aliança e a fraternidade.[*] Atualmente, a divisa entre os dois países é a fronteira menos patrulhada e a mais longa sem defesas do mundo.

A fronteira Sul dos Estados Unidos é, na verdade, *mais* segura contra-ataques militares convencionais. O fato de a imigração ilegal através da fronteira Sul dos Estados Unidos ser um problema na política norte-americana ressalta o quanto essa fronteira é hostil ao poder formal do Estado. A topografia árida, irregular e de alta altitude, como a região fronteiriça entre México e Estados Unidos, está entre as mais difíceis para sustentar populações significativas, fornecer serviços governamentais ou até mesmo construir infraestrutura básica.[3]

A ação militar em uma área tão implacável e remota sempre foi praticamente suicida. A única invasão em larga escala através dessa fronteira — a de Santa Anna em 1835-1836, na tentativa de acabar com a rebelião texana — debilitou tanto o exército mexicano que ele foi derrotado por uma força militar não organizada com metade do seu tamanho, garantindo a vitória para os secessionistas texanos.

---

[*] Com todas as brigas familiares típicas de irmãos.

Não é de admirar que uma década depois, durante a Guerra Mexicano-Americana de 1846 a 1848, antes de usar as forças navais para posicionar tropas em Veracruz, os norte-americanos simplesmente esperaram até que a maior parte do exército mexicano ultrapassasse o ponto em que não poderia mais recuar, em sua segunda tentativa de cruzar os desertos da fronteira. Após uma marcha sangrenta de quatrocentos quilômetros, a capital mexicana estava sob domínio norte-americano.

OS ESTADOS UNIDOS SÃO A POTÊNCIA EM ÁGUAS PROFUNDAS MAIS PODEROSA DA HISTÓRIA

A maioria das costas oceânicas do mundo é um pouco problemática. As costas planas e as variações extremas das marés expõem os moradores locais a um ataque marítimo tão implacável que cidades portuárias verdadeiramente épicas são relativamente raras. Exceto, isto é, nos Estados Unidos. O terço médio da costa atlântica do continente norte-americano não é simplesmente abençoado por uma quantidade notória de endentações que tornam a escolha da localização das cidades portuárias brincadeira de criança; a maioria *dessas* áreas portuárias está posicionada *atrás* de penínsulas ou ilhas-barreira que protegem ainda mais as costas dos Estados Unidos. Desde Brownsville, na fronteira entre o Texas e o México, passando por Miami, na extremidade da Flórida, até a Baía de Chesapeake, as ilhas-barreira sozinhas proporcionam aos Estados Unidos mais potencial portuário natural do que todos os outros continentes do mundo juntos. Mesmo sem as ilhas-barreira, as endentações costeiras privilegiadas dos Estados Unidos fornecem acesso marítimo protegido quase total ao Porto de Boston, aos Estuários de Long Island e de Puget, às baías de Delaware e de São Francisco. Sem falar nos onipresentes rios: dos cem principais portos dos Estados Unidos, metade está localizada ao longo de *rios* — alguns a até 3.200 *quilômetros* da costa.

Então, temos uma questão que não pode ser desprezada: os Estados Unidos são a única, dentre as principais potências do mundo, a ter grandes populações nas costas de dois oceanos. Do ponto de vista econômico e cultural, isso possibilita que os norte-americanos tenham acesso a oportunidades de comércio e expansão na maior parte do mundo. Mas a palavra-chave aqui é "oportunidades". As vastas distâncias entre as costas norte-americanas do Pacífico e do Atlântico, de um lado, e entre os Estados Unidos e os continentes asiático e europeu, de outro, significam que não há *necessidade* de interação. Se as terras do outro lado do oceano forem assoladas pela recessão ou pela guerra — ou se os norte-americanos não estiverem a fim de interação —, basta permanecer dentro das fronteiras dos Estados Unidos. Sem problemas, vida que segue.

Essas grandes distâncias também significam que os Estados Unidos estão no topo de uma lista muito curta de países que não enfrentam ameaças de curto ou médio alcance de outras potências oceânicas. As ilhas existentes nas bacias do Pacífico ou do Atlântico que teoricamente poderiam ser usadas para lançar um ataque à América do Norte — Guam, Havaí ou as Aleutas, no Pacífico, e Bermudas, Terra Nova ou Islândia, no Atlântico — são controladas por aliados próximos ou pelos próprios EUA.

Os norte-americanos — e só eles — têm a capacidade de interagir com qualquer poder, em qualquer oceano, em seus próprios termos, sejam econômicos ou militares.

OS ESTADOS UNIDOS SÃO A POTÊNCIA INDUSTRIAL MAIS FORTE E ESTÁVEL DA HISTÓRIA

A industrialização não é barata nem fácil. Requer o rompimento total com tudo que ocorreu antes e a substituição de madeira e pedra por aço e concreto — mais produtivos e mais caros. Exige substituir os antigos artesãos que produzem um item de cada vez e trabalham sob a luz de lampião por linhas de montagem, eletricidade, aço forjado e peças intercambiáveis. Demanda subverter e descartar tradições econômicas, sociais e políticas que remontam não a décadas, mas a séculos, e substituí-las por novos sistemas que, em muitos casos, são tão estranhos a uma cultura quanto as novas tecnologias que, de repente, parecem onipresentes. Onde quer que ocorra, a industrialização causa disrupção em massa, pois tudo que envolve a forma com que o país funciona é descartado e sistemas inteiramente novos são impostos — normalmente de cima para baixo. Os custos financeiros e sociais costumam ser as maiores disrupções experimentadas por uma cultura.

Na Europa, há muito tempo, séculos de habitação simples já haviam devorado toda a terra disponível, aumentando seu custo. Os trabalhadores europeus ocupavam cada centímetro da terra com suas atividades, aumentando *seu* custo. Quaisquer mudanças no sistema exigiam grandes volumes de capital, aumentando *seu* custo. Qualquer coisa que provocasse até mesmo uma pequena mudança na disponibilidade de terra (como uma inundação ou um incêndio), no suprimento de mão de obra (como uma greve ou um conflito militar) ou no estoque de capital (como alguém importante emigrando ou uma recessão) quebraria o equilíbrio, aumentaria os custos drasticamente para todos e desencadearia uma enorme agitação social. Logo, a história europeia, durante grande parte da era pré-industrial, invoca a sensação de um mundo vivendo no fio da navalha.

Então a chegada das tecnologias industriais a esse mundo destruiu o delicado equilíbrio em todos os níveis. O resultado foi uma avalanche de agitações sociais, revoluções, tumultos, colapsos políticos e guerras, enquanto os países europeus competiam para aplicar as novas tecnologias aos seus sistemas e, ao fazê-lo, transformar-se em enormes potências industriais.

- A experiência britânica ocasionou o dumping de produtos, em escala global, que levou o Império Britânico a um intenso conflito militar com todas as grandes potências.
- A industrialização da Rússia no início do século XX destruiu as classes de servos e de proprietários de terras simultaneamente, e não conseguiu substituí-las por algo melhor. A turbulência resultante levou diretamente às opressões em massa na União Soviética (criando uma versão em que nada melhorou).
- A industrialização vertiginosa da Alemanha transformou o poder dos príncipes militares do país e deu origem a uma classe oligárquica industrial, ao mesmo tempo em que arruinou a classe média, gerando uma série de revoluções e guerras civis que prepararam o cenário para as guerras mundiais.
- Os primeiros esforços de industrialização do Japão criaram uma cizânia entre os crescentes nacionalistas industriais e os antigos proprietários feudais, resultando na erradicação da classe samurai e na radicalização do sistema político — colocando o Japão no caminho para a opressão da Coreia e da China e para o bombardeio de Pearl Harbor.
- O processo da China centralizou o poder firmemente em tão poucas mãos que desencadeou os horrores sombrios do Grande Salto Adiante e da Revolução Cultural.

Nenhum país jamais conseguiu passar pelo processo de industrialização sem gerar um paralisante caos político e social. A industrialização é necessária e inevitável, mas é *difícil*.

A menos que você seja norte-americano. Entender o *porquê* começa com o entendimento de que os Estados Unidos realmente são uma terra de abundância.

Os norte-americanos estavam apenas começando sua jornada de crescimento quando a onda industrial chegou ao país no final dos anos 1800. A vastidão do território manteve os custos da terra baixos. Sua rede fluvial garantiu baixos custos de capital. Um sistema de imigração aberto sustentou baixos custos de mão de obra. O baixo custo dos insumos pré-industriais mudou a economia da industrialização nos Estados Unidos, ainda que a falta de concorrência geopolítica local significasse que nunca houve um incentivo de segurança nacional para acelerar a industrialização.[4]

Em vez de chegar a todos os lugares de uma só vez, as novas tecnologias primeiro foram para locais em que poderiam obter o maior retorno: onde os insumos de terra e mão de obra já eram mais caros, normalmente as cidades ao longo da linha entre Washington, D.C., e Boston. A industrialização uniu essas cidades em uma rede de infraestrutura. Só então essa infraestrutura começou a se espalhar para gerar subúrbios, conectar cidades menores e vilarejos ou chegar ao campo. A Alemanha industrializou-se e urbanizou-se em pouco mais de uma geração. Em comparação, os Estados Unidos nem sequer tinham terminado de levar a eletricidade ao campo até 1960. Por muitas medidas, os Estados Unidos ainda não estão nem perto de esgotar sua capacidade de urbanização e industrialização. Se eliminarmos terras inadequadas para habitação, como montanhas, tundra e desertos, os Estados Unidos permanecem entre os países menos densamente povoados até hoje. Dentre aqueles que se enquadram em uma categoria semelhante de densidade populacional, a maioria sofreu um despovoamento recente (repúblicas pós-soviéticas) e, de certa forma, trapaceou nessa disputa, ou são países que, como os Estados Unidos, também fazem parte do Novo Mundo (Canadá, Argentina e Austrália).

Apenas para atingir o grau de densidade populacional que a Alemanha tinha em 1900, os Estados Unidos precisariam quase *triplicar* a população que tinham em 2022 (e isso sem contar metade dos territórios norte-americanos que não são adequados para ocupação, como as Montanhas Rochosas). A industrialização aconteceu nos Estados Unidos, mas a transformação foi mais lenta e menos chocante, dando às gerações norte-americanas a oportunidade de se adaptarem à mudança. O impacto da industrialização dos Estados Unidos também não causou um grande abalo global.

Única entre as grandes potências, a população norte-americana era rica e estava em franca expansão. A produção industrial — particularmente no Nordeste e no Cinturão do Aço — poderia ser facilmente absorvida pela própria população norte-americana. Não havia necessidade de exportar para manter o equilíbrio local e, portanto, não havia motivo para a guerra econômica pela qual o Império Britânico se tornara tão conhecido (e odiado). A capacidade dos bancos comunitários de financiar desenvolvimentos locais impediu o tipo de autoridades centralizadas que tanto devastaram os russos e os chineses, ou que radicalizaram os japoneses e os alemães.

Ao longo do início do período industrial dos Estados Unidos, a principal interface do país com a economia global permaneceu por meio de suas exportações agrícolas. Ao mesmo tempo em que a introdução de fertilizantes químicos pela Revolução Industrial, no final dos anos 1800, aumentava a produção, a introdução da medicina moderna trazida pela Revolução Industrial prolongava a expectativa de vida. A oferta aumentou junto com a demanda. A relativa participação dos norte-americanos na economia internacional simplesmente não se alterou em grande medida.[5]

Os norte-americanos certamente tinham (e têm) disparidades regionais e as próprias questões oligárquicas, mas os oligarcas dos Estados Unidos — mais notavelmente os infames barões ladrões — dispunham de tantas oportunidades no setor privado, em grande parte porque ainda existiam muitos recursos a serem explorados, que havia pouca necessidade de participarem do governo por razões comerciais. O estresse econômico não se transformou automaticamente em estresse político — ou vice-versa.

E AGORA O OBJETIVO É TOTALMENTE DIFERENTE

OS NORTE-AMERICANOS ESTAVAM A TODO VAPOR QUANDO A Segunda Guerra Mundial começou. Depois de três anos de frenética mobilização, eles emergiram não apenas como a mais poderosa potência expedicionária da história — realizando grandes ações militares integradas em vários teatros de operações simultaneamente —, mas também como o único país que, no final da guerra, ocupava todas as potências derrotadas.

E isso não era tudo. No seu caminho para Roma, Berlim e Tóquio, os norte-americanos se viram no controle dos principais centros econômicos, populacionais e logísticos em três continentes e duas bacias oceânicas. Entre acordos de lend-lease e ataques anfíbios diretos, eles agora detinham todas as plataformas de lançamento significativas para ataques entre os hemisférios ocidental e oriental. Acrescente a isso sua enorme marinha de guerra e os norte-americanos haviam se tornado inadvertidamente *o* fator determinante em questões europeias e asiáticas, financeiras e agrícolas, industriais e comerciais, culturais e militares.

Se havia um momento na história em que uma potência poderia ter feito uma tentativa de dominação global — para o surgimento de uma nova Roma —, era esse. E, se havia uma boa razão para esse intento, era a corrida nuclear que surgia com os soviéticos um dia depois do cessar-fogo na Alemanha.

Não foi o que aconteceu.

Em vez disso, os norte-americanos ofereceram aos aliados de guerra um acordo. Eles usariam sua marinha — a única marinha de tamanho substancial a sobreviver à guerra — para patrulhar o oceano global e proteger o comércio de todos. Os norte-americanos abririam seu mercado — o único grande mercado a sobreviver à guerra — para as exportações aliadas, de modo que todos pudessem exportar e retomar seu caminho à riqueza. Os norte-americanos estenderiam um manto estratégico sobre todos, para que nenhum amigo dos Estados Unidos precisasse temer invasões novamente.

E AGORA O OBJETIVO É TOTALMENTE DIFERENTE

Havia apenas uma condição. As outras nações tinham que escolher um lado na Guerra Fria que se anunciava. Poderiam ser ricas, ter segurança e desenvolver sua economia e cultura como quisessem, mas tinham que estar ao lado (tecnicamente, no *fronte*) dos norte-americanos contra os soviéticos. Em vez de forjar um império de escopo global, os norte-americanos compraram uma aliança para conter a União Soviética. Essa aliança ficou conhecida como Acordo de Bretton Woods, em homenagem à estação de esqui em New Hampshire, onde os norte-americanos fizeram a proposta pela primeira vez, logo após a invasão da Normandia. E deu início ao que se tornou mais comumente conhecido como era do livre comércio do período pós-Segunda Guerra Mundial ou, simplesmente, globalização.

Parece um falso pretexto, não? Por que, à beira da vitória, os norte-americanos abriram mão de um mundo de oportunidades imperiais?

Em parte, era um jogo de números. Em 1945, a população norte-americana era quase igual à população combinada da Europa Ocidental, que, por sua vez, era quase igual à população soviética. Mesmo deixando de lado o fervilhante Leste e Sul da Ásia, não só os norte-americanos careciam de forças militares, no final da guerra, para manter o território que detinham, mas também a matemática simples indicava que eles *não conseguiriam* reunir forças de ocupação suficientes para fazer um império global funcionar.

Em parte, era um conflito a distância. Mesmo com o poderio da Marinha dos EUA, os oceanos Atlântico e Pacífico são fossos poderosos — e fossos funcionam nos dois sentidos. Os custos logísticos e o esforço de manutenção de sistemas permanentes de guarnição posicionados ao longo de milhares de quilômetros de costa simplesmente não eram viáveis. Como os norte-americanos descobriram nas décadas que se seguiram, é difícil ocupar um país do outro lado do mundo se os habitantes locais não querem você lá. Muitas vezes, Coreia, Vietnã, Líbano, Iraque e Afeganistão já eram mais do que os norte-americanos conseguiam lidar quando enfrentados um de cada vez. Imagine como teria sido ocupar a Alemanha, a França, a Itália, a Turquia, a Arábia, o Irã, o Paquistão, a Índia, a Indonésia, a Malásia, o Japão e a China (e a Coreia, o Vietnã, o Líbano, o Iraque e o Afeganistão) de *uma só vez*.

Em parte, era uma questão de mapa. A União Soviética era um gigantesco império terrestre que lutava com exércitos enormes e lentos. O exército dos Estados Unidos pode ter sido o maior dos Aliados, mas o país era principalmente uma potência naval. Enfrentar os soviéticos de soldado para soldado simplesmente não era uma opção quando a maior parte da capacidade militar norte-americana exigia, bem, *água* e não era projetada para lutar a milhares de quilômetros do porto aliado mais próximo.

Em parte, era um choque cultural. Os Estados Unidos foram a primeira democracia do mundo moderno. As democracias são muito boas em defender seu povo, derrubar ditaduras, lutar pela verdade e pela justiça e tudo mais. Porém ocupações de longo prazo expressamente destinadas a exaurir os recursos da população local são um intento mais difícil de angariar apoio.

Em parte, era uma incompatibilidade organizacional. Os Estados Unidos são uma federação — onde os estados detêm tanto poder quanto o governo nacional — por uma boa razão. A geografia segura, combinada com a rica geografia econômica do país, significava que o governo federal não precisava fazer muito. Durante as três primeiras gerações da história dos EUA, as únicas responsabilidades permanentes do governo federal eram construir algumas estradas, regular a imigração e cobrar tributos. Os norte-americanos nunca tiveram uma tradição de excelência em administração pública* porque durante grande parte de sua história eles, de fato, não precisavam de um governo. Administrar territórios estrangeiros com o dobro do tamanho dos Estados Unidos teria sido muito difícil. E os norte-americanos são... péssimos governantes. Se os Estados Unidos não podiam — ou não queriam — construir um império para combater os soviéticos, então eles precisavam de aliados que fossem numerosos o suficiente para fazer a diferença; próximos da fronteira soviética o bastante para mitigar a distância até os Estados Unidos; qualificados em guerra terrestre o suficiente para compensar a característica naval e anfíbia do poderio norte-americano; ricos o bastante para arcar com a própria defesa; e motivados o suficiente por sua independência para sangrar por ela, caso a luta fosse necessária. Nada disso teria sido possível com os exércitos de ocupação norte-americanos em seus territórios e os agentes aduaneiros metidos em seus negócios.

Mas, acima de tudo, os norte-americanos não *queriam* um império porque *já tinham* um. As terras úteis da parte dos Estados Unidos na América do Norte eram maiores em potencial do que as de qualquer império que já existiu. E, no final da guerra, os norte-americanos não só ainda não haviam terminado de ocupá-las, como esse potencial excedente perduraria por *décadas*. Com base na densidade populacional, pode-se (facilmente) argumentar que em 2022 ele *ainda* não se esgotou. Por que enviar seus filhos e suas filhas ao exterior para sangrar em uma luta diária contra dezenas de povos a fim de manter um império global quando você pode apenas construir algumas novas estradas ao redor de Detroit e Denver e obter os mesmos lucros? A ruptura norte-americana com as tradições das

---

* A falta dessa tradição perdura orgulhosamente até os dias modernos.

relações internacionais foi além da renúncia no estilo "ao vencedor os espólios" da reorganização pós-guerra. Também se estendeu à natureza da própria existência humana, resultando em uma reformulação fundamental da condição humana.

No final da guerra, os norte-americanos usaram o Acordo de Bretton Woods para criar a Ordem globalizada e mudar fundamentalmente as regras do jogo. Em vez de subjugar seus aliados e inimigos, eles ofereceram paz e proteção. Transformaram a geopolítica regional reunindo em um único time quase todos os impérios em guerra da era anterior — em muitos casos, países que viviam em conflitos instáveis e implacáveis entre si há séculos. A rivalidade interimperial deu lugar à cooperação entre nações. Conflitos militares foram proibidos entre os participantes do Acordo de Bretton Woods, possibilitando que os antigos impérios (e, em muitos casos, suas ex-colônias) concentrassem seus esforços não em exércitos, marinhas ou fronteiras, mas em infraestrutura, educação e desenvolvimento.

Em vez de ter que lutar por alimentos ou petróleo, todos ganharam acesso ao comércio de escopo global. Em vez de ter que lutar contra impérios, todos ganharam autonomia e segurança locais. Comparado com os treze milênios de história até então, foi um bom negócio. E funcionou. Muito bem. Em "meros" 45 anos, o sistema criado pelo Acordo de Bretton Woods conseguiu não apenas conter a União Soviética, mas sufocá-la até a morte. E gerou o período mais longo e intenso de crescimento econômico e estabilidade na história humana. Pelo menos foi assim, até o desastre acontecer. Até que os norte-americanos venceram.

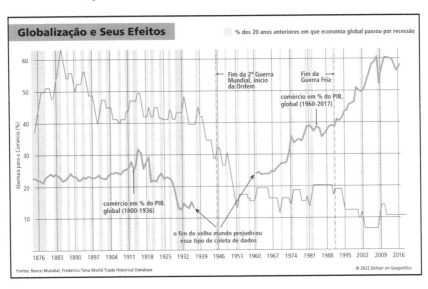

Em 9 de novembro de 1989, o Muro de Berlim caiu. Ao longo dos anos seguintes, a União Soviética perdeu o controle de seus satélites da Europa Central, a Rússia perdeu o controle da União Soviética, e Moscou chegou a perder momentaneamente o controle da Federação Russa. Toda a rede de aliados norte-americanos comemorou. Festas. Desfiles.* Mas havia também um novo problema.

O Acordo de Bretton Woods não era uma aliança militar tradicional. A fim de combater os soviéticos, os norte-americanos usaram seu domínio dos oceanos e sua geografia econômica superior para *comprar* uma aliança. Eles permitiram o comércio global e proporcionaram um mercado infinito para as exportações dos membros da aliança. Sem um inimigo, a aliança de Bretton Woods perdeu sua razão de ser. Por que esperar que os norte-americanos continuem pagando por uma aliança depois que a guerra acabou? Seria como continuar a pagar um financiamento depois que a casa foi quitada.

À medida que a década de 1990 se desenrolava, os norte-americanos migraram um tanto preguiçosamente para uma amorfa zona intermediária. Eles continuariam a defender a Ordem enquanto os europeus e japoneses lhes concedessem a deferência do planejamento regional de defesa. Dado que a União Soviética não existia mais, os russos mergulharam na desordem, e o mundo islâmico andava mais ou menos quieto, os custos para os europeus pareciam baixos e os benefícios, altos. O maior problema enfrentado pela aliança da OTAN foi a desintegração da Iugoslávia, um evento bastante hermético cujas repercussões não ameaçaram a segurança de qualquer dos membros da OTAN. O evento mais turbulento no Oriente Médio era a ocasional eclosão de um conflito palestino-israelense. Na Ásia, a China estava em ascensão com o enfraquecimento do culto a Mao, mas pensar na China como uma potência militar séria era risível. Em um ambiente tão benéfico, ninguém pensou muito em balançar o proverbial barco.

Os anos 1990 foram uma boa década para a maioria. Sólida segurança fornecida pelos norte-americanos. Ausência de conflitos internacionais sérios. O comércio global penetrou profundamente no antigo território soviético, bem como em países que fizeram o possível para ficar de fora da Guerra Fria. O custo da vigilância norte-americana e do acesso ao mercado expandiu-se de forma constante, mas em um ambiente de paz e prosperidade tudo parecia administrável. Alemanha reunificada. *Europa* reunificada. Os tigres asiáticos em crescimento. A China prosperou, reduzindo o preço dos produtos de consumo. Os produtores de recursos naturais,

---

* Os bons!

seja na África, na América Latina ou na Oceania, ganharam montanhas de dinheiro ajudando mais partes do mundo a se industrializarem. As cadeias de suprimentos globais tornaram a Revolução Digital não apenas possível, mas inevitável. Bons tempos. Todos passamos a pensar que esse é o normal. Não é.

A era pós-Guerra Fria só é possível por causa de um compromisso norte-americano persistente com um paradigma de segurança que impede a competição geopolítica e subsidia a Ordem global. Com a alteração do ambiente de segurança da Guerra Fria, essa é uma política que não atende mais às necessidades. O que todos nós pensamos como normal é, na verdade, o momento mais distorcido da história humana. O que o torna incrivelmente frágil.

E ele acabou.

A HISTÓRIA DAS... PESSOAS

PESSOAS DIFERENTES SE COMPORTAM DE FORMA DIFERENTE.
Não estou falando sobre as diferenças culturais criadas pela geografia entre grupos tão diversos como romenos e russos, ruandeses e roswelianos. Em vez disso, refiro-me às camadas horizontais dentro de uma sociedade: as diferenças baseadas na idade.

Crianças agem de um modo diferente que jovens pós-universitários, pais de meia-idade, pais de filhos adultos e aposentados. Organize todos em camadas e você terá a economia moderna. Separe em grupos e poderá identificar muitas das tendências contemporâneas que assolam o sistema global. Estruturas populacionais modernas — o termo técnico é "demografia" — são um resultado direto da Revolução Industrial.

ABANDONANDO A FAZENDA

Onde vivemos importa. Um dos traços definidores da era pós-Segunda Guerra Mundial é a urbanização em massa. Esse processo ocorreu de diversas maneiras, em ritmos distintos, em várias épocas. Em grande parte, o diferencial é o tempo. Nem tudo na Revolução Industrial aconteceu de uma só vez.

O primeiro passo comumente aceito da Revolução Industrial ocorreu no adormecido mundo dos têxteis. O trabalho têxtil pré-industrial era tipicamente uma indústria caseira. Uma variedade de diferentes insumos vegetais e animais exigia uma diversidade de métodos de processamento — corte, descaroçamento, bateção, espadelagem, fervura, maceração, aparação e cardação. Uma vez que a matéria-prima tenha sido um pouco processada, ela pode ser fiada ou torcida em fios e linhas, dobrada em fios mais grossos e, finalmente, transformada em tecido com um tear ou agulhas de tricô ou de crochê. Era um tanto tedioso, a própria definição de trabalho árduo, e poucos realmente gostavam.*

Isso não significa que não era lucrativo, e os britânicos foram os primeiros a se interessar em grande escala. Começaram usando mão de obra

---

* Exceto talvez os *hipsters* de hoje, que ironicamente só gostam de usar.

indiana ultrabarata para fazer todo o trabalho tedioso e cansativo. No final do século, a Companhia das Índias Orientais, fundada em 1600 para importar especiarias de modo a tornar a comida inglesa menos insuportável, passou a se concentrar na distribuição de tecidos indianos em todo o império. Todos os cidadãos imperiais foram apresentados ao luxo acessível do algodão, da musselina, do calicô e até mesmo da seda. Tendo provado os lucros do trabalho alheio, e tendo descoberto que praticamente tudo vindo da Índia era melhor do que a lã usada na indústria têxtil caseira da Grã-Bretanha, a corrida começou a tornar tudo *melhor*.

À medida que os anos 1700 avançavam, os britânicos começaram a importar algodão — primeiro do subcontinente indiano e depois das colônias norte-americanas — e começaram a construir uma indústria têxtil em maior escala. Com o passar dos anos e com o aumento nos lucros do processamento de algodão e da fabricação têxtil, trabalhadores e patrões desenvolveram novas formas de aumentar a produtividade, a complexidade e a durabilidade. Lançadeiras volantes, rodas de fiar, teares hidráulicos, fiadoras Jenny, fiadoras Mule, energia a vapor, descaroçadores de algodão, teares Jacquard, mesas batentes de velocidade variável, corantes sintéticos. Uma a uma, as novas invenções aumentaram o que era possível em termos de velocidade, volume e valor. Em 1800, todas essas invenções (e muitas mais) foram difundidas em toda a Grã-Bretanha.

As invenções se sucederam a tal ponto que, no início dos anos 1800, os produtos de algodão representavam 40% do valor das exportações britânicas. Mas não ficou só nisso. Ao mesmo tempo em que experimentavam milhares de variações de como fiar, tecer e costurar, os britânicos faziam a transição do carvão vegetal para o coque e depois para o carvão mineral, do ferro gusa para o ferro forjado, do ferro fundido para o aço, das rodas d'água para as máquinas a vapor. Ferramentas feitas à mão deram lugar a tornos e fresadoras que criaram os instrumentos que possibilitaram a fabricação de produtos químicos.

Pouco a pouco, as pessoas encontraram emprego no desenvolvimento, na operacionalização e no refinamento dessas novas técnicas. Quase todas as novas tecnologias exigiam mão de obra em massa em locais específicos com instalações de equipamentos. O antigo sistema têxtil artesanal era feito nas fazendas e usava energia eólica (ou, mais provavelmente, humana). As novas condições industriais eram urbanas e movidas a carvão mineral. O campo se esvaziou conforme as pessoas saíam em busca de dinheiro. Vilarejos se tornaram cidades. As novas concentrações de pessoas geraram desafios próprios, exigindo demanda e inovações nos campos da medicina, do saneamento, do transporte e da logística. E cada uma dessas centenas de melhorias tecnológicas alterou a relação dos seres humanos com a economia, os recursos e o lugar.

Os governos começaram a facilitar ou fornecer serviços em massa — tudo, desde eletricidade até assistência médica —, e esses serviços são mais fáceis de fornecer em áreas urbanas densas do que por toda a vastidão do campo. As pessoas se mudaram em massa das fazendas para as cidades, buscando o que percebiam como padrões de vida mais altos com menos esforço pessoal.

Um segundo aspecto da Revolução Industrial provou ser igualmente hábil em mudar as relações entre as pessoas e a geografia: o desenvolvimento de fertilizantes químicos, pesticidas e herbicidas. Uma vez que eles foram introduzidos em meados do século XIX, era bastante comum ver a produção agrícola por hectare triplicar (ou mais), *reduzindo* simultaneamente os insumos de mão de obra. A economia da agricultura mudou de maneira irreversível. Não eram mais as cidades que atraíam as pessoas das fazendas, agora eram as fazendas que *empurravam* as pessoas para as cidades.

O impacto das novas indústrias urbanas e do novo campo hiperprodutivo colocou todos nós no caminho para a vida na cidade, gerando uma série de questões com as quais a humanidade ainda está lidando nos dias de hoje. De longe, o efeito mais drástico tem sido sobre as taxas de natalidade. Na fazenda, ter filhos era mais uma decisão econômica do que fruto do amor. Filhos significavam mão de obra gratuita e dependente das necessidades econômicas de seus pais. Havia um entendimento — enraizado em milênios de normas culturais e econômicas — de que os filhos assumiriam a fazenda à medida que os pais envelhecessem ou, pelo menos, não se mudariam para tão longe. A família extensa formava um clã que se apoiava de forma constante. Essa dinâmica cultural/econômica se manteve verdadeira desde o início da história registrada até e durante a consolidação do mundo em impérios e Estados-nação.

Para grande desgosto da minha mãe, a urbanização jogou essas normas pela janela. Mude de uma fazenda extensa para um terreno de 1.000m^2 em uma pequena cidade — ou algo muito menor em um condomínio de arranha-céus em uma metrópole densa — e a economia de ter muitos filhos entra em colapso. Não há mais tanto trabalho para as crianças fazerem. No entanto, elas ainda precisam ser vestidas e alimentadas. Sem a produção da fazenda à disposição dos pais, a comida precisa ser *comprada*. Mesmo com empregos de verão e bicos como entregador de jornal, o melhor que os pais podem esperar de seus rebentos é uma posição financeira neutra.

Mude-se para uma cidade grande e as crianças rapidamente se degeneram (em termos econômicos) em pouco mais do que assuntos incrivelmente caros. E, embora alguns pais lamentem quando os filhos finalmente se mudam, de modo geral, essa mudança não causa tanto pânico quanto causaria se acontecesse em uma fazenda pré-industrial, lutando pela subsistência. Quando grande parte da lógica econômica para ter filhos evapora, as pessoas agem do modo mais natural: têm menos filhos.

E, ainda assim, as populações cresceram ao longo do processo de industrialização. Parte da razão para isso é óbvia: sistemas de distribuição muito melhores, combinados com o desenvolvimento e a aplicação de pesticidas, herbicidas e, especialmente, fertilizantes sintéticos, geraram uma produção de alimentos cada vez mais estável, eliminando o problema da fome.

Mas parte dessa razão é menos óbvia: esgotos para descarte de resíduos reduziram a incidência de doenças. A vida na cidade diminuiu acidentes e melhorou o acesso a cuidados médicos, reduzindo a mortalidade — especialmente a mortalidade *infantil*. Medicamentos melhores reduziram as mortes por doenças e lesões, agora menos comuns. Tudo isso aumentou a expectativa de vida. Dobre a expectativa média de vida e, em uma geração, a população terá duplicado, *mesmo* que as pessoas tenham menos filhos, porque elas têm mais anos férteis pela frente.

Porém tudo isso não aconteceu de uma vez só. O tear mecânico, por exemplo, comumente considerado o mais significativo dos primeiros avanços, aumentou a produção por hora de trabalho em *cinquenta vezes*. O primeiro protótipo foi construído em 1785 e passou por cinco *décadas* de melhorias em dezessete fases distintas. Mesmo assim, levou quase mais um século de ajustes para tornar o tear totalmente automático, de modo que toda a operação não precisasse ser interrompida quando ficasse sem material.

O termo "revolução" em Revolução Industrial é um pouco equivocado. As novas tecnologias não foram desenvolvidas magicamente ou aplicadas de uma só vez, mas, sim, projetadas, prototipadas, aperfeiçoadas, produzidas e aplicadas em massa e, por sua vez, deram à luz gerações de tecnologias ao longo de *duzentos* anos. A mudança da fazenda para a cidade levou tempo. A transformação de Londres na maior, mais rica e mais instruída cidade do mundo levou tempo. A transição — de normas culturais e econômicas das grandes famílias cheias de filhos, cujo adulto médio morria aos 30 anos, para as das pequenas famílias em que as crianças eram consideradas irritantes, barulhentas e verdadeiros perigos ambulantes, nas quais pessoas de 60 anos se tornaram comuns — levou tempo. Triplicar a população doméstica britânica levou tempo.

Para os britânicos, a transformação completa demorou sete gerações. Mas *só* para os britânicos.

A HISTÓRIA ACELERA

NADA NAS TECNOLOGIAS INDUSTRIAIS DESENVOLVIDAS PELOS britânicos estava destinado a permanecer puramente britânico. Assim como as tecnologias das eras de agricultura sedentária, hídrica, eólica e de navegação de águas profundas antes delas, as técnicas industriais de têxteis, vapor, aço, eletricidade e fertilizantes se difundiram. Como grande parte do trabalho de desenvolvimento e operacionalização dessas novas tecnologias já havia sido feito, sua aplicação em novas terras foi muito mais rápida, o que também significa que seus impactos sobre as estruturas demográficas também foram mais rápidos.

O segundo grande país a experimentar a transformação em massa da industrialização foi a Alemanha. No século que antecedeu a Primeira Guerra Mundial, em 1914, o país evoluiu rapidamente de um sistema econômico quebrado, pré-industrial, baseado em guildas, que sofria constantes ataques de seus vizinhos, para uma potência industrial, econômica, tecnológica e militar unida que em curtíssimo prazo derrotou Dinamarca, Áustria e França. A população alemã, assim como a britânica antes dela, quase triplicou devido ao processo de industrialização e urbanização. A população alemã, assim como a britânica antes dela, envelheceu devido a taxas de mortalidade mais baixas e viu suas taxas de natalidade despencarem. Mas porque a população alemã, *ao contrário* da população britânica, pôde trilhar um caminho aberto por outros, todo o processo de ponta a ponta ocorreu em apenas *quatro* gerações.[6]

Ao longo das experiências britânicas e alemãs, três questões adicionais — e completamente não relacionadas — intensificaram o ritmo da urbanização iniciada pela industrialização.

A primeira foi a ascensão do movimento pelos direitos das mulheres.

Em sua essência, o movimento pelos direitos das mulheres não ganhou força até as revoluções europeias de 1848. As tecnologias da era industrial geraram uma enorme agitação econômica e política em toda a Europa, culminando em uma série de intensas guerras civis, à medida que velhas estruturas políticas e sociais internas e externas lutavam para conter pressões desconhecidas. As novas tecnologias tinham uma coisa em comum: exigiam pessoas, muitas. Algumas das novas tecnologias, como as novas linhas de montagem, necessitavam principalmente de mão de obra não qualificada. Outras, como a de petroquímicos, exigiam pessoas que *realmente* soubessem o que estavam fazendo, pois... bem, você sabe, explosões. Mas, para todas as classes de trabalho, a nova demanda elevou os custos de mão de obra. Deixando de lado a cultura, a ética e a moralidade, seja cuidando da fazenda enquanto os homens assumiam empregos nas fábricas da cidade ou elas mesmas ocupando posições nas novas fábricas têxteis industriais — onde poderiam facilmente ganhar mais do que o dobro da renda que um rapaz forte e saudável ganhava na fazenda —, as mulheres agora tinham um argumento *econômico* para serem donas da própria vida.

Nas sociedades tradicionais, as mulheres tendem a se limitar, em razão do casamento, a locais muito específicos: nas fazendas ou em casa. Em caso de fome ou guerra, eram os homens que se aventuravam para buscar alimentos ou lutar, enquanto as mulheres ficavam para cuidar da casa. Tais restrições garantiam que elas estivessem sempre... disponíveis. Como tal, nas sociedades pré-industriais era muito comum uma mulher ter mais de seis filhos ao longo da vida. Mas rompa o vínculo com a família e a agricultura. Permita a educação feminina em massa. Possibilite que as mulheres ganhem a própria renda. E mesmo as mulheres que desejam famílias grandes rapidamente descobrem que as carreiras tendem a eliminar outros itens de suas listas de tarefas, em parte porque — querendo ou não — gastar algumas dezenas de horas por semana no trabalho da fábrica reduz as chances de engravidar.

O segundo fator que incentiva o colapso da taxa de natalidade está na interseção dos direitos das mulheres e das tecnologias industriais: o controle de natalidade. Nos dias pré-Revolução Industrial, o método mais confiável de controle de natalidade era tentar escolher o momento certo. A industrialização expandiu a lista de opções. Em 1845, o governo dos EUA concedeu uma patente para vulcanização da borracha a Charles Goodyear,[*] que abriu os caminhos da indústria para a fabricação de preservativos baratos e confiáveis. Combine esses avanços com os primeiros movimentos pelos direitos das mulheres, e as estrelas políticas e econômicas do chamado "sexo mais justo" começaram sua longa ascensão — mas à custa das taxas gerais de fecundidade.

O terceiro fator incidental na redução das taxas de natalidade pode ser atribuído ao grande plano dos norte-americanos para a Ordem internacional pós-Segunda Guerra Mundial. A urbanização já estava a todo vapor antes que as guerras mundiais destruíssem o antigo sistema, mas, com o início da Ordem do Livre Comércio, as economias mais avançadas do mundo — principalmente

---

[*] Sim, *dessa* Goodyear.

a Europa Ocidental e o Japão — não estavam mais sobrecarregadas com um mundo de guerras constantes e frenéticas. Os países podiam se concentrar no que faziam melhor (ou, pelo menos, no que queriam fazer melhor), e a placidez de segurança da Ordem lhes permitia importar alimentos de locais a meio mundo de distância.

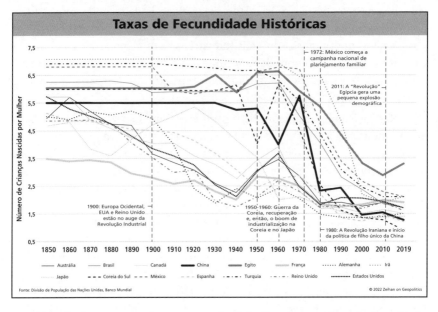

A própria natureza do processo de globalização gerado pelo Acordo de Bretton Woods reduziu as taxas de natalidade pressionando o setor agrícola em todo o mundo industrializado. No mundo pré-livre comércio, importar alimentos em massa raramente era uma opção viável e em larga escala. Isso guiou os cálculos do governo, tanto econômicos quanto estratégicos.

A Alemanha, com clima nublado e verão curto, não é exatamente conhecida por seu rico sistema agrícola, mas, no conflito generalizado que se tornou a Europa pré-1945, os alemães não tiveram escolha a não ser extrair tanta comida ruim de sua terra de baixa qualidade quanto fosse necessário para a sobrevivência da nação.* A Grã-Bretanha — cuja comida só é conhecida por ser *muito ruim* — foi capaz de tomar um rumo diferente apenas por ser uma ilha. No final do século XIX, o sistema imperial permitiu que os britânicos obtivessem comida de colônias distantes da Europa. Dependendo da década, isso significava Egito, África do Sul, Índia ou Austrália e Nova Zelândia.**

---

* Ugh! Chucrute. Horroroso!

** Hummm, kebabs (Egito), pap (África do Sul), vindaloo (Índia), pavlova (Austrália e Nova Zelândia).

Essas opções de fornecimento possibilitaram que os britânicos não apenas concentrassem suas energias na parte da manufatura da Revolução Industrial, mas também obtivessem os benefícios de um império global.

A Ordem virou esse sistema do avesso. Ao reforçar a segurança global, destruir os impérios, abrir o mundo para o comércio e permitir a disseminação das tecnologias agrícolas da Revolução Industrial, os norte-americanos inadvertidamente introduziram o mundo à agricultura "global". Um país não precisava mais conquistar terras agrícolas distantes para garantir a segurança alimentar. Partes das antigas redes imperiais poderiam agora maximizar a produção de olho no atendimento da demanda global, em vez das necessidades limitadas de seus senhores imperiais.

Em um mundo globalizado, não só as oportunidades aumentaram, mas também a escala. Mais capital fluindo para mais lugares desencadeou transformações na agricultura.

Fazendas maiores poderiam ser mais mecanizadas, alcançando maior eficiência e produção com cada vez menos mão de obra. Essa otimização lhes concedeu o peso econômico para exigir melhores preços para insumos. Em vez de obter algumas dezenas de sacos de fertilizantes, algumas enxadas e outros itens da loja local, as grandes fazendas compravam diretamente das empresas petroquímicas e de fabricantes para suprir suas necessidades. A própria lógica das pequenas cidades ruiu. A globalização não apenas esvaziou o campo; também destruiu as comunidades menores do mundo, forçando *todos* a se mudar para as grandes cidades. E, por mais que isso fosse verdade em Nebraska ou Nova Gales do Sul, era muito *mais* real em lugares como o Cerrado brasileiro, a região de Terra Negra, na Rússia, ou o cinturão de arroz, na China. Cada mudança significa a mesma coisa: mais alimentos cultivados, mais alimentos distribuídos e com menos trabalho.

As fases iniciais da Revolução Industrial podem ter *atraído* as pessoas das fazendas, proporcionando emprego nas indústrias, e o desenvolvimento de insumos agrícolas sintéticos pode tê-las *empurrado* para as cidades, mas a concorrência global fornecida pela Ordem *expulsou* os agricultores de suas terras. E isso pressupondo que as gigantes agrícolas locais, em ascensão, não destruam os pequenos agricultores ou que o governo não consolide à força pequenas propriedades em fazendas industriais maiores e mais eficientes.[7]

E então o fenômeno se disseminou. Territórios que não tinham segurança regional ou capital suficiente desde o início da história registrada poderiam, de repente, explorar os fluxos globais para se tornarem produtores significativos — e até exportadores — pela primeira vez. Os alimentos tiveram a qualidade aumentada e o custo diminuído. Isso colocou pressão sobre os produtores remanescentes do mundo desenvolvido, forçando-os a se aprimorar com tecnologia para aumentar os rendimentos ou abandonar a agricultura e se concentrar em atividades em que se saíssem melhor. As preferências alimentares se diversificaram. Na maioria dos casos, os países desistiram de cultivar alimentos que não conseguiam produzir com sucesso, aumentando drasticamente a produção das culturas que já tinham bom desempenho. A proibição de conflito militar entre seus aliados, imposta pelos norte-americanos, eliminou a preocupação de onde obter a próxima refeição. O comércio agrícola global explodiu e a necessidade de autarquia nacional e imperial caiu por terra.

A transformação norte-americana da segurança global e da arquitetura econômica — ou, mais precisamente, a *criação* pelos norte-americanos da *primeira* arquitetura econômica e de segurança verdadeiramente global do mundo — permitiu que as experiências de industrialização e urbanização, que haviam definido a Europa nos últimos 25 anos, tomassem proporções globais.

A primeira onda de globalização impactou as primeiras versões da aliança da Ordem: a Europa Ocidental, o Eixo derrotado, os Estados tutelados Coreia do Sul, Taiwan e Singapura, e os outros estados de colonização anglo-saxônica: Austrália, Canadá e Nova Zelândia.[8] Tal como aconteceu com os britânicos e alemães antes deles, os povos de todas essas nações experimentaram desenvolvimento e urbanização em massa, reduções na mortalidade, aumento da expectativa de vida, expansões na população e reduções nas taxas de natalidade, nessa ordem. De fato, quase todos os ganhos populacionais no mundo desenvolvido desde 1965 — em geral, um aumento superior a 50% — é proveniente de expectativas de vida mais longas. E, assim como os alemães seguiram o caminho britânico e experimentaram uma versão mais rápida e mais compacta de toda a transição demográfica, o mesmo aconteceu com o primeiro grande lote de estados pós-Segunda Guerra Mundial.

Afinal, o caminho se tornou mais fácil. A água, e não a eletricidade, alimentava as primeiras fábricas; isso limitava os locais em que poderiam ser construídas, tal como nas cidades da antiguidade, o que, por sua vez, limitava a necessidade de trabalhadores para operá-las. O surgimento de peças intercambiáveis e linhas de montagem é anterior à eletricidade. Esses primeiros esforços industriais podem ter superado a produção dos padrões de manufatura anteriores em uma ordem de grandeza, mas ainda assim exigiam vento, água ou força muscular para obter energia. Isso limitou a velocidade, o escopo e a localização de adoção desses processos a Geografias de Sucesso muito específicas, retardando o impacto da urbanização. Mas em 1945 os alemães haviam demonstrado que a eletricidade era o *único* caminho possível. De repente, uma fábrica poderia ser construída *em qualquer lugar*. A história acelerou. Os britânicos podem ter aberto o caminho para o desenvolvimento, mas foram os alemães que o pavimentaram para o restante do mundo.

A HISTÓRIA ACELERA

Em vez de a transformação levar sete gerações como na Grã-Bretanha ou quatro como na Alemanha, os canadenses, japoneses, coreanos, italianos e argentinos percorreram o mesmo caminho em dois anos e meio, enquanto um grupo retardatário de nações avançadas — Espanha, Portugal e Grécia — conseguiu o mesmo feito em dois anos.

A história também não termina aí.

Após o fim da Guerra Fria, os norte-americanos permitiram que nações neutras e o antigo mundo soviético aderissem à Ordem. O resultado foi a mesma profusão de acesso a capital, recursos e tecnologia que gerou os booms europeus e japoneses das décadas de 1950 e 1960, mas em uma faixa *muito* mais ampla do mundo e em uma fatia *muito* maior da humanidade.

Agora, a maior parte do mundo em desenvolvimento poderia se juntar à festa de industrialização, urbanização e transição demográfica, com os maiores novos atores sendo China, Índia, Indonésia, Paquistão, Brasil, Nigéria, Bangladesh, Rússia, México, Filipinas, Vietnã, Egito, Etiópia e Turquia. Assim como a adição da eletricidade às ferramentas industriais acelerou o processo, o mesmo aconteceu com a Revolução Digital. Com a informação não mais enclausurada em cérebros individuais, mas, sim, fluindo livremente em um rio de elétrons, a experiência poderia ser compartilhada com o clique de um botão. A prototipagem passou de um processo de anos para meras semanas. O conhecimento poderia ser disseminado em segundos, enquanto a colaboração em pesquisa poderia atravessar continentes e oceanos.

Assim como os alemães superaram os britânicos, os japoneses superaram os alemães e os espanhóis superaram os japoneses, agora as nações mais avançadas do mundo em desenvolvimento — especificamente os chineses, brasileiros e vietnamitas — poderiam percorrer o mesmo caminho para o progresso ainda mais rápido do que os espanhóis.

E, ainda assim, apesar de todas as mudanças frenéticas e não planejadas, de alguma forma, tudo não só funcionou, como funcionou muito bem. O que foi de fato espetacular, até mágico, sobre o período pós-Guerra Fria não foi simplesmente que a guerra e a fome haviam desaparecido em grande parte do mundo, mas, sim, que todas as populações desses países — envelhecendo e expandindo a taxas diferentes — criaram a base perfeita para um crescimento econômico vertiginoso e historicamente sem precedentes.

Entre aproximadamente 1980 e 2015, *todos* os sistemas internacionalmente conectados do mundo se enquadravam em uma de duas grandes categorias.

Na primeira categoria ficavam os países que fizeram a transição demográfica relativamente cedo. A mortalidade estava em rápido declínio e a expectativa de vida aumentava rapidamente, mas a queda nas taxas de natalidade ainda não havia levado a reduções catastróficas no número de jovens trabalhadores. Esses países eram vorazes, e não apenas por alimentos. A maior parte dos gastos significativos de um indivíduo ocorre entre os 15 e os 45 anos — período da vida em que as pessoas estão comprando carros, moradias, criando filhos e buscando educação superior. Essa atividade liderada pelo consumo é o que impulsiona uma economia, e essa categoria de países tinha consumidores de sobra.

Os países da segunda categoria estavam mais adiantados. A mortalidade ainda estava em declínio e a expectativa de vida ainda aumentava, mas o ritmo havia diminuído. Afinal, esses países haviam, em geral, começado sua industrialização algumas décadas antes. Mas as quedas em suas taxas de natalidade *também* começaram mais cedo e a escassez de crianças em seus perfis demográficos estava se tornando óbvia. As prioridades mudaram. Menos crianças significava menos recursos necessários para a criação e a educação dos filhos, ao mesmo tempo que sobrava mais para gastar em carros e moradias. A população mais velha acumulou mais capital, possibilitando que mais dinheiro fosse economizado e investido. Essas sociedades envelhecidas se tornaram *mais,* não *menos,* dinâmicas, pois foram capazes de desenvolver e implementar tecnologias em um ritmo mais acelerado. A produtividade aumentou enquanto os produtos se tornaram mais sofisticados. O que faltava a esses países eram jovens suficientes para consumir o que produziam.

Os norte-americanos acidentalmente forneceram a solução para esse problema. Não só era um princípio central da Ordem que o mercado norte-americano estaria aberto a todos, mas também seu compromisso com a segurança para sustentar o teto civilizacional coletivo do mundo significava que locais com demografias mais velhas — economias lideradas pela exportação — poderiam acessar os mercados de consumo em todo o mundo. Os sistemas orientados para o consumo e para as exportações não se limitaram a um relativo equilíbrio. Ao eliminar a preocupação de todos com a segurança, os norte-americanos possibilitaram que um mundo verdadeiramente globalizado não apenas emergisse, mas prosperasse.

Mas não há nada de normal nisso. A globalização *sempre* dependeu do compromisso dos norte-americanos com a Ordem global, e essa Ordem não serve aos interesses estratégicos dos Estados Unidos desde a queda do Muro de Berlim, em 1989. Sem os norte-americanos para proteger *todo* o rebanho, é apenas uma questão de tempo até que algo no Leste Asiático, no Oriente Médio ou nos arredores da Rússia (não sei, talvez, digamos, uma *guerra*) destrua o sistema global de forma irreversível... presumindo que os norte-americanos não façam isso antes.

Mas, mesmo que os Estados Unidos optem por continuar mantendo o teto civilizacional coletivo do mundo, não há nada no auge da globalização que seja sustentável. Os plácidos dias entre 1980 e 2015 acabaram. O colapso nas taxas de natalidade que começou em todo o mundo desenvolvido, na década de 1960, e em todo o mundo em desenvolvimento, na década de 1990, agora já perdura há décadas.

O problema é que aquilo que valia para a industrialização acelerada era igualmente válido para a demografia acelerada. Em 1700, a mulher britânica média teve 4,6 filhos. Esse número é quase idêntico ao da alemã média em 1800, da italiana média em 1900, da coreana média em 1960 ou da chinesa média no início dos anos 1970. Agora, em *todos* esses países, a nova média está abaixo de 1,8 e, em muitos casos, *bem* abaixo.* E essa provavelmente será a situação da *bengalesa* média até 2030.

Agora vem o outro lado da moeda.

Um fator central em *toda* história de desenvolvimento que acompanha a industrialização é que grande parte do crescimento econômico vem de uma população crescente. O que a maioria das pessoas não se dá conta é que há outra etapa no processo de industrialização e urbanização: a menor mortalidade aumenta a população a tal ponto que amortiza qualquer impacto de um declínio nas taxas de natalidade... mas apenas por algumas décadas. Em algum momento o aumento da longevidade atinge o limite, deixando um país com uma população maior, mas *com poucas crianças*. As poucas crianças de ontem levam aos poucos jovens trabalhadores de hoje, que, por sua vez, levam aos poucos trabalhadores maduros de amanhã. E agora, finalmente, o amanhã chegou.

Na década de 2020, as taxas de natalidade não estão mais apenas caindo; elas foram *tão* baixas por *tanto* tempo que até mesmo os países com as estruturas etárias mais jovens têm agora poucos *adultos* jovens — o grupo demográfico que *gera crianças*. À medida que os grupos já reduzidos de 20 e poucos e 30 e poucos anos chegam aos seus 30 e 40 anos, as taxas de natalidade não só continuarão seu longo declínio, elas entrarão em colapso. E, uma vez que um país tem mais idosos do que crianças, a próxima etapa terrível é absolutamente inevitável: um *colapso* populacional. E, como qualquer país que inicie esse processo já está sem jovens adultos, esses países *nunca* se recuperarão.**

Pior ainda, assim como toda a transformação do rural para o urbano acelerou cada vez mais desde que os britânicos abriram esse caminho, a

---

* Desde o início de 2022, dados mais recentes da Coreia e da China indicam que o novo normal é de 1,2.
** Salvo um avanço nas tecnologias de clonagem em massa com baixo custo.

transformação demográfica de crianças demais para aposentados demais também acelerou. Quanto mais rápidos o crescimento e a transformação na base, mais rápido a população entra em colapso no topo da pirâmide.

De longe, o mais infeliz tsunami de consequências desse fenômeno de compressão é a China. Um longo período da história chinesa era relativamente pré-industrial até a visita de Richard Milhous Nixon a Mao Zedong, em 1972, no que seria um esforço bem-sucedido para fazer a China Vermelha se voltar contra a União Soviética. O preço do realinhamento chinês foi bastante simples: a admissão na Ordem global liderada pelos EUA. Cerca de 800 milhões de chineses começaram seu caminho para a industrialização, uma rota que, agora, não era mais uma trilha recém-aberta, e sim uma megarrodovia de quatorze faixas com duas pistas expressas. Seguindo os padrões estabelecidos por grande parte do resto da humanidade, a mortalidade chinesa despencou três quartos e a população chinesa se expandiu em igual medida. A China, como todos antes, viu sua população aumentar de menos de 800 milhões, em 1970, para mais de 1,4 bilhão, em 2021.[9]

O que muitos no mundo veem como uma ameaça — a rápida ascensão da China em termos econômicos, militares e demográficos — nada mais é do que duzentos anos de transformação econômica e demográfica comprimida em quatro décadas frenéticas, alterando completamente a sociedade chinesa e os padrões globais de comércio... bem como a demografia chinesa.

Não importa como você analise os números, a China em 2022 é *a* sociedade que mais envelhece *na história da humanidade*. Na China, a história de crescimento populacional chegou ao fim, e tem sido assim *desde* que a taxa de natalidade caiu abaixo dos níveis de reposição na década de *1990*. A taxa de natalidade de reposição total é de 2,1 filhos por mulher. No início de 2022, o censo de 2011 a 2020 da China, que teve apenas dados parciais divulgados, indica que a taxa do país é no máximo 1,3, entre as mais baixas de qualquer povo ao longo da história humana. A contração demográfica do país está ocorrendo tão rapidamente quanto sua expansão, com um colapso demográfico completo fadado a acontecer no intervalo de uma única geração. A China é impressionante, mas não pelos motivos que as pessoas costumam pensar. O país em breve terá percorrido o caminho desde níveis pré-industriais de riqueza e saúde até um colapso demográfico pós-industrial no decorrer de uma única vida humana. Com alguns poucos anos de sobra.

A HISTÓRIA ACELERA

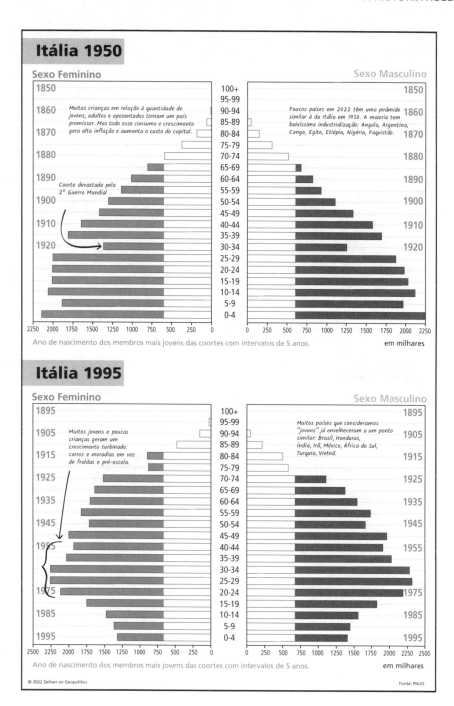

O FIM DO MUNDO É SÓ O COMEÇO

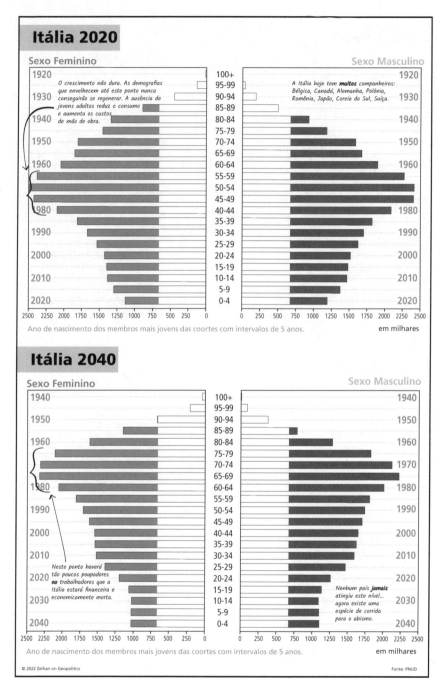

Mas a China não morrerá sozinha. O ritmo frenético do processo de industrialização — da Grã-Bretanha à Alemanha, à Rússia, ao Noroeste da

Europa, ao Japão, à Coreia, ao Canadá e à Espanha —, combinado com a natureza cada vez mais acelerada desse processo, significa que grande parte da população mundial enfrenta aposentadorias *em massa seguidas por quedas populacionais praticamente ao mesmo tempo*. A estrutura demográfica do mundo passou do ponto de não retorno há vinte ou quarenta anos. Os anos 2020 são a década em que tudo desmorona.

Para países tão variados como China, Rússia, Japão, Alemanha, Itália, Coreia do Sul, Ucrânia, Canadá, Malásia, Taiwan, Romênia, Holanda, Bélgica e Áustria, a pergunta não é se esses países envelhecerão até a obsolescência demográfica. *Todos* enfrentarão aposentadorias em massa na década de 2020. *Nenhum* tem jovens suficientes para começar a regenerar suas populações. *Todos* sofrem de demografia terminal. As verdadeiras perguntas são como e em quanto tempo suas sociedades entrarão em colapso? Elas minguarão em silêncio ou reagirão à morte iminente?

Logo atrás deles — *em alta velocidade* — está outro grupo de países cujas taxas de natalidade caíram ainda mais rápido e que, portanto, enfrentará uma desintegração demográfica semelhante nas décadas de 2030 e 2040: Brasil, Espanha, Tailândia, Polônia, Austrália, Cuba, Grécia, Portugal, Hungria e Suíça.

Mais adiante, na década de 2050, será a vez dos países cujo colapso da taxa de natalidade começou um pouco mais tarde e que, portanto, ainda *podem* ter uma chance de evitar a desilusão demográfica se conseguirem convencer a população de 20 e 30 e poucos anos de hoje a ter uma batelada de filhos, mas, sinceramente, esses colapsos tardios na taxa de natalidade têm sido tão graves que não parece promissor: Bangladesh, Índia, Indonésia, México, Vietnã, Irã, Turquia, Marrocos, Uzbequistão, Arábia Saudita, Chile, República Tcheca.

O próximo lote de países — principalmente das partes mais pobres da América Latina, da África Subsaariana ou do Oriente Médio — é ainda mais preocupante. Suas estruturas demográficas são mais jovens — *muito* mais jovens —, mas isso não significa que eles estejam em uma posição melhor, porque há outros aspectos na saúde econômica e demográfica do que apenas números e idades.

Na maioria dos casos, esses países são economias extrativistas que exportam uma ou outra commodity bruta, usando os recursos para abastecer sua população com alimentos e/ou bens de consumo importados. De muitas maneiras, eles conseguiram acessar partes do processo de industrialização — notavelmente menor mortalidade, suprimentos mais confiáveis de alimentos, aumento da urbanização e boom populacional — sem experimentar os aspectos que tornam o progresso durável: aumento dos níveis educacionais, Estado modernizado, sistema econômico de valor agregado, progresso social, desenvolvimento industrial ou avanço tecnológico.

Em um mundo seguro e globalizado, esse modelo híbrido consegue sobreviver enquanto houver commodities saindo e dinheiro entrando. Mas, em um mundo inseguro e fraturado, onde o comércio é severamente circunscrito, o colapso nacional absoluto *não* será de longe o maior problema que esses povos enfrentarão. Nesses países, a própria população é vulnerável a mudanças externas. As tecnologias industriais que reduzem a mortalidade e elevam os padrões de vida não podem ser "desinventadas", mas, se o comércio entrar em colapso, *o acesso a essas tecnologias pode ser negado*. Se algum fator impactar a saída de commodities desses países ou a entrada de receita ou produtos, tudo vai desmoronar e a população enfrentará uma fome duradoura de proporções bíblicas. O desenvolvimento econômico, a qualidade de vida, a longevidade, a saúde e a expansão demográfica estão sujeitos aos caprichos da globalização. Ou melhor, nesse caso, da *des*globalização.

APRENDENDO UMA PALAVRA ASSUSTADORA

VAMOS TORNAR TUDO ISSO UM POUCO MENOS TEÓRICO.

Eu moro 2.300 metros acima do nível do mar na região rural e montanhosa do estado do Colorado. A neve não é uma ocorrência sazonal, mas, sim, um modo de vida. Quando me mudei para cá, pensei comigo mesmo: "Sozinho? Novo começo? Nova casa? Novo 'você'? É melhor providenciar um *corpo* adequado!" Comecei a caminhar quase todos os dias, e quando a neve chegou eu a ataquei com entusiasmo! E uma pá.

Apenas uma pá.

Foi... a coisa mais estúpida que já fiz.

Um mês depois, eu estava preparado com um soprador de neve movido a gasolina. A provação de mais de vinte horas que quase me mandou para o quiroprata se tornou uma tarefa tediosa de pouco menos de duas horas.

Aquelas vinte e poucas horas foram *apenas* para a calçada e a entrada de carro. Só para a minha *casa*. São cerca de 3,5 quilômetros de caminhada da entrada da minha garagem até a base da montanha onde moro e mais 12 quilômetros de cânions íngremes até as planícies altas que abrigam a cidade de Denver. Haja *pá* para limpar tudo isso. Sem equipamentos de limpeza de neve movidos a gasolina, minha casa a 2.300 metros de altitude não só nunca teria sido construída, como, teoricamente, nem poderia ser mantida.[10]

E agora estamos em Denver, que fica na região que costumava ser conhecida, de forma muito apropriada, como o Grande Deserto Norte-americano. À medida que nos deslocamos para o Oeste das planícies úmidas do Meio-Oeste, o terreno fica cada vez mais alto e árido. Denver fica no flanco Leste da Cordilheira Frontal das Montanhas Rochosas, uma região de sombra de chuva, que recebe menos de 190 milímetros de precipitação anual. Altitudes mais altas significam que qualquer chuva que caia tende a evaporar rapidamente. Em Denver, a umidade é tão baixa que quando a neve é branda os flocos não derretem, sublimam diretamente em vapor. Cerca de três quartos da população do Colorado vive a Leste da divisa continental em condições semelhantes, mas cerca de três quartos da precipitação cai nas terras do Colorado a *Oeste* da divisa.

Denver — e o estado do *Colorado* — lida com esse problema de duas maneiras. A primeira é colocar barragens em *todos os lugares*. Observe qualquer mapa de qualquer cidade que, tal como Denver, fique na extremidade Leste da Cordilheira Frontal e você verá lagos. Muitos e muitos lagos. Mas não são lagos. São *reservatórios* projetados para captar o máximo possível do degelo da neve na primavera. A área urbana do Colorado modificou seu terreno imediato, a fim de armazenar cada gota de água possível sempre que puder.

Não é o suficiente. A segunda ação é perfurar túneis através das Montanhas Rochosas, a fim de conectar as bacias hidrográficas ocidentais do estado às suas populações orientais. Atualmente, existem duas dúzias dessas barragens de desvio. Juntos, o armazenamento de cada gota de água e a realocação de cerca de *94 bilhões* de litros anualmente permitem que Fort Collins, Estes Park, Greeley, Boulder, Colorado Springs, Pueblo e a Região Metropolitana de Denver existam. Sem mencionar a quase totalidade do setor agrícola do estado.

Remova as tecnologias necessárias para construir e manter esse sistema de gestão de água, e a população máxima sustentável das cidades da Cordilheira Frontal despencaria dos atuais cerca de 4,5 milhões para em torno de um décimo disso.

Alguma versão dessa história ocorre na maioria dos lugares povoados do mundo. Talvez seja uma questão de infraestrutura ou climática. Talvez seja uma questão de recursos, comida ou segurança. Mas o resultado é sempre o mesmo: se por qualquer motivo os fluxos globais de produtos, serviços, energia e alimentos forem interrompidos, a população e os mapas políticos e econômicos mudarão.

Em um mundo pós-globalizado, países grandes e diversamente ricos em recursos, como os Estados Unidos, podem realocar produtos internamente para fazer tudo funcionar. Eu vivo sem medo de não conseguir comprar gasolina (refinada no Colorado a partir do petróleo bruto produzido no Colorado) para o meu soprador de neve (fabricado em Minnesota), a fim de manter a entrada da garagem livre (asfalto de Oklahoma) para minha casa (estrutura de madeira de Montana), onde costumo trabalhar online (usando uma rede de comunicações composta de aço de Ohio, alumínio de Kentucky e plásticos do Texas).

Poucos lugares preciosos têm esse tipo de diversidade, alcance, acesso e redundância. A maioria depende — muitas vezes totalmente — da globalização para fazer o equivalente local de algo tão "simples" quanto limpar a neve. Isso levanta a questão: como seria Xangai sem petróleo? Ou Berlim sem aço? Riad sem... comida? A desglobalização não significa simplesmente um mundo mais sombrio e mais pobre, significa algo muito pior.

Uma desintegração.

O mundo atual tem dois exemplos razoavelmente perturbadores e perturbadoramente razoáveis sobre como pode ser essa desintegração: Zimbábue e Venezuela. Em ambos os casos, a excelência em má gestão destruiu a capacidade desses países de exportar seus produtos — alimentos no caso do Zimbábue, petróleo e derivados no caso da Venezuela —, resultando em uma escassez de recursos tão extrema que a capacidade de importação desses países entrou em colapso. No Zimbábue, o resultado foi mais de uma década de crescimento econômico negativo, gerando consequências muito piores do que as da Grande Depressão, com a maior parte da população reduzida à agricultura de subsistência. A Venezuela não teve tanta... sorte. Já importava mais de dois terços de seus alimentos *antes* do colapso econômico. A produção venezuelana de petróleo caiu tanto que o país não tem sequer combustível suficiente para semear suas culturas, contribuindo para a pior fome da história do hemisfério ocidental.

Eu não uso esses exemplos de modo leviano. A palavra que você está procurando para descrever esse resultado não é "desglobalizar" ou mesmo "desindustrializar", mas, sim, "descivilizar".

Tudo o que sabemos sobre a civilização humana é baseado na simples ideia de organização. Uma vez que um governo estabelece algumas regras básicas como "não mate seu vizinho", as pessoas começam a cuidar da própria vida: criar famílias, cultivar alimentos, fabricar produtos. O comércio surgiu para que o fazendeiro não precise fazer farinha e o ferreiro não precise cultivar a própria comida. Essa especialização nos torna mais produtivos nos campos escolhidos — seja agricultura, moagem ou ferraria. A sociedade fica mais rica e se expande. Mais terra, mais pessoas, mais especialização, mais interação, mais comércio interno, maiores economias de escala.

Esse padrão se desenvolveu pouco a pouco desde o início da civilização, e muitas vezes enfrentou não apenas contratempos, mas colapsos. Impérios ascenderam e ruíram, e, quando ruíram, muito de seu progresso desapareceu com eles. A Ordem (*O* maiúsculo) liderada pelos norte-americanos fez mais do que mudar as regras do jogo; institucionalizou a *ordem* (*o* minúsculo), que, por sua vez, permitiu que a industrialização e a urbanização se disseminassem pelo mundo. Isso mudou a demografia global — de muitas crianças para muitos trabalhadores jovens e maduros —, gerando um boom sustentado de consumo e investimento com o qual a humanidade não tinha experiência anterior. Com segurança garantida e suprimentos de capital, energia e alimentos amplos, 6 mil anos de altos e baixos foram substituídos pelo trem imparável de progresso.

Sob a égide da Ordem e desse momento demográfico mágico, atingimos um nível de tanta especialização e tantos avanços tecnológicos que nos tornamos totalmente incompetentes em tarefas que costumavam ser essenciais. Tente produzir a própria eletricidade ou comida suficiente para viver, mantendo seu trabalho em tempo integral. O que torna tudo isso possível é a ideia de continuidade: a ideia de que a segurança de que desfrutamos hoje ainda estará aqui amanhã e de que podemos confiar nossas vidas nas mãos desses sistemas. Afinal, se você tivesse certeza de que o governo entraria em colapso amanhã, provavelmente se preocuparia menos com detalhes insignificantes, como o sistema de codificação de tarefas por cores que seu gerente insiste ser tão importante, e concentraria seu tempo em aprender a enlatar vegetais.

A hiperespecialização do trabalho agora é a norma, e o comércio tornou-se tão complexo que subsetores econômicos inteiros (agentes de empréstimos, extrusoras de alumínio, consultorias de planejamento de armazéns, empresas de polimento) agora existem para facilitá-lo. Essa especialização também não se limita aos indivíduos. Com a paz global, *países* podem se especializar. Taiwan em semicondutores. Brasil em soja. Kuwait em petróleo. Alemanha em máquinas. O processo civilizacional vem alcançando seu pico final e ideal.

Mas "ideal" não é a mesma coisa que "natural". Tudo nesse momento — desde a reformulação norte-americana da arquitetura de segurança até a estrutura demográfica sem precedentes na história — é artificial. E está desmoronando.

Há uma série de caminhos possíveis para os países à beira do abismo da falência demográfica e do colapso da globalização, mas todos têm algo em comum: redução da interação significa redução do acesso, que significa redução da renda, o que leva a menos economias de escala, resultando em menor especialização do trabalho e, consequentemente, em redução da interação. A escassez obriga as pessoas — *e os países* — a cuidar das próprias necessidades. O valor agregado das vantagens da continuidade e da especialização do trabalho é perdido. Todos se tornam menos eficientes. Menos produtivos. E isso significa menos de tudo: não apenas eletrônicos, mas eletricidade; não apenas automóveis, mas gasolina; não apenas fertilizantes, mas alimentos. As partes são menores que o todo. E há um efeito cumulativo. Falta de energia elétrica desmantela a indústria. A escassez de alimentos aniquila a população. Menos pessoas significa menos chance de manter qualquer atividade que exija trabalho especializado, tal como construção de estradas, redes de energia elétrica ou produção de alimentos.

É *isso* que "descivilização" significa: uma cascata de colapsos que se reforçam e não apenas prejudicam, mas corroem, o alicerce do que faz o mundo moderno funcionar. Nem todos os lugares tinham a geografia certa para criar uma civilização antes da Ordem. Nem todos os lugares serão capazes de manter a civilização após o fim da Ordem.

Uma coisa é um país como o México, que está conectado aos Estados Unidos, enfrentar dificuldades durante uma expansão industrial e se virar sem peças importadas da Ásia. Outra coisa completamente diferente é um país como a Coreia conseguir sobreviver quando perde acesso a petróleo *e* minério de ferro *e* alimentos *e* mercados de exportação.

Pior de tudo, muitos países menos avançados são totalmente dependentes da manutenção da civilização *em outras localidades*. Zimbábue e Venezuela são exemplos de países que *escolheram* o caminho para uma espécie de descivilização. Para a maioria, ela é imposta por eventos em um continente ou mais de distância, em lugares que esses países não têm influência e muito menos controle. Mesmo adversidades moderadas em lugares como Brasil, Alemanha ou China abalarão tanto a demanda por matéria-prima vinda da Bolívia, do Cazaquistão ou da República Democrática do Congo que os Estados mais frágeis perderão a receita necessária para possibilitar a importação de produtos que viabilizam a modernidade básica. E os brasileiros, alemães e chineses do mundo enfrentam muito mais do que meras adversidades moderadas.

Há pequenos focos de luz nessa escuridão cada vez mais profunda, mas são raros.

Poucos países conseguiram um alto grau de desenvolvimento e, ao mesmo tempo, *evitaram um colapso nas taxas de natalidade*. A lista é... dolorosamente curta: Estados Unidos, França, Argentina, Suécia e Nova Zelândia. E só. Mesmo que a política se alinhe, mesmo que todos tenham as melhores intenções, mesmo que os norte-americanos, franceses, argentinos, suecos e neozelandeses queiram colocar as necessidades do resto do mundo à frente das próprias, a enorme escala da crise demográfica significa que todos eles combinados não constituiriam uma base suficiente para sustentar um novo sistema global.

Por muitas medidas — principalmente em educação, riqueza e saúde —, a globalização tem sido ótima, mas não tem como perdurar. O que você e seus pais (e, em alguns casos, avós) presumiam como o modo de vida normal, bom e correto — isto é, as últimas sete décadas — é uma anomalia histórica para a condição humana tanto em termos estratégicos quanto demográficos. O período de 1980 a 2015, em particular, foi simplesmente um momento único, isolado e abençoado. Uma fase que chegou ao fim e que certamente não se repetirá no curso de nossas vidas.

E *essa* nem é a má notícia.

O FIM DO MAIS

NOS SOMBRIOS E VELHOS TEMPOS ANTES DA NAVEGAÇÃO DE águas profundas, o auge da experiência humana não era lá muito impressionante. A maioria dos sistemas de governo era uma mistura de imperial e feudal.

A grande questão era o alcance.

Os poucos lugares com geografias ricas se estabeleceriam como Centros Imperiais e usariam sua riqueza para se expandir e controlar militar e economicamente outras áreas territoriais. Às vezes, esses Centros inovavam ou adaptavam uma tecnologia que alteraria o equilíbrio de poder regional, permitindo uma apropriação de território mais bem-sucedida. Os romanos usavam estradas para despachar tropas com maior rapidez. Os mongóis desenvolveram o estribo de ferro, que permitia que seus guerreiros montados derrotassem... bem, praticamente todo mundo.

Mas todas essas técnicas podiam facilmente se disseminar para os concorrentes, eliminando qualquer vantagem momentânea de poder. E, claro, como poucos queriam se sujeitar à ocupação de outros povos, todos tentariam desenvolver ou adaptar as técnicas dos rivais. Aníbal domesticou algumas criaturas — elefantes —, o que lhe permitiu atacar os territórios centrais de Roma de maneiras inesperadas. Os poloneses construíram uma infinidade de castelos resistentes a ataques a cavalo, permitindo que eles simplesmente mostrassem o dedo do meio para os invasores mongóis.

Esse era o cenário geral, mas não era muito realista. Ou, pelo menos, não muito completo. Em termos de organização, as expansões imperiais dificilmente eram a norma. Claro, conhecemos essas batalhas de tecnologia e contratecnologia como, bem, história. Mas, para cada *expansão* imperial bem-sucedida, houve um *colapso* imperial, bem como 10 mil territórios que *nunca* conseguiram conquistar um lugar ao sol.

De perto, esse cenário era muito mais trivial.

No nível local, a vida não era tão emocionante. A maior parte dos indivíduos eram servos, um termo sofisticado para a agricultura extenuante, quase de subsistência. A segurança dos servos dependia totalmente de sua relação com os senhores locais. Esses senhores controlavam uma cidade fortificada ou fortaleza, e, quando invasores ou pequenos exércitos chegavam para saquear, os servos corriam em pânico para a fortificação e se escondiam até que a ameaça passasse. Em "troca" dessa segurança, os senhores feudais exigiam impostos, alimentos e trabalho dos servos.[11] Como a maneira mais comum de pagar impostos era com alimentos excedentes, os vários senhores não tinham muita variedade de bens para negociar entre si. Não era um sistema que encorajava a interação, a educação, o progresso ou o desenvolvimento em larga escala. Nada mudava muito. Nunca.

A economia desses dois sistemas era semelhante e desoladora. O feudalismo era simplesmente um comércio de segurança: os senhores fornecem proteção aos servos e os servos dedicam a vida a seus senhores. *Finis*. Os sistemas imperiais não eram muito diferentes: qualquer "comércio" em larga escala tinha que existir dentro das fronteiras do império. A única maneira de garantir o acesso a novas mercadorias era se aventurar e conquistar. E, como qualquer vantagem seria temporária, tudo se resumia à troca de segurança por lealdade entre o Centro Imperial e suas províncias, garantida pelos exércitos imperiais.

O "bolo econômico" era pequeno. Seu crescimento era lento. Muitas vezes ele diminuía. Ninguém tinha acesso ao bolo todo, e a tirania da geografia manteve o comércio nitidamente circunscrito. A humanidade lutou consigo mesma para definir quem teria o controle de quais fatias de um bolo estagnado e fragmentado.

Então, de uma só vez — em termos históricos — tudo mudou.

As expedições de Colombo por volta da virada do século XV desencadearam uma frenética reação em cadeia de interconectividade. A navegação de águas profundas permitiu que, primeiro, os espanhóis e os portugueses e, depois, os britânicos e o restante do mundo se aproximassem e interagissem com cada pedaço de terra que tocava o oceano. Os impérios ainda existiam, mas suas bases econômicas haviam mudado porque eles conseguiam ter acesso a quase qualquer produto praticamente em qualquer lugar. Agora, com bases econômicas mais amplas e sistemas maiores, a economia dos sistemas feudais locais entrou em colapso. As guerras imperiais exigiam mais pessoas. A expansão econômica imperial exigia mais trabalhadores. O comércio imperial gerava novas indústrias. Em todos os casos, os perdedores óbvios eram os senhores feudais, que não podiam oferecer nada além de uma existência de quase subsistência.

À medida que as décadas se transformaram em séculos, as expectativas mudaram porque a economia mudou. O bolo não era mais algo único e estagnado. Estava crescendo. E não *pararia* de crescer. E esse, acima de tudo, é o mundo que conhecemos.

Mais produtos. Mais participantes. Mercados maiores. Mais mercados. Transporte mais fácil. Mais interconectividade. Mais comércio. Mais capital. Mais tecnologia. Mais integração. Mais inclusão financeira. Mais e maior, maior e mais.

O *mundo* do mais.

Desde que Colombo cruzou o oceano azul, a economia humana tem sido definida pelo conceito de *mais*. A evolução do mundo dentro da ideia de mais, uma *expectativa razoável* de sempre mais, é, em última análise, o que destruiu as antigas economias dos sistemas imperial e feudal pré-navegação de águas profundas. Novos produtos, mercados, participantes, riqueza, interações, interdependências e expansões exigiram novos métodos de gerenciamento dessas novas relações. A humanidade desenvolveu novos modelos econômicos, com os mais bem-sucedidos e duráveis provando ser o corporativismo fascista, o comunismo centralizado, o socialismo e o capitalismo. A competição entre tais sistemas — entre todos esses -ismos — definiu os últimos séculos da história humana.

Em sua essência, todos os modelos econômicos são sistemas de distribuição: decidem quem recebe o quê, quando e como.

- O capitalismo é o mais familiar para a maioria dos norte-americanos. A ideia é que o governo deve intervir pouco e deixar a maioria das decisões — especialmente no que diz respeito a consumo e produção, oferta e demanda, tecnologia e comunicação — para os cidadãos e as empresas privadas. O capitalismo é a base econômica dos Estados Unidos, mas os norte-americanos não são os únicos capitalistas do mundo: Japão, Austrália, Suíça, México, Taiwan, Líbano e os estados bálticos têm suas próprias versões de sistemas capitalistas.

- O socialismo é a norma (se você está na Europa) ou o inimigo (se você pertence à direita norte-americana). Nos sistemas socialistas modernos, as empresas, o governo e a população coexistem em um caleidoscópio mutável de cooperação e conflito. No entanto, a ideia central de todas as estruturas verdadeiramente socialistas é que o governo *pertence* ao sistema econômico como uma parte inseparável. O debate é sobre *quão* central deve ser o papel governamental e *como* o governo deve usar seu poder e alcance para moldar ou manter a sociedade. Canadá e Alemanha são provavelmente os melhores exemplos contemporâneos de sistemas socialistas bem administrados. As versões italiana, brasileira e sul-africana do socialismo... bem, precisam de alguns ajustes.[12]

- O comunismo centralizado é o socialismo levado ao extremo absurdo. A ideia é que o governo é o *único* decisor de tudo que o capitalismo terceirizaria para o setor privado e a população. Eliminar a escolha privada — e o setor privado como um todo — possibilita que o governo direcione todo o poder da sociedade para atingir qualquer objetivo que desejar. A União Soviética é o maior e mais bem-sucedido país a adotar o comunismo centralizado, mas versões dele surgiram em muitos lugares onde a elite política tem um apreço especial por... mandar. A Coreia do Sul do início da Guerra Fria era um sistema extremamente bem administrado, bastante fechado e centralizado, apesar de politicamente o país se declarar um "anticomunista" ferrenho.[13]

- O corporativismo fascista é algo em que não costumamos pensar; é a fusão da liderança empresarial e da liderança estatal. Em última análise, o governo dá as ordens e, obviamente, coordena as empresas para trabalhar em direção aos objetivos governamentais, mas a palavra-chave é "coordenar". As empresas são ligadas e administradas pelo governo, mas geralmente não são operadas por ele. Em uma economia fascista bem administrada, o governo pode cooptar o setor privado para atingir os objetivos governamentais amplos, como construir uma grande rodovia ou aniquilar os judeus. Mas, na maioria das vezes, a gestão cotidiana é deixada para as próprias empresas. A Alemanha hitlerista é obviamente o principal exemplo de um sistema fascista corporativo moderno, enquanto a Coreia do Sul do final da Guerra Fria viveu algumas décadas fascistas antes de seguir em uma direção mais capitalista/socialista. A China "comunista" contemporânea se assemelha muito mais ao fascismo do que ao socialismo, e muito menos ao comunismo. O mesmo vale para o Egito pós-Primavera Árabe.

Cada modelo tem as próprias vantagens e desvantagens. O capitalismo abre mão da igualdade para maximizar o crescimento, tanto econômico quanto tecnológico. O socialismo sacrifica o crescimento em nome da inclusão e da harmonia social. O comunismo centralizado elimina o dinamismo, visando estabilidade e realizações específicas. O corporativismo fascista tenta atingir os objetivos governamentais sem sacrificar o crescimento ou o dinamismo, mas à custa da vontade popular, com um governo violento, níveis de corrupção épicos e o terror de saber que o genocídio patrocinado pelo Estado só depende de um decreto. O capitalismo e o socialismo são amplamente compatíveis com a democracia e todo o ruído político e caos que vem com ela. O comunismo centralizado e o corporativismo fascista são politicamente muito mais... silenciosos.

Mas o que *todos* esses -ismos desenvolvidos nos últimos séculos e aperfeiçoados nas últimas décadas têm em comum é algo que logo deixará de existir em nosso mundo: *mais*.

A geopolítica nos mostra que o pós-Segunda Guerra Mundial e especialmente os booms econômicos pós-Guerra Fria foram artificiais e transitórios. Retornar a algo mais "normal", por definição, requer... encolher. A demografia nos indica que o número e o volume coletivo de economias impulsionadas pelo consumo de massa já atingiram o pico. Em 2019, pela primeira vez na história, a Terra tinha mais pessoas com mais de 65 anos do que com menos de 5 anos. Em 2030, haverá o *dobro* de aposentados, em termos relativos.

Quase todos os países com geografias suficientemente favoráveis ao desenvolvimento sem o suporte da segurança norte-americana *já se desenvolveram*. Quase todos estão em declínio demográfico terminal *há décadas*. Quase todos estão agora envelhecendo para a obsolescência em massa.

Por outro lado, os países *sem* boas geografias e que *precisam* da proteção norte-americana perderam a janela de oportunidade. E os países que conseguiram se desenvolver com a proteção norte-americana nas últimas décadas estão vendo o tapete demográfico e geopolítico ser puxado de seus pés.

Combine geopolítica e demografia e sabemos que *não haverá* novos sistemas de consumo de massa. Pior ainda, o bolo da economia global não vai simplesmente encolher; ele está sendo desmantelado em pedaços desintegrados, graças à inação norte-americana.

Pense na sua cidade natal. E se tudo o que ela precisasse para seus bens manufaturados, alimentos e energia tivesse que ser fornecido localmente? Mesmo que sua cidade natal fosse Xangai, Tóquio, Londres ou Chicago, seria impossível que você tivesse a vida atual. O que a Ordem tem feito é encapsular a maior parte do mundo em uma única "cidade" na qual todos nos especializamos em tudo no que somos bons — seja colher abacates, cortar metal, purificar butadieno, montar pendrives, fazer a manutenção de turbinas eólicas ou dar aulas de ioga. Em seguida, usamos a receita das vendas daquilo em que somos bons para pagar pelos itens e serviços em que não somos bons. Não é um sistema perfeito, mas *promoveu* o maior avanço tecnológico da história humana, levou a maioria de nós para a Era

Digital e criou uma demanda cada vez maior por níveis cada vez mais altos de educação.

Mas nada disso é um resultado natural do mundo "normal", mas, sim, um resultado artificial da segurança e do comércio propiciados pela Ordem norte-americana. Sem paz global, o mundo fica menor. Ou, de modo mais preciso, o mundo global se divide em vários mundos menores (e, muitas vezes, mutuamente antagônicos).

Para ser franco, nossos -ismos existentes são lamentavelmente incapazes de lidar com os desafios vindouros.

- O capitalismo sem crescimento gera uma enorme desigualdade, pois aqueles que já têm conexões políticas e riqueza manipulam o sistema para controlar pedaços cada vez maiores de um bolo cada vez menor. O resultado tende na direção de explosões sociais. Três, de muitos, exemplos de como isso pode degringolar são os movimentos anarquistas nos Estados Unidos durante a Grande Depressão, a ascensão de Donald Trump no Cinturão da Ferrugem como reação à desindustrialização da região e o colapso social geral da Guerra Civil Libanesa.

- O futuro do socialismo é, no mínimo, mais sombrio. Ele não é capaz de gerar níveis capitalistas de crescimento nem mesmo quando o bolo está se expandindo, muito menos quando está encolhendo. O socialismo *pode* ser capaz de preservar a igualdade econômica, mas é improvável que isso salve o modelo. Ao contrário do capitalismo, no qual pelo menos as elites têm chance de lutar, no socialismo *todos* se tornarão visivelmente piores a cada ano. Levantes em massa e colapso do Estado são ingredientes básicos dessa receita.

- O corporativismo fascista *pode* fornecer uma opção ao terceirizar grande parte da gestão clínica da economia para grandes corporações. Mas, em última análise, enfrentará os mesmos problemas que o capitalismo *e* o socialismo — desigualdade de concentração de poder com as empresas, estagnação degradante de um bolo cada vez menor. E, uma vez que o governo está *claramente* no comando, não demoraria muito para chegar aos enforcamentos em praça pública.

- Então só resta o comunismo centralizado. Infelizmente, pode ser o mais viável dos quatro. Mas *apenas* se conseguir esmagar a alma da população, suprimindo, por meio de ampla ditadura propagandística, a capacidade de formar uma opinião, ao estilo do livro *1984*. E, claro, ele preservará todas as deficiências normais do modelo como o conhecemos: realmente só funciona se aqueles que executam a economia de comando adivinharem corretamente quais tecnologias prevalecerão, quais bens serão necessários *e* como acessar os insumos relevantes para produzi-los. Sem falhar uma única vez.

Não estamos apenas diante de um colapso econômico induzido pela demografia; estamos à beira do fim de meio milênio de história econômica.

No momento, vejo apenas dois modelos econômicos preexistentes que *podem* funcionar para o mundo em que estamos "desevoluindo". Ambos são *muito* retrógrados.

O primeiro é o imperialismo puro e simples. Para que ele funcione, o país em questão deve ter forças armadas, especialmente com uma marinha poderosa capaz de ataque anfíbio em larga escala. Os militares partem para conquistar territórios e povos, e então os exploram da maneira que quiserem: obrigando a mão de obra local a fabricar produtos, despojando os territórios conquistados de recursos, tratando os povos dominados como um mercado cativo para os próprios produtos etc. No seu auge, o Império Britânico se destacou nisso, mas, para ser sincero, o mesmo aconteceu com qualquer outra entidade política pós-Colombo que usasse a palavra "império" no nome. Se isso soa como escravidão em massa com algum distanciamento geográfico e legal entre mestre e escravo, você está correto.

O segundo é algo chamado mercantilismo, um sistema econômico no qual se restringe severamente a capacidade de qualquer país de exportar produtos para sua base de consumidores e ao mesmo tempo empurra toda a produção que puder goela abaixo das outras nações. Essa tática é muitas vezes empregada com um objetivo secundário de destruir a capacidade de produção local para que o mercado-alvo dependa de você em longo prazo. Os franceses da era imperial se engajaram no mercantilismo como algo natural, assim como qualquer potência industrial em ascensão. Os britânicos fizeram dumping de seus produtos para os alemães no início de 1800, enquanto os alemães fizeram o mesmo com qualquer país que conseguissem alcançar no final de 1800. Pode-se argumentar (com bastante facilidade) que o mercantilismo foi mais ou menos a política operacional econômica padrão da China nos anos 2000 e 2010 (sob cobertura estratégica de ninguém menos do que os norte-americanos).

Em essência, ambos os modelos possíveis seriam implementados com o objetivo de explorar outros povos e transferir os inconvenientes da perturbação econômica geral dos invasores para os invadidos. Obtendo uma fatia maior de um bolo menor, por assim dizer. Ambos os modelos podem teoricamente funcionar em um mundo mais pobre, mais violento e mais fraturado — em especial se usados em conjunto. Mas, mesmo assim, uma versão do mercantilismo imperialista enfrenta um problema singular, abrangente e que pode inviabilizá-lo:

Armas demais, soldados de menos.

Nos velhos tempos imperiais (e mercantis), os britânicos (alemães, franceses, holandeses, belgas, japoneses, portugueses, espanhóis, argentinos etc.) chegavam portando armas de fogo e artilharia em regiões cujas tecnologias militares de ponta eram baseadas em lanças e facas. Os recém-chegados normalmente não precisavam demonstrar sua força em muitos moradores para que todos decidissem obedecer (supondo que sobrevivessem tempo suficiente para ter uma decisão a tomar). Deter uma vantagem tecnológica tão nítida e óbvia significava que os invasores poderiam manter o controle com pequenas forças no exterior. O melhor exemplo é provavelmente o Raj britânico na Índia. Os britânicos normalmente mantinham (muito) menos de 50 mil soldados em sua colônia no Sul da Ásia — às vezes menos de 10 mil — para controlar uma população local de mais de 200 *milhões*. Em uma *alta* proporção típica de um ocupante para 4 mil ocupados, seria como se a população da minha cidade natal, Marshalltown, Iowa, tentasse ocupar a totalidade dos Estados Unidos a Oeste do Mississippi.

Em uma época em que um lado era industrializado e o outro não, tal desequilíbrio numérico poderia funcionar. Mas, à medida que os indianos se tornaram tecnologicamente mais sofisticados, a ideia de que os britânicos conseguiriam manter o controle passou de incômoda a risível em pouco tempo. Era apenas uma questão de tempo e vontade política até que os indianos mandassem os britânicos de volta para casa.[*]

Hoje ainda existem partes do mundo mais industrializadas (e mais bem armadas) do que outras, mas não há mais um abismo nos moldes do século XIX entre um mundo industrializado e um mundo pré-industrial. Pense em como foi "divertido" para os Estados Unidos (um país no topo da hierarquia) tentar remodelar o Afeganistão (um país nas últimas posições). Não é preciso ter excelência em armas, ferrovias, asfalto, eletricidade, computadores e telefones para *ter* armas, ferrovias, asfalto, eletricidade, computadores e telefones.

Em um mundo pós-2022, os únicos países capazes de manter um império no exterior são aqueles com três fatores a seu favor: um sério complexo de superioridade cultural; um exército capaz de projetar poder de forma

---

[*] #GandhiÉAudaz

confiável em locais incapazes de reagir de modo eficaz; e muitos, mas muitos e *MUITOS* jovens disponíveis.

O último país que ostentava essa combinação de fatores foi os Estados Unidos, após a Segunda Guerra Mundial. A ascensão dos Estados Unidos nos anos 1800 e início dos anos 1900 foi tecnológica, geográfica, demográfica e econômica, mas, quando as armas silenciaram em 1945, os ianques desfrutaram de vantagens tecnológicas, geográficas, demográficas, econômicas *e* mais militares, *estratégicas e numéricas*. Mas, mesmo assim, os norte-americanos optaram por *não* ocupar o território que haviam conquistado — mesmo quando seus potenciais súditos os recebiam como libertadores. Hoje vivemos em um mundo de acelerado colapso demográfico. *Não há* países que ostentem uma mistura de juventude e alcance necessários para projetar poder além da própria vizinhança a custos aceitáveis e de forma sustentada.

O mais factível seria um império regional, nos moldes da era pré-navegação de águas profundas, com superpotências locais dominando seus vizinhos da maneira mais violenta: por meio de intimidação direta e/ou conquista. E, mesmo assim, tenho dificuldade em ver isso funcionando para qualquer país além da França e da Turquia, que têm estruturas demográficas estáveis, bases industriais fortes e uma enorme vantagem tecnológica sobre suas possíveis futuras neocolônias.[14] Qualquer outra situação seria um jogo de números que poucos países em poucos lugares poderiam, até mesmo teoricamente, jogar, que dirá bem o suficiente para que o esforço valesse a pena. O objetivo dessa discussão sobre possíveis modelos econômicos não é deprimi-lo (embora, na minha opinião, isso seja uma reação perfeitamente razoável) ou mesmo apontar o caminho mais plausível.

Minha intenção é ressaltar dois resultados.

Primeiro, *tudo* vai mudar. Qualquer novo sistema econômico ou sistemas que o mundo desenvolva será algo que dificilmente reconhecemos como viável hoje. Provavelmente precisaremos de volumes muito maiores de capital (os aposentados o absorvem como esponjas), mas teremos muito menos (menos trabalhadores significa menos contribuintes). Isso indica que o crescimento econômico e o progresso tecnológico (ambos exigem capital como insumo) estagnarão. E essa é apenas uma faceta. Tudo o que o capitalismo, o fascismo e o restante dos sistemas foram projetados para equilibrar ou gerenciar — oferta, demanda, produção, capital, trabalho, dívida, escassez, logística — não exige tanto contorcionismo quanto evoluir para formas que literalmente nunca experimentamos como espécie. Estamos entrando em um período de extrema transformação, em que nossas normas estratégicas, políticas, econômicas, tecnológicas, demográficas e culturais mudarão todas ao mesmo tempo. *É óbvio* que migraremos para um sistema de gestão diferente.

Em segundo lugar, o processo será a própria definição de traumático. O conceito de mais tem sido o nosso guia como espécie durante séculos. De um determinado ponto de vista, os últimos setenta anos de globalização foram simplesmente "mais" elevado à enésima potência, uma assimilação profunda de nossa compreensão da economia há muito estimada. Entre a inversão demográfica e o fim da globalização, não estamos apenas chegando ao fim de nossa longa experiência com a era do "mais", nem só dando início ao novo e aterrorizante mundo do "menos"; estamos diante de uma queda livre econômica à medida que tudo o que sustentou a existência econômica da humanidade desde o Renascimento desmorona ao mesmo tempo.

Entre o colapso da Ordem e a inversão da demografia globais, as velhas regras claramente não funcionam, e levaremos décadas para descobrir o que *poderia* funcionar. Diferentes países sentirão o abalo do desmoronamento do velho sistema em velocidades diferentes e de maneiras distintas, e reagirão a tais estímulos usando abordagens moldadas pelos próprios pontos fortes e fracos, culturas e posições geográficas. Nem o desenvolvimento de um novo -ismo será feito sob circunstâncias controladas durante um período de calmaria. Acontecerá no aqui e agora do colapso demográfico e geopolítico.

Não acertaremos na nossa primeira tentativa. *Não* seguiremos os mesmos caminhos. *Não* chegaremos ao mesmo destino. Levou *séculos* para nosso mundo descobrir o atual quarteto de modelos econômicos. É um processo, e não do tipo que segue uma linha reta, previsível e tranquila. Na última vez que a humanidade enfrentou fatores de mudança que exigiram novos modelos econômicos, a causa foi a Revolução Industrial aliada à primeira onda de globalização. Discutimos — vigorosamente — sobre qual sistema poderia ser melhor. Tivemos conflitos. Tivemos guerras. Tivemos *grandes* guerras. A maioria *não* era Fria.

Vivenciar a história é conturbado.

MODELOS *BEM* CONTURBADOS

AGORA QUE TODOS PRECISAMOS DE UMA RODADA DE BEBIDAS, vamos analisar alguns exemplos de como o sucesso *pode*... parecer. Pois, embora nosso mundo nunca tenha experimentado nada parecido com o que estamos prestes a enfrentar, as realidades demográficas e geopolíticas de alguns países os obrigaram a lidar com a vanguarda dessa transformação mais cedo do que o restante de nós. Há alguns lugares onde podemos procurar inspiração. Identificar nortes. Ou, pelo menos, minas terrestres.

Tenho dois para você considerar.

RÚSSIA... COMO UMA HISTÓRIA DE SUCESSO

Embora tudo na Rússia seja feito e sempre tenha sido feito de maneira muito... peculiar, é inegável que a Rússia fez parte do primeiro grande lote de países a se industrializar: depois dos britânicos e em um período semelhante aos alemães. A história demográfica e de industrialização entrelaçada dos russos e alemães, de fato, têm sido *a* história da Europa desde o início dos anos 1800 até os dias atuais.[15]

Mas, enquanto os alemães usaram a Ordem liderada pelos norte-americanos para dar um salto quântico na escala de valor agregado e transformar sua economia industrializada em uma estrutura tecnocrática mais orientada para a exportação, a União Soviética era o *alvo* da Ordem e, portanto, não poderia fazer nada disso. Em vez disso, os soviéticos seguiram o caminho do comunismo centralizado. Fora do reino militar, a Rússia simplesmente não conseguia acompanhar o dinamismo tecnológico do mundo liderado pelos EUA. À medida que os anos se acumulavam em décadas, a economia soviética se estabilizou em termos de sofisticação, e quase todo o crescimento econômico nas décadas de 1960 e 1970 não era de tecnologia ou produtividade, mas, sim, de uma expansão da população em idade ativa. Mais insumos, mais produtos.

Para acreditar que a União Soviética continuaria a funcionar em longo prazo, era preciso acreditar que a população soviética continuaria a crescer, e *isso* simplesmente não estava nos planos. Entre a devastação nas guerras mundiais, os esforços de urbanização e coletivização de Stalin, a má gestão em larga escala de Khrushchev e a estagnação organizacional de Brezhnev, a União Soviética parou de gerar um número suficiente de novos trabalhadores. Em 1980, o pipeline demográfico já estava esgotando... e então simplesmente estagnou. O trauma do colapso soviético foi econômico, cultural, político, estratégico e *demográfico*. Entre 1986 e 1994, a taxa de natalidade caiu pela metade, enquanto a de mortalidade quase dobrou. Atualmente, a Rússia está se desindustrializando ao mesmo tempo em que sua população entra em colapso.

Sombrio? Sim, mas a Rússia é provavelmente um dos *melhores* cenários dentre grande parte do mundo industrializado. Afinal, o país ao menos tem ampla capacidade para se alimentar e se abastecer, além de armas nucleares suficientes para fazer qualquer possível agressor parar e pensar (algumas dezenas de vezes) antes de lançar um ataque. Em um mundo de comércio e capital restritos, é possível imaginar situações bem mais difíceis do que ter profundidade estratégica, além de fornecimento de alimentos, combustível e eletricidade razoavelmente confiável.

Mas o padrão-ouro em termos de preparação para uma vida pós-crescimento está em outro lugar.

JAPÃO: ENVELHECENDO DIGNAMENTE

O Japão está no caminho da falência demográfica há mais de cinco *décadas*. A urbanização extrema tem sido a norma desde a Segunda Guerra Mundial e simplesmente não há espaço suficiente nos onipresentes condomínios de Tóquio para acomodar uma família, que dirá famílias maiores. O processo de envelhecimento está tão profundamente enraizado que cerca de 30 *mil* japoneses morrem em seus apartamentos todos os anos sem que ninguém perceba até que haja um... cheiro. A ponto de precisar de fumigação. O Japão ultrapassou o ponto de não retorno em sua estrutura demográfica na década de 1990, mas, em vez de rastejar para um buraco e morrer, o governo japonês e o mundo corporativo há muito se ramificaram de maneiras que refletem os subjacentes pontos fracos — e fortes — da demografia do país.

As empresas japonesas percebem que a demografia local é escassa, mas também que a fabricação local de produtos em massa requer jovens trabalhadores que o país não tem mais, e que o dumping desses produtos em outros mercados costuma não ser visto com bons olhos. Então, os japoneses optaram por algo novo: deslocalização.

As empresas japonesas transferiram grande parte de sua capacidade produtiva industrial para *outros países,* onde usam a abundância de trabalhadores *locais* para produzir os bens que são vendidos nesses mesmos mercados *locais.* Em seguida, parte da renda dessas vendas volta para o Japão para sustentar a população (cada vez mais envelhecida). Design, trabalho técnico e de manufatura de alta qualidade — o tipo que é realizado por trabalhadores *mais velhos* e altamente qualificados — são mantidos no Japão, mas quase todo o restante da cadeia de suprimentos de manufatura está além das fronteiras nacionais. Em essência, os japoneses perceberam os maus presságios na década de 1980. Viram como o garantidor de segurança norte-americano se ressentia do dumping de produtos e iniciaram um esforço de várias décadas para fabricar bens dentro de seus mercados-alvo. Em particular, esse conceito de "fabricar onde você vende" tornou-se o novo mantra corporativo da Toyota.

Esse novo modelo industrial permitiu ao Japão envelhecer com um certo grau de dignidade. Mas há alguns problemas gritantes.

Primeiro, a economia do Japão está estagnada. Em termos ajustados pela inflação, a economia do país foi menor em 2019 do que em 1995. Parte essencial de não ser capaz de fabricar e vender com e para sua própria população é que você precisa mudar seus objetivos. Mesmo o sucesso econômico descomunal em um mundo pós-crescimento não tem muito... crescimento.

Em segundo lugar, é extremamente improvável que o caminho do Japão seja replicável. Afinal, a experiência japonesa de 1980 a 2019 é, em muitos aspectos, única.

- A transformação do Japão em um sistema pós-crescimento ocorreu sob o manto de segurança norte-americana. Tóquio nunca teve que temer pela própria proteção física *em casa*. O atual desinteresse dos Estados Unidos indica que essa proteção não estará disponível para a maioria dos países.

- O Japão corporativo não enfrentou sérias ameaças à segurança *no exterior*, em parte devido à natureza amigável do ambiente pós-Guerra Fria, e em parte porque os norte-americanos impediram o surgimento de quaisquer ameaças à segurança. A saída dos Estados Unidos do cenário mundial significa que a maioria dos países — a maioria das *rotas comerciais* — será privada do tipo de proteção inviolável sob a qual os japoneses evoluíram.

- A transformação do Japão ocorreu quando suas empresas tiveram acesso aos mercados globais de consumo, mais notavelmente o mercado norte-americano. Deixando de lado o envelhecimento

da demografia, o sistema político norte-americano tornou-se fortemente insular e os Estados Unidos simplesmente *não* manterão o mundo aberto para o comércio. E certamente não manterão o mundo aberto para o dumping de produtos no mercado consumidor norte-americano.
- O Japão era extremamente *rico* no início de sua transição. Em termos per capita, o Japão tornou-se tão rico quanto os Estados Unidos no final dos anos 1980. Toda a instalação industrial que os japoneses construíram no exterior teve um custo, arcado pelos próprios japoneses, mas eles só *conseguiram* pagá-lo porque, apesar de sua demografia estar mudando, *eles ainda não haviam mudado*. Quando começaram a deslocalização na década de 1990, os japoneses ainda tinham cerca de vinte anos de uma força de trabalho funcional para explorar. Hoje, há poucos países que podem alegar um ponto de partida tão positivo em termos de riqueza, e nenhum tem uma base tributária ou capacidade de trabalho que dure mais de uma década.
- A população do Japão é a mais homogênea do mundo, com mais de 98% da população etnicamente japonesa. Essa unidade possibilitou transformações sociais e econômicas que teriam desencadeado revoltas em massa em populações mais diversas.
- O Japão é eminentemente defensável. O país é um arquipélago que nunca foi invadido com sucesso. Mesmo os norte-americanos ficaram tão intimidados pela tarefa de conquistar as ilhas que optaram por bombardear Hiroshima e Nagasaki para forçar a rendição, em vez de enviar os fuzileiros navais para o martírio. O ponto é: as necessidades defensivas do Japão em um mundo sem a vigilância norte-americana são gerenciáveis, e a marinha japonesa é do tamanho certo para a tarefa de defesa de seu território.
- Finalmente, como tudo relacionado à demografia, o Japão tinha grande quantidade do ativo mais crítico: tempo. A transformação econômica não acontece da noite para o dia. A partir do ponto em que o velho modelo econômico japonês ruiu nas quedas do mercado acionário e imobiliário de 1989, o Japão teve três *décadas* para fazer a transição para o que se tornou seu novo normal.

Existem poucos Estados que possuem mão de obra qualificada e capital para tentar a deslocalização como o modelo japonês. Dinamarca, Holanda, Reino Unido, Singapura, Coreia do Sul e Taiwan são alguns exemplos. Os países europeus da lista *podem* ser capazes de cuidar da própria segurança com limitada ajuda norte-americana ou talvez uma parceria com uma França mais demograficamente estável. Quanto aos Estados asiáticos, eles *podem* conseguir recorrer à misericórdia de ninguém menos do que o Japão para obter segurança.

Mas para todos eles seria um jogo de dados saber para onde deslocalizar. Até certo ponto, os europeus ocidentais que formam o núcleo original da União Europeia tentaram essa estratégia com os europeus centrais admitidos na UE nos anos 2000. Mas, em média, os europeus centrais estão envelhecendo ainda mais rápido do que os europeus ocidentais, então essa estratégia implodirá na década de 2020. Os Tigres Asiáticos têm a possibilidade de deslocalização para as nações do Sudeste Asiático, e de fato parte disso já ocorreu. Mas *nenhum* deles tem a capacidade militar de sustentar tal relacionamento sem uma abrangente assistência externa. Com a notável exceção dos Estados Unidos, qualquer país com uma demografia razoavelmente saudável tem maior probabilidade de ser um *concorrente* econômico e/ou de segurança e, portanto, um destino imprudente para seus fundos de investimento.

Mudar para um novo sistema sempre será doloroso, e a maioria dos países simplesmente não conseguiria. Quando comecei a rascunhar as ideias centrais para este livro, em 2016, imaginei que teríamos cerca de quinze anos para resolver esse problema. É um tempo ridiculamente curto para subverter meio milênio de história, mas era melhor do que nada. Mas então, de repente, de forma trágica e terrível, nas semanas iniciais de 2020, toda a esperança desapareceu.

VÁ SE FERRAR, CORONAVÍRUS

A pandemia do coronavírus não apenas nos roubou vidas. Ela nos roubou algo de que precisávamos mais do que qualquer outra coisa para nos preparar para a devastação demográfica que se aproximava. A única coisa que ninguém na Terra pode criar.

Ela nos roubou o tempo.

Em novembro de 2019, o patógeno que o mundo conheceria como o novo coronavírus-2019 — Covid-19, ou simplesmente Covid, para abreviar — começou a circular na província chinesa de Hubei. As autoridades locais, na tentativa de preservar sua reputação, abafaram os relatos de aumento das taxas de infecção. Até mesmo para seus superiores. Até mesmo para os *profissionais de saúde*. Embora muitos governos em muitos níveis tenham mostrado graus surpreendentes de criatividade na má gestão da crise em uma variedade impressionante de maneiras, em um número impressionante de vezes, foi essa primeira decisão de suprimir informações que transformou um problema de saúde local em uma pandemia global. A Covid é a doença mais infecciosa disseminada pela população em geral desde o sarampo — e a taxa de mortalidade da Covid é cinco vezes maior. No momento em que escrevo (fevereiro de 2022), mais de 300 milhões de pessoas em todo o mundo foram diagnosticadas com a doença, 6 milhões morreram.[16]

A Covid se espalha quase exclusivamente por meio da expiração respiratória, que, do ponto de vista econômico, é a pior forma possível. O HIV pode ser evitado com preservativos. O câncer não é transmissível. A doença cardíaca é, em grande parte, uma questão de estilo de vida. Pegar tétano requer se engalfinhar com um arame farpado. Mas e quando é possível espalhar ou se contaminar com um patógeno destruidor pela *respiração*? Temos um problema. As pessoas vivem em ambientes fechados. A maioria dos negócios é feita em ambientes fechados. A maioria dos alimentos é consumida em ambientes fechados. A maioria dos modos de transporte é operada com janelas fechadas. A Covid atingiu e ameaçou todos os aspectos da nossa existência.

O único meio eficaz de lidar com uma doença respiratória é limitar o contato. As máscaras ajudam, mas o isolamento é mais eficiente. Os esforços de mitigação da Covid não fecharam *tudo*, mas prejudicaram muito a maioria das economias repetidas vezes.

Os resultados de um patógeno tão facilmente disseminado são inúmeros, mas para nossos propósitos quatro se destacam.

Primeiro, restrição e inibição do contato entre as pessoas se traduz diretamente em restrição e inibição da atividade econômica, ou recessão, o termo técnico comumente utilizado. Em agosto de 2020, ficou claro que a desaceleração não seria pontual, mas persistiria até que a população em geral atingisse a imunidade de rebanho. No momento em que chegamos a outubro de 2021, descobrimos que a resposta imune gerada pelo contágio com a variante delta, então dominante, variava muito entre indivíduos e, o mais importante, para alguns essa proteção durava apenas algumas semanas. Descobrimos que a vacinação era o único caminho razoável a percorrer.* Felizmente, uma série de vacinas começou a chegar ao mercado em dezembro de 2020, mas, entre a hesitação vacinal e as limitações de fabricação, a maior parte do mundo desenvolvido não conseguiu atingir o limiar de 90% necessário para evitar a transmissão comunitária em 2021, e novas variantes continuaram movendo os parâmetros do que poderia ser considerado "sucesso".

---

* Ou, pelo menos, a maioria de nós chegou a essa conclusão.

Em segundo lugar, a própria natureza de nossa economia "normal" deteriorou. Cada uma das trinta principais economias experimentou confinamento e disrupção. As recessões diretas foram ruins o suficiente, mas a disrupção do estilo de vida mudou o portfólio de consumo: menos serviços, mais bens — de tipos muito específicos, como eletrônicos e produtos de computação. A cada lockdown e/ou abertura, nosso portfólio de consumo mudava e os fabricantes de todo o mundo tentavam mudar seus esforços para atender à alteração da demanda. Cada um desses esforços exigia mais trabalhadores, mais investimento e mais tempo. Em termos técnicos, cada mudança foi descontroladamente inflacionária... em um momento em que cada vez mais baby boomers estavam se aposentando e passando a receber rendimentos fixos. Enquanto escrevo, no início de 2022, os setores industriais do mundo estão em sua *nona* reorganização em decorrência da Covid.

Terceiro, se o objetivo era a estabilidade econômica, as partes do mundo que de alguma forma escaparam da Covid foram... as partes erradas. A África Subsaariana se saiu razoavelmente bem, mas, para ser franco, na maior parte da região a expectativa de vida é simplesmente muito baixa para possibilitar uma população significativa com mais de 70 anos. (Mais da metade de todas as mortes por coronavírus são de pessoas com 75 anos ou mais, de modo que o grupo demográfico que mais sofre com a doença não existe em grande número.) A segunda região foi o Leste Asiático, onde respostas rápidas e competentes do governo controlaram o número de casos. Infelizmente para o sistema global, a África Subsaariana é um ator menor, gerando coletivamente apenas 1,9% do Produto Interno Bruto (PIB) global, enquanto *todas* as economias do Leste Asiático são de exportação. Em termos de consumo global, não foi relevante o fato de essas regiões se saírem melhor na pandemia. O mercado para o qual vendiam foi perdido.

Em quarto lugar, questões não relacionadas se intensificaram durante a crise do coronavírus para fraturar ainda mais as conexões globais. Especificamente, a administração Trump travava uma guerra comercial contra a China, enquanto a China mergulhava no nacionalismo narcisista. Ambos os aspectos estimularam os sistemas de consumo — incluindo os Estados Unidos — a atender o máximo possível de suas necessidades de fabricação internamente. Seja por medo nacionalista, populismo, saúde, segurança nacional, política ou empregos, as complexas cadeias de suprimentos que dominaram cada vez mais o setor manufatureiro por décadas foram severamente interrompidas.

Enquanto escrevo, a Covid já causa disrupção na parte do mundo movida pelo consumo por mais de dois *anos*. A parte impulsionada pela exportação já sofreria uma transição para o pós-crescimento na década de

2020, principalmente no primeiro semestre da década. A Covid enfraqueceu as conexões entre as economias de exportação e as de consumo; isso segregou a maioria das economias de consumo em seus mundos parcialmente isolados, ao mesmo tempo em que negou às economias de exportação as vendas necessárias para abastecer seus sistemas *e* o tempo de transição crucial para adaptar seus sistemas ao que vier após a globalização.

O jogo da globalização não está simplesmente terminando. Já acabou. A maioria dos países *nunca* retornará ao grau de estabilidade ou crescimento que experimentou em 2019. E agora a maioria perdeu a chance de *tentar* mudar para uma base nova e mais apropriada.

Porém, é claro, "maioria" não significa "todos".

OS ÚLTIMOS REDUTOS DO MAIS

EXISTEM POUCOS E PRECIOSOS PAÍSES QUE, CONTRA TODAS as probabilidades, mantiveram a tocha demográfica acesa. A vida para eles também mudará, mas não de forma tão rápida, drástica ou negativa. O mais relevante do que todos os outros juntos são os Estados Unidos.

O MAIS NORTE-AMERICANO, PARTE 1: GEOGRAFIA

Vamos começar com as questões geográficas e estratégicas.

- Os Estados Unidos têm mais terras aráveis, de alta qualidade e em zona temperada do que qualquer outro país e toda a sua cadeia de abastecimento agrícola está dentro da América do Norte. Isso torna os Estados Unidos o maior produtor e exportador agrícola do mundo. A segurança alimentar não é um problema.
- O país tem mais terras adequadas para habitação — clima moderado, áreas relativamente planas, bom acesso à água, ausência de pragas etc. — do que qualquer país do mundo. Em termos de terra utilizável por pessoa, os Estados Unidos provavelmente seriam capazes de suportar o *dobro* dos 330 milhões da população atual antes de parecer lotado.
- O transporte hidroviário custa cerca de um duodécimo do transporte terrestre. Graças a onipresentes vias navegáveis internas — em maior quantidade do que o total combinado do resto do mundo —, os Estados Unidos têm os custos de transporte interno mais baixos do mundo.[17]
- Graças à revolução do xisto, os Estados Unidos não são apenas o maior produtor de petróleo do mundo, o que possibilitou sua independência do petróleo líquido, como os subprodutos de sua produção de óleo de xisto proporcionaram os menores custos de eletricidade não subsidiados do mundo.
- Os Estados Unidos são o país do primeiro mundo mais próximo da linha do equador, o que proporciona mais potencial de energia

solar do que qualquer outro país, enquanto o posicionamento de suas montanhas, em comparação com a área costeira, garante mais potencial de energia eólica do que qualquer outro país. O fornecimento de energia elétrica, seja de fonte limpa ou fóssil, nunca será um problema para os EUA.

- Insumos mais baratos — seja na forma de terra ou energia — ajudaram a desencadear um processo maciço de reindustrialização nos Estados Unidos já em 2010. Isso proporcionou uma vantagem inicial nas reformulações industriais em larga escala que predominarão nos colapsos globais da década de 2020.
- Os Estados Unidos não enfrentam ameaças à segurança em seu continente desde a década de 1840. Desertos e montanhas tornam uma invasão a partir do Sul simplesmente impossível, enquanto lagos e florestas (e um desequilíbrio demográfico de 10 para 1) limitam até a ideia de uma invasão pelo Norte ao reino da fantasia e às animações de baixa qualidade, repletas de palavrões.*
- Em vez de hostilidade, os norte-americanos têm trabalhado com os canadenses e mexicanos para criar um polo industrial e uma zona de comércio integrados. As economias de escala expandidas permitem um polo industrial regional de excelência em termos de qualidade e custo.
- Os oceanos Atlântico e Pacífico tornam os Estados Unidos praticamente imunes à invasão extra-hemisférica. Poucos países têm navios *capazes* de atravessar um oceano sem apoio. Se alguém quiser atacar os Estados Unidos, terá que primeiro passar pela Marinha dos EUA, que é dez vezes mais poderosa que as marinhas do resto do mundo *combinadas*.[18]
- Os Estados Unidos têm armas nucleares. Milhares delas. Em uma disputa de pedra-papel-tesoura-lagarto-Spock-arma nuclear, as armas nucleares ganham todas as vezes.

Resumindo: em um mundo sem "mais", os Estados Unidos não apenas ainda têm muito, mas também têm *a capacidade de manter tudo isso.*

Mas, ainda melhor, até agora os norte-americanos conseguiram escapar de grande parte da armadilha demográfica e de desenvolvimento global.

---

* Estilo South Park. "Mataram o Kenny! Filhos da p*ta!"

O MAIS NORTE-AMERICANO, PARTE 2: BABY BOOMERS E MILLENNIALS

Dos 17 milhões de homens norte-americanos — mais de 20% da população masculina do país — que lutaram na Segunda Guerra Mundial, 16,6 milhões voltaram para casa prontos para seguir com suas vidas. A lei de reintegração social dos veteranos de guerra, apelidada de GI Bill, garantiu que obtivessem educação. A Lei de Rodovias Interestaduais de Eisenhower, aprovada em 1956, possibilitou a construção de rodovias nacionais que permitiram que os ex-soldados se estabelecessem em qualquer lugar. Novos programas de empréstimos imobiliários possibilitaram que os jovens veteranos comprassem ou construíssem suas primeiras casas e, ao fazê-lo, combinados com o novo Sistema de Rodovias Interestaduais, lançaram o que hoje conhecemos como os subúrbios residenciais.

Todos esses novos programas governamentais foram, em muitos aspectos, os primeiros de sua espécie para os norte-americanos. A maioria foi lançada por medo da repetição do desastre econômico que se seguiu quando milhões de soldados norte-americanos retornaram da guerra. Após a *Primeira* Guerra Mundial, o súbito retorno dos soldados inundou o mercado de trabalho, gerando um excesso de oferta tão grande que desencadeou uma espiral deflacionária, contribuindo para a Grande Depressão.

Uma lógica central dos novos programas era empregar os gastos governamentais para absorver toda essa mão de obra ou para enviar os agora ex-soldados à universidade por alguns anos a fim de postergar o problema. Muitos debateram (e ainda debatem) os prós e contras de expandir a presença do governo de forma tão permanente, mas é inegável que, com todas essas peças no lugar, os Estados Unidos experimentaram a maior explosão demográfica de sua história. Entre o fim da guerra e 1965, houve mais de 70 milhões de nascimentos, em um país que antes da guerra tinha menos de 135 milhões de habitantes. O horror dos baby boomers foi lançado sobre nós.

Há uma infinidade de histórias sobre os baby boomers dos Estados Unidos, a geração que amadureceu durante a década de 1970, criando o que se entende como cultura norte-americana. Disco? Culpa deles. Os baby boomers criaram o estado de bem-estar social norte-americano e, a partir dele, geraram a atual massa de aposentados que quebrou o orçamento federal norte-americano. Eles são a única geração a crescer à sombra dos novos complexos industriais surgidos após a Segunda Guerra Mundial, quando o resto do mundo estava devastado, e depois assistiram com pesar quando essas mesmas instalações industriais foram sendo realocadas conforme o resto do mundo se recuperava sob o manto de proteção da Ordem. Do Vietnã ao Afeganistão, de Johnson a Trump, dos direitos civis aos longos deslocamentos urbanos, da revolução sexual à invalidez tecnológica, suas decisões coletivas e fraquezas determinaram precisamente *o que* são os Estados Unidos.

A maior parte do resto do mundo também teve sua geração baby boomer, por razões semelhantes. O fim da guerra e o alvorecer da nova era (principalmente livre de guerra) sob a proteção norte-americana possibilitaram que a maioria dos governos se ocupasse com a vida de seu povo sem precisar se sobrecarregar com a tarefa de defesa nacional. Os governos europeus, em particular, gastaram muito mais tempo e energia tentando proporcionar conforto a seu povo e muito menos tentando aniquilar seus vizinhos. Muitos países do mundo se desenvolveram — e experimentaram as mesmas reduções na mortalidade dos Estados mais avançados — pela primeira vez. A população se expandiu em todos os lugares.

Mas, em relação às populações pré-guerra, os baby boomers norte-americanos eram muito mais numerosos do que seus pares globais. Mesmo 170 anos após a independência e com uma expansão populacional de trinta vezes, os norte-americanos *ainda* desfrutavam de *muita* terra desocupada. A população dos Estados Unidos ainda estava se expandindo para territórios esvaziados pela erradicação dos nativos. Muitas terras úteis significavam que os baby boomers usufruíam de muitas oportunidades de baixo custo e alta recompensa. Em contraste, a Europa havia atingido a capacidade de carga de suas terras décadas antes e não havia muitas áreas disponíveis em suas fronteiras internas. Mesmo nos países recém-desenvolvidos, o campo não tinha muitos territórios não utilizados.

Mas assim foi no passado, e o presente é outra história. Já no início da década de 2020, os baby boomers passaram a ser uma força demográfica esgotada. Em 2022 e 2023, a maioria dos baby boomers do mundo completa 65 anos e, portanto, migra para a aposentadoria.

Isso gera um duplo impacto nos mercados de trabalho. Os baby boomers são a maior geração de todos os tempos, então sua ausência é extremamente impactante em termos numéricos. Eles também são a geração economicamente ativa mais antiga, o que significa que seus números compreendem a maior parte de toda a mão de obra qualificada disponível. Remova tantos trabalhadores altamente qualificados em um curto período de tempo e os resultados inevitáveis pelos próximos anos serão a escassez e a inflação de mão de obra.

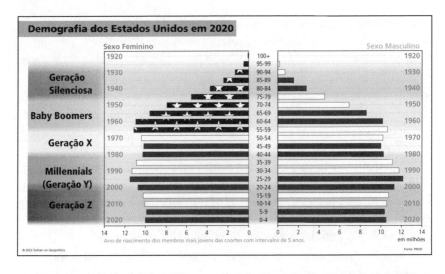

A geração seguinte é a X, um grupo que testemunhou as provações e dificuldades de seus antecessores e... não gostou do que viu. Havia tantos baby boomers que, quando eles ingressaram no mercado, a disputa por salários reduziu os custos de mão de obra. Isso obrigou muitos baby boomers a decidir que uma família com duas rendas era a única maneira de sobreviver. Isso não apenas diminuiu ainda mais os custos de mão de obra, como também acrescentou um estresse considerável nas relações interpessoais, resultando na alta taxa de divórcios entre baby boomers. A geração X tentou, até certo ponto, evitar esse resultado. Seus integrantes são muito mais propensos a ter famílias de renda única em comparação com seus pais, pois valorizam seu tempo tanto quanto seu dinheiro.

A geração X já era menor e nunca seria capaz de preencher a enorme lacuna causada pela ausência dos baby boomers, mas, com uma menor taxa de participação na força de trabalho, o resultado é uma escassez de mão de obra muito maior. Isso é *ótimo* para a geração X — aqueles que escolherem trabalhar terão o melhor poder de precificação de qualquer força de trabalho até hoje —, mas é um tanto desastroso para o mercado de trabalho em geral.

Na parte inferior da escala está a geração Z. Seus integrantes são trabalhadores ávidos, mas são poucos. São os filhos da geração X. Inevitavelmente, uma geração pequena só pode dar origem a... uma geração pequena. Todos os membros dessa geração *já* nasceram e, mesmo que *todos sigam os* passos dos baby boomers, e não os dos próprios pais, e *todos* entrem na força de trabalho, não há nem de longe número suficiente para preencher a lacuna. *Pelas próximas duas décadas.*

Até esse ponto, o quadro geral de baby boomers, geração X e geração Z se repete em todo o mundo, a única diferença é que os baby boomers dos Estados Unidos fizeram uma coisa que seus pares globais não fizeram. Tiveram filhos. *Muitos.* Diga o que quiser sobre a geração millennial norte-americana — e sim, há *muito* que podemos dizer —, mas ela tem algo a seu favor que quase nenhuma outra geração millennial do mundo tem.

Ela *existe em um número significativo.*

No geral, o grupo demográfico da geração millennial norte-americana se divide em duas categorias. A primeira corresponde ao estereótipo de senso de direito, preguiça e adolescência prolongada entre a faculdade e o ingresso no mercado de trabalho. A segunda... se ferrou: ela tentou ser adulta, mas foi vencida pela combinação dos baby boomers, que a expulsou da força de trabalho, e pelo desemprego em massa desencadeado pela crise financeira de 2007 a 2009. Independentemente da categoria em que se enquadram, os millennials perderam *anos* de experiência de trabalho significativa e hoje são os *menos* qualificados em *qualquer* coorte de idade equivalente na história norte-americana moderna.

Mas eles são *muitos*. Os millennials norte-americanos já são o mais numeroso grupo demográfico da força de trabalho. Isso é ótimo. Isso é *essencial*. Porém, a verdadeira esperança está em seus *filhos*. O fato de os millennials serem numerosos possibilita que tenham filhos suficientes para um dia preencher a lacuna de mão de obra. Mas isso não acontecerá até que esses filhos ingressem na força de trabalho... um processo que só terá início em meados da década de *2040*. E ainda há um risco: um fator nada irrelevante é que os millennials precisam *ter* esses filhos. Atualmente, as taxas de natalidade dentre eles são as mais baixas da história norte-americana.

Assim, para os Estados Unidos, os millennials, apesar de todas as suas imperfeições, estão ocupando a força de trabalho até certo ponto. Por muitas medidas, em um nível ainda insuficiente, mas a própria existência dos millennials é tanto uma vantagem agora quanto uma fonte de esperança para mais tarde.

Fora dos Estados Unidos, o quadro é *muito* mais sombrio, pela simples razão de que a maioria dos baby boomers do mundo não teve filhos. As razões para a diminuição na taxa de reprodução variam muito de lugar para lugar. O Leste Asiático já estava densamente povoado; a urbanização em massa não ajudou. A maior parte da Europa gastou seu dinheiro em atualizações técnicas, em vez de facilitar a criação de famílias. O Canadá é tão frio que todos migraram para cidades em busca de calor assim que possível, e os apartamentos são o fator decisivo na redução do tamanho da família, não importa onde estão localizados ou por que as pessoas vivem neles.

Então, sim, a aposentadoria em massa dos baby boomers norte-americanos *causará* devastação nas finanças. Mas, entre seu menor tamanho relativo em comparação com o padrão global e a crescente contribuição de seus filhos para a receita do governo, o abalo financeiro que provocarão não será nada em comparação com a chuva meteórica de desafios que destruirá completamente os sistemas governamentais de países tão diversos quanto China, Coreia, Japão, Tailândia, Brasil, Alemanha, Itália, Polônia, Rússia e Irã. Enquanto isso, a própria existência dos millennials norte-americanos significa que os Estados Unidos se recuperarão, pelo menos em parte, da crise financeira na década de 2030 e, provavelmente, da crise de mão de obra na década de 2040. Mas, para o resto do mundo, nunca será melhor do que era na década de 2010. Jamais.

Os norte-americanos terão pouca companhia.

A França, em um esforço consciente e sustentado para superar numericamente a Alemanha Ocidental, tornou-se uma das nações mais pró-natalistas do mundo. O modelo sueco de social-democracia envolve apoio familiar do berço ao túmulo. A Nova Zelândia tem espaço de sobra e, em um passado distante, implementou uma versão (mais branda) das políticas australiana e norte-americana, reduzindo deliberadamente oportunidades para sua população indígena, a fim de impulsionar a população branca. Mas esses três países, além dos Estados Unidos, são as exceções que definem a regra. Os baby boomers de todas as outras nações não conseguiram procriar para algo próximo aos níveis de reposição. Seis décadas depois, a coorte global de millennials no mundo desenvolvido é simplesmente pequena demais até para, teoricamente, preservar a existência de suas nacionalidades em longo prazo.

Uma conta rápida feita por pessoas que vivem na interseção de dados demográficos e estatísticos (que, para mim, são cálculos válidos) sugere que lugares com dados demográficos razoáveis a ruins, como Espanha, Reino Unido ou Austrália, sofrerão uma redução em seu crescimento de cerca de 2% do PIB anualmente. A redução para demografias verdadeiramente terminais, como Alemanha, Itália, Japão, Coreia e China, será de pelo menos 4%, enquanto populações mais jovens, como a dos Estados Unidos e a da França, sofrerão uma redução de apenas 1%. Some isso por uma única década e é difícil imaginar como países considerados de "ascensão inevitável", como a Alemanha e a China, poderão *sobreviver*, muito menos funcionar ou prevalecer.

E ainda há mais no mais dos norte-americanos.

O MAIS NORTE-AMERICANO, PARTE 3: CULTURA

Os Estados Unidos são uma das quatro colônias de povoamento, um termo pseudotécnico que indica que a maioria dos norte-americanos pode traçar sua linhagem para pessoas não nascidas em seu território atual. Em 1700 e 1800, nas primeiras levas de colonizadores, esses aspirantes a norte-americanos chegaram *jovens*. Os mais velhos não conseguiriam (e não queriam) suportar as duras condições de viajar várias semanas através de um oceano. Isso significava que os recém-chegados eram (a) menos propensos a morrer de velhice, (b) mais propensos a começar imediatamente a ter muitos filhos, (c) capazes de se expandir para todo o tipo de terra livre e (d) cada vez mais numerosos à medida que *mais* jovens colonos desembarcavam em Ellis Island. O resultado foi um grupo demográfico muito jovem e em rápido crescimento. Claro, isso foi há mais de um século, mas os ecos das tendências demográficas perduram por muito tempo. (A Rússia contemporânea só agora está sofrendo as consequências dos parcos frutos demográficos da Primeira Guerra Mundial e dos expurgos pré-Segunda Guerra Mundial de Stalin.)

Como colônia de povoamento, os Estados Unidos tendem a ser muito mais confiantes em sua identidade política e bem mais abertos à imigração do que outros países. A tal ponto que os Estados Unidos são um dos poucos países que publicam dados sobre quantos de seus cidadãos nasceram no exterior. Em todos os outros lugares, até mesmo o processo de coletar (que dirá de relatar) tais dados é considerado algo entre desestabilização política e traição. Isso não deve ser surpresa; com exceção da população indígena, nenhum norte-americano é realmente dos Estados Unidos. A migração interna flutuou ao longo das décadas com base nas condições econômicas dos Estados Unidos e do mundo, e nas oscilações da própria cultura política norte-americana, mas, em regra, é significativamente maior do que quase todos os países do mundo como porcentagem da população geral.

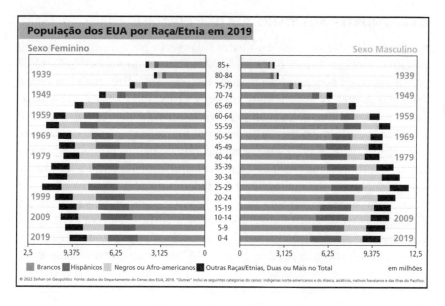

Em grande parte, isso está relacionado à natureza das identidades nacionais. A maioria dos países são Estados-nação: seus governos existem para servir os interesses de uma etnia específica (a nação) em um território específico (o Estado). França para os franceses, Japão para os japoneses, China para os chineses, e assim por diante. Nos Estados-nação, o governo central tende a ser a primeira e a última palavra em política, porque *sabe* os interesses de quem ele foi criado para atender. O termo técnico para tais governos é *unitário*.

Mas nem todos os governos são Estados-nação. Alguns são compostos de diferentes povos que residem em diferentes geografias, cada um com suas próprias autoridades locais, mas, devido a vicissitudes da história, guerras, necessidade e acaso, criaram uma administração comum. O resultado é um sistema hibridizado com diferentes níveis de governo — tipicamente local, regional e nacional —, cada um com diferentes direitos, autoridades e responsabilidades. Alguns, como Canadá, Brasil, Suíça ou Bósnia, são associações tão vagas que seus governos nacionais na prática podem ser considerados governos só no nome: eles são sistemas *confederados*. Em outros — como Estados Unidos, Índia ou Austrália —, o equilíbrio entre os vários níveis é praticamente equânime: eles são sistemas *federados*.[19]

A conclusão de todo esse blá-blá-blá político é que, nos Estados Unidos, o governo federal — aquele com sede em Washington, D.C. — *não* foi expressamente projetado para servir aos interesses de nenhuma etnia específica. Mesmo os adeptos da teoria crítica da raça admitem plenamente que o grupo político e economicamente dominante nos Estados Unidos

— brancos caucasianos — é uma mistura de povos de ascendência inglesa, alemã, irlandesa, italiana, francesa, polonesa, escocesa, holandesa, norueguesa, sueca e russa (nessa ordem).

Essa definição relativamente vaga do que significa ser "americano" torna muito mais fácil para os Estados Unidos em particular, as colônias de povoamento em geral e, na definição mais ampla, qualquer sistema federado ou confederado absorver levas de novos imigrantes. Nos sistemas unitários, os novos imigrantes precisam ser *convidados* a aderir à cultura dominante. Caso contrário, eles se tornarão uma subclasse. Mas, nos Estados Unidos, os novos imigrantes são muitas vezes autorizados a *se definir* como membros da comunidade mais ampla.

No mundo que está por vir, essa será uma característica muito útil. Com as economias de consumo do mundo assumindo a responsabilidade por cada vez mais de sua própria produção e se tornando cada vez mais insulares, simplesmente não haverá muitas oportunidades econômicas para adultos em idade ativa que vivem em economias de exportação, muito menos em sistemas pós-crescimento. Mesmo que esses países enfraquecidos sobrevivam, seus trabalhadores terão que escolher entre impostos cada vez mais altos para sustentar suas populações envelhecidas ou ir embora. Espera-se que muita da mão de obra restante do mundo — sobretudo a altamente qualificada — em breve esteja batendo à porta dos Estados Unidos. A cada uma dessas realocações, a posição dos Estados Unidos em relação a todos os outros melhora.

E, além da mecânica da imigração, os norte-americanos têm um trunfo final.

O MAIS NORTE-AMERICANO, PARTE 4: MÉXICO

Parte do fator México é óbvia: em 2021, o mexicano médio era quase dez anos mais jovem que o norte-americano médio. Como fonte direta de migrantes, os mexicanos resolvem vários problemas dos Estados Unidos. A imigração mexicana manteve a idade média dos norte-americanos, manteve os custos de mão de obra semiqualificada sob controle e preencheu a demografia mais ampla — especialmente em regiões como o Extremo Sul, que sem os influxos mexicanos sofreriam uma estrutura demográfica semelhante à do rápido envelhecimento da Itália.

Parte do fator México é uma razão menos óbvia: a integração da indústria. O sistema mexicano não é capaz de fornecer eletricidade, educação e infraestrutura suficientes para seu povo. Isso derruba não só os salários mexicanos, mas os conjuntos de habilidades e produtividade do trabalhador mexicano. Qualquer sistema de fabricação de vários estágios terá etapas altamente técnicas, bem como aquelas que são altamente *não* técnicas. O derretimento da bauxita é mais fácil do que a extrusão do alumínio. Montar as peças de um computador é mais fácil do que codificar um software. Cavar dutos subterrâneos é mais fácil do que fabricar o cabo que será passado por esses dutos. A correspondência de tarefas com conjuntos de habilidades — conhecida como divisão do trabalho — permite a produção máxima com um mínimo de custos. As cadeias de suprimento globalizadas têm tudo a ver com explorar diferentes conjuntos de habilidades e estruturas de custos de mão de obra para gerar os resultados economicamente mais eficientes. Poucos lugares têm tanta sorte quanto os Estados Unidos e o México em dispor de um complemento *técnico* perfeito *bem ao lado*.

Parte do fator México é francamente contraintuitiva. O grupo étnico dominante no México é originário da Espanha, enquanto o grupo "étnico" dominante nos Estados Unidos é branco caucasiano. Aos olhos *mexicanos*, isso não é tão diferente. Os mexicanos de ascendência espanhola desprezam um pouco os mexicanos de ascendência indígena, e têm sentimentos parecidos aos dos norte-americanos em relação aos migrantes da América Central. Uma vez que os mexicanos migram para os Estados Unidos, eles assimilam rapidamente a cultura. É bastante comum que os mexicanos-americanos de segunda geração — e quase automático para os de quarta geração — se definam como *brancos*. Dentro de seus próprios estratos sociais, os mexicanos-americanos redefiniram "brancos", antes um termo de exclusão usado para se referir a "eles" e especialmente "àqueles gringos", para um termo inclusivo que significa não só "nós", mas "*todos* nós".

A capacidade de assimilação dos Estados Unidos provou funcionar ainda melhor em relação aos mexicanos do que em ondas anteriores de migrantes. Em *todos os* casos, o inglês norte-americano tende a suplantar o idioma dos migrantes dentro de duas a três gerações. No caso dos mexicanos-americanos, no entanto, raramente leva mais de uma. Atualmente, os mexicanos-americanos são os mais entusiastas do Sonho Americano, não apenas econômica, mas *culturalmente*.

Claro, nem tudo é sol e tacos.

Apesar de todas as vantagens econômicas, financeiras e demográficas da imigração, as culturas têm uma limitada capacidade de assimilação de uma forma tão rápida e, na década de 2010 e no início da década de 2020, às vezes pareceu que os Estados Unidos atingiram seu limite. É mais do que apenas uma impressão. Uma simples leitura dos dados sugere o porquê.

OS ÚLTIMOS REDUTOS DO MAIS

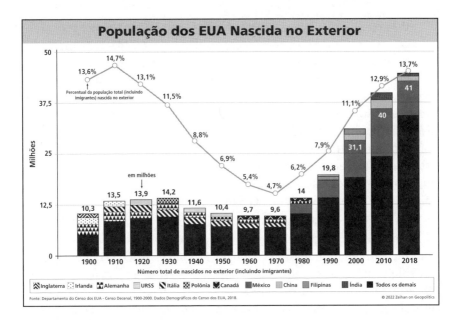

A imigração para os Estados Unidos atingiu uma baixa histórica relativa na década de 1970 — a década em que os baby boomers dos EUA atingiram a maioridade. Para essa geração — um grupo demográfico predominantemente branco —, a principal experiência com a política inter-racial foi o movimento dos direitos civis, que envolveu pessoas que *já estavam no país* em um momento em que os baby boomers eram jovens e politicamente liberais.

A imigração então aumentou de forma constante até atingir uma alta quase histórica (novamente, em termos relativos) na década de 2010, momento em que os baby boomers se aproximavam da aposentadoria e, ao fazê-lo, tornavam-se politicamente... complicados. A cada década, à medida que os baby boomers envelheciam, o maior grupo de imigrantes era *sempre* mexicano. Na mente de muitos dessa geração, os mexicanos há muito tempo não são apenas o "outro", mas o "outro" que chegou *em números cada vez maiores*. Uma grande razão pela qual tantos baby boomers têm apoiado políticos nativistas como Donald Trump é que seus sentimentos de indignação com o ritmo da mudança na sociedade norte-americana não são uma alucinação coletiva. São firmemente apoiados pela realidade.

Essa é uma peça do caleidoscópio de por que a política norte-americana se tornou tão insular na década de 2010 e no início da década de 2020. Mas, independentemente de sua opinião sobre baby boomers, mexicanos, raça, comércio, assimilação ou fronteiras, há alguns fatos para ter em mente.

83

Primeiro, os mexicanos *já estão nos Estados Unidos*. Se você está preocupado com a cultura ou o mercado de trabalho, a grande onda mexicana não só chegou, mas já *acabou*. A migração líquida de mexicanos para os Estados Unidos atingiu o pico no início dos anos 2000 e foi *negativa em doze dos treze anos desde 2008*. Assim como a industrialização e a urbanização reduziram as taxas de natalidade no mundo desenvolvido, o mesmo processo começou no México, apenas algumas décadas depois. A estrutura demográfica mexicana de hoje sugere que nunca mais o país será um contribuinte líquido em larga escala de imigrantes. A maioria dos grandes fluxos migratórios para os Estados Unidos desde 2014 vem dos quase falidos países da América Central: Honduras, El Salvador e Guatemala.[20]

Em segundo lugar, mesmo entre as cepas mais nativistas do pensamento político norte-americano, há espaço para os mexicanos. Em apenas dois anos, ninguém menos que Donald Trump deixou de condenar abertamente os imigrantes mexicanos como estupradores e "maus hombres" e passou a abraçar o México em acordos comerciais e de segurança que levaram as relações bilaterais às mais amigáveis e produtivas na história de ambas as repúblicas. Parte integrante da renegociação de Trump no Nafta foram cláusulas que visam expressamente levar a indústria de volta para a América do Norte. Não especificamente para os Estados Unidos, mas para *qualquer* signatário do acordo. A equipe de Trump acrescentou essas cláusulas tendo o México expressamente em mente.

Do outro lado da equação, os mexicanos-americanos estão se tornando *nativistas*. O grupo demográfico nos Estados Unidos que consistentemente aparece nas pesquisas como mais anti-imigração não são os norte-americanos brancos, mas, sim, os mexicanos-americanos (não de primeira geração). Eles querem a reunificação familiar, mas *apenas para as próprias famílias*. Nunca se esqueça de que Donald Trump, o anti-imigrante e defensor do muro, tinha o apoio de quase todos os condados da fronteira Sul ao concorrer à *re*eleição em 2020.

Em terceiro lugar, os EUA e o México ainda têm algo que a maioria dos outros não tem: mais. E, juntos, eles certamente têm ainda mais.

Existem algumas nuvens no horizonte. Embora esteja envelhecendo lentamente, a população norte-americana ainda está envelhecendo. E, apesar dos mexicanos serem jovens, eles estão envelhecendo mais rápido do que os norte-americanos. Em algum momento em meados da década de 2050, é altamente provável que o mexicano médio seja mais velho do que o norte-americano médio.

Mas, mesmo no pior cenário — em termos demográficos —, os Estados Unidos têm algo de que dificilmente outra nação do mundo de Desordem em que todos estamos mergulhando dispõe: tempo.

Enquanto outros países devem descobrir como desfazer e reestruturar seus sistemas, para projetar e implementar um novo -ismo em apenas alguns anos, os norte-americanos e os mexicanos têm *décadas*. Pelo menos até a década de 2050. Há uma vantagem em ser um retardatário nesse processo: os norte-americanos e seus parceiros mexicanos poderão olhar para o mundo e aprender com as tentativas de todos os outros.

Mas talvez a conclusão mais notável não seja que os norte-americanos (em aliança com os mexicanos) terão a adaptação menos traumática para o mundo que enfrentaremos em breve, mas, sim, que o futuro do mundo é norte-americano.

A equação é bastante simples: a população dos Estados Unidos é mais do que jovem o suficiente para que, mesmo sem o México ou a migração interna, possa continuar crescendo por pelo menos algumas décadas.

É O FIM DO MUNDO TAL COMO O CONHECEMOS...

Compare isso com a China. A população da China se tornou terminal há duas décadas. Conforme as estatísticas que você usar, a idade média do cidadão chinês superou a do cidadão norte-americano em algum momento entre 2017 e 2020. A força de trabalho e a *população total da China atingiram o pico* na década de 2010. Na melhor das hipóteses, a população chinesa no ano de 2070 será menos da metade do que era em 2020. Dados mais recentes, vazados do censo chinês, sugerem que essa data pode ser antecipada para 2050. O colapso da China *já* começou.

Essa parte específica da aritmética nem sequer leva em conta o que acontecerá com os níveis de mortalidade global (e chinesa) quando a globalização estiver consolidada. A maior parte do mundo (incluindo a China) importa a grande maioria de sua energia, bem como os insumos usados para cultivar seus alimentos. A maior parte do mundo (incluindo a China) depende do comércio para manter sua população não apenas próspera e saudável, mas *viva*. Remova isso e os níveis de mortalidade global (e chinesa) aumentarão, mesmo quando as tendências demográficas significarem que as taxas de natalidade continuarão a cair.

Entre o colapso demográfico em grande parte do mundo e a estabilidade demográfica norte-americana, a participação dos Estados Unidos na população global total certamente aumentará nas próximas duas gerações — provavelmente em mais de 50%. *E* os EUA manterão o controle dos oceanos globais. *E* os norte-americanos terão tempo para adaptar seu sistema. *E* é provável que o resto do mundo brigue pelos restos despedaçados de um sistema econômico em colapso.

No momento em que escrevo, em 2022, tenho 48 anos. Não espero ser totalmente funcional na década de 2050, quando esse novo mundo se estabelecer. Como o mundo será mais adiante, como o mundo será quando os norte-americanos finalmente se recuperarem terá que ser um projeto para outra época. Em vez disso, o objetivo deste livro é expor como será essa transição. Como será o mundo em que todos nós vamos viver. Como tudo que sabemos e entendemos sobre comida, dinheiro, combustível, deslocamento, dispositivos e coisas que tiramos do solo mudará? Vamos crescer, nos rearranjar.

Fracassar.

Então, com isso em mente, vamos falar sobre a vida após o fim do mundo.

UMA NOTA RÁPIDA DO AUTOR...
SOBRE MOSCOU

Cronogramas de publicação são um pouco estranhos. Vamos supor que você seja a Oprah ou recentemente tenha assassinado alguns dos principais líderes mundiais. *Todo mundo* quer ouvir o que você tem a dizer. Mesmo assim, a partir do momento em que terminar de anotar seus pensamentos, as necessidades de edição, copidesque, revisão, impressão e distribuição significam que levará pelo menos cinco meses até que seu livro chegue ao mercado.

Eu não sou a Oprah (nem um assassino), então há um intervalo necessário entre o momento em que escrevo e o em que você lê (ou ouve) essas palavras. Nossas equipes editoriais e de produção se esmeraram para lançar este livro o mais rápido possível, mas, como tenho certeza de que você está ciente, em alguns aspectos, isso não é viável. Enviamos a versão final *definitiva* deste manuscrito em 16 de fevereiro de 2022. A Rússia lançou uma invasão na Ucrânia menos de duas semanas depois, e este livro só será lançado em 14 de junho nos EUA.

É perfeitamente possível que haja outras disrupções entre a redação desta nota, em 28 de fevereiro de 2022, e o momento em que você tem contato com essas palavras. Estou acompanhando *bem* de perto o potencial colapso do culto à personalidade do presidente do Partido Comunista Chinês, Xi Jinping. Mas essas disrupções contínuas não são exceções, são mais uma característica do mundo em que já estamos nos transformando. As ações retardadoras que mantiveram a história estável se foram, e todos nós estamos avançando — rapidamente — para a próxima era.

Espero que tenhamos sorte.

PARTE II:

TRANSPORTE

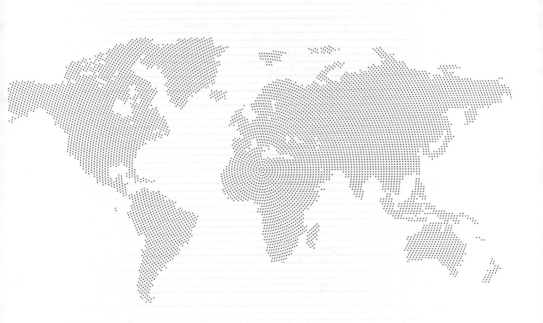

UMA LONGA, LONGA ESTRADA

VAMOS COMEÇAR COM KIMCHI QUESADILLAS.
Sou um grande fã da culinária fusion. Sopa picante e azeda com bacon. Pizza de café da manhã. Enchilasanha. Wontons de cheesecake e caramelo. Hambúrguer de abacaxi. Pavlova de crème brûlée. Poutine de pato na manteiga. Topo tudo!

No entanto, você pode ficar surpreso em descobrir que não é possível simplesmente ir ao supermercado e comprar corn dogs de sushi na seção de congelados. (O que é muito triste.) Mas o que você *pode* fazer é comprar polenta, farinha de trigo, sal do Himalaia, grãos de pimenta verde, açúcar mascavo, uma caixa de ovos sem colesterol, atum adequado para sushi, vinagre de arroz, pepinos de estufa, salmão defumado, wasabi, maionese, folhas de nori, cenouras multicoloridas, gengibre, pasta de missô, molho de soja, gergelim e óleo de cártamo.

Hoje, um supermercado típico tem aproximadamente 40 *mil* itens diferentes; no início do século XX, havia cerca de duzentos. O singelo supermercado é um milagre tecnológico que me permite obter quase tudo o que preciso, vindo de qualquer lugar, sempre que sinto a necessidade de experimentar alguma nova combinação de culinária louca e inusitada.[*] Sueca? Tailandesa? Marroquina? Fora de época? Sem problemas. Os insumos quase nunca estão fora de estoque e quase sempre estão disponíveis a preços não proibitivos. Não é simplesmente disponibilidade e baixo custo; é disponibilidade e baixo custo *confiáveis*.

Pegue esse conceito de disponibilidade total, aplique-o a *absolutamente tudo*, e agora você tem um vislumbre da conectividade que sustenta a economia moderna e globalizada. Os ingredientes dos bens industriais e de consumo de hoje só estão disponíveis porque podem ser transportados — literalmente — de um lado a outro do mundo a baixos custos, altas velocidades e em perfeita segurança. Celulares, fertilizantes, óleo, cerejas,

---

[*] Curiosidade: meu patê do Dia de Ação de Graças é *lendário*.

propileno, uísque single malte... você escolhe, tudo é transportado mundo afora. O tempo todo. O transporte é o possibilitador *final*.

A maioria das tecnologias não muda fundamentalmente quem somos. Pense no smartphone contemporâneo. É lanterna, tocador de música, câmera, console de jogos, cartão de transporte público, controle remoto, biblioteca, televisão, livro de receitas, computador — tudo em um. Ele não nos permitiu fazer muito que seja fundamentalmente novo, mas combinou mais de uma dúzia de dispositivos preexistentes em um, aumentando a eficiência e o acesso. Importante? Absurdamente. Mas essas tecnologias baseadas em melhorias não mudam fundamentalmente *quem somos*.

As tecnologias de *transporte*, por outro lado, transformam profundamente nossa relação com a geografia. Hoje é possível se deslocar por vários continentes em poucas horas. Mas nem sempre foi assim. Na verdade, quase nunca foi assim. Até algumas centenas de anos atrás, era raro qualquer um de nós se aventurar a mais de alguns quilômetros de casa. Os seis milênios da história humana têm sido literalmente um lento e agonizante rastejar ao longo de uma longa, longa estrada.

Entenda as evoluções e revoluções em como viajamos do ponto A ao B, entenda a conectividade que tornou possíveis nossos supermercados e smartphones modernos e você conseguirá compreender por que nosso mundo assumiu a forma atual.

E que maravilhas e horrores as próximas décadas guardam para todos nós.

A AGONIANTE FÍSICA DOS TRANSPORTES

O corpo humano é uma forma frágil e ridiculamente ineficiente de transportar mercadorias.

Imagine que você é um ser humano qualquer de algum momento entre a época de nosso surgimento como *Homo sapiens* até meados dos anos 1700. Infelizmente para você, suas pernas são provavelmente o seu único meio de transporte. Carrinhos de mão não se tornaram comuns até cerca de 100 EC. Mesmo havendo estradas para locomoção, as carroças eram muito caras para o camponês médio até séculos mais tarde. Ainda que quisesse uma carona em algo tão simples quanto uma bicicleta, você teria que esperar até o final do século XVIII (meados do século XIX, se quisesse pedais). Existem boas razões para os comerciantes usarem camelos até *hoje*.

Para a maioria das pessoas, a vida, a cidade e o sustento eram limitados pelo quão longe se estava disposto a andar em um dia com uma carga esmagadora nas costas.

Isso mantinha as cidades pequenas. Antes que as tecnologias industriais remodelassem o mundo, as áreas "urbanas" exigiam quase dois hectares de terras agrícolas por residente para evitar a fome — mais de sete vezes a área necessária hoje, além de *cem* vezes mais área em terras florestais para produzir carvão para cozinhar e aquecer as pessoas durante o inverno. Isso fez com que as cidades *permanecessem* pequenas. Cresça muito e 1) a comida precisa vir de muito longe (em outras palavras, você morre de fome); ou 2) você corta suas florestas para cultivar mais comida localmente e fica sem a tecnologia de ponta da época — o fogo (e morre de fome enquanto congela até a morte).

A roda ajudou, mas não tanto quanto você imagina. Tenho certeza de que todos já ouviram falar sobre as famosas estradas de Roma sendo uma das maiores conquistas da era pré-moderna. Eis algumas perspectivas.

As estradas de Roma se estendiam de Glasgow a Marrakesh, de Bagdá a Odessa, e tinham extensão total parecida com a das estradas atuais do... Maine. A rede rodoviária romana levou seis *séculos* — 1 *bilhão* de dias de trabalho — para ser construída, sem falar da manutenção.

O próprio conceito de "comércio" era duvidoso. Não era possível telefonar com antecedência para ver se a cidade vizinha realmente *precisava* do que você tinha para vender... e ainda havia o problema da deterioração. Não era possível transportar *comida* suficiente para viabilizar o comércio de longa distância de qualquer produto, exceto dos itens mais valiosos.

Concreto e asfalto, conservantes químicos e refrigeração são apenas algumas das tecnologias da era industrial que só surgiram no século XIX. O transporte *terrestre* eficiente e regular de mercadorias a granel, mesmo a distâncias relativamente curtas, não era apenas difícil, mas também economicamente impossível ao longo de quase toda a história humana.

Mesmo locais considerados *celeiros alimentares* não conseguiam alimentar sua população de forma confiável. Entre 1500 e 1778, a França sofreu várias fomes nacionais (e dezenas de fomes regionais). Sim, a França — o país que tem sido o maior e mais confiável produtor de alimentos da Europa há um milênio, o país que tem *três regiões agrícolas DISTINTAS*, o país que tinha, sem exceção, *o* melhor sistema de transporte interno do mundo pré-industrial.

Mover as coisas por terra é *complicado*.

Assim, descobrimos como transportar itens de uma maneira diferente. Descobrimos como flutuar.

Enquanto um camelo poderia mover um quarto de tonelada, e carroças puxadas por bois, em torno de uma tonelada, até mesmo os primeiros navios graneleiros eram capazes de transportar várias *centenas* de toneladas a uma fração do preço por tonelada. Os romanos importavam do Egito a maior parte da comida de sua capital. Sabe aquelas espetaculares estradas romanas? Em 300 EC, custava mais mover os grãos por 110 quilômetros nessas estradas do que navegar cerca de 2.250 quilômetros do Egito até Roma. A economia do transporte aquaviário era tão desproporcional que algumas culturas (vide: holandeses, astecas, chineses) reorganizavam todo o seu sistema de governo em torno da capacidade de mobilizar mão de obra para cavar canais, que se estendiam por centenas de quilômetros por paisagens rochosas e sinuosas, munida com pouco mais do que picaretas de pedra. Tudo para fazer flutuar o que era o auge da tecnologia de transporte humano em meados do segundo milênio da Era Comum: a singela barcaça.

No século XIV, a história *finalmente* começou a ganhar velocidade: velas e pregos, remos e lemes, porões e conveses, armas e artilharia, bússolas e astrolábios. E insanidade. Não se esqueça de uma boa dose de insanidade. A lendária descoberta ocidental dos grandes ventos de monções foi feita por algum lunático grego disposto a navegar até o meio do oceano sem ideia do que aconteceria a seguir. Tudo isso — além de navios mais novos, maiores, mais resistentes, mais rápidos e mais bem armados — nos levou à era da navegação de águas profundas no final do século XV.

Claro, essa é a maneira confortável de enxergar isso do ponto de vista pós-Revolução Industrial.

TRANSPORTE NA ERA DA NAVEGAÇÃO DE ÁGUAS PROFUNDAS: *MELHOR, MAIS RÁPIDO, MAIS BARATO, MAIS SEGURO... MAS NÃO BOM, RÁPIDO, BARATO OU SEGURO O SUFICIENTE*

Só porque a humanidade agora *era capaz* de enviar mercadorias a longas distâncias não significava que o fizéssemos *com muita frequência*.

Os carregamentos de grãos pós-navegação de águas profundas, mas pré-industriais, da região do Báltico para a Europa Ocidental continental não eram regulares. Mesmo que as disputas anglo-holandesas não prejudicassem as remessas, mesmo que os vikings suecos não atacassem seus navios, mesmo que a República das Duas Nações estivesse em um raro dia bom, metade do custo do produto final normalmente ainda era do transporte, e um quarto vinha das taxas de armazenamento. Os grãos produzidos no interior, por mais produtiva que fosse a terra, tendiam a permanecer lá. No final dos anos 1700, os colonos norte-americanos em processo de independência até transportavam grãos através do Atlântico, mas não era um fluxo constante. Poucas atividades eram piores do que fazer a cansativa viagem de seis semanas, apenas para descobrir que a Inglaterra teve uma colheita farta.

No entanto, mesmo quando os navios se tornaram mais eficientes, a interseção da tecnologia e da geopolítica deixou o mundo dividido.

A geopolítica ditava que nenhum império comprasse alimentos de outro. Mesmo nos raros casos em que o transporte marítimo era considerado confiável, os humores e apetites dos monarcas certamente não eram. A geopolítica ditava que os envios de alimentos raramente valiam o custo ou o risco. Mas jade, pimenta, canela, porcelana, seda e tabaco? Com certeza! Ajudava (muito) o fato de a maioria dos bens de luxo não ser perecível. O chá era praticamente o único produto de baixo custo a ser incluído nessa lista de forma confiável.*

O "comércio" de luxo só era considerado "global" por causa das distâncias envolvidas. Na realidade, havia pouco comércio entre os impérios. De forma mas precisa, era uma série de sistemas fechados compartilhando pouquíssimos pontos de contato, e esse contato era irregular. As cargas eram limitadas aos itens de fato valiosos e supérfluos. Quando um navio de carga transoceânico era avistado, era uma aposta certa que saqueá-lo renderia bons frutos. Os espanhóis chamavam esses saqueadores de "ingleses". Os britânicos, de "franceses". Hoje os chamamos de "piratas".**

Como resultado dessa segregação deliberada, os vizinhos eram vistos mais como alguém a ser atacado e menos como um *parceiro* comercial. O mundo "civilizado"*** existia em estado de concorrência quase permanente. Trazer ordem a esse caos era simplesmente impossível. O poder naval superior da época — os espanhóis no século XVII e no início do século XVIII ou os ingleses no final do século XVIII e no século XIX — tentaria convencer a todos de que estava no comando, mas isso foi antes da era dos radares e mísseis de cruzeiro. Havia muito oceano para patrulhar. Nações rivais tinham razões estratégicas e econômicas convincentes para causar problemas. Qualquer "ordem" só poderia ser mantida sob a rígida vigilância de seus navios militares.

---

* E isso só porque os europeus são estranhos.
** ARRRRGH!!!
*** Para usar o jargão europeu da época.

As novas tecnologias do início da era industrial — pós-têxteis, pré-navios de aço — ampliaram um pouco a gama de mercadorias que poderiam ser transportadas de modo lucrativo, o que, por sua vez, abriu espaço para um novo nível de país: os intermediários que negociavam ou transportavam mercadorias entre impérios rivais. Era um negócio arriscado. Os acordos que um império classificava como "intermediação" na segunda-feira frequentemente eram reclassificados como "negócio espúrio" três dias depois. Os holandeses — o intermediário preferido de toda a Europa — tornaram-se notórios pelo enorme crescimento econômico quando dominavam o comércio europeu e pelas grandes recessões quando os britânicos, franceses ou alemães decidiam que não queriam mais negociar por intermédio dos holandeses.

Os norte-americanos aprenderam essa lição cedo e de forma reiterada. Muitos dos primeiros pesadelos geopolíticos do jovem país centraram-se no comércio por meio dos holandeses.

- A primeira grande disputa estratégica dos EUA, a Quase-Guerra de 1798 a 1800, foi motivada por apreensões francesas de carregamentos norte-americanos "neutros" destinados à Grã-Bretanha. Os britânicos prepararam pipoca para assistir à guerra iminente e insuflaram os recém-independentes norte-americanos contra a França, mas acabaram desapontados quando ambos os lados recuaram.

- Apenas doze anos depois, os norte-americanos se viram novamente no meio de uma guerra franco-britânica (a terceira, se incluirmos a Revolução Americana).* Dessa vez, a França era governada por Napoleão. Os britânicos foram particularmente agressivos ao interceptar navios norte-americanos que consideravam violadores do bloqueio, chegando ao recrutamento forçado das tripulações de navios de bandeira norte-americana para a Marinha Real.[1] Blá-blá-blá, coisas aconteceram, palavras foram ditas, gatilhos foram puxados, tochas foram lançadas e, antes que alguém se desse conta, os britânicos estavam assando marshmallows sobre as brasas da antiga Casa Branca, e os canadenses se tornaram eternos desconfiados do quanto poderiam confiar nos ianques.

E o mais inacreditável — chocante até — foi que *nada* mudou.

No final da era pré-industrial, a maioria das economias ainda era fechada ou subjugada de uma forma ou de outra, e as cidades que desfrutavam de rios navegáveis ou costas seguras basicamente dominavam. Pois,

---

* E deveríamos incluí-la.

apesar de a economia e a mecânica das viagens *marítimas* melhorarem notavelmente ao longo dos séculos, as viagens *terrestres* só passaram por melhorias ocasionais.

Não que nada tenha melhorado. *Houve* avanços constantes na criação de cavalos, nos alimentos ricos em nutrientes, nos arreios e assim por diante. Cada incremento no alcance significava mais acesso a recursos para impulsionar a indústria, ou acesso a novas cidades com capacidade para negociar com o mundo exterior. Mas, ao contrário das incríveis melhorias no transporte pela água, o deslocamento por terra em 1820 parecia muito com o dos romanos, só que, em muitos casos, com estradas *piores*. Mesmo tão "recentemente" quanto a época da Trilha do Oregon, você não ficaria só feliz, mas, sim, *extasiado* se sua carroça puxada por bois conseguisse percorrer 24 quilômetros por *dia*. Embora os avanços tecnológicos em itens como ferraduras e eixos de aço tenham estabelecido bases importantes para o que viria a seguir, essas tecnologias não mudaram fundamentalmente a forma como transportávamos bens ou pessoas.

Elas não poderiam. E não mudaram. Isto é, até o momento em que uma tecnologia completamente nova surgisse e modificasse *tudo*.

LIBERTANDO-SE DOS GRILHÕES
A INDUSTRIALIZAÇÃO DO TRANSPORTE

NO INÍCIO DA ERA INDUSTRIAL, LONDRES, COMO A MAIORIA das grandes cidades industriais, tinha crescido além de sua capacidade de extrair madeira para carvão. O desmatamento elevou o preço da madeira, melhorando a viabilidade econômica da alternativa: o carvão mineral. A demanda cada vez maior por carvão mineral levou a minas cada vez mais profundas.

Essas minas mais profundas atingiam lençóis freáticos e necessitavam de bombas para forçar a saída de água. A força muscular não era suficiente para drenar o *maldito lençol freático*, então surgiram as máquinas a vapor para resolver esse problema. Funcionou um pouco, mas os novos motores a vapor exigiam energia que vinha do carvão que, por sua vez, vinha de minas cada vez mais profundas que se enchiam cada vez mais de água, de modo que os mineradores não haviam de fato resolvido o problema, mas, sim, o elevado a uma escala industrial.

Diante do custo das minas cada vez mais profundas e dos motores a vapor cada vez mais caros, alguns fornecedores se aventuraram mais longe para obter carvão de jazidas que ficavam além dos arredores de Londres. *Essa* solução exigia uma nova expansão: canais e barcos para transportar o material de volta para a boa e velha Londres. Logo, metade dos barcos privados da Grã-Bretanha era usada para transportar carvão, gerando uma dinâmica própria de inflação nos preços.

Obrigados a considerar outras opções, alguns fornecedores de carvão mais empreendedores combinaram os motores a vapor mais recentes e mais poderosos com os trilhos usados para o transporte de carrinhos dentro das minas, fabricados com um metal que só o carvão mineral é capaz de fundir: o aço. Bam! Surgiram as ferrovias.

As ferrovias eram energia em movimento. Levar o homem à Lua foi legal e tudo mais, mas o maior truque da humanidade até hoje foi construir máquinas para transportar os grãos por mais de oitenta quilômetros de terra até a água. E ainda ter lucro! Transportar itens pela água continuava sendo mais barato, mas as linhas férreas podiam ser construídas para acessar qualquer lugar que fosse plano, e o custo do transporte ferroviário era "apenas" o dobro do custo de operação de um navio. Em comparação ao custo vinte vezes maior do transporte terrestre pré-ferroviário, ter que pagar apenas o dobro foi uma verdadeira revolução. As terras agrícolas mais prolíficas do mundo — aquelas com as quais contamos até hoje, não apenas para manter a sociedade moderna em movimento, mas para literalmente manter todos *vivos* — agora poderiam ser usadas para o comércio. Na Europa, a mudança da carroça para o transporte ferroviário reduziu oito vezes o custo do transporte interno, permitindo a rápida concentração de itens de todos os tipos a preços economicamente sustentáveis, fossem eles alimentos, carvão, minério de ferro ou soldados.

A Rússia é um excelente exemplo de como isso pode ser transformador. Grande parte do território do Sul da Rússia fica em áreas de estepe: com verões quentes, invernos frios e terrenos planos e monótonos. A precipitação é instável, mas em um ano chuvoso o crescimento agrícola pode ser explosivo. O problema é mover os grãos. Os rios navegáveis da Rússia não fluem através ou para lugares úteis e a maioria desemboca no Ártico. Cavalos e carruagens arrastando milhares de toneladas de grãos pela grande extensão russa é muito oneroso para ser rentável em qualquer época. O pouco comércio que havia se encaixava no padrão: alto valor em relação ao peso; pense em tecidos caros e metais preciosos. Entre a vastidão da estepe e o ciclo econômico de altos e baixos que se seguia à chuva, não deveria ser surpresa que os mongóis, montados em seus cavalos, não tivessem problemas em conquistar e manter o domínio de toda a região por três séculos... vivendo prosperamente com os impostos arrecadados das ramificações nortenhas das Rotas da Seda.

Em todo caso, os altos custos de transporte interno significavam que quaisquer produtos que a Rússia imperial pós-invasão mongol desejasse exportar deveriam ser adquiridos perto dos portos. A partir do século XVIII, cerca de 70% das exportações russas de grãos *não* eram cultivadas nas regiões mais férteis do império, mas, sim, na Estônia e na Livônia,[*] províncias bálticas da Rússia, em virtude de sua proximidade com o porto de Riga. As terras agrícolas do interior da Rússia, por mais produtivas que fossem, eram essencialmente isoladas do mercado *russo*, e mais ainda do mercado mundial.

Mudar isso exigiu dois fatores.

---

[*] É a Letônia contemporânea.

Primeiro, em meados do século XIX, Catarina, a Grande, expandiu o território russo para o Mar Negro, concedendo à Rússia acesso ao porto de águas quentes pela primeira vez. Não só grande parte dessas terras ficava nas zonas férteis do que é hoje a Ucrânia, mas o Mar Negro também está próximo da própria região da Terra Negra da Rússia ao Norte do Cáucaso (nas famosas estepes).

Segundo, na Guerra da Crimeia de 1853 a 1856, vários países europeus industrializados não apenas derrotaram, mas humilharam o exército russo, em grande parte não industrializado. Em um esforço para evitar que tal catástrofe se repetisse, a Rússia sob o comando de Alexandre II fez seus primeiros esforços reais para se industrializar. Considerando o tamanho *descomunal* do território russo e como era difícil transportar mercadorias mesmo dentro das áreas mais populosas do império, a construção de uma rede ferroviária estava no topo da lista de prioridades.

De repente, os grãos russos *poderiam* chegar aos mercados internacionais. E como chegaram! O programa ferroviário russo começou de fato em 1866. Em apenas quinze anos, a rede russa quadruplicou para quase 24 mil quilômetros, um acréscimo de mais trilhos do que *toda* a Europa teve durante o meio século anterior. Durante o mesmo período, as exportações de grãos da Rússia aumentaram quase na mesma taxa, para 4.200 toneladas métricas. Nesse caso, correlação *é* causalidade.

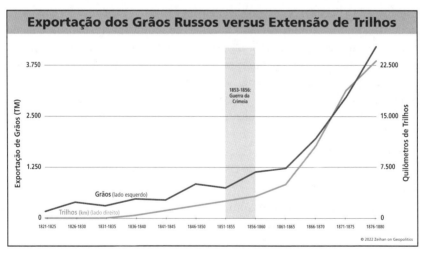

A Revolução Industrial também chegou ao transporte aquaviário. Só demorou um pouco mais, por algumas razões técnicas parcialmente óbvias.

Primeira, a máquina a vapor foi inventada bem antes do aço se tornar disponível em grandes quantidades. Os primeiros navios a vapor ainda eram feitos de madeira. Os motores a vapor funcionavam com carvão mineral, que queima a até 1.600 graus Celsius. Não é preciso um doutorado em química para entender a complicação.

Segunda, o carvão queima e *desaparece*, enquanto o vento é eterno (basta planejar sua jornada corretamente). Viagens a vapor de carvão para muito longe de casa transformam um navio em uma jangada cara. Nos primórdios da Era Industrial do Império Britânico, grande parte das necessidades logísticas girava em torno do estabelecimento e da proteção de estações de carvão distantes, tais como Aden e Perim, em Bab el-Mandeb; Hong Kong e Singapura, no Sudeste Asiático; Ilha Fanning e Fiji, no Pacífico central; Austrália e Nova Zelândia, no Sudoeste do Pacífico; Diego Garcia, no Oceano Índico; Halifax, no Canadá; Bermudas, no Atlântico central; e Gibraltar e Malta, no Mediterrâneo. Os britânicos eram navegadores muito habilidosos, mas construir um império ainda demanda tempo e esforço. Os requisitos tecnológicos moldaram o império tanto quanto o inverso.

Ainda assim, o ditado que afirma que a necessidade é mãe da invenção mostrou-se verdadeiro, e nossos antepassados sentiam a necessidade de velocidade.

Os primeiros navios a vapor podiam mover cerca de 1.000 toneladas a 8-12 quilômetros por hora, uma velocidade razoável para um preguiçoso passeio de bicicleta.* A década de 1840 nos trouxe motores giratórios (pense em hélices em vez de rodas de pás) e mais velocidade. Os cascos de aço estrearam na década de 1860, resolvendo grande parte do problema de incêndios no navio, além de uma série de outros problemas envolvendo a limitação da velocidade, como incrustações marinhas no casco. Na década de 1890, essas e outras tecnologias tiveram várias gerações de trabalhos de aperfeiçoamento, preparando o terreno para embarcações maiores e mais rápidas. Em 1914, alguns navios mercantes de aço navegavam a impressionantes e confiáveis 19-24 quilômetros por hora. Adicione os canais de Suez e do Panamá (em 1869 e 1914, respectivamente) e as mercadorias poderiam chegar a mais locais sem ter que circum-navegar totalmente os continentes. Menos gastos, mais lucros.

Em 1940, os motores de combustão interna movidos a petróleo começaram a substituir o vapor alimentado a carvão, aumentando a autonomia, diminuindo a carga de combustível necessária e quebrando os grilhões que restringiam a marinha mercante às estações de carvão geridas pelos imperiais. Assim como a energia a vapor alimentada a carvão migrou das redes

---

* Por mais lento que pareça, ainda é, em média, *cinco vezes* a velocidade média dos navios a vela pré-industriais.

ferroviárias para as rotas marítimas, agora a combustão interna movida a petróleo migrava de volta. Cada avanço ajudou a tornar o transporte transoceânico e interno mais regular e previsível. Os custos despencaram, o volume das cargas aumentou, a confiabilidade melhorou e as mercadorias estavam se movendo em uma escala até então inimaginável.

Pela primeira vez, o *verdadeiro* comércio internacional de mercadorias a granel foi possível. Entre 1825 e 1910, os preços, ajustados pela inflação, para o transporte de algodão e trigo caíram 94%. Entre 1880 e 1910, o custo do transporte de trigo dos Estados Unidos para a Europa caiu de 18% para 8%. Agora que o transporte se libertou dos grilhões e alçou voo, ninguém na Grã-Bretanha que tivesse a opção continuaria comendo alimentos locais. Entre 1850 e 1880, a proporção de cereais nacionais na dieta britânica caiu de três quintos para um quinto.

Não eram apenas itens, mas pessoas também. Assim como a tecnologia pré-industrial do transporte marítimo em águas profundas proporcionou novas oportunidades para muitos trabalhadores, as ferrovias e os navios a vapor possibilitaram que o indivíduo comum vislumbrasse uma nova vida. A jornada — agora mais fácil, mais rápida, mais barata e, acima de tudo, *mais segura* — abriu as portas do mundo. Ou, pelo menos, as portas da zona temperada que os europeus brancos achavam confortável. Trinta milhões de europeus — principalmente britânicos e irlandeses — se mudaram para as colônias de povoamento.

Para aqueles que ficaram em sua terra natal, as cidades se transformaram fundamentalmente. As limitações de alimentos e de florestas locais evaporaram, e os *agricultores** descobriram que muitas vezes era mais fácil importar alimentos de outros lugares. Suprimentos mais fáceis de alimentos, combinados com a maior disponibilidade do aço, permitiram que as cidades se expandissem tanto *horizontal* quanto *verticalmente*. A densidade populacional aumentou em sintonia com o tamanho e o planejamento urbanos e as novas tecnologias relacionadas à saúde, acelerando o crescimento populacional. Enquanto as cidades pré-industriais muitas vezes dependiam de um fluxo constante de pessoas para substituir aquelas que morriam de fome ou doenças, as cidades industrializadas não eram sinônimo de morte. Elas podiam sustentar suas populações e assim cresceram rapidamente.

Na década de 1920, os motores de combustão interna que tanto revolucionaram o transporte aquaviário e, depois, o ferroviário haviam sido miniaturizados o suficiente para levar a outra inovação relacionada ao transporte: os caminhões. Ao contrário do transporte aquaviário, que exigia um porto,

---

* Principalmente os agricultores *britânicos*.

ou o ferroviário, que é amplamente limitado a áreas com declives inferiores a 1%, os caminhões poderiam ir a qualquer lugar a que uma estrada conseguisse chegar. A demanda por produção de energia entrou em uma era completamente nova. Os trens mantiveram a dominância em viagens acima de oitocentos quilômetros, mas os caminhões assumiram a maior parte das distâncias menores, especialmente a importante etapa final de entrega. O concreto e o asfalto começaram a substituir o cascalho e a pedra como materiais primários de construção de estradas. Quinze séculos depois da queda de Roma, *finalmente* conseguimos estradas melhores. O cocô de cavalo — súbita, milagrosa e *felizmente* — desapareceu das ruas urbanas.

Em 1945, ferrovias, barcaças e caminhões estavam abarrotados de produtos manufaturados, agrícolas e a granel, como carvão e trigo, que eram cada vez mais fáceis de produzir. Os bloqueios logísticos e de transporte que restringiam a humanidade, desde que descemos das árvores nos arredores da savana africana, finalmente se dissiparam em nebulosas memórias de outrora. A história não só acelerou, ela decolou. No tempo de duração de uma vida humana, passamos dos dias de navios a vapor, morte por disenteria e medicina precária à cultura de sair de férias no carro da família.

Os dias de se deslocar a pé para todos os lugares carregando o mundo nas costas chegaram ao fim.

A AMERICANIZAÇÃO DO COMÉRCIO

O COMÉRCIO GLOBAL ANTES DA ERA MODERNA ERA INSIGNIFIcante, representando um mero erro de arredondamento em relação aos padrões do início do século XXI. No início do século XIX, a Companhia das Índias Orientais comercializava cerca de 50 toneladas de chá por ano, no final do século eram 15 mil toneladas/ano. Hoje, essas mesmas 15 mil toneladas são carregadas ou descarregadas em algum lugar do mundo aproximadamente a cada 45 segundos. Mas não se deixe enganar pelo tamanho. A colonização, as grandes guerras por poder, a Revolução Industrial e o comércio de escravos estão entre as consequências desse "erro de arredondamento". Mas o fato é que, nas últimas décadas, nos distanciamos muito de como costumava ser. Em 1919, no auge da era imperial, o comércio combinado dentro dos impérios e entre os países representava apenas 10% do PIB. No fim da era da Ordem, esse número tinha triplicado. E sem impérios.

Culpa dos norte-americanos.

Eles emergiram da Segunda Guerra Mundial financeiramente fortes e com a única marinha remanescente com alguma relevância. A Europa Ocidental estava frágil e abalada, com os europeus se sentindo desiludidos com o capitalismo durante a Grande Depressão e decepcionados com seus líderes durante as Grandes Guerras. Os Estados Unidos concordaram em reconstruir os Estados europeus com a condição de que o comércio não fosse mais isolado dentro de seus sistemas imperiais. Em contrapartida, interceptar navios rivais tornou-se inadmissível. Ah, e mais uma coisa: não haveria mais impérios.

O que os EUA ofereceram em troca foi verdadeiramente transformador. Eles garantiriam que todos os países em todos os continentes desfrutassem de acesso total ao oceano global. O que antes era um ambiente estratégico altamente conflituoso transformou-se em uma via navegável única, global e segura que funcionaria como uma via interna, ocupada e abastecida por gigantes de aço movidos a diesel. As tecnologias desenvolvidas durante os dois séculos anteriores finalmente poderiam funcionar sem o espectro da guerra (ou, mais precisamente, os norte-americanos se encarregariam desse aspecto). Sem corsários. Sem piratas. Sem confiscos imperiais. O transporte "global" mudou do ávido controle dos impérios para um sistema circular irrestrito da economia global.

Enquanto a Revolução Industrial tornou muito *mais barato* enviar produtos do ponto A até o B, foi preciso a Ordem global dos norte-americanos para tornar o transporte muito *mais seguro*. Com as mudanças na base tecnológica e nas circunstâncias geopolíticas, o que constitui uma Geografia de Sucesso expandiu-se para... quase todos os lugares. E *isso* nos levou a algumas direções inesperadas.

IMPLICAÇÃO 1: NAVIOS — MAIORES, MELHORES... MAIS LENTOS

Na era da globalização, *todos* poderiam participar do acesso global, da industrialização e do consumo em massa. O trabalho de valor agregado não era mais restrito aos Centros Imperiais. A manufatura em todos os lugares exigia combustível e matérias-primas. Assim como a expansão de bases industriais e infraestrutura. A expansão da classe média em todos os lugares exigia ainda mais.

O mundo precisava de mais navios para transportar mais produtos, mas, em um mundo onde a concorrência entre os Centros Imperiais não era mais a característica definidora do ambiente global, a *segurança* deixou de ser a preocupação primordial. A concorrência não era mais em torno de armas e controle de rotas marítimas, mas, sim, de *custo*. Essa mudança da segurança para a eficiência como a preocupação coletiva predominante significava que o mundo não precisava apenas de *mais* navios; precisava também de diferentes tipos de navios.

As economias de escala no transporte vêm de quatro fatores: tamanho, tripulação, combustível e acondicionamento. Os três primeiros são bastante simples.

Embora os custos de capital para construir uma embarcação aumentem com o tamanho, não é um aumento linear. Dobrar o tamanho de uma embarcação provavelmente aumenta o custo de construção em "apenas" cerca de 80%.[2] Dobrar o tamanho desse navio de 75 para 150, 300, 600, 1.200, 2.500, 5 mil, 10 mil ou até 20 mil contêineres (o máximo atual) representa uma economia por contêiner superior a 80%. Da mesma forma, o número necessário de tripulantes para cuidar de 10 mil contêineres fixos ou 5 mil toneladas de minério não é consideravelmente maior do que o necessário para lidar com mil contêineres ou 500 toneladas de minério. As taxas de uso de combustível seguem a mesma tendência geral do tamanho do navio: dobrar o tamanho do navio reduz os custos de combustível em cerca de 25%.

Depois, há a velocidade. O combustível representa 60% do custo de uma viagem, e o consumo é muito maior em viagens mais velozes. A solução? Se a segurança não é um problema, os navios passam a navegar mais devagar. É raro que qualquer navio moderno viaje a mais de 28 quilômetros por hora,* com a maioria dos navios graneleiros mal chegando a 22km/h.

E, claro, se *todos os* navios estão se movendo mais lentamente, então há muito mais carga em movimento a qualquer momento. A solução não é só aumentar o tamanho ou a quantidade de navios, mas, sim, aumentar o tamanho *e* a quantidade.

Em consequência, os navios de carga contemporâneos não são apenas maiores, são superdimensionados. Os navios que transportam soja do setor norte-americano do Golfo do México até a China são cerca de oito vezes o tamanho dos navios de carga da classe *Liberty* e *Victory* da Segunda Guerra Mundial. Pelos padrões modernos, isso nem é considerado tão impressionante. Em relação aos padrões de 1945, os navios porta-contêineres modernos são dezesseis vezes maiores, enquanto os petroleiros modernos, mais de quarenta vezes. Os números variam muito por tipo de navio e de carga, mas, como regra geral, os custos totais — tripulação, combustível, tamanho da embarcação, tudo — para os navios de hoje são cerca de um quarto por unidade de carga em comparação com os navios da era da Segunda Guerra Mundial.[3]

---

* Ou quinze nós, para quem gosta de velejar.

O FIM DO MUNDO É SÓ O COMEÇO

Estimativas de Custos de Seguro de Risco de Guerra em um Ambiente de Alto Risco

Tipo de Navio	Capacidade Máxima de Carga (Unidades)	Valor Aprox. de Segunda Mão*	Valor da Carga Típica**	2,5% Custo Anual Normal do Seguro do Casco	5% de Prêmio de Risco de Guerra de Casco por Sete Dias	0,375% de Prêmio de Risco de Carga Adicional pela Duração em 80% Segurado	Custo de seguro adicional por unidade por sete dias na zona de alto risco (USD)	Dimensões Aproximadas do Navio — Comprimento, Largura, Calado em Metros
Maersk Triple E	18.000 TEU	$180	$630	$4,50	$9,00	$1,89	$605 / contêiner	400x59x15
Porta-contêineres Panamax (pós-expansão)	12.500 TEU	$130	$438	$3,25	$6,50	$1,31	$625 / contêiner	366x49x15
Porta-contêineres Panamax (pré-expansão)	5.000 TEU	$7	$175	$0,18	$0,35	$0,53	$175 / contêiner	290x32x13
Petroleiros Muito Grandes	2.000.000 barris	$62	$200	$1,55	$3,10	$0,60	$1,85 / barril	330x58x31
Navio-tanque Aframax	800.000 barris	$18	$80	$0,45	$0,90	$0,24	$1,43 / barril	245x34x20
Graneleiro Capesize	196.000 toneladas métricas	$33	$16	$0,83	$1,65	$0,05	$8,66 / tonelada métrica	280x45x24
Graneleiro Panamax (pré-expansão)	83.000 toneladas métricas	$20	$7	$0,50	$1,00	$0,02	$12,29 / tonelada métrica	225x32x14
Graneleiro Handymax (alimentador)	59.000 toneladas métricas	$12	$5	$0,30	$0,60	$0,01	$10,41 / tonelada métrica	190x32x11

milhões de USD

* Os valores são baseados em navios de 5 anos de idade, exceto para Handymax e Aframax, cujos dados estavam disponíveis apenas para navios de 10 anos de idade, e para a classe Triple E, que são embarcações novas. Os preços são aproximados com base em estimativas de março de 2017.
** Com preço de petróleo US$100/barril, carvão US$80/tonelada métrica, artigos de vestuário US$35.000/Unidades Equivalentes a 20 Pés (TEU, na sigla em inglês)

Fontes: Athenian, Clarkson, Maersk, ZoG Research

© 2022 Zeihan on Geopolitics

Tenho certeza de que você notou que só discuti os três primeiros fatores da lista: tamanho, tripulação e combustível. O quarto — acondicionamento — nos leva em uma direção inteiramente nova.

IMPLICAÇÃO 2: CONTEINERIZAÇÃO — CONSTRUINDO UMA CAIXA MELHOR

O Acordo de Bretton Woods, com o pano de fundo da Guerra Fria, criou as condições necessárias para o livre comércio e a próxima rodada de globalização, mas a realidade em terra não era nada parecida com a que conhecemos hoje. Os custos de transporte podem ter caído drasticamente, mas havia atritos instáveis, e turbulentos, em todo o sistema.

Era preciso esforço para acondicionar mercadorias em um caminhão, do referido caminhão em um armazém, do referido armazém em uma doca, onde a mercadoria era acondicionada por um grupo de carregadores em um palete, o referido palete era movido por outro grupo por meio de uma série de polias até o porão de um navio, onde outro grupo de carregadores acondicionava o referido palete para a viagem. O navio então partia pelo oceano azul. Ao chegar ao porto de destino, outro grupo de carregadores descarregava o palete para inspeção e outro o carregava em um caminhão, que o levava a um pátio onde *outro* grupo o carregava em um vagão, e o referido vagão o levava até uma instalação de descarga, onde o referido palete era acondicionado em *outro* caminhão. Até que — finalmente — esse caminhão levava a carga até o comprador.

Um. Palete. De. Cada. Vez.

De longe, a pior parte — do ponto de vista logístico e de custo — eram os portos. Cada item precisava ser encontrado no meio de milhares, descarregado na doca, inspecionado fisicamente, muitas vezes *re*carregado na embarcação (porque só foi retirado por estar atrapalhando o acesso), depois descarregado *novamente* e *re*alocado no armazém local, antes que pudesse ser enviado para o consumidor. Navios maiores e cada vez mais numerosos exigiam armazéns maiores e cada vez mais distantes do porto, iniciando uma trilha de operações de carga e descarga cada vez mais longa e congestionada, envolvendo um constante e cada vez mais caótico rearranjo de cargas, resultando em gargalos que se estendiam até os navios. A experiência portuária típica consumia cinco dias e múltiplas equipes de estivadores em cada extremidade, sem contar a grande tripulação de marinheiros robustos e queimados de sol. Em suma, era uma enorme dor de cabeça que gerava infinitas oportunidades para níveis impensáveis de furto e corrupção. Não é de admirar que, por volta da virada do século XX, os portos muitas vezes representavam metade dos custos totais de transporte.

É claro, isso até que descobrimos como acondicionar os itens em... caixas.

Na década de 1960, os volumes cada vez maiores de comércio exigiam o fim dessa agonia de "embala-reembala". A solução foi criar alguns modelos de caixas de transporte — especificamente a unidade equivalente a vinte pés (ou TEU, na sigla em inglês) e a unidade equivalente a quarenta pés (FEU, na sigla em inglês). Você provavelmente os conhece pelo nome coloquial de "contêineres" e, sem dúvida, já viu montes deles sendo transportados em trens, caminhões e semirreboques.

O processo de conteinerização transformou o transporte em geral e os procedimentos de navios e portos do mundo em particular.

Agora, um fabricante enche um contêiner padronizado com seu produto e o sela. O contêiner é acoplado a um caminhão, que leva as mercadorias a um porto, onde o contêiner é desacoplado e empilhado com outros de seu tipo. Quando um navio está pronto, o contêiner é içado diretamente para o navio (na ordem adequada para o equilíbrio de peso), transportado através do oceano por uma pequena tripulação, mais especializada para lidar com teclados do que com pesos livres, e içado em uma pilha de contêineres no porto. Como não há mais desembalagem e reembalagem, os portos não *precisam mais* de armazéns, exceto para fins de equipamento e pessoal. Tudo o que eles precisam agora é de um pátio plano para guardar infinitas pilhas de contêineres. Quando chegar a hora, o contêiner pode ser transportado de trem antes de ser içado diretamente para um caminhão e, em seguida, é simplesmente levado para o seu destino final para desembalagem e processamento.

Em teoria, e em grande parte na prática, o contêiner não é aberto uma única vez.

Vou explicar em um contexto mais familiar. Se você já se mudou, sabe que a maioria das pessoas consegue colocar todos seus pertences em uma carreta de dezoito rodas. Uma carreta de dezoito rodas (que equivale a uma FEU) tem 12 metros (ou 40 pés) de comprimento e cerca de 2,5 metros de largura e de altura, equivalendo a um espaço interno de cerca de 75,5 metros cúbicos. Imagine uma mudança em que você tem que colocar suas coisas em um depósito por alguns dias. Você prefere desembalar e empilhar tudo em uma instalação de armazenamento e, em seguida, reembalar e reempilhar tudo em outro contêiner quando estiver na hora de mudar, ou apenas manter tudo na FEU original em um pátio até obter as chaves da nova casa?

Agora adicione uma travessia oceânica e repita *essa* sequência 200 *milhões de* vezes por ano e você começa a ver a escala da transformação na economia global. Não importa o que há dentro do contêiner. Carros ou frutas. Bauxita ou banquetas. Enquanto o peso total do contêiner permanecer abaixo do limite máximo, todos os contêineres podem ser manuseados de forma idêntica.

O que foi necessário para que essa padronização ocorresse? A Ordem. Segurança global, comércio global, capital global, *escala* global e uma vontade avassaladora de proporcionar confiabilidade para que o mundo pudesse construir todo... um mundo em torno de um padrão unificado de tamanho, peso, formato e trancas, possibilitando que o onipresente contêiner seja transportado sem intercorrências através da cadeia de suprimentos. Já em 1966, o impacto era óbvio. O tempo total das operações portuárias em ambas as extremidades diminuiu de três a cinco semanas para menos de 24 horas. Os custos portuários caíram do equivalente à metade do custo total do transporte para menos de um quinto. Em 2019, os navios porta-contêineres transportaram cerca de 50% do comércio global total em valor, em comparação a praticamente zero no início dos anos 1960.

Os navios e a metodologia de carga não foram os únicos redesenhados. Os portos também mudaram.

IMPLICAÇÃO 3: PORTOS — MAIORES, MENOS... EM OUTROS LUGARES

Os portos sempre exigiram fácil acesso interno, seja para obtenção de insumos ou para distribuição de produtos. Antes da Revolução Industrial, isso normalmente significava um rio. Pense em Hamburgo, Nova Orleans ou Xangai. Na pior das hipóteses, os portos exigiam uma grande área de planície adjacente ao oceano. Pense em São Petersburgo, Los Angeles ou Bangkok. No entanto, na atualidade, a flexibilidade dos contêineres significa que tudo o que um porto precisa é de acesso rodoviário (e, de preferência, ferroviário). Em vez de precisar de um alinhamento de fatores geográficos raro — e, portanto, caro —, os portos agora podem se localizar *fora* das cidades, onde quer que a mistura de custos de terra, mão de obra e eletricidade permita. Pense em Tianjin, Savannah ou St. John.

Mas, apesar de os custos mais baixos, combinados com a maior flexibilidade dos contêineres, possibilitarem mais liberdade na localização dos portos, os critérios para os portos em si se tornaram mais exigentes. Agora que tudo poderia ser conteinerizado e transportado, os portos tinham que ser capazes de servir como estações de passagem para volumes absolutamente *colossais*. E à medida que os navios se tornavam cada vez maiores, nem todos os portos podiam atracá-los.

Os primeiros a desaparecer foram os portos regionais de tamanho médio que simplesmente não conseguiam lidar com os novos gigantes transoceânicos. A carga foi direcionada para os novos e gigantescos portos de megacontêineres ou para portos muito pequenos que lidavam com a distribuição local. À medida que os megaportos atraíam mais e mais carga e se tornavam cada vez mais... mega, até os pequenos centros de distribuição desapareceram. Afinal, as linhas ferroviárias poderiam se conectar aos portos maiores e simplesmente transportar carga para a própria rede de distribuição dos pequenos portos. Portos rio acima, especialmente os menores que não conseguiam lidar com embarcações oceânicas, tornaram-se redundantes. Esses tipos de rearranjos econômicos aconteceram em todo o mundo, desencadeando corridas simultâneas para se tornar o centro regional. Portos projetados para servir uma única região metropolitana — pense nos portos de Paris, Londres, Brooklyn, St. Louis ou Chicago — desapareceram. Em vez disso, locais que poderiam se adequar para facilitar a distribuição de contêineres em larga escala — pense nos portos de Roterdã, Felixstowe, Nova Jersey, Houston ou Tacoma — se espalharam.

Navios cada vez maiores navegavam entre cada vez menos portos, que, por sua vez, se tornaram progressivamente maiores.

Em conjunto, essas três primeiras implicações tornaram o transporte marítimo dominante.

Entre 2000 e 2020, a movimentação de um contêiner pelo Atlântico ou Pacífico custava em média cerca de US$700 por unidade. Ou, em termos mais diretos, US$0,11 por par de sapatos. Mesmo os pontos de estrangulamento tradicionais não são muito... restritivos. A Maersk Triple-E, uma das maiores classes de navios porta-contêineres do mundo, produzida em razoável larga escala, paga cerca de US$1 milhão para transitar pelo Canal de Suez, mas essa taxa é dividida entre 18 mil contêineres. Isso equivale a cerca de US$55 cada, ou menos de US$0,01 por par de sapatos. O transporte tornou-se tão rotineiro que, em 2019, a indústria chinesa de reciclagem teve que impor restrições à importação de *lixo* reciclado de baixa qualidade.

Combinada com navios maiores e mais lentos, a conteinerização reduziu o custo total de transporte de mercadorias para menos de 1% do custo total dessas mercadorias. Antes da industrialização, o número era tipicamente superior a três quartos. Antes da navegação de águas profundas, esse número era superior a 99%.

Deixando de lado o pequeno detalhe de que você não pode transportar cargas de caminhão ou trem entre localidades como Londres, Tóquio, Xangai, Sydney, Nova York e Rio, mesmo que houvesse uma infraestrutura instalada, as comparações de custos seriam totalmente ridículas. Se quiséssemos um trem capaz de competir em capacidade com navios tão grandes que mal conseguem se espremer pelo recém-ampliado Canal do Panamá, precisaríamos de uma composição com mais de 65 *quilômetros* de comprimento. Outra alternativa seria uma frota de 6.500 caminhões.

Com os custos de transporte agora se aproximando do zero, a equação de todo o resto mudou.

IMPLICAÇÃO 4: CIDADES — A EXPLOSÃO URBANA

Antes da Revolução Industrial, o vento, a água e os músculos eram as únicas fontes de energia que permitiam que uma cidade adquirisse insumos. Isso impunha uma séria limitação ao tamanho da cidade.

As tecnologias da Era Industrial expandiram o alcance de uma cidade em ordens de magnitude e possibilitaram concentrações de recursos inéditas. Mas essa mesma expansão tornou as cidades vorazes. Cidades maiores com mais atividade econômica exigem mais insumos para alimentar essa atividade. É como a antiga noção de que as cidades precisavam de terras cem vezes maiores que sua área para obter carvão vegetal, só que agora elas precisavam de trigo para alimentação, minério de ferro para aço, óleo para combustível, calcário para concreto, cobre para fiação, e assim por diante.

As cidades expandiram alcance para regiões mais amplas por necessidade. As regiões expandiram alcance para impérios pelo mesmo motivo. Os norte-americanos conquistaram o Ocidente e canalizaram sua abundância agrícola e seus recursos materiais para as cidades da Costa Leste. Os japoneses fizeram o mesmo com a Manchúria. Os europeus exploraram os recursos de seus impérios. A própria natureza das novas tecnologias garantiu tanto a expansão imperial quanto os conflitos por acesso que contribuiriam para a concorrência e o ódio mútuo que culminaram nas guerras mundiais.

Avancemos rapidamente para o pós-Segunda Guerra Mundial, quando a Ordem dos norte-americanos removeu até os limites teóricos sobre o quão longe uma cidade poderia chegar. Carvão, alimentos e até pessoas poderiam agora ser trazidas de outros lugares. De qualquer outro lugar. *De todos os lugares*. Estabelecer o controle das áreas que uma cidade queria explorar — *precisava* explorar — não era mais necessário. Com o *mundo* todo ao seu alcance, *todas as* cidades poderiam aumentar de tamanho.

IMPLICAÇÃO 5: CADEIAS DE SUPRIMENTOS — PRODUÇÃO LOCAL, COMÉRCIO GLOBAL

Uma característica central do mundo pré-industrial eram os Centros Imperiais. Todos eles desfrutavam de uma mistura mágica de clima ameno, terras relativamente planas e acesso marítimo e/ou fluvial, que concedeu não apenas uma vantagem sobre a concorrência local, mas força e estabilidade suficientes para alcançar e conquistar terras além. Com o alvorecer da Era

Industrial, todos foram capazes de aproveitar os séculos de riqueza e conhecimento acumulados para se dedicar à fabricação em massa.

Mas todos enfrentaram restrições em comum. Nem todas as etapas de um processo de fabricação requerem o mesmo acesso aos mesmos insumos. Algumas precisam de mais ferro, algumas de mais mão de obra, algumas de mais carvão mineral, outras de mais pessoas com *doutorado*. Mas, como jamais haveria confiança mútua entre os impérios, cabia a cada Centro Imperial individual se virar por conta própria, tentando manter todas as etapas do processo de produção dentro de seu próprio sistema ferozmente independente.

O alvorecer da Ordem liderada pelos Estados Unidos mudou tudo isso. Os norte-americanos não apenas proibiam o conflito entre seus aliados; eles protegiam *todo* o transporte marítimo global como se fosse seu próprio comércio *interno*, inaugurando uma era de transporte extremamente seguro e barato.

Em um mundo "seguro" para todos, as geografias "bem-sucedidas" do mundo não poderiam mais dominar e/ou explorar as demais. Um efeito colateral pouco intencional disso foi o rebaixamento da geografia de seu papel determinístico, no sucesso ou no fracasso de uma nação, para se tornar um aspecto secundário. Agora, geografias antes desprezadas podiam prosperar em segurança.

Mas a maioria dos antigos Centros Imperiais não se incomodou com a mudança. Qualquer atividade em que não se destacassem, tal como o processo, de relativo baixo valor agregado, de transformar alumínio em arame ou de fabricar sapatos, poderia ser terceirizada para outro local — um participante *novo* e emergente do sistema agora globalizado —, capaz de executá-la de forma mais eficiente e competitiva. A queda nos custos e o aumento na segurança do transporte, proporcionados pelos norte-americanos, possibilitaram que o trabalho que costumava ser feito em uma cidade fosse dividido em cem locais diferentes em todo o mundo.

O transporte marítimo, antes restrito a "apenas" insumos brutos e produtos acabados, agora atendia a uma variedade aparentemente interminável de produtos intermediários. Nasceu o moderno sistema de cadeia de suprimentos de fabricação em várias etapas. Na década de 1960, essas cadeias de suprimentos se tornaram comuns, especialmente nos setores automotivo e de eletrônicos.

Coreia do Sul, Brasil, Índia e China eram simplesmente as quatro maiores dentre várias dezenas de potências que, de repente, passaram a desempenhar papéis reais. Muitas das áreas "centrais" que se saíram tão bem nas décadas e nos séculos antes do Acordo de Bretton Woods — como o Cinturão do Aço norte-americano e a Grã-Bretanha com sua profusão de canais — foram relegadas à memória por esses concorrentes até então desconhecidos.

As eras da Guerra Fria e da pós-Guerra Fria de estabilidade global prolongada possibilitaram que cada vez mais países se juntassem à festa. Os novos participantes não só ingressaram no jogo em diferentes décadas; eles avançaram em taxas diferentes, povoando o mundo com mais e mais países em níveis extremamente diferentes de sofisticação técnica.

Em 2022, existem tecnocracias avançadas na Europa Ocidental, no Japão e na América Anglo-Saxônica; economias industrializadas avançadas no Nordeste da Ásia e na Europa Central; economias em rápida industrialização no Sudeste da Europa, na América Latina, na Ásia Menor e no Sudeste Asiático; e economias mistas na China, no Sul da Ásia, na América Latina e na antiga União Soviética. Cadeias de suprimentos cada vez mais complexas conectam todas elas. Tudo isso foi viabilizado pelo transporte mais barato e mais abundante, que gerou maior desenvolvimento econômico e integração, que, por sua vez, exigiram transporte mais barato e mais abundante.

Adicione navios maiores, conteinerização e um novo estilo de porto, e os muitos atritos que dificultavam o comércio entre países vizinhos não foram só reduzidos, mas, sim, eliminados a tal ponto que o comércio transoceânico e verdadeiramente *global* de múltiplas etapas poderia não apenas se tornar possível, mas a norma. Em 2022, cerca de 80% do comércio global em volume e 70% em valor é transportado por embarcações oceânicas.

PARTES DO TODO

À medida que as tecnologias amadureciam e o sistema de transporte se tornava mais complexo e diversificado, dois pensamentos contrastantes se mesclaram para definir nosso sistema moderno.

Primeiro, as tecnologias industriais tornaram-se cada vez *mais fáceis* de aplicar. Forjar aço é mais difícil do que transformá-lo em trilhos, que é mais difícil do que construir as linhas férreas, que é mais difícil do que operar um trem, que é mais difícil do que carregar um vagão. Quando o sistema imperial chegou ao fim, os holandeses e japoneses não podiam simplesmente levar os sistemas ferroviários que haviam construído para casa com eles. Foi muito fácil para suas ex-colônias se apropriarem e operarem os ativos. Ao contrário das tecnologias pré-industriais, que exigiam mestres artesãos, grande parte das aplicações da era industrial — e especialmente da era digital — era fácil de utilizar.

Segundo, as tecnologias industriais tornaram-se cada vez *mais difíceis* de manter. A capacidade de diversificar os sistemas de suprimento para *qualquer* distância significa que é economicamente vantajoso dividir a fabricação em dezenas, até *milhares* de etapas individuais. Os trabalhadores que fabricam esta ou aquela pequena peça de um dispositivo tornam-se *muito* bons nisso, mas não fazem ideia do resto do processo. A força de trabalho que purifica o dióxido de silício não fabrica nem sabe fabricar uma pastilha de silício, não monta e nem sabe montar placas-mãe e não programa e nem sabe programar um software.

Essa combinação de alcance e especialização nos leva a uma conclusão muito clara e sombria: os bens *consumidos* em um lugar e por um povo não refletem mais os bens *produzidos* naquele lugar e por aquele povo. As geografias de consumo e de produção estão desatreladas. Já não precisamos apenas de transportes seguros em escala para interligar a produção ao consumo; precisamos agora de transportes seguros em escala para sustentar a produção e o consumo.

Em muitos aspectos, tudo isso é *ótimo*. A industrialização e a globalização não só geraram o crescimento econômico mais rápido da história; em termos coletivos, elas melhoraram drasticamente o padrão de vida de bilhões de pessoas em todo o mundo. Ao contrário da era pré-industrial incrivelmente *desigual*, a combinação industrialização/globalização atingiu a dualidade quase impossível de permitir que os totalmente não qualificados vivam em situação que vai além do nível de subsistência e exploração, ao mesmo tempo que expande as fronteiras do conhecimento humano e da educação para mais longe, de forma mais rápida e abrangente do que nunca.

Mas, em muitos outros aspectos, isso é absolutamente terrível.

O GRANDE DESMANTELAMENTO

VAMOS REAVIVAR A MENTE COM ALGUNS TÓPICOS:

- Os navios modernos são colossais. Os porta-contêineres atingem uma velocidade máxima de pouco menos de 46 quilômetros por hora. Os graneleiros atingem a metade disso. Os navios civis mais rápidos que temos são... navios de cruzeiro de passageiros, e isso se deve principalmente ao fato de eles terem muito espaço vazio. Não adianta muito adaptá-los para transportar milho.
- Os modernos porta-contêineres carregam *milhares* de contêineres, mais da metade deles abarrotados de bens intermediários essenciais para a fabricação de praticamente *todos* os produtos manufaturados.
- Esses produtos intermediários são fabricados por uma força de trabalho que *só* sabe produzir uma peça específica de cada produto, particularmente na extremidade de menor qualidade da escala.
- Países inteligentes *sabem* fazer o trabalho menos inteligente. Uma unidade de produção de semicondutores que fabrica chips para fazendas de servidores também pode fabricá-los para automóveis ou brinquedos. O inverso *não* é verdade.
- Os portos modernos são poucos, distantes entre si, gigantescos e normalmente *não* estão localizados junto às populações que atendem.
- As cidades modernas são tão grandes e suas economias, tão especializadas que exigem acesso regular não apenas a uma enorme faixa de território, mas a todo o globo.

O traço central que define todo esse trabalho é o transporte seguro e barato. Perturbe esse equilíbrio e todo o resto... simplesmente desmorona.

A facilidade de adoção das tecnologias industriais possibilitou sua fácil disseminação, e o oposto também é verdade. Afinal, há pouca capacidade de habilidade dentro de uma população que possibilite *manter* o nível de industrialização do mundo contemporâneo, caso as onipresentes conexões de transporte de hoje se rompam por qualquer motivo. Assim, a força de trabalho é hiperespecializada, quase não qualificada, ou, para provar que o mundo é quase sempre mais estranho do que imaginamos, uma combinação dos dois. Pior ainda, a vida urbana moderna requer acesso constante a inúmeros povos e lugares espalhados ao redor do mundo, sobre os quais uma cidade não tem qualquer influência. Simplificando, as regiões podem se *des*industrializar muito mais rapidamente do que se industrializar, e o fator crítico é o transporte.

A desindustrialização pode acontecer com muito mais rapidez do que você imagina.

Pense naqueles navios gigantescos e lentos.

Antes, uma rápida história de guerra, nesse caso, a Guerra Irã-Iraque da década de 1980: em 1983, o conflito havia chegado a um impasse, que levou os dois países a lançarem mísseis contra navios de carga um do outro na tentativa de estrangular seu oponente economicamente. Ao todo, cerca de trezentos navios foram atingidos. Cerca de cinquenta ficaram incapacitados e uma dúzia afundou. Em comparação com o tamanho do transporte global na época, foi insignificante.

Mas esse evento quase destruiu o setor global de *seguros*.

A garantia de segurança dos Estados Unidos para o transporte marítimo era considerada infalível. Afinal, em décadas, houve menos de um punhado de incidentes em todo o mundo. Em certo período, aproximadamente entre 1950 e 1975, houve *zero* ataques a navios de carga. Assim, as provisões de seguro marítimo para ressarcimento das perdas eram, quando muito, mínimas. Preparar-se para tais incidentes com grandes somas de dinheiro teria sido como reservar bilhões para lidar com as reivindicações de seguros contra terremotos em Illinois (onde não há terremotos). Mas, quando os pedidos de indenizações dos eventos da Guerra Irã-Iraque chegaram, as empresas de seguros rapidamente ficaram sem capital operacional. Então *elas* entraram com reivindicações contra as empresas de resseguro, que rapidamente também exauriram seu capital. De repente, *todas* as seguradoras descobriram que a indústria inteira estava à beira do precipício. Fossem seguros contra incêndio, seguros de carro, seguros de hipoteca, seguros de saúde — não importava. E, com a maioria das seguradoras ligadas à grande parte dos mercados de títulos por meio de grandes financeiras, a catástrofe era iminente.

A única coisa que impediu um colapso financeiro global em larga escala foi a decisão da administração Reagan, que envolveu três partes: (a) escoltar fisicamente navios não iranianos pelo Golfo Pérsico; (b) redenominar todos esses navios como de bandeira norte-americana; e (c) fornecer uma indenização geral soberana a todos esses navios. Um conflito militar local entre um par de poderes não mercantis, que nem sequer tinham setores financeiros, rapidamente chegou ao ponto de apenas uma superpotência *dispor* de força militar, financeira e legal para evitar um colapso financeiro *global*.

Imagine se um evento semelhante ocorresse hoje. De 1970 a 2008, os norte-americanos quase sempre tiveram um grupo de porta-aviões no Golfo Pérsico (e, desde os conflitos da Tempestade no Deserto de 1991, normalmente dois). Escoltar navios comerciais em 1983 exigiu apenas algumas mudanças nos padrões de patrulha. Mas, desde 2015, tornou-se normal que os norte-americanos ficassem meses sem nenhum navio de tamanho *significativo na* região. Até o final de 2021, os norte-americanos haviam retirado *todas* as tropas terrestres *regulares* da região. Na ausência dos Estados Unidos, há apenas um punhado de potências — França, Reino Unido, Japão e China — capazes de ao menos *chegar* ao Golfo Pérsico com suas forças militares. Destas, apenas o Japão tem capacidade técnica para agir com o vigor necessário, e nenhuma tem os navios necessários para estabelecer comboios significativos.

Imagine se os navios em questão fossem porta-contêineres em vez de graneleiros. Um único navio estaria transportando milhares de contêineres com dezenas de milhares (centenas de milhares?) de produtos. Nos eventos ocorridos na década de 1980, mesmo os navios que afundaram foram, no devido tempo, recuperados e seguiram com suas vidas. Não haveria como isso acontecer com a carga conteinerizada moderna (além disso, você compraria um computador se uma peça da placa-mãe tivesse ficado no fundo do Golfo por alguns dias?).

Imagine se tais eventos ocorressem em um local diferente. Na década de 1980, o Irã e o Iraque eram as últimas economias sem valor agregado. O consumo local era extremamente limitado. Não havia participação em sistemas de suprimento de manufatura. Imagine ainda que o transporte marítimo fosse atacado no Mar Báltico ou no Mar da China Oriental, lugares centrais para a fabricação europeia e asiática. Os porta-contêineres modernos não transportam produtos apenas de um porto para outro, eles fazem circuitos. Viajam para vários portos, pegando e deixando contêineres cheios de uma variedade estonteante de produtos à medida que avançam. Se um único navio é incapaz de transportar ou descarregar sua carga, haverá impactos em cascata ao longo de centenas a milhares de cadeias de suprimentos em várias indústrias e várias regiões. Mesmo breves atrasos em apenas um punhado de portos seriam suficientes para forçar uma racionalização de indústrias inteiras, sem falar na possibilidade *real de perda dos navios*.

É como dizem: são necessárias 30 mil peças para fazer um carro. Se você tem apenas 29.999 peças, terá apenas um peso de papel de tamanho ambicioso.

Imagine se tais eventos não fossem um acontecimento isolado. A escala de 1983 versus a de 2022 é radicalmente diferente. Entre cadeias de suprimentos mais diferenciadas, com mais riqueza e mais países, o valor total da carga marítima global de hoje é *seis* vezes maior. Um cálculo rápido com base em dados matemáticos dos últimos 25 anos sugere que a redução dos custos de transporte em 1% resulta em um aumento dos volumes de comércio em cerca de 5%. Não é preciso inverter o processo por muito tempo para que o mundo moderno, impulsionado pelo comércio, seja relegado à memória de tempos mais felizes.

Resumindo: o mundo que conhecemos é eminentemente frágil. E isso quando funciona *conforme o planejado*. O cenário econômico atual não é só dependente, mas, sim, altamente viciado na vigilância estratégica e tática norte-americana. Remova os Estados Unidos do processo, e o transporte marítimo de longa distância deixa de ser a norma para se tornar a exceção. Remova o consumo de massa devido a colapsos demográficos e todo o argumento econômico para a integração em massa entra em colapso. De uma forma ou de outra, o nosso "normal" vai acabar, e será em breve.

O MUNDO POR VIR: CORTEJANDO — E EVITANDO — O PERIGO

O resultado mais milagroso e, até certo ponto, inesperado da Ordem liderada pelos EUA é a extensão em que ela transformou áreas que raramente — ou nunca — haviam participado de qualquer sistema comercial multinações de larga escala. A maior parte do mundo não desfruta de uma configuração geográfica que estimule naturalmente a atividade econômica, como climas temperados ou densas redes fluviais comuns à Europa Ocidental ou à América do Norte.

A Ordem reduziu a importância da geografia. Os norte-americanos agora protegeriam as fronteiras, bem como o comércio externo. Tal estrutura possibilitou que geografias que nunca haviam se desenvolvido, ou que haviam sido esmagadas sob a opressão deste ou daquele império, emergissem como participantes independentes. O maior crescimento econômico vivido pela humanidade desde 1945 foi um crescimento de efeito base de comparação dentro de geografias que até recentemente eram negligenciadas e economicamente inexistentes. Isso significa que, à medida que os norte-americanos passam a adotar uma mentalidade de "não é problema meu", a maior propensão para disrupções *e* os impactos mais intensos dessas disrupções serão não só nas mesmas localidades, mas, sim, nessas mesmas *novas* localidades.

A primeira dessas geografias a entrar nesse processo insano são os territórios em direção à costa da Primeira Cadeia de Ilhas da Ásia, uma região que inclui Japão, China, Coreia e Taiwan, e em menor grau Filipinas, Vietnã, Indonésia, Malásia, Tailândia e Singapura. A variedade de recursos gradualmente se esgota à medida que se viaja de Sul a norte, enquanto o valor e o volume da manufatura tendem a seguir o gradiente oposto. É uma área natural de intensa concorrência caracterizada pela demanda concentrada de recursos, pelas linhas de abastecimento mais longas da Terra e pela dependência maciça das exportações. O resultado? Bens intermediários em *todos* os *lugares*, e *todos eles* transportados por água.

Essa combinação de vulnerabilidade e integração só poderia ocorrer em um ambiente de segurança em que uma energia externa obrigasse todos a se comportarem bem. No entanto, mesmo com a vigilância norte-americana, o Leste Asiático nunca desenvolveu um sistema regional de cooperação, ou mesmo válvulas de escape diplomáticas que não envolvam confronto militar. A China odeia o Japão; o Japão (talvez agora de modo subconsciente) quer colonizar a Coreia e partes da China; Taiwan quer ter uma força nuclear de dissuasão; e os sul-coreanos não confiam em ninguém.

Pior ainda, com a notável exceção do Japão, *nenhuma* das potências locais tem a capacidade de garantir as próprias linhas de abastecimento ou rotas de comércio. É difícil avaliar quem está em uma posição pior: Coreia do Sul e Taiwan, que sofrem uma dependência quase completa da vigilância naval estratégica norte-americana, ou a China, que teria que atravessar as águas de vários rivais hostis (incluindo *todos os* países da Cadeia), bem como meia dúzia de pontos de estrangulamento para alcançar qualquer mercado ou acesso a recursos relevantes... usando uma marinha que, em grande parte, só é capaz de operações costeiras.[*]

O fascismo chinês funcionou até agora, mas, em meio ao colapso do consumo interno devido ao envelhecimento demográfico, à perda de mercados de exportação por conta da desglobalização e à incapacidade de proteger as importações de energia e matérias-primas necessárias para fazer tudo funcionar, a China, ao adotar o nacionalismo narcisista, corre o risco de gerar agitação interna que destruirá o Partido Comunista. Ou pelo menos foi o que aconteceu (repetidamente) na história chinesa, quando o governo não podia mais fornecer bens ao seu povo.

---

[*] Ok. Esquece, retiro o que eu disse. É muito pior para a China.

O Japão parece pronto para herdar a região, mas o futuro não será tão simples assim. Claro, o alcance naval superior do Japão significa que ele é capaz de sufocar a China em algumas semanas e escolher a hora e o local de qualquer conflito em águas abertas. No entanto, mesmo com sua fragilidade, a China é capaz de atingir alvos dentro de algumas centenas de quilômetros de sua costa. Isso não inclui apenas partes das ilhas japonesas, mas também a maior parte da Coreia do Sul e *todo o território de* Taiwan. Qualquer coisa que não seja um colapso completo da governança na China (algo que já *ocorreu* várias vezes ao longo da história chinesa) transformará toda a região em uma zona de risco para qualquer tipo de transporte marítimo.

Nenhuma região se beneficiou mais da Ordem, nenhuma região sofrerá mais com o seu fim, e tudo o que conhecemos como a manufatura moderna ruirá assim que alguém atacar um único navio comercial.

A segunda região de preocupação é o Golfo Pérsico. O motivo é muito simples. Os climas locais variam de árido a... desértico. Normalmente, isso manteria as populações não só pequenas, mas minúsculas. Porém, há petróleo e isso mudou tudo.

Sob a égide da globalização, os norte-americanos não tiveram escolha senão patrulhar vigorosamente o Golfo e se envolver nas complicadas minúcias da política da região. O petróleo alimentava o comércio global, que, por sua vez, alimentava a aliança norte-americana, que, por sua vez, alimentava a segurança fornecida pelos EUA. Se o Golfo não fosse relativamente pacífico — e, pelos padrões históricos, desde 1950 o Golfo *tem* sido relativamente pacífico —, a estratégia global dos Estados Unidos seria um fracasso desde o início.

O petróleo, aliado à presença dos norte-americanos, transformou as possibilidades da região. Em vez de beduínos errantes, um aglomerado de aldeias costeiras dedicada à pesca de pérolas e terras há muito tempo contaminadas de sal por milênios de irrigação, a região possui uma mistura errática de cidades futuristas, megacomplexos superpovoados, paisagens urbanas e interiores devastados pela guerra e, em muitas áreas, uma subclasse quase escrava.

A região exporta petróleo, gás natural e... quase nada mais. Importa alimentos. Tecnologia. Eletroeletrônicos. Eletrodomésticos. Vestuário. Celulares. Artigos de informática. Maquinário. Aviões. Automóveis. Materiais de construção. Praticamente tudo. Inclusive mão de obra — qualificada e não qualificada. E até *camelos*. Praticamente todo esse petróleo e gás natural são transportados por via marítima, e quase todos os itens importados são enviados da mesma maneira. Em um mundo de transporte internacionalizado colapsado, as soluções alternativas do Estreito de Ormuz são, em última análise, de valor limitado. Elas foram projetadas para contornar a ameaça do Irã, não o colapso da Ordem.

Isso *não* significa que a região desaparecerá do radar geral da humanidade. O que o Golfo tem — petróleo — é o que o Sul da Ásia, o Leste Asiático e a Europa precisarão desesperadamente. Mas *todas* as potências locais dispõem de marinhas que não têm capacidade de patrulhar efetivamente suas próprias costas, muito menos de escoltar o tráfego local, menos ainda de garantir que navios entrem e saiam de Ormuz em segurança, e muito menos ainda de proteger navios-tanque destinados a consumidores finais ou navios graneleiros e porta-contêineres chegando de fornecedores distantes.

Assim como *nenhuma* outra potência estrangeira consegue proteger a região com o manto de segurança ao estilo norte-americano. Talvez em uma extraordinária demonstração do indiscutível fato de que para as forças armadas norte-americanas não existe a palavra exagero, as marinhas combinadas do mundo têm menos de um décimo da capacidade de projeção de poder da Marinha dos EUA. A incapacidade global de impor normas à região garantirá uma depressão global de décadas, bem como uma sucessão de esforços lamentavelmente inadequados de meia dúzia de potências — Japão, Reino Unido, França, Índia, Turquia e China — para salvar... alguma coisa em meio ao caos sangrento. Será um pandemônio.

A terceira região que merece atenção é a Europa. Pensamos na Europa moderna como uma região de cultura, democracia e paz, que conseguiu escapar das turbulências da história. Mas isso em grande parte se deve à reestruturação norte-americana nas questões europeias. O que se esconde debaixo do verniz histórico de calma é a região mais dilacerada pela guerra e estrategicamente instável do planeta. A Europa moderna é a personificação das dimensões e da total artificialidade do sistema de Bretton Woods.

Os problemas da Europa do futuro são muitos, mas quatro se destacam.

- O primeiro é a energia: os europeus dependem *mais* de importações de energia do que os asiáticos, e não há dois grandes países europeus que concordem em uma forma de resolver essa questão. Os alemães temem que *não* ter um acordo com os russos signifique guerra. Os poloneses querem um acordo com qualquer um, *menos* com a Rússia. Os espanhóis *sabem* que a única solução está no hemisfério ocidental. Os italianos temem precisar ocupar a Líbia. Os franceses querem forçar um acordo na Argélia. Os britânicos estão de olho na África Ocidental. Todos estão certos. Todos estão errados.

- O segundo é a demografia: os países europeus há muito tempo ultrapassaram o ponto do repovoamento teórico, o que significa que a União Europeia é agora funcionalmente uma união de exportação. Sem a Ordem liderada pelos Estados Unidos, os europeus perdem qualquer possibilidade de exportar mercadorias, o que elimina a possibilidade de manter a sociedade europeia em sua forma atual.

- O terceiro é a preferência econômica: talvez, nos dias atuais, isso esteja relegado ao subconsciente dos europeus, mas eles *conhecem* sua história sangrenta. Um grande número de decisões conscientes foram tomadas pelos líderes europeus para remodelar seus sistemas com uma inclinação socialista a fim de que suas populações se engajassem em seus sistemas coletivos. Funcionou. E muito *bem*. Mas apenas no contexto da Ordem com os norte-americanos pagando a maior parte dos custos de defesa e possibilitando um crescimento que os europeus nunca poderiam ter alcançado sozinhos. A desglobalização, a demografia europeia e a falta de alcance global sugerem que a recessão permanente está entre as *melhores* previsões dos oráculos geopolíticos. Não vejo um caminho a seguir no qual o núcleo do modelo democrático-socialista europeu possa sobreviver.

- O quarto e último problema: nem todos os Estados europeus são iguais. Para cada peso-pesado como o Reino Unido, há um caso perdido como a Grécia. Para cada França protegida, há uma Letônia vulnerável. Alguns países são seguros, ricos ou têm uma tradição de projeção de poder. Outros são vulneráveis, pobres ou pouco mais do que capachos históricos. Talvez o pior de tudo, o maior ator econômico (Alemanha) não tem opção senão desempenhar um papel central, enquanto os dois países com maior capacidade de agir de forma independente (França e Reino Unido) fizeram apostas seguras e nunca se integraram realmente ao restante da Europa. Há poucas razões para esperar que os franceses usem sua influência em benefício da Europa, e *não* há motivo para esperar assistência dos britânicos, que formalmente se separaram da União Europeia em 2020.

A história, infelizmente, nos oferece alguns caminhos bastante claros a seguir. À medida que a confiabilidade do transporte marítimo de longa distância se evapora e os Estados Unidos — de longe o maior mercado da Europa — seguem o próprio caminho, os europeus valorizarão a proteção do que já têm e conhecem: as próprias cadeias de suprimentos e os próprios mercados. O fato de a Europa já ser o conjunto mais protecionista de economias da era da Ordem não ajuda.

O resultado será a criação de várias mini-Europas, à medida que diferentes potências tentam ampliar redes econômicas, culturais e, em alguns casos, militares para regiões mais amplas. Reino Unido, França, Alemanha, Suécia e Turquia seguirão os próprios caminhos e tentarão atrair e/ou coagir vizinhos selecionados a se juntar a eles. Como consequência, a integração será prejudicada. Para aqueles que conhecem a história persa, grega, romana, bizantina, otomana, alemã, britânica, francesa, medieval ou dos primórdios da era industrial, isso parecerá perturbadoramente familiar. Afinal, a história não tem fim definido.

Valerá a pena para os europeus se preocuparem especialmente com o Mediterrâneo. Sob a Ordem, ele tem sido um belo canal interno para o continente, mas, no futuro, é muito mais provável que volte à sua norma histórica de ser a via navegável mais disputada do mundo. Por meio do Canal de Suez, o Mediterrâneo é a conexão da Europa com o petróleo do Golfo Pérsico e com os produtos manufaturados do Leste Asiático. O Egito não é capaz de proteger a zona do canal, mas também nenhum país europeu individual consegue dominar o Egito. Por meio dos Estreitos Turcos, o Mediterrâneo é a conexão da Europa com os excedentes energéticos e agrícolas dos antigos Estados soviéticos. A Turquia certamente assumirá o controle dos Estreitos e *ninguém* tem capacidade para desafiar os turcos em seu próprio território.

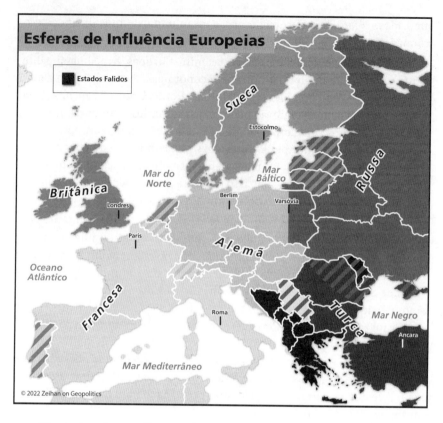

Nenhuma dessas disputas é nova para estudantes de história. O que *tem sido* novidade é que os norte-americanos as suprimiram. *Todas* elas. Por *décadas*.

Acreditar que a globalização continuará a existir sem um árbitro e um fiscalizador geral implica crer em três cenários.

Primeiro, é preciso crer que todos os poderes em uma determinada região concordarão em fazer o que o poder regional mais potente exige. Que os japoneses e taiwaneses aderirão aos esforços chineses para redefinir os arranjos estruturais, econômicos, políticos e militares do Leste Asiático. Que os franceses, poloneses, dinamarqueses, holandeses e húngaros (entre outros) transferirão ativamente riqueza e controle para a Alemanha à medida que os alemães envelhecem para a obsolescência demográfica. Que Arábia Saudita, Iraque, Kuwait, Catar, Bahrein e Emirados Árabes Unidos se submeterão ao Irã em questões de controle regional e política de petróleo. Que Ucrânia, Estônia, Letônia, Lituânia, Suécia, Finlândia, Polônia, Moldávia, Romênia e Uzbequistão não resistirão à reafirmação de controle da Rússia sobre todos eles. Que o Paquistão aceitará que a Índia está no comando. Que

Irã, Iraque, Síria, Rússia e Alemanha não resistirão à ideia de que a Turquia assuma uma posição de destaque na mesa principal. Que as várias nações africanas silenciosamente aderirão a uma nova onda colonial.

Desde 1945, os Estados Unidos têm mantido todas essas considerações em suspenso. Agora, remova o ambiente de segurança proporcionado pelos EUA. Olhe para o mapa com uma nova perspectiva. Olhe para *qualquer* mapa com novos olhos.

Segundo, é preciso crer que certas ferramentas de política permanecerão fora de cogitação, principalmente as militares. Que os alemães, russos, iranianos e chineses não usarão a força militar para impor suas vontades sobre seus vizinhos. Que poderes com alcance militar — França, Reino Unido, Turquia e Japão — não usarão sua capacidade para frustrar as ações de seus concorrentes com menos mobilidade. A história não está só repleta de exemplos em contrário. Na maior parte dos casos, ela *é* o contrário. Exceto a história de 1945 até o presente, é claro.

Terceiro, é preciso crer que as potências regionais dominantes não entrarão em conflito. Que os russos e os alemães, os chineses e os indianos, os russos e os chineses, os turcos e os russos, os turcos e os iranianos estarão sempre de acordo. Assim, de pronto, considerando apenas um único século antes de 1945, eu consigo pensar em dez exemplos de que isso não funcionou. O mundo tem um estoque inesgotável de desavenças. Por 75 *anos*, a maioria dessas desavenças não foram levadas adiante... mas apenas porque os norte-americanos mudaram as regras do jogo.

Independentemente do que der errado, o transporte de longa distância é uma vítima imediata, porque ele não requer apenas paz absoluta nesta ou naquela região; requer paz absoluta em *todas* as regiões. A disrupção nesse transporte representa três quartos de *todas* as remessas dos setores de energia, manufatura e agricultura.

REFÚGIOS NA TEMPESTADE

SIM, A SITUAÇÃO SERÁ COMPLICADA, MAS NÃO SERÁ EXATAmente um mundo de todos contra todos. As áreas consideradas "zonas seguras" para o transporte comercial se enquadrarão em uma de duas categorias gerais.

Na primeira, uma superpotência regional estabelecerá a paz regional para impor sua definição preferida de segurança sobre a geografia desejada. O Japão fará isso no Nordeste da Ásia, com o objetivo nem tão oculto assim de manter os chineses enfraquecidos. A França predominará na Europa Ocidental, para grande desdém dos britânicos e alemães. A Turquia dominará o Mediterrâneo Oriental, provavelmente em aliança com os israelenses. Os Estados Unidos atualizarão a Doutrina Monroe e transformarão o hemisfério ocidental em um playground norte-americano apenas para convidados. Uma mistura de normas culturais, demandas econômicas, ditames estratégicos e necessidades e oportunidades locais determinará se tais zonas de controle serão informais ou rígidas, permitirão ou bloquearão o comércio regional, serão benevolentes ou não. Não é uma abordagem única.

Na segunda, alguns grupos de países poderão patrulhar conjuntamente suas regiões. É provável que o Reino Unido se associe aos escandinavos para criar uma ordem regional. A Alemanha fará o mesmo com os países da Europa Central. Os países do Sudeste Asiático juntarão forças econômicas e militares com os australianos e neozelandeses.

O conflito entre as superpotências e os blocos regionais é uma conclusão precipitada, mas isso não significa que tais conflitos serão crônicos ou ativos. Os franceses e os turcos certamente manterão a rivalidade de lados opostos do Mediterrâneo, assim como os franceses e os alemães com certeza encontrarão pontos de cooperação que vão além da Bélgica. Os holandeses e dinamarqueses buscarão uma espécie de dupla afiliação nos blocos liderados pelos britânicos e alemães, enquanto esses dois blocos provavelmente cooperarão contra o poder russo. Todo mundo ama os australianos... mas os australianos ficarão satisfeitos em atuar como observador para o poder norte-americano.

A característica definidora da nova era é que *não estaremos mais todos do mesmo lado*. E, embora muitos possam argumentar, de forma razoável, que sempre foi assim, o que fez a Ordem funcionar é que todos concordamos coletivamente que haveria limites para as formas de concorrência entre nações. Ninguém usa a força militar para enfrentar um concorrente econômico. Porém, o mais importante, ninguém ataca ou sequestra navios comerciais. Ponto-final.

O fim dessa norma nos leva por muitos caminhos obscuros.

Em grande parte, os dias do transporte de *longa* distância acabaram. Com as notáveis exceções do Japão e dos Estados Unidos, *nenhum* país pode projetar consistentemente poder naval a um continente de distância; e, mesmo para as duas principais potências navais do mundo, patrulhar faixas de oceano amplas o suficiente para permitir o comércio de carga livre de escolha está além de suas capacidades. A Ordem funcionou porque *apenas* os Estados Unidos tinham uma marinha global e *todos* concordaram em não atacar navios. Esse mundo acabou.

O transporte de longa distância é o que movimenta tudo das áreas de alta oferta para as de alta demanda, independentemente do participante. Para qualquer produto que seja concentrado em termos de oferta *ou* demanda, espere o colapso do mercado. Os produtos particularmente concentrados em termos de oferta incluem petróleo, soja, lítio e microprocessadores de média e baixa qualidade. Os produtos particularmente concentrados em termos de demanda incluem gás natural liquefeito, bauxita, vagões de trem de alta velocidade e lula. Os produtos que sofrem uma pressão dupla incluem minério de ferro, hélio, grãos de cacau e toner de impressora.

Interromper as economias de escala e as linhas de abastecimento possibilitadas por um mundo interligado afetará a todos, mas esse desmantelamento também afetará a todos de maneira diferente. O hemisfério ocidental é bom para alimentos e energia, mas precisará desenvolver sua capacidade de manufatura para produtos tão variados quanto notebooks e sapatos. A capacidade de manufatura do bloco alemão é em grande parte interna, mas os insumos brutos que possibilitam seu funcionamento são inexistentes. Os japoneses e os chineses terão que se aventurar para garantir alimentos *e* energia *e* matérias-primas *e* acesso a mercados. O lado bom é que o Japão gosta de fabricar produtos onde os vende e tem uma poderosa marinha de longo alcance. O lado ruim é que a maior parte da marinha da China não consegue ir além do Vietnã, mesmo em uma era de paz.

E é *muito* importante o que cada bloco regional determina como carga prioritária e, portanto, digna de proteção prioritária. Sistemas de manufatura complexos são mais eficientes quando têm mais participantes, tanto pelo grupo maior de consumidores quanto pelo sistema de cadeia de suprimentos mais diferenciado — e, a partir disso, mais eficiente. Quanto maior o bloco, mais bem-sucedida e sustentável será a manufatura regional. Os russos certamente se aproveitarão de um mundo fraturado em detrimento de seus clientes de petróleo e gás natural, um fator que levará alemães *e* turcos *e* britânicos *e* japoneses *e* chineses a obter energia de outros lugares e, assim, inflamar a concorrência ao redor. Ironicamente, em um mundo fraturado, os navios mais lentos — os tediosos graneleiros — provavelmente acabarão sendo os mais importantes. Afinal, se o transporte em porta-contêineres ruir, grande parte do mundo será economicamente dizimada pelo colapso na manufatura. Mas, se o transporte a granel — que transporta alimentos e combustível — ruir, muitas pessoas mundo afora morrerão de fome. Sozinhas. No escuro.

O conflito entre blocos relacionado ao transporte marítimo será a nova norma, mas tenha em mente que a maioria dos países carece de marinhas de longo alcance. Isso indica que a verdadeira turbulência no transporte ocorrerá em terras de ninguém, onde nenhum bloco detém influência confiável — e onde nenhuma embarcação pode pedir socorro de forma segura.

Nesse tipo de ambiente, as empresas de transporte enfrentarão uma série de problemas de segurança.

O primeiro e mais óbvio são os piratas.[*] Qualquer zona sem uma força naval local razoavelmente poderosa certamente será alvo de ataques piratas ao estilo da Somália. O segundo e menos óbvio são os corsários, em essência piratas patrocinados por um país legítimo para atacar seus concorrentes, e que receberam direitos para buscar assistência, combustível e tripulação (e vender suas, *ahã*, recompensas) em portos aliados. Como o patrocínio de corsários possibilita ao menos uma aparência de negação plausível e, portanto, é um passo aquém da guerra declarada, espere que praticamente *todos* entrem nesse jogo.

---

[*] ARRRRGH!

REFÚGIOS NA TEMPESTADE

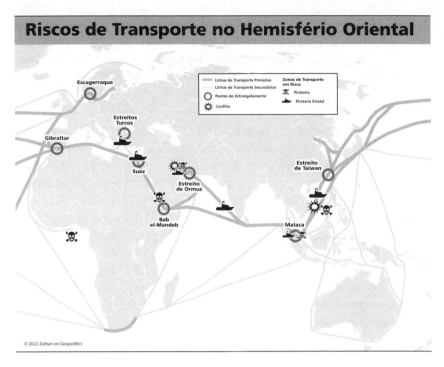

A terceira preocupação de segurança provavelmente não será restrita a terras de ninguém: a pirataria *estatal*. Estamos nos movendo para um mundo onde a capacidade de importar *qualquer coisa* — seja minério de ferro, diesel, fertilizante, fios ou silenciadores automotivos — será severamente circunscrita. Enviar sua marinha para *tomar* o que você precisa de mãos alheias é uma solução antiga que antecede a saga relativamente recente de navegação de Colombo pelo oceano azul.

- Espere que a pirataria estatal volte à moda com particular entusiasmo no bloco turco, onde os turcos (e israelenses) atacarão de forma alegre e implacável alguém desesperado o suficiente para tentar enviar petróleo bruto pelo Canal de Suez e pelo Mediterrâneo Oriental, sem primeiro pagar qualquer valor a título de proteção que Ancara e Jerusalém considerem apropriado.
- A Índia é outro poder a ser observado, mas de uma maneira ligeiramente diferente. A Marinha indiana pode ser considerada, bem, pior que horrível, mas dentro do Oceano Índico não há um páreo regional. O subcontinente também é a primeira parada de qualquer remessa para fora do Golfo Pérsico. Os aspirantes a transportadores terão pouca escolha a não ser pagar quaisquer taxas de "passagem" que Nova Déli exija. Felizmente para esses

transportadores, é provável que a Índia seja muito flexível quando se trata de pagamento. Talvez a Índia aceite o pagamento em remessas diretas de petróleo, enquanto as grandes e sofisticadas operações de refino do país significam que ele poderia captar *toda* a carga de um transportador e depois enviar os combustíveis refinados.

- Em um mundo de transporte circunscrito, os insumos necessários para manter os sistemas modernos de manufatura — uma longa lista de materiais que variam de silício de alta qualidade a cobalto, níquel, terras raras e bauxita — serão os principais alvos. É muito mais fácil se apoderar dos navios graneleiros, que se deslocam lentamente, do que ocupar um país para se apropriar de sua capacidade de mineração. É provável que as costas da África e do Sudeste Asiático sejam especialmente caóticas, não somente porque muitos dos materiais necessários são obtidos ou cruzam essas áreas, mas porque não há, em nenhuma das regiões, poderes nativos com capacidade naval para manter a pirataria — especialmente a *estatal* — sob controle.

- O hemisfério oriental como um todo é um importador líquido de alimentos, com o desequilíbrio sendo mais acentuado nas extremidades Leste e Sudoeste da Ásia. É de se esperar que os japoneses descubram que a "regulamentação" das remessas de alimentos do hemisfério ocidental para o continente asiático é um grande negócio *e* uma excelente vantagem estratégica.

- *Não* se esqueça dos norte-americanos. A política externa dos Estados Unidos pós-Ordem será errática, mas só porque o país tem poucos *interesses* globais não significa que tem qualquer intenção de desistir de seu *alcance* global. Espere que a Marinha e os fuzileiros navais recebam atribuições secundárias que incluem a aplicação agressiva de sanções. Talvez a questão mais chocante a que *todos* os países e empresas devem se adaptar seja que os norte-americanos não apenas abandonarão seu papel como garantidores globais da *ordem*, mas se transformarão em agentes ativos da *des*ordem.

Tudo com o que nos acostumamos em relação ao transporte desde 1946 morre nesse mundo. Embarcações maiores, mais lentas e mais especializadas são pouco mais do que saborosos buffets flutuantes para qualquer corsário ou pirata (estatal ou não) circulando pela área. Embarcações maiores podem maximizar a eficiência em um mundo unificado e de baixa ameaça, mas, em um ambiente fraturado e de alta ameaça, elas também potencializam o risco.

A próxima geração de navios terá muito mais em comum com seus ancestrais, muito menores, pré-1945. Esses navios, por necessidade, terão menor alcance e menor capacidade de carga, não apenas porque serão menores, mas porque precisarão de mais combustível por unidade de carga para navegar *mais rápido*. Eles também precisarão ser projetados para que a carga não precise ser armazenada em seus conveses. Afinal, se um pirata ou corsário puder identificar o tipo de navio a distância, as operações de sequestro podem ser ainda mais precisas. Esse recurso por si só reduz a capacidade de carga dos porta-contêineres em dois terços. Diga adeus às cadeias de suprimentos integradas que dependam do transporte marítimo.

Essa transformação, ainda que seja independente das mudanças no ambiente de segurança, desfaz as normas econômicas da era que agora se encerra.

Os portos modernos — e especialmente os megaportos — só funcionam como centros de trânsito e distribuição para meganavios que não estarão mais navegando. Isso diminuirá a popularidade da conteinerização e exigirá um retorno à estrutura de portos menores, em mais quantidade e mais próximos dos pontos de consumo. Mais seguro? Sim. Mas também mais caro. Entre as mudanças nos navios e portos, espere que o transporte remanescente custe pelo menos o quádruplo do que estamos acostumados. E isso *dentro* dos blocos futuros onde a segurança é mais ou menos garantida. Os maiores ganhadores? Os locais que entraram na Era Industrial a pleno vapor porque tinham geografias *internas* repletas de vias navegáveis, *bem como* um grau de distância das ameaças: os Estados Unidos, o Reino Unido, o Japão, a França, a Turquia e a Argentina, nessa ordem.

Pior ainda, à medida que os custos de transporte aumentam, os bens não energéticos e não alimentares de baixa margem têm menos probabilidade de serem transportados. Isso não apenas enfraquece ainda mais o que os laços econômicos ainda unem; também significa que é mais provável que qualquer item de fato transportado de navio seja petróleo, alimentos ou de alguma outra forma *valioso*. Os dias terríveis do lema "se está em um navio, vale a pena ser roubado" estão voltando. Os maiores perdedores? Os países que são destino final de rotas marítimas muito expostas, que não têm capacidade naval para escoltar os próprios navios mercantes: Coreia, Polônia, China, Alemanha, Taiwan, Irã e Iraque, também nessa ordem.

Se os transportadores marítimos não podem contar com um ambiente de segurança benéfico e estão convencidos de que uma determinada carga precisa chegar a um destino, então a única decisão razoável é garantir que o navio tenha a capacidade de cuidar de si mesmo... equipando-o com armas. Essa decisão gerava uma quantidade insalubre de desconfiança quando era a norma nos séculos XVII e XVIII, em que o auge da tecnologia militar móvel eram mosquetes e canhões. Agora, adicione mísseis. Drones. Mísseis lançados a partir de drones. Um retorno aos dias de marinha mercante militarizada não está distante. Você acha que algumas pessoas ao redor do mundo já estão apreensivas com a falta de restrições de alguns países para exportações militares hoje? Imagine só o que acontecerá quando os coreanos, israelenses ou franceses começarem a vender armamentos antinavio, que podem ser operados por qualquer idiota, projetados para serem acoplados em cargueiros de países como Índia, Arábia Saudita ou Egito.

A manufatura moderna — e especialmente a manufatura *tecnológica* moderna — só pode funcionar em um mundo em que zilhões de produtos intermediários possam ser transportados sem problemas. Apenas blocos em que a oferta e a demanda da manufatura sejam próximas o bastante não sofrerão uma disrupção catastrófica. Isso é um problema enorme para a manufatura alemã, já que muitos de seus fornecedores estão além do horizonte e cerca da metade de seus clientes nem sequer estão na Europa.

O problema é muito maior para a manufatura asiática, em que *todos* os produtos intermediários viajam por mar (a Alemanha pode pelo menos transportar produtos intermediários entre seus parceiros da cadeia de suprimentos) e a maioria das matérias-primas e dos mercados finais está a milhares de quilômetros de distância. Para quase todos os componentes de alto valor agregado em seu sistema de manufatura, a China, em particular, depende de países a um continente de distância ou com os quais nutre fortes desavenças históricas ou geopolíticas. Com os custos de transporte aumentando acentuadamente, a parte do sistema de fornecimento de manufatura que enfrentará a maior disrupção são as peças de baixa margem de lucro que dependem de baixos custos... como transporte barato.

A absoluta fluidez do futuro ambiente de segurança não ajudará. A instalação industrial necessária para suportar cadeias de suprimentos de várias etapas é, por definição, dividida em diversas localidades e leva anos para ser construída. Toda vez que há um ajuste em um perfil de demanda — seja para produtos intermediários ou acabados —, normalmente leva um ano de esforços de reequipamento para avançar e retroceder no sistema. Aprendemos essa pequena lição da maneira mais difícil com a Covid. Cada navio desviado, cada tiro disparado interrompe alguma parte do suprimento e exige o mesmo processo de readequação de um ano. Em tal ambiente, cadeias de suprimentos de várias etapas em qualquer região sem segurança local *e* consumo local sólidos simplesmente não fazem muito sentido. Essas cadeias de suprimentos devem ser concentradas em geografias cada vez mais compactas, em que a maioria precisa se tornar totalmente interna a países específicos. Qualquer outro cenário significa desequilíbrios persistentes e nenhum produto final.

As cidades modernas — em especial as megacidades modernas do Leste Asiático — estão particularmente ferradas. Todas *só* existem porque a Ordem tornou mais fácil tanto a aquisição dos elementos básicos dos sistemas industrializados quanto o acesso aos mercados finais para as exportações. Elimine o sistema global e o *transporte* global, e as cidades serão responsáveis por seu alimento, sua energia e seus insumos industriais.

Isso é, em uma palavra, impossível. Somente as cidades que fazem parte de um bloco com alcance suficiente podem esperar manter as populações empregadas, alimentadas e aquecidas. Para a maioria da população urbana global, isso leva ao mesmo lugar: *des*industrialização maciça e *des*povoamento à medida que as pessoas são forçadas a retornar ao campo. Quanto maior o conglomerado urbano, maior o risco de fracasso catastrófico. Pelo menos metade da população mundial enfrenta o desmantelamento de décadas de urbanização.

Então, uma pergunta final para este capítulo: onde estão as áreas em que as cidades ainda podem explorar as terras necessárias para permitir a funcionalidade moderna?

Em linhas gerais, as Américas se sairão bem. Em parte, por uma questão geográfica. Os dois continentes americanos têm mais alimento e energia do que pessoas para consumi-los. Então, já é um começo sólido.

Há também a questão econômica. O país em desenvolvimento mais demograficamente estável do hemisfério ocidental *(e do mundo)* — o México — já está fortemente integrado à maior economia e ao poder desenvolvido mais demograficamente estável do hemisfério (e do *mundo*) — os Estados Unidos. Os dois se apoiam de maneiras sem precedentes no mundo moderno.

E há também a questão geopolítica. Os norte-americanos têm o interesse e a capacidade de impedir que as artimanhas do hemisfério oriental invadam o hemisfério ocidental. Para todos os efeitos, os norte-americanos podem estar abandonando a Ordem *global* (O maiúsculo), mas eles ainda defenderão a ordem (*o* minúsculo) do *hemisfério ocidental*.

Sinceramente, isso é provavelmente *mais* do que os norte-americanos de fato *precisam* fazer. Os Estados Unidos são uma economia continental com robusta atividade comercial *interna*, em oposição a uma economia global com robusto comércio externo. Apenas metade do comércio internacional dos Estados Unidos e menos de 3% do seu comércio interno — que coletivamente representa apenas 10% do PIB — é feito via transporte aéreo. A maior parte do comércio com o México e o Canadá é realizada por trens, caminhões ou dutos. Os EUA não dependem do comércio marítimo internacional para o suprimento de alimentos, de energia ou das cadeias de suprimentos internas ou mesmo para a maior parte de suas cadeias de suprimentos internacionalmente dependentes.

Mesmo o único porto com movimento global dos EUA, em Los Angeles/Long Beach, Califórnia, é singular. Ao contrário dos portos asiáticos e europeus, que são em primeiro lugar centros de transbordo, Los Angeles/Long Beach é um porto de *destino*. Ele não processa grandes *quantidades de produtos intermediários,* mas serve como o porto de escala final para produtos em grande parte *acabados* que são fabricados e montados em outro lugar. Tais itens são carregados em caminhões e trens para distribuição dentro dos Estados Unidos. A interrupção da oferta certamente ainda terá consequências, mas não do tipo que abala o sistema e que se tornará a norma em quase toda a Eurásia.

A segunda maior parte do globo que pode ser "reagrupada" para ajudar as cidades a sobreviver é o continente da Austrália e as ilhas da Nova Zelândia. Assim como o hemisfério ocidental, o par de nações do Sudoeste do Pacífico tem muito mais recursos e alimentos do que consegue consumir. E, assim como o México e os Estados Unidos agora ostentam um relacionamento que se reforça mutuamente, os australianos e os neozelandeses desfrutarão de algo parecido com os países do Sudeste Asiático.

As nações do Sudeste Asiático abrangem todo o espectro em termos de níveis de riqueza e sofisticação técnica, desde a hipertecnocrática Singapura até a quase pré-industrial Mianmar. De acordo com a maioria dos pontos de vista, essa diversificação é uma característica, não um defeito. Ela permite que os sistemas de manufatura em várias etapas ocorram regionalmente, sem a necessidade excessiva de explorar algo além. Adicione níveis razoáveis de fornecimento de alimentos e energia ao bloco, equilibrados pela assistência australiana e neozelandesa, e essa região deve ser capaz de sobreviver.

O problema para esse bloco do Sudeste Asiático é que (a) ninguém está no comando; e (b) o grupo não tem capacidade militar para cuidar de seus variados interesses. Isso não precisa terminar em desastre, nem é provável que termine. Tanto os norte-americanos quanto os japoneses terão motivos para buscar parcerias econômicas e estratégicas com o Sudeste Asiático (incluindo os australianos e os neozelandeses). O truque para as três partes envolvidas será manter as visões japonesas e norte-americanas em relativo alinhamento. Um sério desentendimento seria devastador para qualquer pessoa a Oeste da Linha Internacional de Data.

Salvo essas exceções, a situação fica arriscada muito rápido.

A Rússia tem um monte de recursos de que os países precisam, mas o Kremlin há muito tempo usa essa riqueza para extrair concessões geopolíticas de seus clientes. A política estratégica econômica da Rússia pode ser melhor resumida como... fracassada. Nas eras *pré*-Guerra Fria, a estratégia oscilava entre a subjugação russa dos referidos clientes e a invasão da Rússia pelos referidos clientes. Nas eras da Guerra Fria e pós-Guerra Fria, de fácil acesso global, a concorrência de outros fornecedores tornou essa estratégia inútil. Os russos hoje pensam que sua Ferrovia Transiberiana (TSR), teoricamente capaz de transportar enormes volumes de mercadorias entre o Leste Asiático e a Europa, é uma excelente maneira de quebrar o domínio dos EUA nos mares.

A realidade discorda: um único grande porta-contêineres transportou mais carga do que o tráfego *anual total* da TSR em todo o ano de 2019. Resumindo: eu pessoalmente achei o caos russo divertido por muito tempo, considerando que o país usa um manual de 1800 que falhou reiteradamente no século XXI. Em vez de as estratégias russas finalmente funcionarem, espere uma reprise dos períodos anteriores da história, potencialmente com complicações atômicas.

O Oriente Médio está repleto de energia, mas importa mais de dois terços de suas necessidades alimentares. Espere ajustes populacionais massivos e rápidos, à medida que o comércio global de commodities desmorona levando tudo junto. No rescaldo, França e Turquia se deliciarão com a abundância da região para alimentar as próprias necessidades e ambições, talvez com a presença ocasional dos japoneses. Espere que todos os três desfrutem de sua estadia na região tanto quanto os norte-americanos fizeram.

A África Subsaariana continua a ser a última fronteira do mundo para o comércio. Em muitos aspectos, enfrenta restrições semelhantes às do Oriente Médio. Ela se industrializou parcialmente — incluindo expansões na produção de alimentos — e não pode manter seu nível de desenvolvimento sem um engajamento global contínuo. Em muitos aspectos, isso reflete a abundância do hemisfério ocidental — o baixo nível de industrialização significa que terá muito mais commodities industriais do que jamais seria capaz de usar... e isso *atrairá* forasteiros.

Como resultado, espere uma nova corrida para a África, mas *não* estamos mais em 1800. A África Subsaariana pode não ser *tão* industrializada quanto a Europa, mas também não é totalmente não industrializada. Dessa vez, os europeus não desfrutarão do tipo de desequilíbrios tecnológicos que permitiram aos impérios desfrutar de enormes vantagens em armas e números de tropas. Agora, os africanos podem e vão revidar, tornando as conquistas ou ocupações ao estilo imperial simplesmente insustentáveis.

Em vez disso, os europeus (principalmente os franceses e britânicos) precisarão fazer *parcerias* com as autoridades locais para acessar os insumos de que precisam. A rapidez com que os forasteiros superarão as diferenças e chegarão a essa conclusão determinará as características e as nuances da história africana nas próximas décadas.

De longe, o maior perdedor nessa nova desestruturação é a China.

Tudo sobre a China moderna — desde sua estrutura industrial até seu suprimento de alimentos e seus fluxos de renda — é um resultado direto da Ordem imposta pelos EUA. Remova os norte-americanos e a China perde o acesso à energia, a receita das vendas de manufaturas, a capacidade de importar as matérias-primas para fabricar essas manufaturas em primeiro lugar e a capacidade de importar ou cultivar os próprios alimentos. A China enfrenta a desindustrialização e a desurbanização em uma escala que é nada menos que mítica. É quase certo que enfrenta desintegração política e até mesmo descivilização. E faz isso contra um pano de fundo de uma demografia já em desintegração.

A questão pendente para todo o cenário chinês é simples: o país entrará em colapso completamente? Ou será que partes da China serão capazes de se agarrar ao penhasco de modo que as potências externas as tratem da mesma forma que tratarão a África Subsaariana? Se isso for verdade, espere que algumas cidades costeiras, como Xangai, colaborem. Afinal, as cidades da Costa Sul da China têm uma história muito mais rica de interação — especialmente quando se trata de detalhes como colocar comida na mesa — com forasteiros do que com Pequim.

RESPIRE FUNDO

O transporte é o tecido que mantém o mundo unido, e o que você acabou de ler é apenas o *começo* da história do transporte. Por exemplo, navios modernos de todos os tipos requerem diesel. O diesel precisa de petróleo. O fornecimento de petróleo para o mundo requer a estabilidade da Ordem. Você acha que o transporte de petróleo acontecerá com o mesmo volume e confiabilidade em um mundo pós-Ordem? Que tipo de impacto acha que a escassez de petróleo e diesel terá nos transportes? É um ciclo infinito. Tenho mais *cinco* seções repletas de surpresas para você.

Que tal uma pausa? Talvez um cochilo. Uma bebida. E, quando você estiver pronto, vamos abordar a *outra* metade da questão da conectividade global.

Dinheiro.

PARTE III:

FINANÇAS

MOEDAS
TRILHANDO A ESTRADA MENOS PERCORRIDA

NO MOMENTO EM QUE ESCREVO, NO INÍCIO DE 2022, TODOS os países do *mundo* já experimentaram crises financeiras e colapsos de mercado diversas vezes desde o início da era pós-Guerra Fria. Se você acha que isso é sintomático de questões estruturais profundas, está certo. Se acha que tudo isso é insustentável, acertou de novo! Se não consegue entender por que os chineses são capazes de se desenvolver tão rapidamente, está mais uma vez no caminho certo. E se você está preocupado com o colapso do dólar... está *longe* de captar o tamanho do problema.

Essas questões angustiantes são a história das finanças modernas.

Mesmo as respostas que acreditamos ter para essas perguntas são insatisfatórias. Sabe essa sensação de que estamos inventando as finanças à medida que avançamos? Preste atenção nela. É exatamente isso. As regras das finanças mudaram drasticamente não no início da Ordem liderada pelos norte-americanos, mas nos *anos seguintes*. Na década de 2020, elas se transformarão *novamente* em algo que nunca vimos antes.

Isso requer uma explicação mais detalhada. Mais uma vez, vamos começar do início.

O LONGO CAMINHO ATÉ O DINHEIRO

Muito antes do mundo do dólar americano, da libra britânica ou mesmo do ouro egípcio, não havia meio real de troca. Se quisesse trocar produtos, só restava esperar que seus parceiros quisessem exatamente o que você tinha em excesso, e vice-versa. Mas, mesmo que os desejos correspondessem, havia a incômoda questão do valor. Quanto vale uma grande tábua de madeira de cedro? Sua carga vale um cesto de minério de cobre ou dois? O valor deve ser igual ao do ano anterior? Está interessado em um rolo de papiro? O "mercado" de escambo, como era chamado, mudava de lugar e não havia como saber para *onde* até você chegar a fim de apresentar seus produtos.

Considerando o isolamento mútuo entre os povos do mundo antigo, isso era mais do que um grande problema.

Os desertos, que serviam como proteção para os egípcios, eram as melhores barreiras naturais da Antiguidade. A principal rota comercial dos egípcios seguia pelo Vale do Nilo até o Sudão (também conhecido como Núbia), mas, ao Sul do populoso Egito, o rio Nilo era marcado por corredeiras (impossibilitando a navegação) e desfiladeiros (impossibilitando seguir o curso do rio). Os comerciantes precisavam atravessar o deserto aberto... em uma época anterior à domesticação dos camelos. Tudo isso garantia a segurança dos egípcios, mas também significava que eles não saíam muito para fazer compras.

Não conhecemos muito da história das primeiras civilizações do Vale do Indo quanto de nossos primeiros antepassados, mas o *pouco* que sabemos *não* é agradável. O melhor palpite é que, em algum momento, um terremoto ou uma inundação (ou ambos) subitamente mudou o curso do rio Indo para algumas dezenas de quilômetros a Sudeste, deixando as poderosas e independentes cidades-Estado situadas em planície de inundação em uma situação difícil. A ampla disseminação da tuberculose não ajudou. Independentemente de como as primeiras civilizações do Indo tenham morrido, enquanto existiram, elas foram um farol na escuridão. A Oeste do que hoje é o Baluchistão paquistanês e iraniano, há desertos mais áridos do que o Saara, e os povos do Vale do Ganges ou das encostas da cordilheira Indocuche eram atrasados demais para abandonar a economia caçadora-coletora. O rio Indo talvez não fosse *tão* isolado quanto o Nilo, mas, na época, provavelmente era essa a sensação.

Nesse cenário, restou aos mesopotâmicos o papel de intermediários.

Ao contrário dos sistemas dos rios Nilo e Indo, a Mesopotâmia *precisava* do comércio, pois *só* tinha alimentos. Madeira, granito e metais eram itens que precisavam ser importados. Felizmente, a Mesopotâmia não estava só rodeada por outras duas das três primeiras civilizações originárias, mas também por suas filhas civilizacionais: a Anatólia (atual Turquia), a Cordilheira de Zagros (atual Irã), o Levante (atual Israel, Líbano, Síria e Jordânia) e as comunidades costeiras do Golfo Pérsico. A Mesopotâmia estava no centro de tudo. E, como os mesopotâmicos nunca se dedicaram à construção dos tipos de infraestrutura urbana extensa das cidades do Indo* ou aos onipresentes projetos faraônicos dos egípcios,** eles poderiam se concentrar em gerar excedentes de cevada cada vez maiores para uso no comércio.

---

* Encanamento interno para a população em geral em 2000 AEC!
** Toooodas aquelas pirâmides!

Cevada? A cevada foi *a* moeda de troca por mais de dois milênios. Por quê?

Simples. O lugar é importante. Para tudo.

Os primeiros sistemas de irrigação em todas as três primeiras civilizações eram baseados em inundação. Os trabalhadores desviavam os fluxos sazonais da primavera para os campos e inundavam tudo. Como as três primeiras civilizações eram situadas em vales de rios desérticos de baixa altitude e baixa latitude, os efeitos da evaporação concentravam no solo a pequena quantidade de salinidade na água proveniente da montanha, resultando em níveis de sal incrementalmente mais altos ano após ano. A cevada é capaz de tolerar essa salinidade melhor do que outros vegetais.[*] Isso tornou a cevada uma cultura popular em todas as três primeiras civilizações.

Agora que temos uma base de valor, o problema passa a ser o transporte. Um litro de cevada pesa cerca de 475 gramas. Questões de volume e peso limitavam sua utilidade, especialmente se o plano fosse transportar algumas toneladas pelo deserto. Como o povo com maior necessidade e capacidade de comércio, os mesopotâmicos precisavam de uma maneira de contornar o problema da cevada.

Por volta de 2000 AEC, a solução foi o shekel. Cerca de três centésimos de shekel podiam ser trocados por um litro de cevada. Um shekel equivalia a onze grãos de prata. Com o tempo, o shekel tornou-se sinônimo de nosso conceito moderno de dinheiro. Um shekel podia pagar um mês de trabalho braçal. Vinte shekels compravam um escravo. Em 1700 AEC, e graças a Hamurabi, se alguém ferisse você, havia a opção de escolher a reparação na forma de shekels em vez de globos oculares. *Voilà*! Nasceram as finanças!

Com um meio de troca comumente aceito, a especialização do trabalho deu um salto adiante. Agora havia muito menos risco para alguém que antes era agricultor se dedicar a outra atividade. A renda obtida em qualquer outra atividade poderia ser trocada por cevada a uma taxa conhecida. Afinal, o shekel podia literalmente comprar comida.

Esse avanço foi tão útil que o uso do shekel se espalhou por toda parte. É difícil encontrar dados confiáveis de povos que viveram há milhares de anos, mas a Mesopotâmia teve um papel tão central — literal e figurativamente — que até mesmo os egípcios e a civilização do Vale do Indo adotaram o padrão de shekel mesopotâmico nas raras ocasiões em que se envolveram no comércio transregional.

Demorou um pouco até que esses conceitos se consolidassem. Não apenas de moeda, mas também de civilização.

---

[*] Além disso, cerveja!

MOEDAS

As três primeiras civilizações remontam a algum ponto do quarto ou terceiro milênio AEC, mas foram apenas o início da história. Tribos situadas em áreas adjacentes aprenderam alguns truques com esse comércio civilizacional e fundaram civilizações próprias. A Mesopotâmia inspirou os persas e os hititas. As expansões egípcias impulsionaram o surgimento da Núbia e da Fenícia. A civilização do Vale do Indo gerou ramificações arianas.[1] Nenhuma delas durou muito tempo, pois não dispunham da vital proteção do deserto, como seus antepassados. Suas geografias permitiam o fácil acesso de invasores. Para essas novatas, a chuva era mais importante do que a irrigação, então colheitas ruins eram uma realidade — e muitas vezes significavam a morte para toda a população. Ou pelo menos um número suficiente de mortos ou fugitivos, destruindo qualquer tipo de avanço civilizacional.

O período de cerca de 1600 AEC a 800 AEC, em particular, foi uma era de caos civilizacional. Não era o simples fato de civilizações filhas ascenderem e ruírem repetidamente, mas houve momentos em que todas as civilizações de uma região inteira ruíam *juntas*. A China experimentou alguns colapsos verdadeiramente épicos. Dois colapsos civilizacionais significativos nesse período foram tão severos que atingiram a Mesopotâmia e a civilização do Vale do Indo, sendo que esta última nunca se recuperou. Até mesmo o eterno Egito oscilou por um tempo. Os arqueólogos referem-se a um subconjunto desse período como o colapso da Idade do Bronze Tardia. Cristãos, judeus e muçulmanos o conhecem como a era do Êxodo.

Aproximadamente por volta do século VII AEC, três fatores mudaram — atingindo a civilização *e* as finanças.

O primeiro é que, quando uma civilização entra em colapso, é raro que siga o exemplo da civilização do Vale do Indo e cause o desaparecimento de todo seu povo, seus produtos e suas ideias da face da Terra. Os cidadãos se tornam sobreviventes. Sobreviventes se tornam diásporas. As diásporas se mesclam e formam novas comunidades. Não são apenas as pessoas que se misturam, mas também ideias, produtos e técnicas. As pessoas precisam de um meio de troca para lidar com o aumento da variedade. E então surge a moeda.

O segundo é que essa fusão pós-colapso naturalmente leva a avanços tecnológicos decorrentes da combinação de habilidades das diversas diásporas sobrepostas e do desejo de reconexão com membros de outras culturas decadentes.[2] A combinação de mais avanço tecnológico, maior diferenciação de produtos e uma mentalidade um pouco mais voltada para o exterior não apenas nos concedeu relevância, estabilidade e populações maiores, mas também contribuiu para a transição da Idade do Bronze para a Idade do Ferro. Um dos resultados dessa aceleração tecnológica foi uma variedade de novas ferramentas e técnicas agrícolas, culminando no surgimento da Grécia clássica, e suas vitais rodas d'água. A civilização humana ainda tinha muitos obstáculos e contratempos pela frente — retrocessos e horrores como a queda de Roma, a Idade das Trevas, o twerk, o debate presidencial norte-americano de 2020 —, mas essa mistura pós-colapso impulsionou o avanço tecnológico o suficiente para que a humanidade nunca mais sofresse um evento de colapso em massa. E, sem a ameaça do colapso civilizacional, nos tornamos mais propensos a aceitar o pagamento em moeda em vez de cevada.

O terceiro fator é que, com o aumento constante da estabilidade e do dinamismo econômico, os comerciantes tinham mais confiança de que a cidade, o país ou o império com o qual queriam negociar ainda estaria de pé quando voltassem. Pela primeira vez na história, houve uma justificativa *geopolítica* para o desenvolvimento de uma moeda melhor do que a cevada.

Em vários lugares ao mesmo tempo — na China, na Índia, no Mediterrâneo Oriental —, passamos a cunhar moedas de metal como meio de troca. O resto, como dizem, é história. Em vez de excedentes ou escassez de uma mercadoria desencadearem uma profusão de trocas confusas e aleatórias, graças à cunhagem do metal, o valor de um dos itens da troca era agora sempre conhecido. Os caprichos do clima, da estação, da cultura, da escassez e da abundância não eram mais obstáculos que desestimulavam a atividade econômica, mas, sim, passaram a impulsioná-la.

CONQUISTANDO CONFIANÇA

No entanto, em termos históricos, as pessoas tiveram dificuldade em levar uma determinada moeda a sério. Como regra geral, ela só é valorizada dentro de uma área muito específica, administrada por um governo muito específico. Além dessas fronteiras, uma moeda estrangeira tem quase tanta serventia quanto um peso de papel.

Há algumas maneiras de contornar isso. A primeira é fazer sua moeda de um material que todos queiram. Ouro, prata, electro e cobre são boas escolhas, mas, na verdade, qualquer material que uma cultura considere valioso pode ser usado. As opções ao longo dos tempos incluíram cevada, lingotes de ferro, grãos de cacau,* dentes de golfinho, amassadores de batata, tulipas, queijo parmesão e, minha favorita, peles de castor.**

---

* Nham nham nham.
** *Oh Canada...*

Tais sistemas têm uma desvantagem que não pode ser ignorada. Um indivíduo pobre pode ser capaz de juntar algumas moedas de prata ao longo de anos de trabalho, mas uma pessoa rica terá literalmente toneladas delas. Carregar trezentos quilos de prata simplesmente não é prático, para não mencionar que o torna alvo fácil para ladrões.*

Isso nos leva à segunda opção: tornar sua moeda de circulação pública *intercambiável* por algo de valor. E, mais uma vez, um metal valioso é a escolha óbvia; o metal de verdade fica guardado em um cofre do governo e o valor deixa de ser inerente à moeda em si. Mercadores ricos nas proximidades da Bacia de Sichuan — onde hoje ficam as cidades chinesas contemporâneas de Chengdu e Chongqing — deram início a um sistema como esse no século VII, usando uma espécie de nota promissória que poderia ser trocada por prata.

Essa é a configuração. Consegue ver o problema? Você precisa convencer as pessoas de que *realmente* tem o bem de valor guardado em algum lugar e que ele *pode* ser obtido a qualquer momento.

Colapsos financeiros desencadeados por países agindo de forma *in*correta, *in*adequada e *im*prudente são tão comuns quanto as estrelas no céu. Em sistemas *in*eficazes, os governos muitas vezes se veem sobrecarregados com necessidades de gastos maiores do que seus recursos. A tentação é emitir mais moeda sem simultaneamente garantir mais ativos para lastreá-la. O termo técnico é "aviltamento". Isso funciona por um tempo... até que as pessoas parem de acreditar no governo.

Assim que vazar a notícia de que você está mentindo sobre quanto ouro (ou parmesão) há de fato no cofre do governo, as pessoas deixam de aceitar o pagamento na moeda oficial ou passam a recusar serviços se só houver dinheiro ruim disponível. Afinal, moeda envolve confiança. A falta de confiança é parte da razão pela qual os russos há muito tempo têm o hábito de trocar seus rublos por marcos alemães, libras esterlinas, dólares americanos e guardar essas moedas mais respeitadas dentro de casa.

Uma vez que essa confiança é prejudicada, o volume de sua moeda em circulação aumenta à medida que as pessoas começam a se desfazer dela. O valor correspondente da moeda cai devido ao excesso de oferta. Nesse ponto, mesmo as pessoas mais influentes tendem a perder a confiança. Em um episódio que se tornou famoso, os quebequenses pagaram suas tropas

---

* Enquanto carregar trezentas peles de castor só faz você parecer um tolo.

com pedaços de cartas de baralho.* O Japão Imperial emitiu moeda de papelão devido à escassez de metal em tempos de guerra.**

As pessoas buscam alternativas, seja um ativo físico supostamente mais sólido ou até mesmo moedas de outros países. O escambo — com todas as suas limitações — volta à moda por necessidade. Nesse ponto, o colapso governamental e civil raramente está longe, e os líderes se preparam para se juntar às cinzas da história.

O que a maioria não percebe é que, enquanto a *má* gestão econômica obviamente culmina em colapso da moeda, o mesmo pode acontecer com a *boa* gestão econômica.

Em um sistema bem-sucedido, a estabilidade criada por uma moeda real gera especialização econômica e crescimento, o que, por sua vez, exige volumes cada vez maiores de moeda para lidar com volumes cada vez maiores de atividade econômica. E isso exige volumes cada vez maiores do material necessário para lastrear a moeda.

Mas obter volumes cada vez maiores de tudo isso é algo mais fácil de dizer do que de fazer.

O Império Romano é um excelente exemplo.

De longe, ele foi a entidade política mais estável que a humanidade já inventou. Essa estabilidade fomentou o desenvolvimento, a evolução tecnológica e o comércio dentro do sistema romano. Isso exigiu mais moeda e mais metais preciosos para lastrear a moeda. Essa necessidade obrigou os romanos a se expandirem para além de territórios de fácil acesso e de territórios que poderiam gerar riqueza, buscando terras cada vez mais distantes simplesmente para garantir o acesso a *minas*.

Alguns desses locais, como a Península Ibérica, eram muito próximos e foram pacificados e integrados com bastante facilidade. Outros, como as Montanhas Taurus, no Sul da Anatólia, eram muito mais distantes e exigiram séculos de luta com potências longínquas e muito mais obstinadas e hostis. Ainda outros, como as terras que atualmente pertencem ao Mali, na região de Sahel, eram centros comerciais com acesso a fontes de ouro que fazem parte de Gana e da Nigéria contemporâneos (a outrora famosa "Costa do Ouro"). Os romanos não atravessaram o Saara para se bronzear, mas porque era *preciso,* caso quisessem manter a estabilidade financeira doméstica. Em última análise, Roma expandiu-se além de sua capacidade de defender o reino. Uma vez que os romanos perderam os territórios periféricos (de onde

---

* Os quebequenses perderam a guerra.

** Os japoneses também.

vinha o ouro), a economia imperial cessou, levando consigo a estabilidade política de curto prazo e a capacidade militar de longo prazo.

A expansão não precisa ocorrer com legiões atacando outras localidades. Pode ocorrer com burocratas atacando a economia. Em vez de devorar recursos alheios, alguns governos optam por consumir recursos próprios de um setor econômico adjacente. A dinastia Tang adotou esse curso perpendicular. Em vez de expandir o império fisicamente para obter mais prata, ela ampliou a lista de metais que "lastreavam" sua moeda para incluir o cobre. A adoção do cobre como moeda pela dinastia Tang conseguiu estabilizar o sistema financeiro, mas à custa de uma escassez generalizada de metais no império que fragilizou... todo o restante.

Essa reviravolta infeliz, por assim dizer, tem sido o derradeiro destino de todo regime monetário ostensivamente *bem-sucedido* ao longo da história humana. Incluindo os maiores e mais bem-sucedidos.

Especialmente os maiores e mais bem-sucedidos.

MOEDAS DE RESERVA: AS SOBERANAS

Se deseja saber *o* lugar e *o* ano em que o mundo moderno começou, o exato momento seria em 1545 no Vice-reino do Peru, nas terras altas da Bolívia, quando Diego Huallpa — um nativo que cumpria o equivalente a um contrato de trabalho para um conquistador espanhol local — foi literalmente derrubado por uma forte rajada de vento e caiu sobre um monte de terra fofa. Huallpa se levantou e limpou a terra... que cintilava com pó de prata. Em menos de um ano, essa sorte inesperada assumiu a forma das minas de Potosí, o maior depósito único de prata já descoberto nos seis milênios de história da humanidade.

Já que minha missão é a informação completa, deixe-me começar pelos detalhes sórdidos.

Muitas vezes a prata é encontrada em associação com o chumbo, o que torna sua extração tóxica. Os métodos de purificação dos séculos XVI e XVII usavam o mercúrio, que é ainda mais tóxico. As técnicas de mineração da época não eram algo que chamaríamos de aprovadas pelas agências reguladoras. Envolviam carregar algumas centenas de quilos de minério nas costas e emergir das entranhas da terra escalando centenas de metros de escadas com uma vela *presa à sua testa* como única fonte de luz.

Ninguém estava disposto a deixar a Espanha para fazer *esse* tipo de trabalho, então os espanhóis costumavam invadir comunidades indígenas em busca de mão de obra. A lei espanhola da época determinava que, desde que você batizasse os trabalhadores, o fato de eles sobreviverem ou não era realmente irrelevante. E a cereja do bolo: Potosi está localizada a quase 4 mil metros de altitude. Na era pré-industrial, cultivar alimentos em um lugar com o dobro da elevação e metade das chuvas de cidades que hoje são consideradas inadequadas para a agricultura era, digamos, desafiador. Mesmo se você sobrevivesse a todo o resto, poderia muito bem morrer de fome.

O Império Espanhol não era muito bom de cálculo, mas a melhor estimativa é que entre 4 milhões e 12 milhões de pessoas morreram durante o curso das operações de prata em Potosi. (Para um bom referencial, em 1600, toda a população da Velha Espanha era de apenas 8,2 milhões.)

Os espanhóis de fato não se importavam, porque eles eram um povo influente. O primeiro sistema verdadeiramente global exigiu dois fatores: uma estrutura econômica e militar única capaz de abranger vários continentes e um volume grande o suficiente de metais preciosos para apoiar uma moeda global. Potosi financiou o primeiro e forneceu a matéria-prima para o segundo. Durante várias décadas nos séculos XVI e XVII, Potosi produziu mais prata do que o resto do mundo combinado.

Em pouco tempo, os espanhóis não só viabilizavam as trocas econômicas dentro e ao redor da Península Ibérica, mas dominavam o mundo e deixavam sua marca. Aliados, parceiros, neutros e até rivais começaram a usar a moeda espanhola "real de a ocho" como método exclusivo de troca. O Império Português — principal rival contemporâneo da Espanha — não teve escolha a não ser usar a moeda de prata espanhola no comércio *interno*.[*] Mesmo no final do período de domínio espanhol, já durante a ascensão britânica, a moeda espanhola permaneceu tão grande em volume, tão abrangente em circulação e tão confiável em pureza que era mais usada na América britânica do que a libra. A moeda espanhola era especialmente popular no triângulo rum-açúcar-escravos que ligava as colônias norte-americanas, caribenhas e africanas da Grã-Bretanha.

Mas tudo um dia acaba.

Para qualquer país que tivesse uma moeda lastreada em metais, a constante inundação de moeda espanhola era uma guerra econômica na prática. Para qualquer povo que os espanhóis considerassem estrategicamente problemático, essa inundação era uma guerra *real*. Além disso, quando os espanhóis usavam toda aquela prata peruana para consumir recursos, mercadorias e mão de obra, o resultado era sempre o mesmo: inflação descontrolada não apenas na Espanha, mas em qualquer território que pudesse fornecer aos espanhóis o que eles desejavam. Considerando que, na época, o

---

[*] Extraoficialmente, é claro.

MOEDAS

império espanhol era *global*, isso significava praticamente todos os lugares. O controle de Potosi significava que os espanhóis conseguiriam sobreviver. O resto do mundo, nem tanto.

Após dois séculos de expansão, guerra e inflação, uma mistura bastante criativa de má gestão estratégica e econômica na Velha Espanha, combinada com o hábito perturbador de Napoleão Bonaparte de invadir os vizinhos, resultou na queda do Império Espanhol em geral e da moeda espanhola em particular. A primeira metade da década de 1820 marcou a independência do Peru e da Bolívia, encerrando o acesso espanhol a Potosi e pondo um fim ao Império Espanhol de forma brutal e impiedosa.

Mas a possibilidade de comércio global havia se libertado como um gênio da lâmpada, e nada tão insignificante quanto a independência boliviana seria capaz de aprisionar novamente *esse* gênio.

Enquanto os espanhóis estavam em declínio, os britânicos estavam em ascensão. A primeira "libra" britânica era literalmente uma libra (454 gramas) de prata, mas os britânicos não tinham uma Potosi para chamar de sua e, não importa o quanto tentassem, não conseguiam ter acesso a nada parecido com os galeões espanhóis repletos de tesouros para lastrear uma oferta de moeda considerável.

Ninguém menos que Sir Isaac Newton encontrou uma solução para esse problema durante seus trinta anos no comando da Casa da Moeda Real. Ele iniciou um esforço de mais de um século para explorar a totalidade do Império Britânico em busca de ouro — notavelmente os territórios que hoje compreendem Austrália, Canadá, África do Sul e Costa do Ouro da África — a fim de criar, de forma extraoficial, um contrapeso à Espanha. Em meados do século XIX, a libra lastreada em ouro que conhecemos havia surgido.

No final dos anos 1800, o domínio dos mares pelos britânicos muitas vezes se traduzia em estrangulamentos comerciais. A ascensão dos alemães na Europa Central gerou regiões e períodos alternados e sobrepostos de crescimento inflacionário e colapso estratégico, levando muitos europeus a buscar a relativa estabilidade da libra, que claramente não era uma moeda continental. Para os alemães, isso era algo pelo qual valia a pena lutar... mas que, em última análise, não funcionou. No momento em que a Primeira Guerra Mundial se estendia para seu terceiro ano, *todos os* países da Europa continental estavam aviltando suas moedas para pagar o conflito, provocando colapsos cambiais e inflação galopante... o que só acelerou a adoção da libra, na prática, como a única moeda desejável da Europa.

Não durou muito. Em meio ao caos e ao colapso econômico pós--Primeira Guerra Mundial, até mesmo o Império Britânico provou ser insuficientemente grande para lastrear a moeda que todos na Europa precisavam. Tal como aconteceu com os romanos e espanhóis, a demanda pela libra gerou inflação da moeda, *que se somou* à desorganização econômica geral causada pela guerra, ao desmantelamento de meio milênio de sistemas econômicos coloniais/imperiais e a uma guerra tarifária global. Some tudo isso e a Grande Depressão, talvez, tenha sido um pouco mais terrível do que precisava ser.

O que nos leva aos norte-americanos. Em 1900, os Estados Unidos *já* haviam superado o Império Britânico como a maior economia do mundo. Além disso, os norte-americanos só *ingressaram* na Primeira Guerra Mundial três anos depois do início e, assim, se tornaram *credores* dos europeus, em vez de precisar aviltar sua moeda para continuar lutando. A libra esterlina não foi tão desvalorizada quanto o franco, o marco alemão ou o rublo, mas o dólar norte-americano não sofreu desvalorização.[3]

Melhor ainda, os Estados Unidos estavam bastante dispostos a fornecer aos Aliados da Segunda Guerra Mundial tudo o que precisassem — petróleo ou combustível, aço ou armas, trigo ou farinha — *desde que recebessem em ouro*. No final da guerra, a economia dos EUA não era apenas muito maior e a da Europa muito menor. O dólar norte-americano não era apenas o único meio de troca viável em todo o hemisfério ocidental: ele havia sugado da Europa o único metal que teria possibilitado a existência de uma moeda concorrente de longo prazo em qualquer outro lugar do hemisfério oriental. Isso é mais significativo do que parece. Afinal, as moedas lastreadas em metais da Europa foram a expressão máxima da exploração de metais preciosos por *todas* as civilizações humanas, de *todas* as eras no planeta *inteiro*, desde *antes* do início da história registrada.

E agora tudo estava em Fort Knox.

Entre os problemas da Europa continental e a oferta insuficiente da libra britânica, praticamente todos na Europa abandonaram seus lastros de metais preciosos e mudaram para um sistema onde suas moedas eram lastreadas por nada menos do que o dólar norte-americano (que, por sua vez, era lastreado pelo ouro... que até recentemente era europeu).

DO SUCESSO, O FRACASSO

Quando as armas finalmente silenciaram após a segunda semana de agosto de 1945, todas as grandes potências dos cinco séculos anteriores estavam destruídas, empobrecidas, fragilizadas, isoladas do resto do mundo ou alguma combinação desses fatores. Somente os Estados Unidos tinham os metais preciosos necessários para lastrear uma moeda extranacional, que dirá global. Somente os Estados Unidos tinham a capacidade militar para expandir a moeda para todos os lugares. O único candidato até mesmo em termos *teóricos* para um meio global de troca era o dólar americano. Isso não precisava ser formalizado nos Acordos de Bretton Woods para que acontecesse.[4]

A escala global da dolarização lastreada em ouro era inevitável. Assim como era inevitável o fato de a dolarização lastreada em ouro estar condenada ao fracasso.

A instauração da Ordem significava que os povos que viviam em conflito ao longo de toda sua história não só estavam em paz, mas eram *obrigados* a ficar do mesmo lado. De repente, as economias locais, antes configuradas para apoiar um distante soberano imperial, poderiam se reinventar com base no desenvolvimento e na expansão locais. De uma só vez, todos — e eu quero dizer *qualquer um* — podiam *comercializar tudo*. Mais países, rápida reconstrução, rápido crescimento, rápida modernização, rápida industrialização, rápida urbanização, comércio florescente. Lugares como a Alemanha e o Japão, que sofreram bombardeios direcionados à infraestrutura durante anos, provaram mais uma vez que poderiam construir *qualquer coisa*. Bem. E rapidamente.

Tudo isso exigiu dinheiro. A maior parte era em moeda forte, e havia apenas uma moeda forte à disposição.

Viabilizar um sistema em rápido crescimento exigiu *muitos* dólares, especialmente quando o comércio de bens intermediários passou de um fenômeno interno para multinacional. Os norte-americanos expandiram a oferta monetária para atender às necessidades da economia global em expansão, o que também significava que os Estados Unidos precisavam de cada vez mais ouro para lastrear a oferta de moeda em constante expansão.

A conta não fecha, pois é *impossível* de fechar. Ao longo da história, a humanidade provavelmente produziu no máximo 6 bilhões de onças-troy de ouro (cerca de 186,6 milhões de quilos). Presumindo que todo o ouro já extraído estivesse à disposição do governo dos EUA, ele só seria suficiente para "lastrear" uma oferta total de moeda global de US$210 bilhões.* De 1950 a 1971, o comércio global *quintuplicou* em valor, além disso, o dólar americano era a moeda dos próprios Estados Unidos, que já tinham um PIB maior do que o comércio global total. A paz e o crescimento econômico promovidos pela Ordem incentivaram também o aumento da população global de 2,5 bilhões para 3,8 bilhões, o que sugere uma demanda *muito*

---

* Em valores de 1950.

maior pelo comércio viabilizado pelo dólar americano.[5] Ainda que a política tivesse sido perfeita, o padrão-ouro estava fadado ao fracasso.

Os norte-americanos aprenderam em primeira mão, de forma desconfortável e dolorosa, não só a velha lição de que moedas lastreadas em ativos são incompatíveis com o rápido crescimento, mas também uma mais atual, a de que elas são incompatíveis com a *paz* global — o tipo de paz que era a espinha dorsal da aliança antissoviética criada pelos Estados Unidos.

Os EUA se viram reféns do próprio plano magistral, e a política definitivamente *não* era perfeita.

Uma das cláusulas dos acordos originais de Bretton Woods — destinados a garantir a confiança no novo sistema — era que qualquer signatário poderia trocar dólares por ouro, em qualquer quantidade, quando quisesse. Ao longo da década de 1960, os franceses fizeram exatamente isso, em um crescente frenesi. Normalmente, o aumento da demanda por ouro elevaria seu preço, mas o preço do ouro era fixado via tratado a uma taxa de US$35 por onça-troy, a fim de garantir a vital confiança no sistema. Sem a via "normal" de ajuste de preços, o único caminho possível era aumentar a demanda pelo próprio dólar. O resultado? Escassez crescente no meio de troca — o dólar americano —, um processo que ameaçava desfazer todas as conquistas econômicas da Ordem pós-guerra. Os franceses (e outros países) apostavam no fracasso do sistema e, portanto, estavam acumulando ouro em preparação para as consequências.

Confrontados com a possibilidade de uma depressão econômica global que deixaria os Estados Unidos enfrentarem sozinhos a União Soviética munida de armas nucleares, os norte-americanos agiram da única forma possível. Em uma série de medidas no início da década de 1970, o governo Nixon cortou o cordão umbilical do lastro e liberou o dólar americano para flutuar livremente.

Pela primeira vez, um governo poderoso *nem sequer alegava* ter algo guardado em seus cofres. O único "ativo" que apoiava o dólar era "a plena fé e o crédito" do governo dos EUA. A própria natureza da aliança estratégica norte-americana, impulsionada pela globalização pós-1971, era literalmente baseada em ninguém menos que Tricky Dick Nixon[6] dizendo: "Confie em mim."

Não tínhamos a menor ideia do que esperar quando, de mãos dadas, decidimos alegremente trilhar a estrada menos percorrida: o caminho da moeda fiduciária.

AVENTURAS COM O CAPITAL

SE HAVIA UMA ÚNICA REGRA DE FINANÇAS NA ERA ANTERIOR a 1971, era que *nunca* havia dinheiro suficiente. O valor da moeda estava diretamente ligado a algum tipo de ativo, enquanto o volume em circulação era determinado pela capacidade e pelo alcance do poder soberano em questão. Ambas as características geraram limitações extremas, tanto para os governos que emitiam as moedas quanto para as pessoas e empresas (e outros governos) que as utilizavam.

Neste estranho mundo novo, essa única regra — que o dinheiro existe em quantidade limitada — evaporou. Em vez de dinheiro em uma quantidade finita e, portanto, que exigia ser administrado com muito escrúpulo, não havia mais nenhum limite prático para a disponibilidade de capital. As limitações se tornaram uma questão puramente política.

Para os norte-americanos, essa "limitação" era bastante simples: continuar expandindo a oferta monetária até que haja moeda suficiente para viabilizar o sistema de comércio globalizado como um todo. Mas, para todos os outros que usavam o dólar americano como respaldo para sua moeda, a definição de "limitação" significava o que cada governo individual *achava* que precisava significar. Essa ampla divergência permitiu a criação de instrumentos e mecanismos que nunca poderiam ter existido no mundo das moedas lastreadas em ativos. Esses instrumentos e mecanismos, por sua vez, deram origem a sistemas de governo inteiros que teriam zero chances de existir na era pré-fiduciária.

DINHEIRO A TROCO DE NADA: O MODELO FINANCEIRO ASIÁTICO

Tudo começa com o Japão.

Muito antes das guerras mundiais, muito antes do almirante Perry — a serviço do governo norte-americano — pressionar o Japão a se abrir para o mundo, os japoneses tinham uma visão única sobre endividamento. No Japão, o capital não existe para atender às necessidades econômicas, mas, sim, para atender às necessidades *políticas*. Para essa finalidade, a dívida era permitida, até mesmo estimulada... desde que não se tornasse inconveniente para o soberano. No século VII, se a dívida generalizada atrapalhasse os objetivos do imperador ou do xogum, era simplesmente cancelada com fundamento na doutrina *tokusei* de perdão da dívida. Seca? *Tokusei!* Inundações? *Tokusei!* Fome? *Tokusei!* Governo no vermelho? *Tokusei...* com uma taxa de processamento de 10%!

Como resultado, a dívida tendia a crescer, especialmente quando já era generalizada. Afinal, quanto pior a situação financeira geral, maiores as chances de o imperador surgir na varanda, acenar com seu fabuloso cetro e declarar nulas e sem efeito determinadas classes de dívidas. Isso ocorria com tanta frequência que os banqueiros faziam esforços extraordinários para proteger seu bem-estar econômico e físico: passaram a incluir cláusulas de proteção contra o *tokusei* em seus empréstimos — de modo que os tomadores não contassem com a possibilidade de a dívida simplesmente evaporar — e a viver em complexos murados para que, caso um *tokusei* fosse declarado, a multidão não conseguisse invadir suas casas, espancá-los até a morte e queimar a documentação do empréstimo para evitar a execução da dívida. Era uma época divertida!

De qualquer forma, a questão é que, embora a economia e a política sempre estivessem entrelaçadas, o Japão foi pioneiro em transformar as finanças em uma *ferramenta do Estado*. Uma vez que essa barreira foi quebrada, tornou-se bastante comum para o governo japonês injetar quantidades absurdas de dinheiro em qualquer projeto que precisasse ser realizado. Na maioria dos casos, esse "dinheiro" assumia a forma de empréstimos, pois, como você deve ter adivinhado, às vezes o governo achava conveniente simplesmente cancelar as *próprias* dívidas e recomeçar financeiramente do zero. O *tokusei* sempre deixava *alguém* com o ônus, mas no Japão pré-Segunda Guerra Mundial, turbulento e agitado, geralmente era alguma facção da sociedade que estava em desacordo com o governo central, então... pouco importava.

O fim da Segunda Guerra Mundial desencadeou outro cancelamento de dívidas, embora nem tanto por vontade imperial, mas, sim, pela destruição generalizada. Considerando toda devastação e humilhação que os *gaijin* haviam causado aos japoneses, era de suma importância que o Japão do pós-guerra seguisse adiante culturalmente coeso. Ninguém deveria ser deixado para trás.

A solução foi aplicar a peculiar doutrina japonesa às dívidas para fomentar esforços de reconstrução em larga escala, com enormes volumes de capital despejados em qualquer potencial projeto de desenvolvimento. O objetivo específico não era tanto o de reparar e expandir infraestruturas físicas e instalações industriais, mas, sim, maximizar a participação no mercado e a produção industrial como meio de gerar empregos em massa. Era mais importante conquistar a lealdade e a felicidade da população, que, justificadamente, se sentia traída por seus líderes durante a guerra, do que gerar lucros ou construir infraestrutura. O fato de uma população leal e feliz também ser altamente produtiva era um bônus.

Do ponto de vista da economia ocidental, tal tomada de decisão seria considerada "má alocação de capital", com base na ideia de que havia poucas perspectivas de a dívida ser paga integralmente. Mas essa não era a questão. O modelo financeiro japonês não visava alcançar a estabilidade *econômica*, mas, sim, garantir a estabilidade *política*.

Esse foco teve um custo. Quando os objetivos são a participação de mercado e o emprego, a gestão de custos e a lucratividade ficam em segundo plano. Em um sistema impulsionado por dívidas que não se preocupa com a lucratividade, qualquer deficit poderia simplesmente ser coberto com mais dívidas. Dívidas para contratar pessoal e comprar matérias-primas. Dívidas para desenvolver novos produtos. Dívidas para comercializar esses produtos para novos clientes. Dívidas para ajudar os novos clientes a financiar essas novas compras.

Dívidas para rolar a dívida.

Os japoneses não estavam sozinhos. O fim da guerra incitou uma leva de Estados emergentes a seguir o exemplo japonês. Coreia do Sul, Taiwan, Singapura e Hong Kong haviam sido protetorados japoneses por anos (em alguns casos, décadas) e desfrutavam (ou sofriam) da maior influência cultural japonesa. Essa influência se estendia à visão japonesa de que as finanças são tão relacionadas à política e aos objetivos do Estado quanto à economia.

Os quatro Estados exploraram essa crença, canalizando enormes quantidades de capital ocidental (e japonês) para pular fases inteiras dos processos de desenvolvimento, industrialização e urbanização. Nas décadas de 1950 e 1960, isso significava pegar empréstimos maciços de estrangeiros e aplicar o capital em reformas profundas de todos os aspectos de seus sistemas. O processo de industrialização que demorou mais de um século para a Alemanha — e os alemães são rápidos quando se trata de construir e reformar — levou menos de três *décadas* para Taiwan, Singapura e Hong Kong. Para a Coreia do Sul, menos de *duas*.

Chegamos a 1971. De repente, o capital estrangeiro (lastreado em ouro) tornou-se menos crucial para a equação. Se os lucros não cobrissem os pagamentos das dívidas, os ganhos com exportações o fariam. Se os ganhos não fossem suficientes, as empresas poderiam simplesmente contrair mais empréstimos. Se os empréstimos não estivessem disponíveis, o governo sempre poderia expandir a oferta de dinheiro para garantir o progresso. (Não prejudicava o fato de que a expansão da oferta de dinheiro também diminuía o valor das moedas asiáticas, tornando suas exportações mais competitivas e, portanto, aumentando a receita das exportações.)

Na primeira onda asiática, a agricultura deu lugar aos têxteis e à indústria pesada. Na onda pós-1971, a indústria pesada deu lugar à manufatura cada vez mais avançada de todo tipo imaginável: eletrodomésticos, brinquedos, automóveis, eletrônicos, computadores, celulares. O efeito cumulativo de sucessivos crescimentos impulsionados pelo capital significava que, em duas gerações, os quatro Estados haviam se transformado em sistemas industrializados modernos, comparáveis a muitas das cidades mais bem estabelecidas do mundo. Considerando que, no início desse processo, a maioria deles figurava entre as regiões menos desenvolvidas e mais pobres do planeta, essa transformação coletiva significou um dos maiores sucessos econômicos da história.

Três fatores ajudaram.

Primeiro, os norte-americanos gradualmente terceirizaram a própria indústria para os Estados asiáticos. Isso forneceu uma excelente justificativa para o modelo de endividamento dos asiáticos e garantiu uma ávida demanda norte-americana (e, com o tempo, global) pelos produtos asiáticos.

Segundo, essa demanda externa provou ser robusta e estável o suficiente para tornar as exportações dos asiáticos lucrativas o bastante de modo que todos os quatro Estados conseguissem (em grande parte) superar a dívida.

Terceiro, como os mais entusiasmados adeptos da moeda fiduciária, os asiáticos estavam dispostos a explorar os limites do que era possível, a ponto de os norte-americanos e europeus ficarem um tanto apreensivos em relação à natureza das finanças asiáticas. Além da criatividade com os números, os asiáticos usavam uma combinação de barreiras legais e culturais para desencorajar ativamente a entrada de estrangeiros em seu mundo financeiro. Por exemplo, a maioria dos conglomerados asiáticos criou bancos *dentro* de suas próprias estruturas corporativas — boa sorte investindo *nisso*. Essa combinação de crescimento, lucros e controle possibilitou que os asiáticos enfrentassem ocasionais crises de dívida semiplanejadas para eliminar os piores desequilíbrios financeiros sem colocar em risco seus sistemas políticos ou econômicos.

Com o tempo, o modelo se espalhou para outras nações asiáticas, com resultados diversos. Singapura evoluiu para um centro financeiro global, aplicando capital ocidental e seguindo (quase todas) normas ocidentais em projetos que faziam sentido para os ocidentais, enquanto direcionava dinheiro asiático para projetos mais questionáveis em todo o Sudeste Asiático. Malásia e Tailândia empregaram as estratégias financeiras asiáticas para se consolidarem no setor de semicondutores e eletrônicos, e tentaram (com muito menos sucesso) se aventurar na indústria automotiva. A Indonésia se concentrou mais nas oportunidades inerentes para corrupção, surgidas quando o dinheiro é, de certa forma, abundante. Muitas das decisões de má alocação de capital vieram à tona nos quatro Estados (além de Coreia do Sul, Japão e Taiwan) quando a crise financeira asiática de 1997 a 1998 os obrigou a uma prestação de contas.

É claro, o maior adepto do modelo financeiro asiático é a China. Embora os chineses não tenham aplicado o modelo de forma fundamentalmente nova, eles o levaram a extremos absurdos em quase todos os aspectos.

Parte do absurdo foi simplesmente decorrente do tamanho. Quando a China iniciou seu caminho de desenvolvimento em 1980, já tinha 1 bilhão de habitantes, mais do que o total combinado do restante das nações do Leste Asiático, do Japão à Indonésia.

Parte foi em razão do momento. A entrada da China na Ordem global só ocorreu depois da reunião entre Nixon e Mao, da morte de Mao e do início de reformas econômicas de amplo espectro no final da década de 1970. No momento em que os chineses estavam prontos para entrar no mundo dos negócios, o padrão-ouro já tinha quase uma década. A China comunista moderna não conheceu nada *além* da era das moedas fiduciárias e do dinheiro barato. Sendo assim, não era uma questão de quebrar bons hábitos estabelecidos.

Parte foi em decorrência dos objetivos de unificação de Pequim. A Coreia do Sul, a Malásia e a Indonésia têm metade de suas populações vivendo em uma área geográfica limitada (Grande Seul para os sul-coreanos, Costa Oeste da Península Malaia para a Malásia e ilha de Java para a Indonésia). O Japão era o país etnicamente mais homogêneo do mundo *antes* de se industrializar. Singapura é uma *cidade*. Esses Estados asiáticos já *começaram* com populações razoavelmente unificadas.

Não é assim com a China. A China é caótica.

Mesmo eliminando as partes pouco povoadas, a China abrange mais de 2,4 milhões de quilômetros quadrados, aproximadamente o mesmo tamanho de toda a Europa Ocidental. Esses 2,4 milhões de quilômetros quadrados abrangem áreas que variam de quase deserto, quase tundra e quase floresta tropical.[7] Até mesmo a parte mais "descomplicada" da China, a Planície do Norte da China, testemunhou mais guerras e limpezas étnicas do que qualquer outro local do planeta. O Vale do Yangtze, no centro da China, foi classificado entre as economias mais sofisticadas do mundo durante a maior parte da história registrada. As paisagens acidentadas do Sul da China têm de tudo, desde os povos mais pobres e tecnologicamente atrasados da Ásia até a hipertecnocracia de Hong Kong.

Todo país preza a unificação política. *Todo* país enfrentou guerras internas para alcançá-la. O esforço de unificação interna da China é um dos mais hediondos do mundo, que remonta a quatro milênios e dezenas de conflitos distintos. O mais recente grande conflito — a Revolução Cultural de Mao — matou pelo menos 40 milhões de pessoas, 25 vezes o número de norte-americanos mortos em *todas* as guerras. A crença chinesa na necessidade de violência política interna, repressão e propaganda não se manifestou do nada; ela é vista como uma realidade necessária para evitar o pesadelo das guerras civis. A solução?

Gastar!

O governo chinês aloca capital para *tudo*. Desenvolvimento de infraestrutura. Construção de instalações industriais. Sistemas de transporte. Sistemas educacionais. Sistemas de saúde. Tudo que gere emprego para o povo. Uma parcela insignificante desses recursos se qualificaria como "sábia alocação de capital". A meta não é a eficiência ou a rentabilidade, mas, sim, alcançar um único objetivo político de superar barreiras regionais, geográficas, climáticas, demográficas, étnicas e milênios de obstáculos históricos à unificação. Nenhum preço é alto demais.

E então um preço foi, de fato, pago.

Em 2020, os novos empréstimos atingiram a marca de 34,9 trilhões de yuans (cerca de US$5,4 trilhões), o que, mesmo se utilizarmos as estatísticas do tamanho da economia nacional — que até os economistas estatais chineses reconhecem ser infladas —, representa quase 40% do PIB. A melhor estimativa é que, até o ano de 2022, a dívida corporativa total na China tenha atingido 350% do PIB, ou cerca de 385 trilhões de yuans (US$58 trilhões).

Os chineses embarcaram na era da moeda fiduciária com o mesmo fervor que adotaram o modelo financeiro asiático. A China imprime moeda regularmente a uma taxa mais de duas vezes maior, e em alguns casos até *cinco* vezes maior, do que os Estados Unidos. E, enquanto o dólar americano é *a* reserva de valor para o mundo e *o* meio global de troca, o yuan chinês nem sequer era usado em Hong Kong até a década de 2010.[8]

Uma das características do modelo financeiro chinês é que não há limites. Como o sistema lança uma oferta inesgotável de dinheiro para resolver os problemas, ele é *voraz*. Nada — e quero dizer *nada* — pode ficar no caminho do desenvolvimento. O preço não é um problema porque o volume de crédito não é um problema. Um resultado, entre muitos outros, são as guerras de lances insanas por qualquer produto que exista em quantidade limitada. Se a demanda voraz por cimento, cobre ou petróleo eleva os preços dos produtos, o sistema simplesmente injeta mais capital para garantir a aquisição.

Algo semelhante ocorreu no Japão nos anos 1980 com o mercado imobiliário, quando, por um momento breve e bizarro, 1,6 quilômetro quadrado no centro de Tóquio supostamente valia mais do que todo o Litoral Oeste dos Estados Unidos. Os japoneses imediatamente perceberam que isso não era um sinal de que as coisas tinham dado incrivelmente certo, mas, sim, de que algo havia dado terrivelmente *errado*. Os chineses ainda não chegaram a esse momento de revelação sombrio. Em particular, o boom chinês pressionou os mercados globais de commodities entre 2003 e 2007 — e, em 2007, os preços do petróleo atingiram máximas históricas, ajustadas pela inflação, de aproximadamente US$150 por barril.

Outro resultado é o excesso gigantesco de produção. A China está preocupada com mãos ociosas, não com lucro. O país é de longe o maior exportador mundial de aço, alumínio e cimento porque produz mais do que toda a voracidade da China é capaz de usar. O polêmico programa global de infraestrutura Cinturão e Rota da China — que muitos não chineses temem ser uma mistura de tráfico de influência e jogada estratégica — é, em muitos aspectos, pouco mais do que um meio de se livrar dos excedentes.

Talvez o resultado mais significativo da derivação chinesa do modelo financeiro asiático seja que ele não tem *fim*. Todos os outros Estados asiáticos, em última análise, entenderam a natureza "dívidas enormes em algum momento levam a incêndios catastróficos" do modelo. O Japão sofreu um colapso em 1989 e levou trinta anos para se recuperar da dívida. A recuperação demorou tanto que o Japão perdeu todo o seu dividendo demográfico e dificilmente terá um crescimento econômico significativo novamente. A Indonésia sofreu um colapso em 1998 que derrubou o governo. Duas vezes. O sistema político do país continua sendo uma confusão caótica. Coreia do Sul e Tailândia também sofreram um colapso em 1998 e usaram a adversidade para solidificar a transição para o governo civil (um processo que trouxe resultados mais duradouros na Coreia do Sul do que na Tailândia).

Nenhuma dessas opções pode ser considerada em Pequim. A *única* fonte de legitimidade do Partido Comunista Chinês é o crescimento econômico, e o *único* crescimento econômico da China vem de volumes monumentais de financiamento. Toda vez que o governo chinês tenta reduzir o crédito e tornar a economia do país mais saudável ou sustentável, o crescimento despenca, a população começa a cogitar uma grande debandada do país e o governo abre a torneira de crédito. Na concepção do Partido

Comunista Chinês, abandonar a ideia de que dívida é tudo significa o fim da China moderna, da China unificada e do Partido. Nisso, ele provavelmente tem razão. Assim, não é surpresa que o método preferido do Partido para armazenar sua riqueza seja em moeda norte-americana... *fora* da China.

A GRANDE FUSÃO: O MODELO DO EURO

Os europeus são muito mais cautelosos do que os asiáticos quando se trata de finanças, mas isso seria o equivalente a dizer que a Joan Rivers não gostava de cirurgia plástica tanto quanto a Cher.

A motivação pelo lucro está bem presente e ativa na Europa, e tudo, desde a propriedade de residências até a expansão industrial, é limitado pela disponibilidade de capital. No entanto, os europeus exigem níveis mais altos de serviço, estabilidade e suporte de seus governos, e a maioria dos governos europeus garante esse serviço, estabilidade e suporte interferindo nos sistemas financeiros, principalmente por meio dos bancos.

As interferências mais comuns? Direcionar os bancos "privados" a gastar capital para apoiar o financiamento estatal, seja fornecendo empréstimos diretos para empresas ou projetos aprovados pelo Estado, seja comprando títulos para sustentar os orçamentos governamentais. Esse controle parcial do mundo financeiro pelo Estado tem uma grande variedade de resultados às vezes não muito sutis. Um resultado óbvio é que os mercados de ações europeus não são nem de longe tão grandes quanto os dos Estados Unidos, em parte porque não há tanto dinheiro privado livre disponível para fomentar esse método específico de geração de capital. Um menos óbvio é a própria existência da moeda comum europeia, o euro.

De acordo com as normas financeiras tradicionais (e certamente não asiáticas), questões como requisitos de garantia, acesso a crédito e custos de empréstimos são baseadas em uma combinação de fatores que incluem histórico pessoal ou corporativo, cargas de dívida preexistentes e credibilidade direta. Não é muito complicado: se você quer pedir um empréstimo, cabe a você provar que quitou suas dívidas no passado, que é capaz de arcar com as despesas decorrentes do novo empréstimo e que não pretende fazer nada imprudente com o dinheiro. Acrescente alguns critérios para a tomada de decisão baseados na saúde da economia em geral e molde tudo de acordo com a política governamental atual em relação às finanças como um todo, e *voilà*! Temos uma política de empréstimos.

Uma característica óbvia decorrente de tudo isso é que nenhuma economia é igual à outra. O crédito em nível *nacional* também é influenciado por uma combinação de tamanho e diversidade. Os alemães tendem a ter fácil acesso ao crédito não apenas porque são frugais, pedem empréstimos com moderação e, portanto, são boas apostas de crédito, mas também porque a economia alemã é de primeira linha, altamente diversificada, macroeconomicamente estável e altamente produtiva, e as empresas e governos alemães tendem a ser administrados por... alemães frugais. Pedir empréstimos na Itália custa mais porque o governo e a população italiana são tão despreocupados com o pagamento de dívidas quanto com todo o resto. A economia grega é baseada em um único setor — o turismo —, administrado por uma população com compreensão relativamente limitada do que faz países como a Alemanha prosperarem. Cada um é um pouco diferente. A Europa é composta de trinta países diferentes com tradições de crédito distintas.

Em algum momento, os europeus perderam essa compreensão básica. Eles confundiram a ideia de que ter uma moeda unificada aprofundaria a integração econômica regional, além de impulsionar a Europa em direção ao objetivo de se tornar uma potência global.

Por razões que só faziam sentido na época, nos anos 1990 e início dos anos 2000, tornou-se a sabedoria convencional da Europa que todos os europeus deveriam ser capazes de tomar empréstimos a termos que anteriormente só eram oferecidos aos mais escrupulosos. Além disso, esses empréstimos deveriam ser aprovados em *qualquer* quantidade para *qualquer* projeto de *qualquer* governo ou corporação em *qualquer* nível. Os bancos austríacos devoraram o capital quase gratuito e concederam empréstimos para a versão húngara do subprime. Os bancos espanhóis criaram fundos secretos irrestritos para influenciadores políticos locais. Os bancos italianos começaram a emprestar em massa não apenas para a máfia local, mas para organizações criminosas dos Balcãs. O governo grego tomou empréstimos gigantescos, que distribuiu a todos sem qualquer critério. Construiu cidades inteiras onde ninguém queria morar. Os trabalhadores recebiam décimo terceiro e décimo quarto salários. Os cidadãos recebiam pagamentos diretos *simplesmente por serem cidadãos*. A Grécia sediou uma Olimpíada financiada *inteiramente pelo crédito*. A corrupção foi gigantesca. E todos puderam tirar uma casquinha.

A Grécia tornou-se a garota-propaganda da calamidade financeira que se seguiu. Apesar de só adotar o euro em 2001, até 2012 a Grécia ostentava uma dívida nacional superior a 175% do PIB, além de empréstimos inadimplentes dentro de seu sistema bancário privado, que contribuíram com outros 20% do PIB para o rombo. A Grécia não estava sozinha. Até que a crise fosse superada, nove Estados membros da UE haviam pleiteado resgates financeiros. Nem os britânicos, que nem sequer aderiram à zona do euro, escaparam ilesos. Entre o endividamento em euros e uma certa mentalidade de "fazer o que todos estão fazendo" quando se tratava de empréstimos, a crise financeira europeia acabou levando dois dos cinco maiores bancos do Reino Unido à recuperação judicial.

Algo realmente assustador é que a Europa nunca se recuperou do estouro da bolha do euro. Somente em 2018 os europeus finalmente conseguiram comprometer seu setor bancário a um mesmo nível de mitigação de crises alcançado pelos norte-americanos na primeira *semana* da crise financeira iniciada em 2007. No início da crise do coronavírus em 2019, a dívida em percentual do PIB havia aumentado em todos os lugares em comparação a 2007. A maioria da zona do euro passou por várias recessões antes da pandemia de Covid-19, em 2020-2021, que afundou o mundo todo ao mesmo tempo. Os países que experimentaram colapsos de crédito, especialmente a Grécia, ainda estão em supervisão financeira em 2022.

A única maneira de se recuperar da pandemia de Covid exigia ainda mais endividamento — de aproximadamente *outros* 6,5% do PIB.[9] É uma dívida que *nunca* será paga, porque não só a Europa de hoje está muito além do ponto de não retorno demográfico, mas também porque a maioria dos principais países europeus *já* está em obsolescência demográfica, o que impedirá qualquer um deles de retornar ao status econômico de 2006. A Europa enfrenta uma enxurrada de problemas, mas, se não tivessem devastado seu mundo financeiro, os europeus teriam pelo menos algumas ferramentas poderosas para lidar com a crise. Não mais. Todo o sistema europeu está agora fazendo pouco mais do que manter as aparências até que a moeda comum inevitavelmente se desmantele.

Antes de julgar os asiáticos ou os europeus, por favor, saiba que eles estão longe de ser os únicos a se beneficiarem do mundo do "dinheiro para todos" em que vivemos atualmente. Os norte-americanos *não* são exceção.

DA EXPANSÃO À RECESSÃO E REPITA O PROCESSO: O MODELO NORTE-AMERICANO

No mundo pré-1971, a escassez de capital significava que a maior parte do trabalho na esfera energética era gerenciada de cima para baixo, com o menor número possível de participantes, a fim de gerenciar o risco. A Exxon produzia o petróleo bruto em países estrangeiros. A Exxon enviava o petróleo bruto para os EUA em navios-tanque. A Exxon refinava o petróleo bruto em combustível em suas refinarias. A Exxon distribuía esse combustível para os postos de varejo. A rede de franquias da Exxon vendia o combustível aos consumidores.

Entretanto, após 1971, as leis do capital foram, se não revogadas, certamente flexibilizadas. A nova estrutura de capital apoiava a assunção de riscos quase como padrão. Surgiram novas empresas para lidar com tarefas específicas, como prospecção, transporte ou refino, em vez da cadeia completa, do poço ao cliente. Essas novas empresas operavam paralelamente — ou até internamente — aos sistemas internos das principais empresas do setor energético.

Então entra em cena a Enron. No final da década de 1980, a Enron começou sua expansão com o objetivo de se tornar a intermediária perfeita em todo o complexo energético norte-americano. Criou "bancos" de gás natural que lhe possibilitaram ser a conexão entre produtor e consumidor. Em um mundo pré-1971, o custo de armazenar um produto tão volátil como o gás natural em qualquer lugar que não fosse o ponto de consumo seria absurdo.* Mas, após 1971, havia capital disponível para experimentar todos os tipos de novas ideias. O negócio original da Enron de gás natural expandiu-se gradativamente para petróleo, eletricidade, celulose e papel, telecomunicações e transferência de dados.**

Mas a Enron não tinha a propriedade de praticamente nada, nem mesmo dos meios de distribuição na maioria dos casos. Em vez disso, a receita da Enron vinha da compra e venda de promessas para a futura aquisição e entrega de diversos produtos. O mercado de futuros é uma coisa real — ele fornece confiabilidade para produtores e consumidores, ligando-os a parceiros antes que a entrega instantânea seja necessária —, mas atuar como intermediário requer uma contabilidade imaculada.

A Enron era ótima em contabilidade. A parte do "imaculada"? Nem tanto. Acontece que, quando você realmente não é dono de nada, não transporta nada nem agrega valor a nada, sua *única* renda vem do que está em seus livros contábeis. A Enron se tornou muito boa em negociar no papel, "adicionando valor" para simular renda. Ela era tão boa nisso que muitos acreditavam que a Enron era a onda do futuro, e investiram. No auge, a Enron era a sétima empresa de capital aberto mais valiosa dos Estados Unidos.

O nome do que a Enron fez é "fraude".

Quando a Enron introduziu derivativos *climáticos* e mudou seu lema para "a melhor empresa do mundo", até os maiores apoiadores da empresa perceberam que algo não cheirava bem. Em questão de cinco meses desde os primeiros vazamentos, as ações em alta da Enron despencaram para

---

* Como o gás natural é... *gás*, é difícil contê-lo. Além de ele ser um tanto... explosivo se mal manuseado.
** Se não consegue ver a conexão natural entre essas indústrias, você não é o único.

centavos e a empresa estava indiscutivelmente falida. Como a empresa possuía poucos ativos, seus credores não tinham muito em que se agarrar.

Vamos a um exemplo mais impactante.

À medida que a recessão dos Estados Unidos de 2000 a 2001, impulsionada pela Enron, deu lugar a um período de expansão longo, robusto e de baixa inflação, o mercado imobiliário norte-americano cresceu a passos largos.

Um dos pilares do Sonho Americano é que os indivíduos desfrutem de uma vida econômica melhor do que a da geração anterior. Da década de 1950 até a década de 1980, os norte-americanos brancos de classe média definiam "Sonho Americano" como "casa própria". Por meio de uma mistura de normas culturais em evolução e incentivo do governo, esse aspecto do sonho ganhou contornos mais amplos nas décadas de 1990 e 2000. Os bancos passaram a desempenhar um papel mais importante nos mercados imobiliários. As empresas de construção de residências se expandiram em número e alcance. As instituições governamentais intervieram de forma mais direta para reduzir os custos da transação e os juros para os compradores de imóveis residenciais.

Com o apoio de forças governamentais, financeiras e culturais em larga escala, surgiu um tipo inteiramente novo de empresa. Essas novas "empresas de financiamento hipotecário" identificavam potenciais compradores de imóveis residenciais, concediam o financiamento para compra do imóvel e, em seguida, vendiam as hipotecas resultantes a investidores. Esses investidores agrupavam as hipotecas em "pacotes" e depois os dividiam em pedaços para circulação nos mercados de títulos. A ideia era que as hipotecas eram o mais seguro dos investimentos (as pessoas farão o que puderem para não perder sua casa e o dinheiro que investiram). Ao transformar hipotecas em títulos (especificamente "títulos lastreados em hipotecas"), um número maior e mais diverso de investidores injetou mais dinheiro no mercado, reduzindo os custos de financiamento para todos.

Com o capital deixando de ser o fator restritivo de antes, as condições de crédito gradualmente ficaram mais flexíveis. A exigência de uma entrada de metade do valor do imóvel ficou no passado. Metade se tornou um quarto. Um quarto se transformou em um quinto. Um quinto virou um décimo. Um décimo encolheu para um vigésimo. Um vigésimo se tornou zero. Zero se transformou em... 5% de *dinheiro de volta*. As verificações de crédito tornaram-se menos rigorosas. Com o tempo, desapareceram completamente. Quando passaram a conceder hipotecas a clientes que elas *sabiam* que não teriam condições de pagar as prestações, as empresas de financiamento hipotecário começaram a vender seus títulos hipotecários dentro de dias, até mesmo horas, após a venda dos imóveis, com medo de que alguém descobrisse o esquema. Os títulos lastreados em hipotecas rapidamente se deterioraram, deixando de ser o investimento mais seguro para se tornar algo em que nem mesmo a Enron ousaria investir. Novos proprietários começaram a se tornar inadimplentes *antes de fazerem um único pagamento*. Tudo acabou em desastre. Conhecemos a subsequente carnificina econômica como a crise financeira de 2007 a 2009.

Agora vamos a um exemplo mais abrangente.

Na década de 2000, os Estados Unidos eram de longe o maior consumidor e importador de petróleo do mundo, o que tornou o país vulnerável às oscilações dos mercados globais de petróleo. A partir de 2004, os mercados de petróleo sofreram grandes altas. Em menos de quatro anos, os preços quadruplicaram. Esse aumento impressionante foi motivação mais do que suficiente para impulsionar uma série de inovações nos EUA, gerando níveis mais altos de fornecimento doméstico de energia.

Você certamente já ouviu falar de algumas dessas inovações: a perfuração horizontal proporcionou acesso a novas fontes de petróleo bruto que as técnicas convencionais não eram capazes de acessar; a injeção de água pressurizada possibilitou fraturar a rocha geradora, permitindo que trilhões de pequenos bolsões de petróleo bruto fluíssem para o poço; as melhores técnicas de reciclagem reduziram em mais de 90% o volume de água necessário; o melhor gerenciamento de fluidos removeu a toxicidade do sistema; e o melhor gerenciamento de dados permitiu que os perfuradores ajustassem suas operações para atingir apenas os pontos muito específicos que continham hidrocarbonetos. O mundo conhece esses avanços como "fracking" ou "revolução do xisto", e coletivamente eles transformaram os Estados Unidos no maior produtor mundial de petróleo e gás natural.

Mas há um aspecto do xisto que a maioria das pessoas ignora: as finanças.

Desenvolver novas tecnologias não é barato. Perfurar um quilômetro verticalmente não é barato. Girar o poço de perfuração vertical e então perfurar três quilômetros *horizontalmente* não é barato. Injetar fluido pressurizado a partir da superfície para romper rochas quase cinco quilômetros abaixo do poço de perfuração não é barato. Tempo de processamento dos servidores para interpretar a dispersão sísmica a fim de otimizar o processo de fraturamento hidráulico não é barato. Treinar equipes para fazer um trabalho que nunca foi feito antes não é barato. E então há todas as partes "normais" da indústria petrolífera — principalmente a construção de redes de tubulações e infraestrutura ferroviária para coleta e distribuição —, que também não são exatamente gratuitas. Em 2012, a produção de petróleo a partir de formações de xisto custava cerca de US$90 por barril.

Como é normal nos Estados Unidos, a maioria das inovações tecnológicas em indústrias em rápida evolução — como a do xisto — são feitas por empresas menores. Se há uma coisa que essas empresas menores têm em comum, é que elas precisam de ajuda para ter acesso ao capital. Mas junte a esmagadora necessidade estratégica e econômica norte-americana de mais produção doméstica de petróleo em um ambiente de alto preço com as possibilidades financeiras da era da moeda fiduciária e esse obstáculo simplesmente desaparece. Wall Street despejou dinheiro no setor do xisto: empréstimos comerciais, empréstimos diretos, títulos, compras de ações, injeções diretas de capital por grupos financeiros na forma de joint ventures de perfuração, contratos de hedge de produção. Tudo isso e muito mais direcionou capital para a indústria em crescimento.

Em retrospecto, nem tudo fazia muito sentido. Os poços de xisto tendem a gerar a maior parte de sua produção nos primeiros meses de seu ciclo de vida de vinte anos. Isso costuma indicar que o capital será reembolsado rapidamente... ou nunca. Em muitos casos, provou ser nunca. No entanto, por mais de uma década, poucas empresas foram responsabilizadas. Em vez disso, essas mesmas pequenas empresas foram capazes de retornar ao mercado repetidas vezes para garantir *mais* financiamento a fim de permitir *mais* perfuração. O ciclo de produção, produção, produção — mas não necessariamente lucro — remete a uma característica chinesa estranhamente familiar. Essas reiteradas decisões de financiamento questionáveis nunca teriam sido tomadas no mundo antes de 1971, mas, como eram *possíveis* no mundo das moedas fiduciárias, os Estados Unidos experimentaram, em termos absolutos, a maior expansão na produção de petróleo de qualquer região petrolífera em todos os tempos.

Não pense que essa prodigalidade nos Estados Unidos é limitada a finanças, imóveis e energia. O último presidente norte-americano que ao menos fingiu se importar com a prudência fiscal foi Bill Clinton, um cara não muito conhecido pela... prudência. Sob seu comando, o governo dos EUA realmente equilibrou o orçamento federal. Então veio George W. Bush, que deixou alguns dos maiores deficits orçamentários desde a Segunda Guerra Mundial. Seu sucessor, Barack Obama, duplicou esses deficits. Donald Trump os duplicou novamente. No momento em que escrevo, no início de 2022, o presidente seguinte, Joe Biden, apostou sua vida política em vários planos de gastos que, se aprovados, duplicarão *de novo* esses deficits.

Nada disso — Enron, subprime, xisto ou o deficit fiscal federal, para não falar da moeda comum europeia ou da existência da China moderna *como país* — teria sido possível sem o capital quase ilimitado da era fiduciária.

O DESASTRE É RELATIVO

O ARGUMENTO DESTA RELEVANTE DIATRIBE HISTÓRICA SOBRE os problemas da era fiduciária é triplo.

Primeiro, a era fiduciária permitiu que economias grandes e pequenas, países próximos e distantes, encobrissem seus problemas com dinheiro. Os fatores que permitem que este ou aquele lugar se saia bem em qualquer era — a Geografia de Sucesso — perderam força em comparação a uma oferta irrestrita de capital a baixo custo. Claro, vimos muitas bolhas financeiras na era fiduciária, mas a lição mais importante é que todo esse dinheiro interrompeu a história econômica. No sistema fiduciário, *todos* em *todos* os lugares podem ser bem-sucedidos. Enquanto o dinheiro continuar fluindo.

Segundo, todo mundo — e eu quero dizer todo mundo — está fazendo isso. Os únicos sistemas existentes hoje que *não* estão expandindo a oferta monetária são aqueles que conscientemente escolheram renunciar ao crescimento econômico em favor da estabilidade de preços. Normalmente, são lugares que experimentaram choques econômicos recentes e estão tentando encontrar um equilíbrio. Na era do capitalismo tardio, as exceções são raras, muito distantes entre si e insignificantes para o cenário mais amplo.

Terceiro, cada país — e quero dizer cada um deles — imprime moeda em proporções diferentes.

Sim, os norte-americanos provavelmente expandiram sua oferta monetária mais do que o considerado razoável, mas tenha em mente alguns pontos:

- Os Estados Unidos tinham um número recorde de imóveis disponíveis quando a bolha do subprime estourou (cerca de 3,5 milhões), mas isso é passado. Os Estados Unidos ainda têm um crescimento populacional positivo, então as pessoas *querem* esses imóveis. Eles *não* são ativos encalhados. As pessoas que se mudaram para residências unifamiliares nos anos 2010 e início dos anos 2020 são millennials — a segunda maior geração da história dos EUA. E cerca de 1% do estoque habitacional é destruído a cada ano simplesmente devido a obsolescência, incêndio e demolições. Em 2021, o número de casas disponíveis caiu para menos de 700 mil, um recorde de *baixa*. Não estou tentando ignorar as decisões de má alocação de capital dos anos 2000, mas, sem o impulso do subprime, as questões habitacionais dos Estados Unidos na década de 2020 seriam muito, muito piores.

- Um equilíbrio semelhante ocorreu no setor de xisto. Os termos de crédito foram gradualmente restringidos porque os bancos se tornaram mais cautelosos, porque Wall Street ficou mais desconfiada e por causa dos choques de preços no mercado de energia aos quais nenhuma empresa financeiramente debilitada poderia sobreviver. Até 2022, o número de operadores de xisto havia diminuído em dois terços em comparação a 2016. Sim, muitas pequenas empresas duraram tempo demais com crédito barato, mas seus esforços coletivos desenvolveram uma geração inteira de tecnologias das quais os norte-americanos se beneficiarão por décadas.

- A expansão monetária norte-americana durante a crise financeira de 2007 a 2009 teve como objetivo a prevenção do Armagedom financeiro. Era estritamente necessário, e, em parte devido às reformas relacionadas à crise, os bancos norte-americanos são agora de longe os mais saudáveis do planeta. A expansão da crise financeira não foi tão grande, em termos relativos — durante todo o período foi de "apenas" cerca de US$1 trilhão, menos de 15% da oferta monetária.

Compare isso com a Europa, onde, desde 2006, a expansão monetária ocorreu como consequência natural, a fim de manter vivo um setor bancário que está entre os menos estáveis e saudáveis do mundo. Em menos de dois anos, a expansão da crise bancária europeia aumentou a oferta monetária do euro em 80%. E não se trata apenas de mitigação de crises. Os europeus e japoneses expandem regularmente sua oferta monetária sempre que têm um objetivo político a cumprir, uma decisão que incentiva a maioria das pessoas no resto do mundo a manter reservas ou negociar essas moedas. Como tal, seus suprimentos de dinheiro muitas vezes *ultrapassaram* o dos Estados Unidos, apesar do fato de que o euro europeu e, especialmente, o iene japonês não são mais moedas globais de verdade.

Mas foi a China, onde a expansão monetária é o procedimento operacional padrão para tudo, que realmente extrapolou. Desde 2007 — o ano em que todos começaram a falar sobre os chineses dominando o planeta —, a oferta de yuan aumentou em mais de *800%*.

Fora da China continental, o yuan chinês *só* é popular em Hong Kong, e *apenas* porque Hong Kong serve como a interseção financeira entre a

O DESASTRE É RELATIVO

China propriamente dita e o resto do mundo. Em qualquer outro lugar, o yuan é quase inexistente. A economia chinesa, mesmo pelas alegações do mais ultranacionalista dos chineses, ainda é significativamente menor do que a norte-americana, e ainda assim a oferta monetária chinesa tem sido maior do que a dos Estados Unidos por uma década — muitas vezes duas vezes maior. Portanto, é claro que o yuan não é uma reserva de valor para ninguém. A fuga de capitais da China para a rede do dólar americano regularmente chega a US$1 trilhão por ano.

O sistema financeiro da China, aliado à sua demografia terminal, condena o país a não ser movido pelo consumo, nem mesmo pela exportação, mas, sim, por empréstimos. Isso torna a China vulnerável a acontecimentos em qualquer lugar do mundo que possam afetar o fornecimento de matérias-primas, o fornecimento de energia ou as rotas de exportação — acontecimentos que Pequim não pode influenciar, muito menos controlar. A China está nesse caminho para a destruição há quase meio século. Esse não é o tipo de desastre iminente que um governo rigidamente controlado, com visão de futuro e competente deveria ser vítima.

Os norte-americanos têm lidado de forma um tanto arriscada com sua política monetária? Talvez. Isso terá consequências no futuro? Provavelmente. Essas consequências serão agradáveis? Provavelmente não. Mas os europeus e os japoneses estão se lançando no abismo, enquanto os chineses decidiram entrar no mar durante um furacão e mergulhar de cabeça em um redemoinho gigantesco que os levará diretamente ao encontro do Godzilla. A escala é importante.

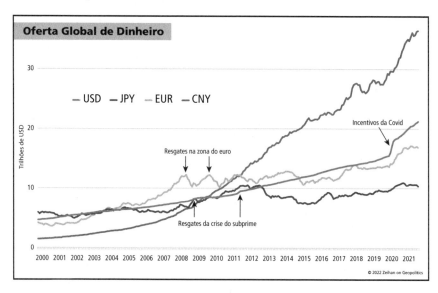

Principalmente quando as regras mudam.

A questão é que o aumento geral da disponibilidade de capital da era fiduciária é apenas *metade* do problema. Há um segundo fator, mais tradicional, que aumentou a oferta de capital e sufocou os custos de capital nos últimos anos. E que está em processo de implosão.

O FIM DO MAIS, O RETORNO
DEMOGRAFIA E CAPITAL

É UMA SIMPLES QUESTÃO DE IDADE.

Desde os primórdios da civilização até meados da Era Industrial, os diversos grupos etários — crianças, jovens trabalhadores, trabalhadores maduros e aposentados — existiam em um equilíbrio aproximado com apenas pequenas alterações. Isso contribuiu para uma oferta de capital muito estável, embora muito limitada. Os jovens tomam empréstimos para alimentar seus gastos, e há muitos deles para demandar esse capital.

Trabalhadores maduros tendem a gastar menos e são os ricos de suas sociedades. Eles acumularam riqueza ao longo da vida e gastam menos do que quando eram jovens. Sua contribuição financeira — seja na forma de investimentos feitos ou impostos pagos — é a espinha dorsal de todas as sociedades. Mas a inevitável mortalidade significa que eles não existem em grande número. Poucos poupadores, muitos gastadores. Oferta e demanda. Os custos dos empréstimos continuam altos.

A industrialização mudou o jogo. Os primeiros industrializadores experimentaram expectativas de vida mais longas e menor mortalidade infantil, levando suas populações a praticamente triplicarem. Ao mesmo tempo, a industrialização desencadeou a urbanização em massa, o que, no devido tempo, levou a famílias menores e populações envelhecidas. A chave nessa afirmação é "no devido tempo". Nem todos começaram ao mesmo tempo ou viram mudanças nas estruturas populacionais na mesma taxa. Como regra geral, os primeiros industrializadores avançaram de forma mais lenta.

Então os norte-americanos usaram a Ordem para estender a globalização e a estabilidade a toda a humanidade, incluindo a China. *Todos* os países iniciaram sua jornada para a industrialização e a urbanização. Os retardatários foram capazes de pular fases inteiras do processo de industrialização, avançando diretamente do ferro para o aço, do alumínio para a fibra de vidro, dos tubos de cobre para o PVC e os tubos flexíveis, dos telefones fixos para os celulares e os smartphones. Quanto mais tarde um país iniciou o processo de urbanização, mais rápido esse processo ocorreu e *mais rápido as taxas de natalidade caíram.*

Desde o fim da Guerra Fria, quase todos os povos ficaram mais ricos, mas, o mais importante para o mundo das finanças, a compressão do processo de modernização significou que todos os povos *envelheceram.* No mundo de 1990 a 2020, isso era ótimo porque significava que todos os países mais prósperos e em ascensão do mundo estavam no estágio rico em capital de seu processo de envelhecimento mais ou menos ao mesmo tempo. Ao longo desse período de três décadas, houve *muitos* países com *muitos* quarentões e sessentões, a faixa etária que gera mais capital. Seus dólares, euros, ienes e yuans inundaram o sistema, muitas vezes ignorando as fronteiras internacionais. Coletivamente, suas economias têm impulsionado a oferta de capital para cima, ao mesmo tempo que pressionam o custo do capital para baixo. Para *tudo.* Em *todos* os lugares. Entre 1990 e 2020, essa ampla convergência de fatores gerou ofertas de capital mais baratas e o crescimento econômico mais rápido da história de nossa espécie. Mais do que a loucura geral da era fiduciária. Mais do que o hipercrescimento da era da Ordem.

As taxas de financiamento hipotecário têm sido as mais baixas da história e governos avançados têm, ocasionalmente, sido capazes de tomar empréstimos a taxas negativas, enquanto os principais mercados de ações continuam a explorar patamares cada vez mais altos. O capital onipresente e historicamente barato também reduziu os custos de financiamento para quem quer iniciar uma nova linha de produção, cultivar novas terras agrícolas, desenvolver novos softwares ou construir um novo navio. A explosão na produção industrial e os avanços tecnológicos da última década são em grande parte devido à combinação duradoura do sistema de Bretton Woods e desse momento demográfico de enorme excesso de oferta de trabalhadores maduros. *E do dinheiro deles.*

Esse mesmo capital também é responsável por recentes surtos de estupidez. No início de 2021, um grupo de *gamers* investiu tanto capital na plataforma de videogames GameStop que a tornou brevemente uma das empresas mais valiosas dos Estados Unidos, apesar de estar prestes a declarar falência. Criptomoedas como o Bitcoin não são apoiadas por um governo, não são facilmente negociadas, não são úteis para fazer pagamentos, não têm valor intrínseco e são geradas principalmente por magnatas chineses que buscam contornar sanções, mas o valor combinado de todas as criptomoedas é superior a US$2 trilhões. Minha favorita é a Dogecoin, que foi literalmente *criada como uma piada para destacar o quão idiotas os investidores em criptomoedas poderiam ser.* Por vezes, o valor total das dogecoins superou US$50 bilhões. Tudo isso e muito mais é a supercapitalização clássica, quase em escala chinesa. Quando o capital é barato o suficiente, até os porcos podem voar.

Pelo menos uma vez.

Voltando à demografia. As pessoas não param de envelhecer só porque o momento é propício. A demografia em lento envelhecimento dos Estados Unidos, as demografias em moderado envelhecimento do Japão e dos europeus, e as demografias em rápido envelhecimento do mundo em desenvolvimento avançado convergem para a aposentadoria em massa nas décadas de 2020 e 2030. E, quando essas pessoas se aposentarem — quando *todas elas se aposentarem de uma só vez* —, deixarão de fornecer o capital que alimentou o nosso mundo. Mais ou menos ao mesmo tempo, os Estados Unidos deixarão de oferecer o escudo de proteção.

Surgem dois aspectos importantes.

Primeiro, grande parte desse novo desenvolvimento gera maior produção e maior consumo, independentemente das realidades subjacentes de uma economia. Isso encoraja a compulsão do governo (pense no Obamacare, no orçamento federal do governo Trump ou na crise da dívida grega). Isso incentiva a compulsão do consumidor (pense na dívida bancária italiana ou na crise do subprime do setor imobiliário norte-americano). Isso incentiva a superprodução de uma variedade infinita de produtos que podem ter economia questionável (pense na manufatura chinesa ou no boom/colapso das pontocom). O crédito barato cria uma ilusão de invencibilidade às pessoas e empresas que normalmente não poderiam participar do jogo. Mas o que parece natural, inebriante e sustentável durante os bons tempos não pode durar — e não dura — para sempre. Quando o dinheiro para de fluir e os custos de financiamento aumentam, o sistema todo desmorona.

Segundo, está tudo *prestes* a desabar. Não é uma previsão geopolítica. É matemática básica. A maioria dos homens e mulheres na grande parcela de trabalhadores maduros do mundo — os tão importantes baby boomers — chegará à aposentadoria na primeira metade da década de 2020. Os aposentados não têm mais novos rendimentos para investir.

Isso é pior do que parece para o mundo das finanças.

Não só não há nada de novo a ser investido, mas os investimentos existentes tendem a ser redistribuídos de ações de alto rendimento, títulos corporativos e ativos estrangeiros para investimentos à prova de inflação, à prova de crashes do mercado de ações e à prova de colapsos da moeda. Saem de cena o fundo de startups de tecnologia chinesas, os títulos de infraestrutura de Ruanda e os projetos de lítio bolivianos, e entram em cena os títulos do tesouro, os mercados monetários e o dinheiro vivo. Caso contrário, uma única correção de mercado poderia acabar com décadas de poupança e o agora aposentado poderia perder tudo. Isso é inteligente e lógico para o indivíduo, mas não tão bom para o sistema mais amplo, por duas razões.

A primeira é evidente. O crédito é a força vital de uma economia moderna. Se você é uma empresa, o empréstimo tem a função de ajudar a pagar os salários, financiar expansões, comprar máquinas e construir novas instalações. Todo mundo usa o crédito todos os dias: financiamento estudantil, financiamento de carros, financiamento hipotecário, empréstimo com garantia imobiliária, cartões de crédito. Ele é a lubrificação que coloca as engrenagens em movimento. Sem o crédito, um dos poucos métodos de compra de bens é o dinheiro, à vista e na íntegra. Quanto tempo você levaria para ganhar o suficiente para pagar seu carro, sua educação universitária ou sua casa à vista e na íntegra?

Aumente os custos desse crédito e tudo desacelera, se não parar por completo. No ano fiscal de 2021, o governo dos Estados Unidos pagou cerca de US$550 bilhões em juros. Aumente os custos de empréstimos do governo em um único ponto percentual e esses pagamentos *dobram*. O governo dos Estados Unidos é capaz de arcar com esse tipo de aumento. Mas e o Brasil? Ou a Rússia? Ou a Índia? Vamos tornar tudo isso mais pessoal. Aumente a taxa de juros de um financiamento hipotecário padrão em 2,5% — o que tornaria as taxas *ainda bem abaixo da média de meio século* — e sua parcela mensal aumentará em *50%*. Isso é mais do que suficiente para inviabilizar a compra de imóvel para a maioria das pessoas.

A segunda é menos óbvia, mas igualmente perceptível. Trabalhadores maduros não só geram muita renda e capital; eles pagam muitos *impostos*. O mundo em geral e o mundo avançado em especial sempre tiveram muitos trabalhadores maduros nas últimas décadas, tornando os cofres do governo mais abarrotados do que nunca. Isso é *ótimo*! São os impostos que pagam por coisas como educação, segurança pública, cuidados de saúde, infraestrutura e mitigação de desastres.

Ou pelo menos é ótimo até que esses trabalhadores maduros se aposentem. Em vez de contribuir para o sistema, os aposentados passam a fazer *retiradas* na forma de aposentadorias e custos de assistência médica. Substitua a demografia rica em impostos e repleta de trabalhadores maduros dos anos 2000 e 2010 pela demografia pobre em impostos e repleta de aposentados dos anos 2020 e 2030, e os modelos de governo da era pós-Segunda Guerra Mundial não apenas irão à falência, eles se tornarão pactos suicidas para a sociedade.

Mais uma vez, as últimas décadas têm sido *o* melhor momento da história humana, que *nunca* mais voltará. Pior ainda, não estamos diante da terrível perspectiva de retornar aos padrões de serviços governamentais dos anos 1950 — naquela época, havia um equilíbrio relativo entre jovens trabalhadores, trabalhadores maduros e aposentados. Para grande parte do mundo, estamos prestes a regressar aos padrões de serviços governamentais dos anos *1850*, época em que a maioria dos governos nem sequer oferecia serviços, mas sem o crescimento econômico que possibilitava que as populações tivessem a chance de cuidar de si mesmas.

O COMPÊNDIO DO CRÉDITO

ACRESCENTE AS EXTRAVAGÂNCIAS E OS EXAGEROS DA ERA fiduciária aos excedentes e incrementos do momento demográfico e experimentamos as maiores explosões de crédito da história humana. Nos Estados Unidos, conhecemos a maior parte dessas explosões como a era do subprime. De 2000, quando o setor de subprime nasceu, a 2007, quando terminou, o crédito total nos Estados Unidos praticamente dobrou. O colapso resultante dessa abundância irracional derrubou cerca de 5% do PIB dos EUA nos dois anos antes de a economia reencontrar seu equilíbrio.

Duplicação do crédito. Queda de 5% na economia. Essa é uma boa linha de base. Agora vamos analisar os outros países...

- Todo mundo já ouviu falar da situação caótica da **Grécia**. Os gregos foram admitidos na zona do euro apesar de não cumprirem... bem... *nenhum* dos requisitos em relação a dívidas e deficit. Eles então passaram a agir como um jovem que abandonou a faculdade e saiu por aí com o cartão de crédito *platinum* de um padrasto distante. O crédito total aumentou sete vezes em apenas sete anos. A conta acabou chegando, o país entrou em colapso financeiro e, durante os três anos seguintes, a economia grega despencou duas vezes mais, em termos relativos, do que a dos Estados Unidos durante a Grande Depressão. Em 2019, as coisas estavam... se não melhores, pelo menos não tão ruins. Então veio a pandemia de Covid. Como uma economia dependente do turismo, a Grécia mais uma vez despencou em queda livre. Se o país continuar a existir, será na condição de tutelado.
- A **Alemanha**, sem surpresa, é o polo oposto. Os alemães são notavelmente conservadores em suas relações financeiras, tanto como povo quanto como governo. Qualificar-se para um financiamento hipotecário primeiro requer fazer pagamentos regulares de financiamentos semelhantes em uma conta bancária específica por vários *anos* para demonstrar idoneidade e boa-fé. Assim, os alemães evitaram o tipo de colapso financeiro catastrófico que

assolou grande parte da Europa na crise financeira de 2007 a 2009. Um dos muitos resultados foi que a economia alemã se recuperou primeiro e com mais rapidez, levando as empresas em todo o continente a colocar seus ovos na cesta alemã enquanto o resto da Europa definhava. Dois vivas para os alemães! Mas só dois. A prevalência das questões alemãs como centrais na Europa gerou ressentimento em todo o continente.

- Parte significativa desse ressentimento criou raízes no **Reino Unido**, onde a crise financeira de 2007 a 2009 encorajou os nacionalistas econômicos e étnicos a pressionar pela separação do reino da União Europeia. Como parte da disputa que se seguiu, a direita e a esquerda políticas do Reino Unido implodiram. Os populistas finalmente assumiram o controle da direita britânica e lideraram o reino pelo processo caótico que conhecemos hoje como Brexit, enquanto a esquerda, por um tempo, acabou sob o controle de neofascistas disfarçados de esquerdistas.

- Na década de 2000, a disponibilidade do crédito na **Hungria** estava entre as maiores da Europa, com um aumento de *oito* vezes. Grande parte desse capital inundou o mercado imobiliário de uma forma que faria os financiadores norte-americanos do subprime corarem, permitindo que pessoas com renda mínima ou sem históricos de crédito adquirissem imóveis que não teriam como pagar. Para piorar as coisas, a maioria dos empréstimos eram em moedas estrangeiras, então, quando as inevitáveis oscilações cambiais ocorreram, até os húngaros que, em circunstâncias normais, eram capazes de pagar por suas casas, de repente, viram as parcelas de seu financiamento duplicarem. O caos econômico e financeiro que se seguiu endureceu o cenário político contra todo tipo de imigrantes, possibilitando que o primeiro-ministro Viktor Orban assumisse o controle de todo o espaço financeiro e político do país. Para todos os efeitos, desde 2022, a Hungria não é mais uma democracia.

- **Singapura** tem grande disponibilidade de crédito, com um aumento de cinco vezes desde 2000. Mas Singapura é um centro financeiro e por isso está constantemente investindo fora de lá. Grande parte do seu "crédito privado" está em economias estrangeiras. Além disso, o governo dispõe de uma agência de investimento — a Temasek — que é responsável por canalizar grande parte do dinheiro da cidade-Estado para projetos no exterior. Desconsidere esses aspectos e o cenário não parece tão vibrante. No entanto, Singapura fica no Estreito de Malaca — a rota comercial mais movimentada do mundo — e serve como o maior centro de transbordo do mundo, a tal ponto que seus tanques mantêm e gerenciam a distribuição de tanto petróleo que são considerados um padrão para o preço global. Se alguma coisa acontecer com a velocidade do comércio global, a economia centrada no comércio típica de Singapura não conseguirá evitar o sofrimento no curto prazo, independentemente de quão bem gerenciadas as finanças da cidade-Estado sejam.

- Com a combinação de uma economia bastante diversificada, políticas governamentais que acolhem a imigração e reservas minerais grandes o suficiente para abastecer a insaciável demanda chinesa, a **Austrália** evitou a recessão por uma geração. Isso não passou despercebido, e o dinheiro estrangeiro invadiu o país para aproveitar o mais longo período contínuo de crescimento econômico da história humana. Isso transformou a Grande Terra Austral no país ocidental com mais excesso de crédito a ainda não ter experimentado um colapso de crédito. O crédito aumentou seis vezes desde 2000. O endividamento imobiliário e o familiar são, naturalmente, os problemas esperados, mas os influxos de crédito levaram o dólar australiano a altas desconfortavelmente insustentáveis, corroendo a competitividade de todos os setores econômicos além da mineração. Qualquer esforço do governo para diminuir a demanda com medidas regulatórias foi superado por um código tributário que não apenas incentiva a propriedade, mas incentiva aqueles que já possuem propriedades residenciais a comprar *mais*. Isso seria um problema em qualquer lugar, mas na Austrália é particularmente sério. O país pode parecer um lugar com muita terra, mas o Outback é mais do que inútil para imóveis residenciais. A grande maioria da população australiana vive em menos de dez regiões metropolitanas amplamente desconectadas, limitando drasticamente a disponibilidade e elevando o custo da construção de novos estoques habitacionais. Tudo isso *vai* explodir. Mas a questão é: quando?

- Na **Colômbia**, o crédito expandiu cinco vezes em um único período de dez anos que teve início em 2003, mas tudo sobre a Colômbia é um caso especial. Envolvida na pior guerra civil do hemisfério ocidental durante a maior parte do século passado, um período particularmente violento empurrou a economia (e a disponibilidade de crédito) do penhasco no final dos anos 1990.

Grande parte da expansão do crédito de 2003 a 2014 acompanhou a intensificação na guerra: à medida que os colombianos reformularam e consolidaram seu espaço político e sua estratégia militar, o governo conseguiu encurralar seus oponentes militares em enclaves cada vez menores, até garantir um acordo de paz final e rendição de fato em 2015. Essa recuperação política e militar se refletiu em recuperação econômica. No mínimo, a "farra" de crédito da Colômbia serviu para reassumir um pouco do controle. O desafio adiante será conquistar a paz, demonstrando aos dois lados da guerra que parar de atirar um no outro é bom para os negócios. O caminho mais provável? Crédito fácil para todos, para estimular o desenvolvimento de infraestrutura e o consumo. A farra de crédito da Colômbia não está no passado. Está no futuro do país.

- A **Indonésia** é um país que tende a ser otimista por uma mistura de razões: uma população grande, jovem e em ascensão social; um governo que, por padrão, se concentra na ilha (super)povoada de Java, o que possibilita o foco de seus esforços em uma geografia bastante específica e politicamente unificada; segurança energética em larga escala; uma excelente localização em meio às rotas comerciais mais prolíficas do mundo; e proximidade com enormes exportadores minerais e agrícolas como Austrália e Nova Zelândia, de um lado, e com parceiros industriais e financeiros complementares como Singapura, Tailândia e Malásia, de outro. Acrescente isso a um perfil de crédito surpreendentemente conservador. Sim, o crédito *geral* no país do Sudeste Asiático aumentou mais de sete vezes, mas o crescimento econômico o superou. Em 2000, o crédito geral era igual ao PIB — algo que normalmente seria mais do que um pouco preocupante para um país pobre e extenso como a Indonésia. Mas, apesar dos aumentos ano a ano no crédito absoluto pelos dezessete anos seguintes, a proporção de crédito em relação à economia em geral caiu em um terço. A Indonésia ainda enfrenta alguns desafios significativos — mão de obra qualificada insuficiente, infraestrutura frágil, corrupção (que está entre os primeiros ou *em* primeiro na lista) —, mas o excesso de crédito no país é muito menos preocupante do que os indicadores sugeririam.

- O cenário do crédito no **Brasil** é um eco mais moderado da situação da Grécia: um aumento de seis vezes, atingindo o pico em 2014. Naquele ano, o sentimento dos investidores e o sistema político brasileiro entraram em colapso ao mesmo tempo, desencadeando uma crise política e uma profunda recessão que, até o momento em que escrevo, não mostra sinais de alívio. Para piorar a situação, a constituição e a moeda do Brasil remontam apenas ao final dos anos 1980 e início dos anos 1990, respectivamente. Essa não é apenas a primeira crise política e econômica real do Brasil moderno, mas, sim, uma crise *constitucional* total que afeta os alicerces de tudo o que torna o Brasil o que é. Supondo, por um momento, que o sistema político brasileiro se regenere rapidamente (o que não há indícios) e que as instituições governamentais brasileiras não sofram danos adicionais (o que parece pura fantasia), o Brasil enfrenta *anos* de grave recessão apenas para se recuperar da superexpansão do crédito. A sombria perspectiva para o Brasil não é a de uma década perdida, mas, sim, de duas. Pelo menos.

- Considerando que o país tem sido o maior exportador de petróleo do mundo pelos últimos cinquenta anos, a palavra "crédito" não é o que normalmente vem à mente quando se pensa na **Arábia Saudita**. No entanto, os sauditas têm aproveitado com bastante sucesso a receita proveniente do petróleo para adquirir uma grande quantidade de crédito em todos os setores de seu sistema, gerando um boom de 750% desde 2000. Como esse crédito é respaldado por uma renda constante, *provavelmente* não é tão problemático quanto a situação no Brasil ou na Austrália, e certamente não é tão ruim quanto na Grécia. No entanto, a maior parte do crédito tem sido direcionada para projetos grandiosos no deserto ou para subsídios à população, com o propósito de comprar a lealdade dos cidadãos. Quando o fluxo for interrompido — e isso acontecerá —, essa lealdade desaparecerá. Felizmente para a liderança saudita, os serviços de segurança interna do país estão entre os mais eficazes do mundo... em sufocar a dissidência.

- O crédito na **Índia** aumentou impressionantes dez vezes desde 2000, com pouca queda ao longo do caminho. O constante ritmo de expansão econômica tornou a Índia um lugar politicamente mais calmo do que os frequentes episódios de fome e turbulência religiosa e racial sugeririam. Quando os ajustes inevitavelmente chegarem, serão *épicos*. Sou perfeitamente capaz de ser otimista em relação à Índia por razões geopolíticas e demográficas, ao mesmo tempo em que alerto para uma tremenda crise financeira.

- Na **Turquia**, a situação está se complicando. Entre 2000 e 2013, o crédito total aumentou em mais de doze vezes — um dos aumentos mais acentuados e sustentados do mundo. O boom concedeu ao primeiro-ministro (e agora presidente) Recep Tayyip Erdogan o capital político necessário para consolidar o controle sobre um sistema frequentemente turbulento, pondo fim a décadas de convivência desconfortável entre os conservadores religiosos anatólios, os defensores da modernização pró-ocidental da região de Istambul e um exército secularizado que se via como guardião do Estado. Agora, há apenas Erdogan. Mas, em 2013, a expansão do crédito parou abruptamente. A perda de legitimidade econômica, a pressão de 3 milhões de refugiados da guerra civil síria e o crescente antagonismo geopolítico da Europa, da Rússia, do Iraque e dos Estados Unidos em relação à Turquia significam que o governo de Erdogan se tornou frágil, rígido e cada vez mais autoritário. E tudo isso *antes* que a Turquia sofra a inevitável correção no mercado de crédito.

- No momento em que escrevo este parágrafo, 28 de fevereiro de 2022, a **Rússia** está sendo excluída do sistema financeiro global, incluindo o Banco Central da Rússia, como punição pela Guerra da Ucrânia. Quando você estiver lendo isso, o mundo terá um fascinante e horrível estudo de caso sobre uma verdadeira desintegração financeira. Mas não para por aí. Com uma população envelhecendo e um sistema que desistiu de educar a próxima geração, o colapso de crédito da Rússia é apenas um dos muitos fatores capazes de acabar com o Estado russo. A pergunta não é se os russos cairão lutando — a invasão russa da Ucrânia é uma prova disso —, mas, sim, contra quem *mais* eles vão lutar? Que sirva de alerta para os países com excesso de crédito. Colapsos de crédito podem ser causados por qualquer número de ações ou inações. Eles *não* precisam de uma guerra. Nem de sanções.

- Sem querer insistir no assunto, mas o estrondoso desastre financeiro que é a **China** gerou o maior e mais insustentável boom de crédito da história humana, tanto em termos absolutos quanto relativos. Os chineses deixarão o mundo moderno da mesma forma que entraram: causando um *grande* impacto. A única questão é quando. Se eu tivesse a resposta para isso, você não estaria lendo este livro, porque, em vez de lidar com infinitas revisões, eu estaria passando meus dias nas Ilhas Virgens Britânicas.

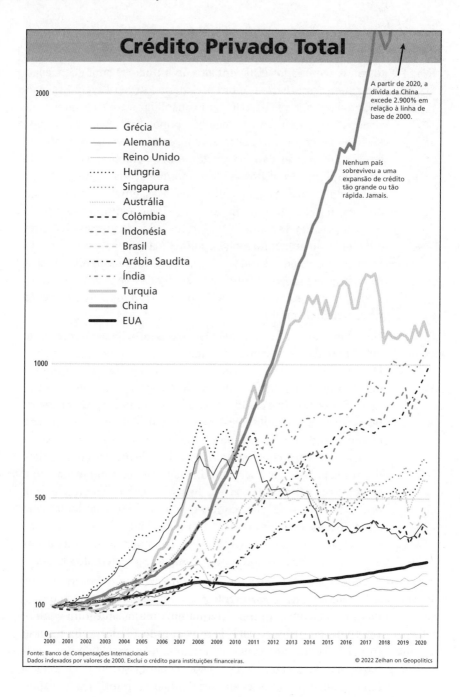

CONTORNANDO FUTUROS COLAPSOS FINANCEIROS

ENTRE A FALÊNCIA DA MOEDA FIDUCIÁRIA E A CRISE DEMO-gráfica, os dias de financiamento barato, fácil e onipresente estão chegando ao fim. Os impactos e resultados variam não apenas na natureza, mas também na aplicação.

É claro que precisamos começar com as mudanças nas **Geografias de Sucesso**. Em qualquer mundo com capital restrito, mais dinheiro tende a ser alocado em locais e populações que têm muitas oportunidades óbvias. Infraestrutura é mais fácil e mais barata de construir e manter em áreas planas e de clima temperado do que em montanhas ou em clima tropical. Da mesma forma, é mais fácil e mais barato manter os conjuntos de habilidades em populações com algum nível de instrução do que elevar baixos níveis de habilidades. No cenário de alto volume de capital do fim da Ordem, esses tipos de regras simples perderam a importância porque havia muito, muito dinheiro! Isso está acabando. Nas décadas de 2020 e 2030 e além, os padrões mais familiares que presenciamos ao longo da história ressurgirão com toda a força, e algumas regiões serão mais bem capacitadas para gerar e aplicar capital do que outras. Em ordem decrescente: Norte da Europa, Sul da Europa, Índia, Rússia, Brasil, Oriente Médio e África Subsaariana.

A **tecnologia** vai se tornar um caos. Fazendas de servidores, smartphones e software não surgem magicamente. Eles são frutos de milhares de tendências simultâneas e muitas vezes não relacionadas. Mais amplamente, um setor de tecnologia saudável e em crescimento requer um mercado enorme para gerar receitas e impulsionar o desenvolvimento, uma mão de obra qualificada para fazer o trabalho intelectual e de implementação e uma oferta quase infinita de financiamento para fomentar a pesquisa, a operacionalização e a aplicação em massa.

Todas essas três categorias amplas estão prestes a desaparecer. A desglobalização encolherá o todo global e fragmentará o restante em mercados segregados. O envelhecimento global está implodindo a oferta de mão de obra qualificada. E o encolhimento financeiro tornará *tudo* mais caro e mais difícil.

Talvez o pior aspecto seja que, à medida que os suprimentos de capital e mão de obra diminuem, os projetos que recebem financiamento serão aqueles capazes de reduzir o perfil de emprego — em especial quando se trata do tipo de manufatura que normalmente seria terceirizada para locais de baixo custo de mão de obra.

Nós *vamos* alcançar um novo equilíbrio tecnológico, mas não será uma tecnotopia que beneficiará a todos. Os países que ainda não conseguiram se engajar no setor de tecnologia agora nem conseguirão tentar. Outros, que davam os primeiros passos, serão obrigados a recuar. A história de riqueza em países desenvolvidos e pobreza em países em desenvolvimento se transformará em um mundo em que alguns poucos países desenvolvidos têm riqueza e o restante não tem nada.

Espere ouvir falar *muito* em **fuga de capital** e **controle de capital**. No mundo mais ou menos unificado da Ordem, o capital pode fluir de um lado para o outro das fronteiras com poucas limitações. Pouquíssimos países têm restrições significativas, por causa de uma percepção geral de que quaisquer medidas tomadas para dificultar o fluxo de capital para dentro ou para fora privarão o país de investimentos, e isso tem alguns custos: em crescimento econômico, emprego, turismo, transferência tecnológica e em oportunidades de participar no mundo moderno em geral. Historicamente, essa abertura é tão anormal quanto todo o resto no mundo da Ordem, e pelas mesmas razões. Em "condições normais", o mundo é uma competição insana, e o capital é algo a ser acumulado.

Os velhos (e maus) tempos de escassez de capital estão voltando. Some a isso uma dezena ou mais de doses generosas de insegurança e instabilidade, e você pode esperar que pessoas em grande parte do mundo tentem realocar seu dinheiro — e, em muitos casos, a si mesmas — para pastos mais verdes e mais seguros.

A fuga de capital já é uma característica do período final da Ordem. A reputação em grande parte merecida dos Estados Unidos de ter uma abordagem mais liberal em relação ao capital privado fez do país o inegável centro financeiro global. O modelo de hiperfinanceirização da China (e, em menor grau, sistemas financeiros semelhantes em todo o Leste Asiático) tem enviado influxos anormais de dinheiro para os Estados Unidos. As instabilidades europeias desde 2000 desencadearam fluxos ainda maiores. Dados sobre isso são extraordinariamente difíceis de encontrar e ainda mais difíceis de examinar, mas uma boa estimativa é que, desde 2000, algo entre US$1 trilhão e US$2,5 trilhões de dinheiro estrangeiro flui para os Estados Unidos a cada ano. À medida que a lacuna entre o crescimento e a estabilidade dos EUA e a depressão e instabilidade globais se ampliam, espere que esse número aumente. *E muito.*

Isso é ótimo para os norte-americanos, e promete amenizar um pouco o aumento dos custos de capital, mas é um desastre potencial para os países de *origem* do dinheiro. Populações que se aposentam rapidamente aumentam as demandas por gastos do Estado, ao mesmo tempo em que diminuem a mão de obra ativa, eliminando a capacidade do governo de arrecadar fundos. Qualquer um que queira enviar seu dinheiro para fora será visto quase como um traidor. Restrições a essa fuga de capital— também conhecidas como controle de capital — são a solução.

Os resultados surgem rapidamente. Quando as empresas acham que não conseguirão retirar seus lucros de um país estrangeiro, elas são muito menos propensas a se interessar pelas operações naquele país. Os maiores riscos para o capital estarão nos lugares com as populações que mais envelhecem, bem como naqueles com forças de trabalho que se aposentarão mais rápido: Rússia, China, Coreia, Japão e Alemanha, nessa ordem.

Haverá **inflação** em todos os lugares. Vamos a uma rápida lição de economia.

*In*flação ocorre quando os custos aumentam e pode ser causada por qualquer tipo de desequilíbrio entre oferta e demanda: interrupções na cadeia de suprimentos quando alguém sequestra um navio porta-contêineres; uma população jovem e/ou faminta que precisa de mais moradia e alimentos; modismos em que todos *precisam* ter uma boneca Cabbage Patch; ou quando uma autoridade monetária expande a oferta de dinheiro para aumentar deliberadamente a demanda. Níveis de inflação abaixo de 2% geralmente são considerados aceitáveis, mas qualquer valor acima disso se torna cada vez menos agradável.

*Des*inflação é um tipo muito específico de queda de preços. Quando seu smartphone ou computador recebe uma atualização que permite que você faça algo melhor e mais rápido, isso é desinflacionário. O mesmo acontece quando um novo campo de petróleo, fábrica de automóveis ou fundição de cobre entra em operação e aumenta a oferta. Os preços caem, mas as relações que compõem o mercado não são indevidamente ajustadas. A maioria das pessoas adora um pouco de desinflação. Eu com certeza sou uma delas.

Depois, há *de*flação. Os preços caem, mas só porque algo está muito, muito errado. Talvez sua população tenha envelhecido mais rapidamente do que o mercado imobiliário ou a indústria consegue corrigir. A demanda em colapso gera um excesso de oferta em algo básico, como eletricidade, apartamentos ou eletrônicos. Os mercados não conseguem se corrigir sem cortar parte da produção, o que prejudica os trabalhadores e reduz ainda mais a demanda. Alguma versão de deflação tem assolado o Japão desde o seu colapso econômico nos anos 1990; a União Europeia desde a crise financeira de 2007 a 2009; e provavelmente já é endêmica na China, onde aumentar a produção a qualquer custo é o mantra do Estado.

Então, agora que você está munido dessa informação, vamos falar sobre o futuro.

A expansão monetária é *in*flacionária. A escassez endêmica de capital gera inflação direta no sistema financeiro. A queda no consumo de uma população envelhecida é *de*flacionária, enquanto a interrupção das cadeias de suprimentos é *in*flacionária. A construção de novas instalações industriais para substituir as cadeias de suprimentos internacionais é *in*flacionária durante o processo e *des*inflacionária uma vez concluído o trabalho. As novas tecnologias digitais tendem a ser *des*inflacionárias, a menos que as cadeias de suprimentos internacionais sejam necessárias para mantê-las em funcionamento, caso em que são *in*flacionárias. Os colapsos monetários são *in*flacionários nos países que os sofrem, à medida que todos mudam do dinheiro para bens que podem estocar, mas esses colapsos são *des*inflacionários nos países onde o capital em fuga busca abrigo. A escassez de commodities é quase sempre *in*flacionária, mas, se a escassez for causada por uma interrupção na cadeia de suprimentos, então ela pode ser *de*flacionária mais perto da origem da commodity, o que, por sua vez, leva a preços mais baixos, que levam a uma menor produção, que leva a preços mais altos, que são novamente *in*flacionários.*

Minha conclusão aqui é uma descarada evasiva: o futuro das... flações** será diferente em cada região, cada país, cada setor, cada *produto*, e mudará descontroladamente, com base em uma ampla variedade de fatores que não podem ser influenciados, muito menos previstos. Eu *odiaria* ser um trader de títulos.

Espere *muito* mais **populismo**. A demografia global está envelhecendo rapidamente, e a maioria das pessoas mais velhas é bastante... teimosa quanto aos seus hábitos. Porém, mais do que isso, os aposentados dependem de suas **aposentadorias**. A maioria dos regimes de aposentadoria é financiada por receitas fiscais ou por dividendos provenientes de grandes holdings de títulos. A renda relacionada aos títulos tende a ser baixa e estável. Isso significa que os aposentados precisam de preços estáveis. O fluxo de renda relacionado aos títulos tende a despencar em recessões prolongadas. Para muitos (a maioria?)

---

* *Ufa*, isso foi cansativo.
** Sim, acabei de inventar uma palavra.

países, uma depressão que dure uma ou duas décadas é praticamente inevitável no momento atual. Entre a desglobalização, a crise demográfica e o coronavírus, a maioria dos países nunca se recuperará ao nível de 2019. A maioria das aposentadorias se desintegrará em um mundo com níveis crescentes e variáveis de inflação.

Enquanto grupo relevante de eleitores, os aposentados não só temem a mudança quanto reclamam interminavelmente sobre ela, resultando em culturas reacionárias e frágeis. Uma consequência disso são governos que cada vez mais atendem às demandas populistas, se isolando economicamente dos outros e adotando posturas mais agressivas em questões militares. Você já torceu o nariz para as escolhas eleitorais de seus pais e avós? Imagine só que tipo de loucos eles vão apoiar se lhes faltar a renda de suas aposentadorias.

Haverá **exceções nos Estados Unidos**. A melhor geografia do mundo manterá os custos de desenvolvimento baixos. A melhor demografia do mundo rico tornará os aumentos de custos de capital nos EUA menos onerosos. A ascensão dos millennials norte-americanos sugere que, até a década de 2040 — quando os millennials finalmente atingirem a faixa etária rica em capital —, o *suprimento* de capital voltará a aumentar, reduzindo os *custos*. A política monetária relativamente conservadora dos Estados Unidos, combinada com o status do dólar americano como a única moeda de reserva, proporciona aos EUA mais margem de manobra para compensar a perda de capital e garante que os norte-americanos recebam a maior proporção de fuga de capital de um mundo conturbado.

E, por mais estranho que pareça, questões de **desigualdade** em curso nos EUA podem na verdade ser um tanto úteis.

Lembra como o rendimento das pessoas aumenta com a experiência de trabalho, e como a proporção investida do rendimento também aumenta? Isso acontece tanto com os ricos quanto com as pessoas "normais". O ponto de divergência entre os dois grupos é a aposentadoria. Os aposentados "normais" precisam transferir seus investimentos para aplicações de baixo risco porque não conseguem tolerar a volatilidade, mas os ricos têm *tanto* acumulado que agem diferente de duas formas.

Primeira, os ultrarricos só precisam preservar uma fração de suas posses para manter seu estilo de vida. Eles são capazes de tolerar um nível de risco muito mais alto e, portanto, mantêm grande parte de sua carteira de investimentos — geralmente bem mais da *metade* — comprometida nos mercados de ações e títulos. Segunda, os ricos têm muito mais probabilidade de perceber que não podem levar tudo consigo e não há motivo para morrer com US$100 milhões no banco. Eles tendem a começar a transferir ativos para a próxima geração ou para instituições de caridade muito antes de falecerem.

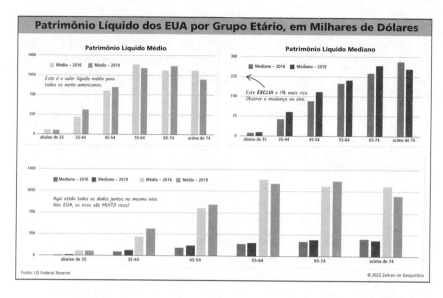

Na maioria dos países, essas diferenças não têm impacto significativo, mas, nos Estados Unidos, o 1% mais rico controla mais da metade de *todos* os ativos financeiros. Se apenas metade do capital desse 1% mais rico *não* for liquidado nos mercados de ações e títulos norte-americanos e permanecer investido (ou for transferido para pessoas mais jovens, que usarão o capital seguindo padrões mais normais), então a transição geral para um ambiente com restrições de capital não será tão abrupta. No entanto, isso só é válido em países desenvolvidos com grandes mercados de capital e uma desigualdade gritante. Essa lista tem exatamente um país. Um volume considerável de capital móvel não é capaz de resolver todos os problemas, mas em um mundo com capital limitado? É um bom começo.

Se nada disso parece muito capitalista, é porque não é. O ambiente que permitiu a existência do capitalismo faz parte do "mais" ao qual todos nos acostumamos, e é altamente questionável se o capitalismo será capaz de existir sem crescimento econômico contínuo.

Meu ponto não é que o capitalismo está morto, mas, sim, que até mesmo os norte-americanos, a população avançada mais jovem e rica do mundo — as pessoas com mais "mais" de todas —, já estão imersos na transição de um sistema capitalista globalizado para... o que vier a seguir.

Além disso, se o que sabemos, ou pelo menos achamos que sabemos, *já* está desaparecendo nos EUA do presente, então que esperança tem o resto do mundo de sobreviver ao futuro?

Agora que todos estão animados, vamos falar sobre o que acontece quando as luzes se apagam.

PARTE IV:

ENERGIA

PERSEGUINDO O PROGRESSO

VOU CONTAR UMA HISTÓRIA MALUCA.

Na antiga república soviética do Cazaquistão, há um campo de petróleo chamado Kashagan. Ele está localizado cerca de 3 quilômetros *abaixo* do fundo do Mar Cáspio, em uma zona regularmente atingida por ventos de quase 100 quilômetros por hora. No inverno, não só há movimento de gelo marítimo, como os ventos carregam spray marinho, que muitas vezes "soterra" toda a instalação de produção offshore em dezenas de *centímetros* de gelo. Kashagan tem, sem exceção, as piores condições operacionais do mundo.

Atípico para campos de petróleo, Kashagan é uma reserva vertical, com mais de três quilômetros de profundidade. Possui níveis de pressão extremamente variáveis, o que resulta em frequentes — e aterrorizantes — erupções de petróleo. Seu petróleo é tão rico em enxofre que o óleo bruto precisa ser processado assim que chega à terra, gerando extensas camadas de enxofre. Kashagan possui, sem dúvida, a configuração técnica mais difícil do mundo.

Explorar Kashagan exigiu que as melhores mentes da indústria desenvolvessem tecnologias fundamentalmente novas para lidar com os desafios únicos do campo. O consórcio de empresas responsável pela exploração gastou mais de US$150 *bilhões* — valor muito superior a todo o PIB anual do Cazaquistão na época — e levou quatorze *anos* para chegar à primeira produção comercial. Os custos iniciais em Kashagan são — sem dúvida — os mais altos do mundo. A piada recorrente nos círculos de energia é que "Kashagan" deveria se chamar "cash-all-gone" [algo como "dinheiro pelo ralo"].

Uma vez que o petróleo bruto de Kashagan é bombeado, despressurizado e processado, ele é transportado por tubulações por mais de 2 mil quilômetros até o Mar Negro, onde é carregado em pequenos navios-tanque para ser transportado através dos Estreitos Turcos até o Mediterrâneo, passando pelo centro de Istambul, antes de navegar através do Canal de Suez até o Mar Vermelho. É então recarregado em superpetroleiros de longo percurso que transportam o petróleo por quase 13 *mil* quilômetros, passando pelo

Paquistão e pela Índia, pelo Estreito de Malaca e por toda a costa vietnamita e chinesa antes de chegar ao seu destino final no Japão.

É uma rota arriscada. O Cazaquistão é uma antiga província da Rússia e eles não têm uma relação amigável. A Turquia travou onze (ou mais) grandes guerras com a Rússia e os dois países não têm uma relação amigável. O Egito é uma antiga província da Turquia e eles não têm uma relação amigável. A Arábia Saudita considera o Cazaquistão um concorrente econômico e eles não têm uma relação amigável. A rota passa pelo Paquistão e pela Índia, que não têm uma relação amigável, pelo Vietnã e pela China, que não têm uma relação amigável, e pela China e pelo Japão, que não têm uma relação amigável. Ah, e também há piratas no Mar Vermelho e em Malaca. A rota de exportação de Kashagan é a mais arriscada do mundo.

(*Há* planos incertos para enviar o petróleo de Kashagan em direção Leste, através de uma rede de tubulações soviéticas remendadas e improvisadas, até o extremo Oeste da China, antes de ser enviado na viagem de cerca de 3 mil quilômetros para os centros populacionais na costa chinesa. Considerando que essa rota expõe as pessoas e a infraestrutura a oscilações de temperatura que vão de 40 graus Celsius negativos a cada inverno a 40 graus Celsius positivos a cada verão, não está claro se isso seria uma melhoria logística.)

Sempre que penso na história, na mecânica e nas rotas de exportação de Kashagan, tudo o que consigo pensar é: mas que *diabos?*

O milagre bizarro e atordoante que são Kashagan e sua rota de exportação só poderia ocorrer sob a égide da Ordem. A Ordem tornou tudo tão pacífico, estável e rico por tanto tempo que os sistemas de produção e transporte que seriam considerados muito além de estúpidos em qualquer outra época estão bem ao nosso alcance.

Isso. Não. Vai. Durar.

A produção diária de meio milhão de barris de Kashagan obviamente não durará muito tempo. Mas o campo está longe de ser a única zona de produção que enfrentará um colapso completo nos próximos anos. Será devastador. A energia moderna em geral e, mais especificamente, o petróleo são o que diferenciam o nosso mundo contemporâneo do pré-industrial. É o que separa o que definimos como "civilização" do que existia anteriormente.

Considerando os dilemas de transporte que têm limitado a humanidade ao longo dos seis milênios de história registrada, o petróleo é uma substância bastante mágica. Os combustíveis líquidos derivados do petróleo aumentaram *mil* vezes nossa capacidade de transportar objetos a distância. A eletricidade sob demanda, direta ou indiretamente viabilizada pelo petróleo, teve um impacto semelhante em nossa produtividade. Pela primeira vez na história, nós podíamos fazer *qualquer* coisa e ir a *qualquer* lugar a *qualquer* momento. E, ainda melhor, pela primeira vez "nós" não significava o império mais poderoso da época, mas, sim, *cada indivíduo*. Desde que a casa tenha instalação elétrica, todos podem ter eletricidade a baixo custo. Ao contrário da madeira ou do carvão mineral, os combustíveis líquidos à base de petróleo, como gasolina e diesel, são tão ricos em energia e tão fáceis de armazenar que os armazenamos nos *próprios* meios de transporte.

Sem o petróleo, a Ordem global liderada pelos EUA nunca teria tido uma chance. Não haveria carros. Ou distribuição global de alimentos. Manufatura global. Nem cuidados de saúde modernos. Nem os sapatos que a maioria de nós está usando. O poder do petróleo é tal que, em muitos aspectos, quase nos permitiu ignorar nada menos do que a própria geografia.

Quase. O petróleo não é *tão* perfeito. A restrição imposta pelo petróleo não é tecnológica, mas, sim, de fornecimento. O petróleo não tem a obrigação de existir em locais convenientes. Durante toda a Era Industrial, obter o petróleo de onde ele existe e levá-lo para onde ele é necessário tem sido... tortuoso. Nisso, Kashagan não é exceção.

É melhor começar do início. Com o capitão Ahab.

O CAMINHO PARA A ENERGIA MODERNA: GUERRAS, ADORAÇÃO, BALEIAS E... TRICÔ

Existem apenas algumas maneiras de promover avanços na condição humana. Uma delas é conquistar uma grande parcela de terra e torná-la sua. Outra é dar ao máximo de pessoas possível dentro da sua sociedade uma participação no sistema, para que suas ações coletivas sustentem todos os aspectos do governo e da economia. Uma terceira maneira é dissipar a escuridão da noite e, ao fazer isso, fabricar uma das mercadorias mais raras: o tempo.

No final do século XVIII, os britânicos estavam experimentando com a indústria têxtil de maneira cada vez mais agressiva e em uma escala cada vez maior. Os novos teares, fusos, fiadeiras Jenny tinham algumas características comuns. Eram as tecnologias mais recentes e mais caras da época. Era importante proteger esses ativos das condições climáticas, e trabalhar com eles exigia um olhar muito atento tanto para a qualidade da produção quanto para evitar a perda dos dedos. Se você já esteve na Inglaterra, entenderá o problema. O clima inglês é frequentemente úmido e escuro. Londres está ao Norte o suficiente para que dezembro tenha em média menos de oito horas de luz por dia... supondo que não esteja chovendo.* Com isso, o interior das fábricas de tecido de algodão estava quase sempre no *escuro*. Archotes tradicionais contaminariam os fios e o tecido, velas não geram luz suficiente, e o mochileiro experiente em mim pode garantir que o algodão cru é um excelente propagador de incêndio.

A solução foi o óleo de baleia. Por ser limpo, gerar bastante luz, ter queima prolongada e ser facilmente acondicionado em uma lamparina apropriada, o óleo de baleia protegia os trabalhadores, diminuindo o risco de lesões, e, ao mesmo tempo, aumentava a quantidade de turnos que uma instalação poderia ter. O material rapidamente se tornou a melhor escolha para iluminar tudo, desde missas e festas até apartamentos da classe média. E, com o início da Revolução Industrial proporcionando excedentes alimentares à Europa, a humanidade estava se expandindo rapidamente para preencher todo o espaço disponível, exigindo mais óleo de baleia para iluminar mais missas, mais festas e mais apartamentos de classe média.

Mas o óleo de baleia não era usado apenas para a iluminação. O início da era industrial produziu muitas máquinas com peças que emperravam com muita facilidade (incluindo os equipamentos têxteis mencionados anteriormente). Para evitar danos às pessoas e às máquinas, uma boa lubrificação era a solução. A baleia tornou-se uma panaceia: iluminação, lubrificação e alguns bifes de lambuja. Todos saíram ganhando.

Exceto as baleias.

Graças ao capitão Ahab e a homens como ele, criaturas que existiam aos milhões foram reduzidas em pouco tempo a dezenas de milhares. Menos baleias significava menos óleo de baleia, e o preço do óleo de baleia subiu.

A solução assumiu duas formas.

A primeira foi o carvão mineral. Um dos perigos comuns nas minas de carvão é o metano, uma substância gasosa que conhecemos alternativamente como gás natural, flatulência de bovinos e gás de carvão. Lidar com o gás de carvão é um desafio constante para os mineiros, pois, toda vez que um mineiro quebra uma camada de rocha, há uma chance de liberar algum bolsão de gás escondido. Os resultados comuns são asfixia e explosão.

No entanto, onde há o risco de algo *explodir* de forma *in*controlável, há também a possibilidade de ser *queimado* de forma *con*trolável. Adicione um pouco de conhecimento de química da era industrial e descobrimos como processar o carvão mineral para gerar metano sob demanda. Então nós o canalizamos para lampiões de rua (ou fábricas têxteis) para iluminação.

---

* E está *sempre* chovendo.

Essas instalações se tornaram comuns no Sul da Inglaterra, no Nordeste dos EUA e na Alemanha.

A segunda e mais difundida solução foi algo chamado querosene. Ao contrário do gás de carvão, os perigos de explosão eram inexistentes, *além de* não exigir proximidade com um suprimento de carvão *e* nem uma infraestrutura específica. Você só precisava de uma lamparina.

O primeiro querosene era proveniente do carvão mineral, mas o processo de destilação era muito mais caro e perigoso do que entrar em um barco movido a vento e navegar até o outro lado do mundo, lutando com cetáceos colossais antes de içar seus cadáveres, cortar suas entranhas e depois ferver os pedaços na mesma embarcação e viajar de volta, tudo isso na companhia de um bando de ex-presidiários tarados. No início da década de 1850, avanços tecnológicos quase simultâneos nos EUA e na Polônia provaram que era muito mais barato, rápido e seguro obter querosene de algo que na época era conhecido como "óleo de rocha". Hoje chamamos isso de "petróleo bruto" ou simplesmente "petróleo".

Então a questão passou a ser o abastecimento. A humanidade conhecia as "exsudações" de petróleo bruto desde tempos antigos. Os bizantinos usavam essas fontes para criar um presente de boas-vindas conhecido como "fogo grego" para seus inimigos, enquanto os zoroastristas preferiam acender as exsudações para garantir que a festa nunca acabasse.

O problema era o volume. Essas exsudações raramente geravam mais do que alguns litros do material por dia. A humanidade precisava de um milhão de vezes mais. Um bilhão de vezes mais.

A solução surgiu nos Estados Unidos. Em 1858, nos arredores de Titusville, Pensilvânia, um homem chamado Edwin Drake juntou algumas peças de locomotiva a uma broca vertical. Dentro de algumas semanas, o primeiro poço de petróleo do mundo estava produzindo mais petróleo bruto em algumas horas do que a maioria das exsudações seria capaz em um ano. Em pouco tempo, o querosene se mostrou tão barato e fácil que o óleo de baleia praticamente desapareceu dos mercados de iluminação e lubrificação.

Então surgiu o verdadeiro milagre. Começamos a aplicar o conhecimento em ciência dos materiais — recém-adquirido ao lidar com o carvão mineral — nesse novo mundo do petróleo. Não demorou muito para que o querosene, como substituto do óleo de baleia, nos apontasse o caminho para o óleo combustível, como substituto da energia eólica, e para a gasolina, como substituta dos cavalos.[1] O petróleo não era mais apenas um produto necessário para dissipar a escuridão da noite e lubrificar as engrenagens.

Era o material que nos permitia fazer... tudo. O que significava que não precisávamos apenas de mais, precisávamos de muito _mais_!

Onde procurar algo de que precisamos? Bem, no último lugar que o vimos, é claro. Os impérios da época começaram uma caçada, de âmbito global, por aquelas famosas exsudações que permearam tantas culturas ao longo da antiguidade, para que pudessem extrair o petróleo. As exsudações do Norte das terras zoroastrianas (Azerbaijão contemporâneo) estavam agora em mãos russas. As exsudações do Sul ficavam em território persa, mas isso não impediu os britânicos de assumir o controle. Os holandeses firmaram seu poder imperial sobre as exsudações de Java. Os norte-americanos não tinham apenas a Pensilvânia e o Vale dos Apalaches, mas também o Vale do Rio Ohio e o Texas. No mundo caótico da competição imperial até e durante a Segunda Guerra Mundial, o controle de tais locais de produção não era simplesmente crucial, mas muitas vezes a diferença entre força estratégica e obsolescência.

A característica comum dessas primeiras décadas da era do petróleo era simples: ou você tinha petróleo e, portanto, poderia contar com equipamentos militares modernos, com toda a velocidade, alcance e poder de ataque que eles proporcionavam, ou você estava... a cavalo. Assim, os locais de produção de petróleo eram os mais bem protegidos do mundo. E _todos_ mantinham seu petróleo internamente.

Esse último ponto era fundamental. Cada país tinha a própria grande companhia petrolífera — a Compagnie Française des Pétroles, na França; a Anglo-Persian Oil Company, no Reino Unido; a Standard Oil Company, nos Estados Unidos e assim por diante.[*] A principal responsabilidade dessas empresas era abastecer o fronte doméstico. Para esse fim, as exportações eram severamente restritas, a produção estrangeira era enviada para casa e cada país tinha a própria estrutura interna de preços. Os preços regularmente variavam mais de três vezes entre esses sistemas isolados. Os norte-americanos, que produziam tudo o que precisavam em casa e, portanto, não precisavam de uma marinha mercante global, estavam quase sempre na extremidade inferior da escala de preços.

Entre a novidade das tecnologias relacionadas ao petróleo e a suma importância do suprimento de petróleo, a Segunda Guerra Mundial mostrou o papel crucial dos recursos de uma maneira sem precedentes na história humana. Impérios costumavam entrar em guerra por pimenta devido aos lucros que a venda poderia gerar. Impérios guerreavam pelo petróleo porque _nenhuma outra guerra poderia ser lutada sem ele_. Em 1942, os japoneses

---

[*] Nós as conhecemos hoje como Total, BP e ExxonMobil, respectivamente.

tomaram o controle de Java para adquirir recursos petrolíferos holandeses, enquanto a guerra submarina generalizada dos norte-americanos no final de 1944 privou os japoneses de combustível. A tentativa desesperada dos alemães por esses antigos ativos zoroastrianos no Azerbaijão soviético naufragou em Stalingrado no inverno de 1942 a 1943, e os norte-americanos bombardearam campos de petróleo romenos em agosto de 1943 para impedir o acesso dos nazistas à produção.

Por outro lado, o suprimento do petróleo bruto para os norte-americanos vinha dos Estados Unidos contíguos, não de alguma terra distante no final de uma linha de abastecimento vulnerável. Não só a máquina de guerra norte-americana nunca enfrentou escassez de combustível em larga escala, como os ianques foram capazes de manter seus aliados britânicos e até soviéticos abastecidos. Sem a Pensilvânia e o Texas, a guerra teria terminado de forma muito diferente.

É claro que a maneira como os norte-americanos reconectaram o mundo no final da guerra mudou tudo. O petróleo não foi exceção.

A DEMANDA DA ORDEM POR PETRÓLEO

QUANDO OS NORTE-AMERICANOS PUSERAM UM FIM À ERA IMPErial, eles também destruíram as estruturas econômicas que administravam o sistema de distribuição de petróleo da era imperial. Em parte, isso foi feito com o objetivo de relegar definitivamente o antigo sistema imperial à história. Afinal, se os britânicos não tivessem mais todo o petróleo persa, Londres teria menos peso global.

Mas a parte mais relevante estava relacionada à mesma equação entre economia e segurança que impulsionava a maioria dos cálculos estratégicos dos norte-americanos.

O plano dos EUA de conter os soviéticos exigia aliados, esses aliados tinham que ser conquistados com a promessa de acesso e crescimento econômico, estes, por sua vez, precisavam de combustível e esse combustível só poderia ser obtido em alguns poucos locais. De repente, em vez do petróleo britânico, holandês e francês, havia apenas o petróleo *global*... garantido pela Marinha dos EUA. Todo petróleo agora poderia chegar a qualquer comprador. Todos os vários modelos de preços isolados foram unificados sob um único preço global, modificado apenas pela distância e pelas peculiaridades químicas específicas do petróleo bruto deste ou daquele campo.

O petróleo imediatamente se entrelaçou ao novo cenário estratégico.

Produtores de energia conhecidos como Pérsia e Índias Orientais Holandesas ganharam um novo impulso, tornando-se os países independentes que hoje conhecemos como Irã e Indonésia. Produtores de energia em ascensão, tecnicamente independentes, mas que na realidade eram parcialmente geridos por estrangeiros (pense em Iraque e Arábia Saudita), puderam alcançar a autonomia. Alguns países europeus, sem surpresa, resistiram à descolonização, mas os norte-americanos se mostraram atipicamente pacientes e muitas vezes esperaram até que os movimentos revolucionários dentro das colônias atingissem o ponto crítico antes de pressionar seus aliados ou até que as oscilações nas relações bilaterais proporcionassem uma abertura. Assim, países tão diversos como Nigéria (1960) e Emirados Árabes Unidos (1971) se tornaram independentes do Reino Unido; Argélia (1962), da França; e Angola (1975), de Portugal. O resultado foi como pretendido: uma lista cada vez mais diversificada de fornecedores independentes e significativos de petróleo para um sistema globalizado — e, acima de tudo, administrado pelos EUA.

Mas, por mais que a lógica da Ordem de Bretton Woods exigisse que os norte-americanos criassem, protegessem e expandissem um mercado global de petróleo, foram os *efeitos* de Bretton Woods que tornaram o processo extenuante. A principal atratividade do sistema de Bretton Woods — o que o tornou tão bem-sucedido em atrair e manter aliados — foi a ideia de um crescimento econômico seguro, estável e confiável por meio do acesso ao mercado norte-americano e aos sistemas globais. À medida que essas economias aliadas cresciam, elas passaram a usar cada vez mais petróleo bruto de lugares cada vez mais distantes. À medida que os Estados Unidos atraíam mais e mais países para a aliança, os *norte-americanos* também passaram a utilizar cada vez mais petróleo bruto de lugares cada vez mais distantes. No início da década de 1970, o crescimento econômico doméstico nos EUA havia chegado ao ponto em que as demandas de energia do país superavam sua capacidade de produção. Não só os norte-americanos não conseguiam mais abastecer seus aliados, como não conseguiam nem abastecer seu mercado interno. De muitas maneiras, foi o mesmo problema que acabou por destruir o padrão-ouro: o sucesso gerou utilização, que gerou mais sucesso, que gerou mais utilização, que resultou em fracasso. Os embargos do petróleo árabe de 1973 e 1979 transformaram o que até então era uma discussão hipotética nos EUA em uma questão premente.

Quando acontecimentos ameaçaram o acesso ao petróleo, os norte-americanos reagiram como se o fim estivesse próximo porque, bem, estava. Sem volumes suficientes de petróleo acessível, toda a Ordem entraria em colapso. As ações norte-americanas (e britânicas!) incluíram o patrocínio de um golpe no Irã, em 1953, para derrubar um sistema semidemocrático em favor de uma monarquia pró-americana. As ações dos EUA incluíram o apoio a um expurgo quase genocida de comunistas na Indonésia entre 1965 e 1966, o apoio silencioso a um governo mexicano autoritário contra as forças pró-democracia em 1968 e a maior ação militar expedicionária norte-americana desde a Segunda Guerra Mundial para expulsar as tropas iraquianas do Kuwait em 1992.

Com o fim da Guerra Fria, as interconexões do sistema de Bretton Woods foram aplicadas de modo ainda mais abrangente, com os norte-americanos expandindo — de forma deliberada, metódica e implacável — o escopo da disponibilidade de petróleo. O colapso econômico da Rússia pós-União

Soviética causou mais impacto na indústria russa do que na produção de petróleo local, e a produção excedente continuava a alimentar os mercados globais. As empresas norte-americanas entraram nas ex-repúblicas soviéticas — principalmente no Cazaquistão e no Azerbaijão — para levar volumes cada vez maiores de petróleo bruto para o mundo. Como sempre, o foco estava na diversidade e na segurança do fornecimento, levando o governo Clinton a pressionar por tortuosas rotas de gasodutos para proporcionar o máximo possível dos novos fluxos para o mercado global sem utilizar o território russo.

Durante todo o período de 1945 e além, o processo rendeu aos norte-americanos uma boa dose de ressentimento, de... quase todo mundo. Os europeus se ressentiram de perder suas colônias. As colônias recém-libertadas não gostaram das tentativas dos norte-americanos de obrigá-las a integrar um bloco para conter a União Soviética, um país com o qual poucas tinham tido qualquer contato anterior. O mundo árabe não ficou contente com o fato de os EUA forçarem a integração de suas engrenagens energéticas à máquina de Bretton Woods (e menos ainda com a tentativa de torná-lo aliado dos israelenses). Os mexicanos se ressentiram da abordagem pesada de Washington. Os russos (pós-União Soviética) odiaram o modo como os norte-americanos trabalhavam deliberadamente para minar a influência russa entre os vizinhos. Os iranianos *detestaram* o golpe.

Mas a escala simplesmente continuou aumentando. No início da era Bretton Woods, toda a aliança (fora os Estados Unidos) usava menos de 10 milhões de barris por dia (mbpd), a maioria dos quais era proveniente dos próprios Estados Unidos. Em 1990, somente os membros avançados da coalizão estavam usando bem mais que o dobro disso, 90% importados — e os norte-americanos por si só importavam outros 8mbpd. Com o fim da Guerra Fria e as regras da Ordem se tornando verdadeiramente globais, uma nova série de países se juntou à festa — e acrescentou as próprias demandas à história do petróleo. Os preços atingiram a máxima histórica de US$150 o barril em 2008, um aumento de quinze vezes em relação a apenas uma década antes, mesmo com a demanda global superando 85mbpd.

O que havia começado como um esforço para subsidiar uma aliança militar com petróleo bruto norte-americano havia se transformado em um problema inflado, insustentável e, sobretudo, *caro*, do qual os próprios norte-americanos agora dependiam economicamente. Com o fim da Guerra Fria, os EUA talvez quisessem desempenhar um papel menos ativo nas questões globais, talvez pretendessem um desengajamento, mas um preço global único do petróleo significava um risco de instabilidade, escassez de suprimentos e preços do petróleo tão altos a ponto de arruinar a economia do país. Os norte-americanos haviam se tornado prisioneiros *econômicos* da própria política de *segurança* ultrapassada.

O MAPA DO PETRÓLEO
EDIÇÃO CONTEMPORÂNEA

A MAIOR PARTE DE TODO O PETRÓLEO BRUTO COMERCIALIZADO internacionalmente em 2022 vem de três regiões.

A primeira é a mais importante, a mais óbvia e a mais problemática: **o Golfo Pérsico**.

Ao contrário das várias regiões importantes do último meio milênio, a região do Golfo Pérsico tinha sido fortemente *irrelevante*. É verdade que, antes de cerca de 1500, a região era o centro de tudo, razão pela qual é chamada de Oriente "Médio". O comércio "global" existente dependia das terras e águas ao redor do Golfo Pérsico como meio de conexão com os vastos territórios entre a Europa e o Extremo Oriente. Mas os norte-americanos não foram os primeiros a considerar a região turbulenta. Em grande parte, a própria existência das tecnologias de navegação de águas profundas se deve às tentativas europeias de *evitar* o Oriente Médio. Desde o momento em que os portugueses foram capazes de abrir caminho para a Índia no início dos anos 1500, a necessidade de passar ou parar na região de certa forma desapareceu, e todo o Oriente Médio, do Egito à Pérsia, foi mais ou menos relegado à irrelevância estratégica.

O petróleo mudou o cenário. A monetização das antigas terras zoroastrianas fez da Pérsia relevante o suficiente para despertar interesse imperial britânico, e a posição da Pérsia se tornou parte integrante dos esforços de guerra de 1939 a 1945. A verdadeira explosão de atividade aconteceu mais tarde, com a descoberta e exploração de reservas de petróleo em todo o território que agora compreende não apenas o Sudoeste do Irã, mas também Iraque, Kuwait, Arábia Saudita, Bahrein, Catar, Emirados Árabes Unidos e Omã. Embora as evoluções e manipulações tanto no mercado quanto no âmbito militar tenham criado amplas variações na produção individual desses países ao longo dos anos, sua produção coletiva tem sido razoavelmente confiáveis 20mbpd pelas últimas sete décadas. A partir de 2021, esses 20 milhões de barris representam cerca de um quinto da oferta global e metade do petróleo comercializado internacionalmente.

Esses oito países têm duas coisas em comum. Primeira, eles são tecnologicamente incompetentes ou, na melhor das hipóteses, preguiçosos em um nível criminoso. Seus sistemas educacionais são uma triste piada, e os cidadãos locais sortudos o suficiente para obter diplomas técnicos fora da região tendem a não retornar. A incompetência dos moradores não se limita ao setor de energia. Como praxe, esses países importam milhões de trabalhadores estrangeiros para lidar com tudo, desde os sistemas de energia até a construção de edifícios e infraestrutura cívica. Todos os oito países dependem de trabalhadores externos — principalmente dos Estados Unidos, do Reino Unido, da França, da Rússia, da Turquia, da Argélia e do Egito — para manter o petróleo bruto fluindo. A região não precisa de *todos* esses participantes estrangeiros, mas cada país da região precisa de pelo menos *um* deles.

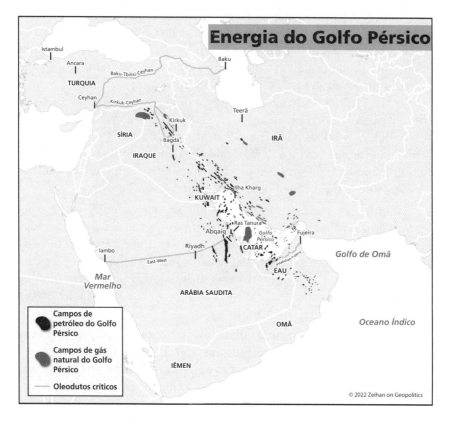

Segunda, por maior que seja a incompetência técnica desses Estados, ela é *maior* ainda quando se trata de atividade naval. Poucos já construíram internamente algo mais interessante do que uma lancha, e, em quase todos os casos, nem isso. A marinha do Irã, em particular, é composta principalmente de botes infláveis Zodiac.* Nenhum deles tem a capacidade de patrulhar as próprias costas, muito menos os acessos comerciais, menos ainda as rotas comerciais das quais depende sua renda — sua *existência*. Cada um deles é totalmente dependente de poderes externos para levar cada gota de sua produção de petróleo para os consumidores finais. Para mais da metade dessas exportações, isso significa alcançar os Estados do Nordeste Asiático: Japão, Coreia, Taiwan e China. Para metade do restante, significa chegar à Europa ou à América do Norte. Talvez a Ordem não teria sido possível sem o petróleo desses países, mas esses países também não teriam sido possíveis sem a vigilância estratégica da Ordem.

A segunda principal zona de produção de petróleo é o **antigo território soviético**.

Embora a política e a geopolítica da região sejam, no mínimo, mais turbulentas, confusas e complexas do que as do Golfo Pérsico, a equação do petróleo da região é muito mais simples. A União Soviética era um importante produtor do ouro negro, mas a grande maioria dessa produção era consumida dentro do império soviético. O cenário só começou a ficar interessante internacionalmente quando a União Soviética entrou em colapso. A indústria soviética afundou com ela, quando todos os antigos satélites soviéticos na Europa Central se separaram. Com a queda na demanda *interna* russa e a demanda do antigo império soviético agora do outro lado de fronteiras internacionais, os russos tinham um enorme excedente de petróleo que precisava encontrar novos destinos.

Na primeira onda de exportações pós-soviéticas, os russos se concentraram não só no que já sabiam fazer, mas no que sua infraestrutura permitiria: exportações canalizadas para seus antigos satélites, um dos quais agora era parte da Alemanha reunificada. A segunda onda expandiu essa capacidade russa, fortalecendo e ampliando essas conexões por meio da Europa Central até o Oeste da Alemanha, a Áustria, os Balcãs Ocidentais e a Turquia.

Ao implementar a segunda onda, os russos descobriram que portos como Gdansk, na Polônia, Ventspils, na Letônia, e Constanta, na Romênia, poderiam servir como instalações de descarga para o petróleo russo, permitindo que fosse enviado de navio para clientes em toda parte. A terceira fase envolveu a ligação e a construção de portos russos para servir ao mesmo propósito: Primorsk, perto de São Petersburgo, no Mar Báltico, e Novorossiysk e Tuapse, no Mar Negro.

---

* Importados, é claro.

Durante essas três primeiras fases, os outros antigos Estados soviéticos estavam em plena atividade. Agora separados de seu antigo mestre imperial, todos precisavam estabelecer os próprios fluxos de renda — de preferência independentes de Moscou. Azerbaijão e Cazaquistão cortejavam todo e qualquer investidor estrangeiro, com a BP e a Exxon provando ser as mais interessadas. Os estrangeiros implementaram alguns dos programas de monitoramento sísmico, de perfuração, processamento e infraestrutura mais complexos que o mundo da energia já havia visto e começaram a enviar petróleo bruto por qualquer rota que se mostrasse viável. Algumas rotas exploraram a infraestrutura soviética, que se estendia a Norte e a Oeste para lugares como Venspils ou Novorossiysk. Mas, à medida que o tempo passava, os fluxos estavam cada vez mais concentrados em um único corredor de dutos que começava em Baku, no Azerbaijão, e terminava em um porto de superpetroleiros na cidade mediterrânea de Ceyhan, na Turquia.

O que essas rotas têm em comum é que todas elas fluem mais ou menos na direção das extremidades europeias da Eurásia. E, como a Europa estava atingindo o pico demográfico, havia poucas razões para esperar que a demanda europeia por petróleo aumentasse novamente. Claro, os russos supriam uma fatia cada vez maior dessa demanda, mas a saturação do mercado estava diminuindo seu poder de precificação. E os russos *odiavam* isso. Assim, na quarta fase, eles iniciaram o longo e caro processo de escavar e instalar as novas infraestruturas de dutos em direção ao Leste, até o Pacífico. Problemas relacionados a permafrost, montanhas e distância eram gigantescos, mas, se podemos dizer algo sobre os russos, é que eles não se intimidam com *tamanho*. A partir de 2021, havia duas linhas principais em operação: um duto muito longo, muito caro e economicamente questionável que se estende do Oeste da Sibéria ao porto russo de Nakhodka, no Mar do Japão, e uma linha auxiliar muito mais curta que fornece petróleo bruto diretamente para o antigo centro de refino chinês de Daqing.

Some tudo isso e temos 15 mbpd de petróleo provenientes da antiga União Soviética, sendo 11 mbpd da Rússia, dos quais um pouco mais da metade é exportada — tranquilamente a segunda maior fonte de fluxos de petróleo comercializados internacionalmente no planeta.

Mas há problemas.

A maioria dos campos de petróleo da Rússia são antigos e muito distantes dos clientes da Rússia. Os campos no Norte do Cáucaso estão praticamente esgotados, os do Tartaristão e Bashkortostan estão bem além de seu pico produtivo, e mesmo aqueles no Oeste da Sibéria têm mostrado sinais de produções decrescentes por mais de uma década. Com poucas exceções, as novas descobertas da Rússia são mais profundas, menores, tecnicamente mais desafiadoras e ainda mais distantes dos centros populacionais. A produção russa não corre o risco de entrar em colapso, mas mantê-la exigirá mais infraestrutura, custos iniciais muito mais altos e diligência técnica contínua para evitar que os declínios constantes na produção se agravem.

Os russos não são desleixados quando se trata de atividade petrolífera, mas *ficaram* fora do circuito de 1940 a 2000. As tecnologias envolvidas evoluíram muito nesse tempo. Os estrangeiros — principalmente a BP e as empresas de serviços Halliburton e Schlumberger — são responsáveis por (quase) metade da produção contemporânea da Rússia. Qualquer retirada em larga escala de empresas ocidentais desse cenário teria impactos catastróficos sobre a produção de petróleo em todo o antigo território soviético. A Guerra da Ucrânia está colocando essa teoria à prova.

Por sua vez, os projetos do Azerbaijão e do Cazaquistão são, de longe, os tecnicamente mais exigentes do mundo (pense em Kashagan!). Exceto por um seleto grupo nas supermajors do mundo que *criaram* esses projetos, *ninguém no planeta* é capaz de mantê-los funcionando.

Depois, há a questão das rotas de exportação. Todos os fluxos de petróleo da região mais ampla viajam primeiro por dutos — em alguns casos por literalmente milhares de quilômetros — antes de chegarem a um cliente ou a um porto de descarga. Os dutos não conseguem... desviar de obstáculos. Qualquer coisa que bloqueie um único centímetro de um duto inviabiliza toda a estrutura. Na Ordem, isso é irrelevante. Na pós--Ordem, nem tanto.

O MAPA DO PETRÓLEO

Cerca de metade desses dutos termina em usuários finais como a Alemanha, enquanto a outra metade precisa ser carregada em navios-tanque. É aí que as coisas ficam mais arriscadas. No Pacífico, o porto de Nakhodka fica bem no meio das esferas de influência japonesas, chinesas e coreanas. Qualquer conflito significativo envolvendo uma das três e Nakhodka seria ocupado ou transformado em uma cratera.[*] Em direção ao Oeste, as exportações por meio dos portos de Novorossiysk e Tuapse, no Mar Negro, são totalmente dependentes do transporte marítimo passando pelo centro de Istambul, então qualquer problema nas relações com os turcos elimina alguns milhões de barris dos fluxos diários. Mais ao norte, qualquer navio partindo de Primorsk tem que navegar pelo Mar Báltico e pelo estreito de Escagerraque, passando por nada menos que sete países com capacidade naval excessiva em relação ao seu tamanho e uma tendência a nutrir

---

[*] Ou, o mais provável, ocupado e *depois* transformado em uma cratera.

medos e ódios patológicos em relação a tudo que venha da Rússia. Além da Alemanha e do Reino Unido.

Como se isso não bastasse, há mais um fator complicador. A Sibéria, apesar de ser tão gelada na *primavera* a ponto de literalmente congelar seu nariz, não é gelada o suficiente.

A maior parte da produção de petróleo russa está no permafrost e, durante a maior parte do *verão*, o permafrost é inacessível porque sua camada superior derrete formando um pântano lamacento que se espalha até o horizonte. Explorar o petróleo nessa região requer esperar que a terra congele, construir estradas-dique em um terreno inóspito e perfurar durante o *inverno* siberiano. Se algo acontecer com o consumo de petróleo bruto russo, o fluxo retorna por literalmente milhares de quilômetros de dutos até o local de perfuração. Se as exportações fracassarem — seja devido a uma guerra distante, uma guerra contra a Rússia ou uma guerra provocada *pela* Rússia —, há apenas uma medida de mitigação. Parar a produção. Reativar a produção exigiria a verificação manual de tudo, do poço até a fronteira. A última vez que isso aconteceu foi no colapso soviético em 1989. Após 33 anos, no momento em que escrevo, a Rússia *ainda* não retomou os níveis de produção da Guerra Fria. A versão atual do complexo petrolífero internacionalizado da Rússia só é possível no período pós-Guerra Fria, marcado pela voracidade do consumo de petróleo e pela estabilidade da Ordem liderada pelos EUA. E, com a Guerra da Ucrânia, essa era já chegou ao fim.

A terceira e última grande fonte de petróleo bruto global está na **América do Norte**.

Grande parte da produção de petróleo no continente se enquadra na categoria geral de legado: em regiões que produzem há mais de um século. A primeira produção mexicana remonta à década de 1920 e, desde então, tem fornecido ao México tudo o que ele precisa e muito mais. Nos últimos anos, muitos dos grandes e antigos campos do México estão chegando ao fim de sua vida produtiva. Em parte, a razão é a geologia, mas pelo menos tão importante quanto é a política estatal mexicana, que muitas vezes impede que capital, experiência e tecnologia estrangeiros desempenhem um papel significativo.* Deixados à própria sorte, os mexicanos estão se mostrando incapazes de manter seus antigos e moribundos campos e explorar novas descobertas dentro ou fora do país. Ainda assim, mesmo com essa deficiência gritante, as necessidades de petróleo do México estão

---

* Durante décadas, *até* a Coreia do Norte tinha leis de investimento menos rigorosas em seu setor de energia.

praticamente equilibradas. O país exporta um pouco de petróleo bruto para os Estados Unidos e, em seguida, importa um volume semelhante de produto refinado. Em suma, o México produz — e usa — cerca de 2 mbpd.

Ao norte, o setor petrolífero canadense começou na década de 1950, tornando-se globalmente significativo na década de 1970. Mas foi somente na década de 1980 que a província de Alberta começou a desvendar o segredo para uma produção não convencional de verdade. Normalmente, o petróleo se move através de formações rochosas até atingir uma camada rochosa impermeável. Por exemplo, o petróleo bruto pode se mover através de arenito, mas o granito impede sua passagem. Então, há um acúmulo de pressão atrás da camada impermeável. Quando uma broca perfura essa camada, a pressão e o petróleo são liberados.

A maior parte do petróleo de Alberta não é assim.

Em vez de grandes bolsões de líquido pressurizado de petróleo bruto preso atrás de rocha dura, o petróleo de Alberta se difunde através de rochas muito mais macias, funcionalmente integradas na matriz da rocha em forma *sólida*. A extração requer a injeção de vapor na formação para derreter o material ou *minerá-lo* e depois retirar o petróleo com água quente. A partir daí, esse petróleo bruto ultraespesso deve ser misturado com tipos de petróleo bruto mais leves para diluí-lo a fim de que possa ser bombeado através dos dutos convencionais.

Não importa a métrica utilizada, o Canadá produz muito mais do que jamais conseguiria usar. Seu consumo é semelhante ao do México, mas o país exporta tanto quanto consome. Quase toda a produção de "areias betuminosas" de Alberta é enviada aos Estados Unidos, principalmente para processamento no Texas.

Nas latitudes intermediárias do continente, os norte-americanos têm... muita atividade. Eles têm um setor offshore legado no Golfo do México que só atingiu plena produção na década de 1970. Ainda há petróleo convencional na Pensilvânia e no Texas, em campos que produzem petróleo há mais tempo do que qualquer outro ponto do planeta. Até recentemente, a Califórnia estava entre os maiores produtores de petróleo do país, com um dos poços mais prolíficos dos EUA localizado em um *shopping* na Wilshire Boulevard, enquanto outro é engenhosamente disfarçado de sinagoga.

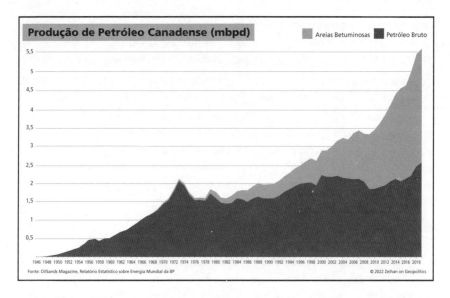

Em conjunto, o legado do petróleo convencional norte-americano permanece substancial: ainda produzindo cerca de 4 mbpd, um volume comparável ao Irã no seu auge em 1970 e aproximadamente igual à produção total do Canadá hoje.

Mas o ponto crucial está no novo setor: o petróleo de xisto dos Estados Unidos.

No início dos anos 2000, o mundo do petróleo foi atingido por quatro eventos simultâneos e não relacionados. Primeiro, a expansão do subprime nos EUA já estava saindo do controle, gerando níveis insalubres de demanda por todo tipo de material de construção: madeira, concreto, cobre, aço... e petróleo. Segundo, o boom chinês estava um tanto fora de controle. A demanda insensível ao preço elevou o preço de *todas* as commodities disponíveis globalmente, incluindo o petróleo. Terceiro, em 2002, um golpe muito malsucedido na Venezuela levou a um expurgo político muito bem-sucedido da empresa estatal de petróleo do país — um expurgo que se concentrou nos tecnocratas produtores de petróleo. O setor de energia do país nunca se recuperou. Quarto, em 2003, os norte-americanos invadiram o Iraque, desativando *toda* a produção de petróleo local. O país não retornou aos níveis de produção pré-guerra por dezesseis anos. Entre a maior demanda e a menor oferta, os preços do petróleo subiram gradativamente de menos de US$10 o barril em 1998 para quase US$150 o barril em 2008.

Quando seu trabalho rende US$10, você tende a se ater ao que é testado e comprovado. Quando passa a render US$150, você pode se dar ao luxo de experimentar coisas novas! Com alguns anos de experimentação, o complexo energético coletivo norte-americano foi capaz de desvendar os segredos de algo que agora chamamos de "revolução do xisto". Em essência, os operadores de xisto perfuram normalmente, mas, quando atingem uma camada de rocha rica em petróleo, eles fazem uma curva acentuada, perfurando horizontalmente ao longo de toda a camada. Em seguida, eles bombeiam água e areia em alta pressão para dentro da formação. Como os líquidos não têm a capacidade de se comprimir, a rocha se parte por dentro, liberando incontáveis trilhões de minúsculos bolsões de petróleo e gás natural que, de outra forma, seriam pequenos demais para serem extraídos com a perfuração convencional. A areia suspensa no fluido de fraturamento mantém as fendas abertas, enquanto o petróleo bruto agora livre fornece pressão reversa que empurra a água de volta para o duto. Após a saída da água, o petróleo continua fluindo. *Voilà!* Nasce um poço de xisto.

No início da era do xisto, em 2005, esses poços horizontais tinham apenas 180 metros de extensão por plataforma de perfuração e produziam algumas dezenas de barris de petróleo por dia. Em 2022, muitos dos canais laterais mais recentes têm mais de três *quilômetros*, com muitos dos poços ostentando uma verdadeira árvore de ramificações de canais sublaterais com quase dois quilômetros de extensão cada, todos conectados ao mesmo duto vertical. Com melhorias em tudo, desde gerenciamento de água, máquinas de perfuração, processamento de dados e imagens sísmicas até potência das bombas, agora é comum que poços individuais produzam mais de 5 mil barris de petróleo por dia — um número que coloca os poços de xisto norte-americanos individuais em pé de igualdade com alguns dos poços convencionais mais prolíficos no Iraque e na Arábia Saudita.

Coletivamente, essas evoluções adicionaram cerca de 10 mbpd, tornando os Estados Unidos o maior produtor de petróleo do mundo, ao mesmo tempo em que possibilitaram que o país alcançasse a autossuficiência líquida de petróleo. No entanto, há uma série de "poréns" nessa declaração, que incluem complicações no que diz respeito a qualidade do petróleo, gás natural, infraestrutura e mudanças climáticas — e chegaremos a todas elas —, mas a conclusão central é facilmente compreensível: o mapa energético do mundo é radicalmente diferente em 2022 em comparação com apenas quinze anos atrás, porque o maior importador do mundo se tornou um exportador líquido.

A revolução do xisto mudou a matemática estratégica que sustenta o setor global de energia e, com ela, a globalização como um todo. Em termos simples e bem diretos, a produção *e* as exportações do Golfo Pérsico *e* do antigo território soviético dependem tanto da arquitetura de segurança global dos Estados Unidos quanto da capacidade de técnicos estrangeiros de acessar ambas as regiões. Em contraste, a produção na América do Norte não depende de *nenhuma das duas*.

As possibilidades de tudo isso dar terrivelmente errado são infinitas. Seguem alguns exemplos:

- Os Estados Unidos retirarem suas forças militares — terrestres e navais — do Golfo Pérsico, deixando que iranianos e sauditas decidam quem está no comando. Em risco: 26,5 mbpd.
- A Índia reagir ao aumento dos preços do petróleo apreendendo petroleiros com destino ao Leste Asiático. Nenhuma potência do Leste Asiático tem a capacidade de projetar poder naval para o Golfo Pérsico sem a ativa cumplicidade da Índia. Em risco: 21 mbpd de fluxos de exportação de Ormuz, além de outro 1,5 mbpd da Nigéria e de Angola que segue para a Ásia.
- O Egito restringir o trânsito de carga no Canal de Suez. Outra vez. Em risco: 4,25 mbpd de fluxos de exportação, cerca de 60% dos quais são transferidos para oleodutos de desvio do canal e, portanto, podem se mostrar vulneráveis à violência política interna egípcia.

O MAPA DO PETRÓLEO

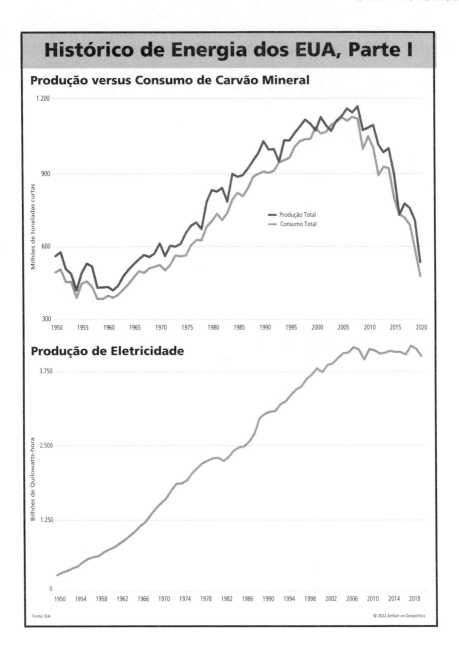

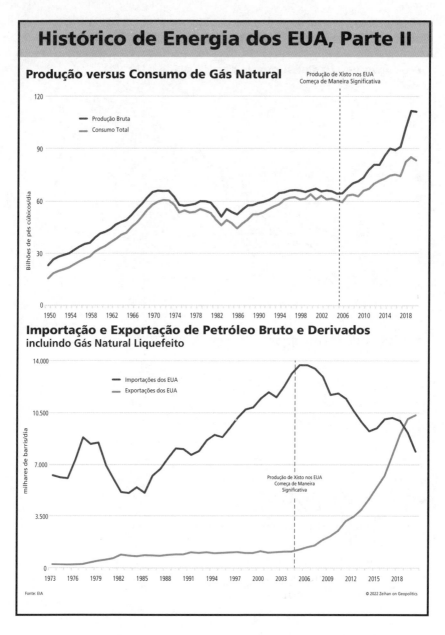

- Na ausência do poder naval norte-americano, a pirataria prosperar nas costas da África Ocidental e Oriental. Em risco: 3,5 mbpd de exportações de petróleo da África Ocidental, além de quaisquer navios de longa distância do Golfo Pérsico para a Europa que imprudentemente naveguem muito perto da costa.

- Os russos têm opiniões muito diferentes dos noruegueses, suecos, finlandeses, poloneses, estonianos, letões, lituanos e dinamarqueses sobre como as questões de segurança regional devem ser resolvidas. Em risco: 2 mbpd de fluxos de exportação russos através do Mar Báltico e 2 mbpd de produção de petróleo norueguês.
- Relações entre os principais fornecedores de conhecimento em petróleo — o Reino Unido e os Estados Unidos — e a Rússia entrarem em colapso. Talvez em razão de *uma guerra*. Em risco: 5 mbpd de produção de petróleo russo, mais 1 mbpd do Azerbaijão e 1 mbpd do Cazaquistão.
- Preocupações de segurança relacionadas ao islamismo desencorajarem os trabalhadores estrangeiros do petróleo de permanecerem no Iraque e na Arábia Saudita. Em risco: 2 mbpd de produção de petróleo iraquiano e 6 mbpd de produção saudita.
- A política interna das nações do Ocidente e da África Central é... extremamente violenta. De 1967 a 1970, a Nigéria travou uma guerra civil pelo controle do petróleo do país, resultando na morte de cerca de 2 milhões de pessoas. Sem a vigilância norte-americana, a situação pode ficar complicada rapidamente. Em risco: 2 mbpd de fluxos da Nigéria e outro 1,5 mbpd de demais produtores regionais.
- Sem a Rússia e a China unidas em seu ódio pelos Estados Unidos, as remessas de petróleo da Rússia para a China estarão longe de serem consideradas intocáveis. Os dois quase se destruíram mutuamente no final dos anos 1960 devido a uma disputa territorial — ambos os povos nutrem um racismo impressionante um contra o outro —, e se a Rússia não usar seu trunfo energético contra a China, bem, então a China seria o único país a não ser alvo dessa estratégia russa. Em risco: cerca de 1,8 mbpd de remessas diretas da Rússia e outros 200 mbpd de remessas provenientes da Ásia Central nas quais os russos poderiam facilmente interferir.

O FIM DO MUNDO É SÓ O COMEÇO

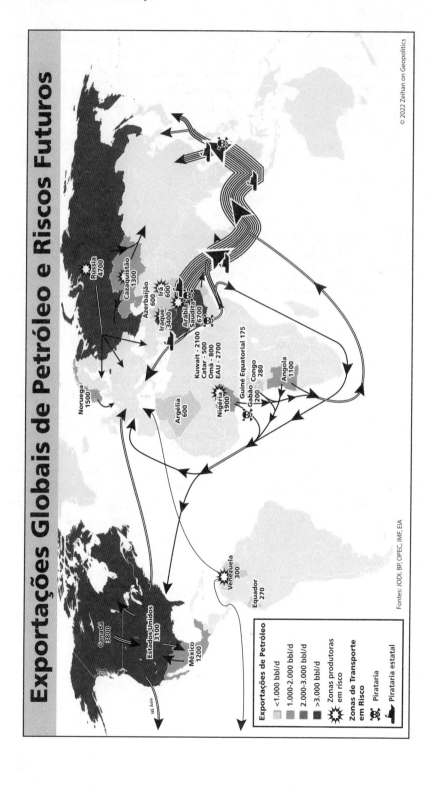

Essa lista pressupõe que os Estados Unidos adotem uma abordagem totalmente não intervencionista no mundo, e não um papel, digamos, de disruptor. Os norte-americanos *adoram* impor sanções. Em tecnologia. Transporte. Finanças. Seguros. Sanções que podem afetar os fluxos de produtos a qualquer hora, em qualquer lugar, para qualquer país. E, ao continuarem a agir como garantidores de segurança do hemisfério ocidental, caberá aos norte-americanos decidir se algum petróleo da região conseguirá sair do hemisfério.

Embora seja verdade que qualquer uma dessas restrições poderia ter acontecido sob a Ordem, há alguns fatores a serem considerados.

Primeiro, os Estados Unidos tinham interesse em manter os fluxos globais de petróleo, tanto para o próprio bem-estar econômico quanto para seus objetivos estratégicos mais amplos. Essas preocupações não se aplicam mais, e nenhum outro país tem a perspicácia tecnológica em energia ou o alcance militar dos Estados Unidos.

Segundo, produzir petróleo nunca é de graça e, muitas vezes, nem é barato. A produção de petróleo venezuelana é tão difícil que os investimentos iniciais chegam a cerca de US$4 mil por barril em uma produção de longo prazo. Na era de capital barato da Ordem, isso é eminentemente factível. Nas condições financeiras restritas da Desordem, nem tanto.

Terceiro, devido à concentração da oferta, o petróleo é *o* produto que navega mais longe para chegar ao seu destino. Quanto mais longa a viagem, mais importante ter um ambiente tranquilo em termos de segurança.

Quarto, os projetos de petróleo não são rápidos. Um projeto onshore típico requer de três a seis anos entre a primeira avaliação e a primeira produção. Projetos offshore normalmente levam uma década ou mais.

De longe, o melhor exemplo desses quatro fatores funcionando em harmonia sob a égide da Ordem é Kashagan. Mas a mesma lógica se aplica à produção de energia em todo o antigo território soviético e no Golfo Pérsico.

O FIM DO MUNDO É SÓ O COMEÇO

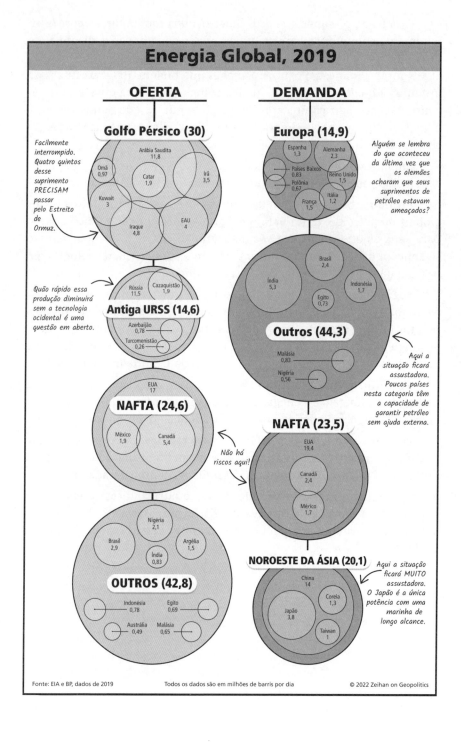

Recuperar-se de quaisquer disrupções no mundo vindouro será difícil. Alcançar o alinhamento cósmico entre fatores de segurança, custos de insumos, acesso a habilidades técnicas e um prazo suficientemente longo para produzir o petróleo simplesmente não será viável para grande parte do mundo. Uma vez interrompida a produção, a recuperação não será uma possibilidade para a grande maioria dos locais. Ao menos não de forma rápida.

As especificidades serão tão variadas e imprevisíveis quanto o resto do caos pós-Ordem, mas um bom ponto de partida é supor que 40% dos suprimentos globais se enquadrarão na categoria de Kashagan: rotas de exportação muito perigosas para sobreviver ao fim da globalização, projetos muito caros para sobreviver sem financiamento externo, tecnicamente complexos demais para operar sem um exército de trabalhadores vindos de fora. Tais projetos vão desaparecer e não retornarão por décadas. Se é que retornarão. E a ausência do petróleo por algumas semanas, que dirá algumas décadas, seria mais do que suficiente para destruir a civilização moderna como a conhecemos.

E essa nem sequer é uma previsão remotamente abrangente do alcance das disrupções que estão por vir.

HÁ MAIS DO QUE PETRÓLEO NO PETRÓLEO

O PETRÓLEO NÃO É UM PRODUTO "NORMAL". DAS INÚMERAS maneiras pelas quais ele é único, sete merecem consideração diante da completa mudança de circunstâncias que o mundo está prestes a enfrentar.

INELASTICIDADE

Lição básica de economia. Em circunstâncias normais, os preços são o resultado da relação entre oferta e demanda. Se a oferta aumentar e a demanda permanecer constante, os preços cairão. Da mesma forma, se a demanda aumentar e a oferta permanecer constante, os preços subirão. O inverso para ambas as afirmações também é verdadeiro. Esse conceito é chamado de elasticidade de preço e é válido para tudo, de skates a pão, passando por vasos de plantas e até trabalhadores da construção civil.*

O petróleo é diferente. Como ele é vital para tudo, desde as telhas em sua casa, o celular em sua mão, a espátula em sua cozinha, os tubos e as mangueiras em seu encanamento, as fraldas de seu filho, a pintura em suas paredes e o seu meio de locomoção até o transporte de produtos pelos oceanos, um ligeiro aumento na demanda por petróleo ou uma ligeira diminuição na oferta de derivados de petróleo resulta em oscilações de preços insanas que certamente *não* são proporcionais. Talvez ainda mais importante, o petróleo é *o* combustível de transporte. Sem ele, o seu carro não funciona. Nem aquele navio porta-contêineres gigantesco que traz a máquina de lavar roupas novinha da Coreia do Sul, que Você Precisa Ter. Os detalhes variam de lugar para lugar e de tempos em tempos, mas uma boa regra é que uma mudança na demanda de cerca de 10% resulta em uma mudança de preço em torno de 75%.

---

* Parabéns! Acabei de poupar a você três meses de curso universitário.

Durante os anos 2000, quando a oferta e a demanda estavam particularmente fora de sintonia, não demorou muito para que os preços aumentassem 500%. Da mesma forma, quando a bolha norte-americana de subprime estourou em um contexto de uma crise financeira global, a subsequente queda na demanda rapidamente fez com que o petróleo recuasse cerca de quatro quintos nesse aumento.

DISRUPTIVIDADE

Todos os produtos viajam pelo oceano, portanto, todos os produtos enfrentam um grau de risco no futuro, mas nem todos os produtos são iguais. Esteja você avaliando a cadeia de suprimentos de madeira serrada ou de tigelas, praticamente tudo tem diferentes origens e rotas de fornecimento que podem se tornar ativas conforme os ditames do mercado.

O petróleo é diferente. Como todo mundo precisa dele, e apenas alguns lugares o produzem em volumes exportáveis, as rotas de transporte são muito mais concentradas. Ainda mais problemático, a mais densa delas é muito longa. Os fluxos do Golfo Pérsico devem viajar entre 8 mil e 11 mil quilômetros para destinos do Leste Asiático, entre 5 mil e 10 mil quilômetros para destinos europeus e entre 8 mil e 15 mil quilômetros para destinos na América do Norte. Não é mais fácil para outros fornecedores menores. A Venezuela, por exemplo, envia ocasionalmente petróleo bruto pela América do Sul e pelo Pacífico até o Norte da China — uma jornada de 20 mil quilômetros que é a mais longa do mundo, literalmente *mais longa* do que a extensão de metade do planeta.

Isso é obviamente um problema. Petroleiros são muito fáceis de identificar, eles viajam lentamente e têm pouca escolha a não ser manter a rota mais curta possível, que já é bastante longa. Para a maioria dessas remessas de petróleo, não há boas alternativas. Quase todo o petróleo que se origina no Golfo Pérsico *precisa* passar pelo Estreito de Ormuz. Oleodutos alternativos têm uso limitado, pois terminam no lado Leste de Ormuz ou no Mar Vermelho, onde as remessas ainda precisam passar pelo Canal de Suez ou pelo Estreito de Bab el-Mandeb. Contornar o Estreito de Malaca ainda requer atravessar o arquipélago indonésio em um local diferente. E, depois de tudo isso, o terminal de destino de muitas dessas remessas é sempre uma "região problemática" inevitável, seja no Mar da China Meridional, no Mar da China Oriental, no Mar do Japão, no Mar Mediterrâneo ou no Mar do Norte.

INSEPARABILIDADE

Um dos muitos impactos transformadores da Ordem foi a junção do mundo inteiro em um mercado único. Com poucas exceções, os produtos podem fluir de áreas de alta oferta para áreas de alta demanda. Para a maioria dos produtos, isso mitiga qualquer choque de preço, pois geralmente há um estoque extra em algum lugar para apagar um incêndio de demanda.

O petróleo, com sua inelasticidade de preço, faz o oposto. Qualquer mudança repentina na oferta *ou* na demanda rapidamente se propaga por todo o sistema. Por exemplo, a crise financeira asiática de 1997 a 1998 pode ter afetado apenas marginalmente a demanda por petróleo e somente em uma base regional, mas essas pequenas mudanças fizeram o preço do petróleo cair para menos da metade. *Globalmente.* Isso coloca grande parte do mundo em um tipo de pacto suicida. Qualquer interrupção que ocorra em qualquer zona de produção ou ao longo de qualquer rota de transporte reverberará por todo o mundo.

Haverá algumas exceções, que se enquadram em duas categorias gerais: a primeira são os protoimpérios capazes de controlar militarmente as remessas a partir de áreas de produção específicas e próximas. Essas intervenções normalmente não serão simples, fáceis nem bem recebidas pelos produtores de petróleo, mas acontecerão mesmo assim. O segundo conjunto de exceções envolve as grandes potências que produzem o petróleo necessário *internamente* e, portanto, podem bloquear as exportações com alguns movimentos de caneta ou apertar de botões.

Em ambos os tipos de sistemas regionais, a economia do petróleo reproduzirá os modelos estabelecidos no mundo pré-Ordem. Cada sistema terá a própria mecânica de oferta e demanda, os próprios prêmios de seguro de risco, os próprios padrões de classificação de petróleo bruto e, acima de tudo, a própria lógica de preços.

- O segmento mais fácil de prever é os Estados Unidos. A maioria dos poços de petróleo convencionais requer anos de trabalho para entrar em operação, mas os poços de xisto só precisam de algumas semanas. Espere que quaisquer picos de preços no mercado norte-americano — que em breve ficará isolado — sejam facilmente atenuados, com uma estrutura de preços bastante estável chegando a cerca de US$70 o barril. (O Canadá pegará carona, uma vez que toda a infraestrutura de exportação canadense significativa termina em território dos EUA.)

- Logo atrás vem a Rússia. A capacidade tecnológica civil russa praticamente entrou em colapso desde o fim da Guerra Fria e a capacidade industrial também diminuiu. O resultado foi a liberação de 5 *milhões* de barris de petróleo e cerca de 10 bilhões de pés cúbicos (cerca de 284 milhões de metros cúbicos) de gás natural para exportação diária. Os russos nunca se prenderam às normas capitalistas modernas, e o futuro não será exceção. Tenho forte confiança de que, no devido tempo, a escassez russa de capital, mão de obra e gestão técnica acabará com *toda* essa exportação. As palavras-chave aqui, no entanto, são "no devido tempo". Em qualquer cenário que não envolva nuvens de cogumelos ou colapso civil extremo, os russos terão energia mais do que suficiente para as próprias necessidades, pelo menos até o início da década de 2040. E, uma vez que a Rússia será, em essência, um sistema fechado, os preços internos da energia serão exatamente o que o Kremlin decretar.

- É provável que a Argentina experimente um sistema de petróleo não tão diferente dos Estados Unidos. Apesar de algumas abordagens incrivelmente... criativas para a gestão econômica, a Argentina *já* tem o segundo setor de xisto mais avançado do mundo, bem como toda a infraestrutura necessária para levar a produção local de xisto para seus centros populacionais.

- A França e a Turquia também estão em boa situação. Ambos os países estão próximos dos produtores regionais de energia — Argélia e Líbia para a França, Azerbaijão e Iraque para a Turquia —, além de deterem as habilidades técnicas locais necessárias para aproveitar os recursos petrolíferos dessas regiões. No entanto, *garantir* essa produção exigirá uma abordagem neocolonial para suas regiões, e isso gerará... turbulência.

- O Reino Unido, a Índia e o Japão são os próximos. Todos precisam se aventurar além de suas fronteiras, mas todos têm forças navais mais ou menos do tamanho certo para alcançar potenciais fontes. Nesse sentido, os britânicos têm o caminho mais fácil; a Noruega fornece suprimentos locais, enquanto a Marinha britânica pode facilmente alcançar a África Ocidental para obter o restante. Os indianos também estão bem posicionados: o Golfo Pérsico fica a uma curta distância. O Japão enfrenta um desafio um pouco mais difícil. Certamente, o Japão possui a segunda marinha de longo alcance mais poderosa do mundo, mas os campos de petróleo do Golfo Pérsico estão a assustadores 11 *mil* quilômetros de distância. Entre os países que podem garantir suas necessidades, é o Japão que enfrentará o maior risco de interrupções, escassez e preços elevados.

Para além dessa pequena lista de países, o cenário se torna obscuro em todos os aspectos possíveis. Sem a redundância e a variedade de suprimentos que dominaram o mundo pós-1945, qualquer interrupção de remessa significa explosões imediatas de preços. Pior ainda, muitos dos fornecedores de petróleo do mundo não estão no que eu chamaria de áreas particularmente estáveis.* Se um campo for danificado — seja por ações de militância, guerra, incompetência ou falta de manutenção —, ele não apenas fica inoperante, ele sai de operação por *anos*.

Espere que os preços sejam extremamente erráticos, ficando abaixo de US$150 o barril apenas em raras ocasiões. Isto é, supondo que os suprimentos possam ser obtidos.

O PLANO DE CONTINGÊNCIA NÃO É EXATAMENTE UM PLANO DE CONTINGÊNCIA

Há muito mais no petróleo global do que apenas as principais zonas de produção no Golfo Pérsico, na antiga União Soviética e na América do Norte. Aparentemente algumas delas deveriam ser capazes de ajudar a mitigar os problemas do futuro. Essa afirmação é em parte verdadeira, mas só em parte.

Eis os candidatos.

Vamos começar com a boa notícia: países do hemisfério ocidental, **Colômbia**, **Peru** e **Trinidad e Tobago**. Nenhum deles é grande produtor, mas todos são razoavelmente estáveis. Em um mundo pós-Ordem, os norte-americanos estabelecerão um cordão de segurança em todo o hemisfério para impedir que as potências eurasianas se intrometam. O comércio será permitido. Até mesmo a exportação de produtos petrolíferos latino-americanos para o hemisfério oriental será vista como inofensiva — desde que nenhuma potência do hemisfério oriental estabeleça uma presença que os norte-americanos percebam como *estratégica*. Os três podem não ser grandes participantes no mercado — coletivamente, estamos falando de pouco mais de 1 milhão de barris por dia —, mas, no mínimo, os norte-americanos poderão garantir a segurança marítima para as remessas desses países.

O **Brasil** é um pouco mais complicado. A maior parte da produção brasileira é offshore e a maioria de seus campos verdadeiramente promissores não está apenas sob três quilômetros de oceano, mas, sim, três quilômetros abaixo do solo marinho. A energia brasileira apresenta ambientes operacionais muito difíceis, custos de produção muito altos e um cenário

---

* Estou falando com você, Irã. E Iraque. E Kuwait. E Arábia Saudita, Catar, Sudão do Sul, Sudão, Azerbaijão, Uzbequistão, Turcomenistão, Nigéria e Egito.

político muito desafiador. O problema é nada menos que a futura coerência do Brasil como Estado. A Ordem tem sido perfeita para o Brasil: grandes mercados globais, demanda chinesa inesgotável, financiamento global barato. Como a geografia tropical e acidentada do Brasil impõe ao país uns dos mais altos custos de desenvolvimento do mundo para... tudo, isso tem sido fantástico. Mas está chegando ao fim, e simplesmente não está claro se haverá parceiros estrangeiros tecnicamente capazes e com fluxo de capital suficiente na pós-Ordem. Mesmo que a resposta seja um entusiasmado "sim", a produção brasileira em larga escala suficiente para gerar grandes exportações exigirá um mínimo de duas décadas e *centenas* de bilhões de dólares de investimento.

A **Venezuela** já foi relevante. Costumava estar entre os produtores e exportadores mais confiáveis do mundo. Por muitos critérios, as decisões tomadas em Caracas foram responsáveis por quebrar os embargos do petróleo árabe da década de 1970. Esses dias pertencem a um passado distante. Duas décadas e meia de má gestão tenebrosa, intencional e cada vez mais criativa e violenta quase destruíram o complexo energético do país. A produção caiu mais de 90% em relação ao pico, a infraestrutura de extração e transporte está se deteriorando, e vazamentos internos do governo sugerem danos irreparáveis aos reservatórios de petróleo do país.

A maior parte do petróleo da Venezuela costumava ir para os Estados Unidos, mas as refinarias norte-americanas desistiram de contar com o retorno da Venezuela ao mercado, por isso readequaram seus equipamentos para operar com diferentes fontes de insumo. Com a perda de interesse dos EUA, a Venezuela não tem mais compradores dedicados para seus tipos específicos de petróleo ultrapesado. As finanças do governo entraram em colapso, levando junto a produção e as *importações* de alimentos. A fome agora está entre os cenários mais otimistas para o país, sendo o colapso civilizacional o mais provável.

Se a Venezuela — e a palavra correta é "se" — contribuir para o suprimento global de petróleo, alguém precisará enviar tropas para o país a fim de garantir a segurança, conter o colapso e levar bilhões de dólares em suprimentos para sustentar a população e mais dezenas de bilhões para reformar a infraestrutura de energia, tudo isso além de convencer os norte-americanos de que não tentará nenhuma gracinha. Impossível? Não. Mas, no mínimo, seria um projeto de reconstrução de três *décadas*. Um resultado um pouco mais provável seria se uma das regiões petrolíferas da Venezuela — especificamente Maracaibo — se *separasse* da Venezuela e buscasse proteção estrangeira, diretamente dos Estados Unidos ou da vizinha Colômbia. Isso tem o potencial de acrescentar alguns milhões de barris de produção diária de volta aos mercados com um investimento de "apenas" alguns anos e US$30 bilhões ou mais.

Os Estados do Oeste africano, **Nigéria**, **Guiné Equatorial** e **Angola**, sempre foram ambientes operacionais arriscados para empresas estrangeiras de petróleo. É principalmente uma questão de segurança. Os Estados africanos têm um péssimo histórico no controle de seus próprios territórios, o que muitas vezes deixa os estrangeiros vulneráveis a sequestros, sabotagens ou algo pior — e isso assumindo que a produção de petróleo não seja alvo de disputas políticas internas. O que acontece com constância. Em um mundo pós-Ordem, essas preocupações com a segurança interna certamente vão se intensificar, o que forçará a maioria dos atores estrangeiros a se concentrar em tipos muito específicos de produção: em águas profundas, a dezenas de quilômetros da costa. Essas plataformas offshore precisarão ser militarizadas para evitar ataques de piratas. Os países ocidentais mais propensos a participar são aqueles que têm maior proximidade com os países da África Ocidental, bem como a capacidade técnica e militar para alcançá-los: o Reino Unido e a França. Certamente há tempos difíceis pela frente, mas é esse trio de países africanos que provavelmente gerará as poucas boas notícias que os mercados de petróleo do hemisfério oriental verão nas próximas décadas.

No Sudeste Asiático, **Austrália**, **Brunei**, **Indonésia**, **Malásia**, **Tailândia** e **Vietnã** são todos produtores razoáveis. No entanto, nas últimas décadas, esses países experimentaram crescimento econômico suficiente para que o aumento da demanda regional de petróleo consumisse quase toda a oferta regional disponível. Coletivamente, esses países não são mais exportadores líquidos significativos de petróleo. E isso sem levar em conta as preferências geopolíticas. A região é fortemente conectada não apenas pela integração industrial, mas por uma série de pactos políticos e de segurança amplamente amigáveis e cooperativos. Eles *realmente* preferem que o resto de um mundo cada vez mais caótico mantenha-se a distância. Se *pudessem*, eles cavariam um buraco e se enterrariam nele.

O **Mar do Norte** é a única zona de produção remanescente significativa da Europa, com a maior parte da produção no mar norueguês. Os noruegueses desfrutam de excelentes relações com seus primos culturais na Suécia, Finlândia e Dinamarca, bem como seu principal vizinho marítimo, o Reino Unido. Sendo muito franco, no futuro é provável que toda essa lista de países acabe em lados opostos da mesa de negociação em relação aos franceses e aos alemães, e no presente ela já está do outro lado de cercas de arame farpado em relação aos russos. Para se preservar, é praticamente certo que esse grupo tomará medidas conjuntas para impedir que a energia do Mar do Norte vá para qualquer lugar, exceto para os membros do seu grupo. Isso é ótimo quando você faz parte do clube. Nem tanto para quem está de fora.

A **Argélia** tem sido um grande produtor há décadas, e sua produção ajudou a mitigar parte do caos de preços constantemente criado pelo Golfo Pérsico. Isso não vai acontecer por muito mais tempo. No mundo pós-Ordem, haverá pouquíssimos países que possam atender às próprias necessidades econômicas e de segurança, e o país no topo dessa lista muito curta é a França... que fica do lado oposto do Mediterrâneo em relação à Argélia. A França era o antigo mestre colonial da Argélia e a separação foi... turbulenta. A melhor estratégia argelina provavelmente será oferecer suprimentos para a Espanha ou para a Itália de modo que Argel não tenha que lidar com os franceses. Pode até funcionar. Caso contrário, os argelinos podem esperar que os franceses devorem toda a sua capacidade de exportação de energia. Mas pelo menos os franceses — provavelmente — pagarão por ela.

A **Líbia** ficará ainda mais complicada porque, bem, é a Líbia. Um país que já sofreu pelo menos três grandes insurreições e vive em constante guerra civil é um lugar que meus instintos me dizem para simplesmente descartar. Mas então temos a Itália. Em um mundo em que o petróleo soviético e do Golfo Pérsico se torna restrito e a França, na prática, assume os campos argelinos, a Líbia se torna a *única* fonte de petróleo da Itália. A menos que os italianos escolham abdicar da existência de seu país, eles não terão escolha a não ser se aventurar para garantir os principais portos da Líbia, os locais de produção no deserto líbio e toda a infraestrutura de ligação entre eles. Considerando a desorganização característica da Itália, a falta de prática geral quando se trata de ocupações coloniais e o racismo flagrante em relação aos árabes, esse pequeno capítulo da história certamente será divertido. E aterrorizante.

Então, quanto resta?

Desconsidere os suprimentos cativos em lugares como a América do Norte, o Mar do Norte, o Norte da África ou o Sudeste Asiático, bem como os suprimentos altamente suscetíveis a interrupções vindos do Golfo Pérsico e do antigo território soviético, depois separe em uma categoria diferente os suprimentos destinados a atender à demanda local em lugares como América do Norte e Rússia, e o *total* da oferta exportável mais ou menos confiável disponível *globalmente* é de insignificantes 6 milhões de barris por dia... contra uma *demanda* global de 97 milhões.

HÁ MAIS DO QUE PETRÓLEO NO PETRÓLEO

Ninguém coloca petróleo bruto direto no tanque. Primeiro ele precisa ser processado em uma refinaria. As cadeias de fornecimento de petróleo podem não ser tão complicadas quanto as de, digamos, computadores, mas os resultados podem ser muito mais catastróficos. Não há duas reservas de petróleo bruto que tenham exatamente a mesma composição química. Há petróleos mais densos e carregados de impurezas, mais comumente enxofre, que pode representar até 3% do volume do petróleo bruto. Esse tipo é chamado de "pesado e azedo". Outros, como as areias betuminosas do Canadá, são *tão* pesados que são sólidos à temperatura ambiente. Já outros são tão puros que têm a cor e a consistência de removedor de esmalte e são chamados de "leves e doces".

Entre esses extremos está um mundo inteiro de possibilidades, cada uma com a própria composição química específica. Cada uma das centenas de refinarias do mundo tem uma mistura de insumos preferida, que no caso de muitas das mais antigas foi *adaptada a um campo de petróleo específico*. Esse também é um resultado da Ordem. Em um mundo seguro, não havia impedimento para que o petróleo bruto de qualquer fonte particular chegasse a qualquer refinaria específica. Mas na pós-Ordem? Qualquer fator que perturbe os padrões de produção, no início da cadeia, ou os padrões de transporte, no meio, também afeta a refinaria do setor de energia, no fim.

Na pior hipótese, processar o petróleo bruto "errado" pode causar grandes danos a instalações multibilionárias. E, mesmo na melhor hipótese, é certo que desencadeará algo chamado de perda de produção, um termo nem tão sofisticado que significa exatamente o que sugere: uma certa porcentagem do petróleo bruto processado em uma refinaria é simplesmente perdida devido a misturas de insumos inadequadas. A perda de produção aumenta rapidamente quando uma refinaria é solicitada a fazer algo que não foi projetada para fazer ou quando não tem acesso à mistura "correta" de petróleo bruto. Os europeus, por exemplo, *adoram* diesel, e a mistura dos Urais da Rússia (um petróleo bruto médio/azedo) é uma matéria-prima muito boa para refinar diesel. Interrompa os fluxos dos Urais, substitua-os por um tipo diferente de petróleo bruto e os europeus enfrentarão sérios gargalos de produção, mesmo que possam, de alguma forma, manter suas refinarias funcionando na capacidade projetada. Considerando a questão da inelasticidade de preço do petróleo, algo tão pequeno quanto uma perda de 1% na refinaria pode ter impactos gigantescos nos clientes.

Enfrentaremos perdas de produção muito maiores do que 1% no futuro. A maioria das refinarias do mundo foi projetada para processar petróleos mais leves e doces, pois eles têm menos contaminantes e são mais fáceis de processar. Hoje em dia, a maioria dos petróleos mais leves e doces do mundo provém dos campos de xisto dos EUA. Readequar as refinarias é possível, mas requer dois fatores em escassez no novo mundo: tempo e dinheiro. Além disso, a maioria das readequações simplesmente limita as refinarias a uma nova fórmula de petróleo bruto. Em um mundo instável, a confiabilidade de suprimentos específicos de petróleo bruto só pode ser alcançada se a refinaria estiver muito próxima de uma fonte segura. Para a maioria das refinarias, isso simplesmente não é possível.

HÁ MUITO MAIS DO QUE PETRÓLEO NO PETRÓLEO

Há também algo chamado gás natural, que junto com o petróleo é um dos combustíveis fósseis clássicos.

Em muitos aspectos, os dois são semelhantes. Ambos têm as mesmas três concentrações de oferta: o Golfo Pérsico, a antiga União Soviética e a América do Norte. Ambos têm as mesmas três concentrações de demanda: o Nordeste da Ásia, a Europa e a América do Norte. Ambos podem ser usados para finalidades semelhantes, que variam desde combustível de transporte até matéria-prima petroquímica.

Eles, no entanto, têm uma diferença crucial que molda seu uso, sua prevalência e seu impacto.

O petróleo é um líquido. Pode ser movido por dutos, barcaça, petroleiros ou caminhões-tanque e pode ser armazenado em um tanque não pressurizado. Grandes tanques de petróleo nos principais portos têm tampas flutuantes que sobem e descem de acordo com o volume.

Não há como fazer isso com o gás natural. É um... gás. Os gases são difíceis de conter e transportar, e mesmo que o gás em si não seja inflamável (e o gás natural é certamente inflamável), eles tendem a ser explosivos sob pressão.

Essa diferença tem alguns resultados diretos.

- Como os gases queimam com muito mais eficiência do que os líquidos, o gás natural é um dos principais combustíveis para geração de eletricidade do mundo (e quase ninguém mais usa petróleo para geração direta de energia).[*] Quando queimado em uma usina

---

[*] Mas vários países do Golfo Pérsico queimam muito petróleo para gerar eletricidade!

elétrica moderna, o gás natural normalmente gera pouco mais da metade das emissões de dióxido de carbono em comparação com o carvão mineral. A maioria das reduções nas emissões de CO_2 dos EUA, desde 2005, ocorreu porque o gás natural vem substituindo o carvão mineral dentre as fontes de geração de eletricidade no país. Outras substituições semelhantes estão ocorrendo em grande parte do resto do mundo, principalmente na Europa e na China.

- A maior parte do gás natural consumido no mundo é transportada via gasodutos, o que requer relações econômicas muito mais estreitas entre produtor e consumidor. Como tal, a maior parte do gás natural canalizado é produzido no país onde é extraído, tornando a geopolítica do gás natural muito menos emocionante do que a do petróleo. É claro que há exceções. A Rússia é o maior exportador de gás natural do mundo, em grande parte devido à infraestrutura legada da era soviética. Mas o Kremlin acredita (não sem mérito) que o gás natural canalizado gera dependências geopolíticas e estendeu suas redes de gás natural para a Alemanha, Itália, Turquia e China com o objetivo de manipular as políticas estratégicas desses países. Os resultados (do ponto de vista russo) pareciam positivos... até que a Rússia começou a invadir os vizinhos de seus clientes.

- O gás natural *pode* ser refrigerado, pressurizado e transportado por navio, mas isso é caro e requer infraestrutura especializada e, portanto, só é feito com cerca de 15% do total. A equação entre demanda e oferta para o "gás natural liquefeito", ou GNL, é similar à do petróleo. A maior parte do GNL vem do Catar, da Austrália, da Nigéria ou dos Estados Unidos e vai para a Europa ou, especialmente, para o Nordeste Asiático. Isso significa que, quando se trata de remessas de GNL, produtores e consumidores devem esperar interrupções no fornecimento de gás natural, assim como no petróleo.

HÁ MAIS DO QUE PETRÓLEO NO PETRÓLEO

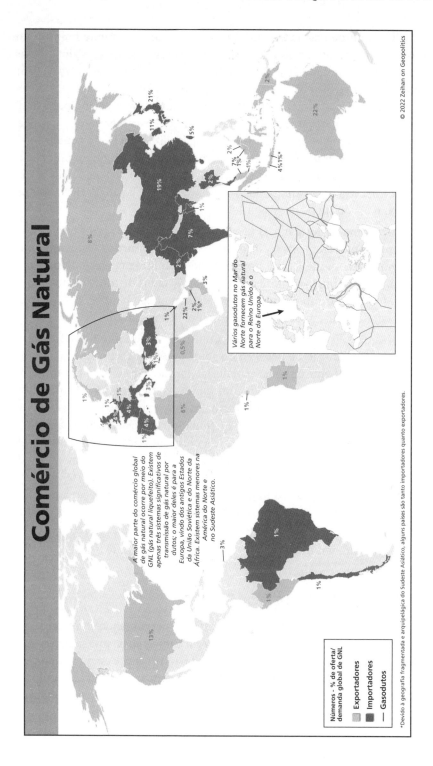

227

Em conjunto, essas três diferenças não necessariamente indicam um futuro mais promissor para esse setor do sistema energético global, mas, sim, um tipo diferente de escuridão. E escuridão *é* a palavra-chave. O principal uso do petróleo é como combustível de transporte, portanto, a escassez diminui drasticamente a interação humana. Mas o principal uso do gás natural é a geração de eletricidade, então a escassez significa que as luzes literalmente se apagam. Os locais mais vulneráveis são aqueles mais dependentes de grandes fluxos de gás natural que se originam ou cruzam territórios e águas de países menos confiáveis: Coreia do Sul, Taiwan, Turquia, China, Ucrânia, Alemanha, Áustria, Espanha, Japão, França, Polônia e Índia, mais ou menos nessa ordem.

Mais uma curiosidade. O gás natural é *vital* para lugares que... não o têm: mais notavelmente, o Nordeste Asiático e a Europa Ocidental. Eles pagam regularmente US$10 por cerca de 28 metros cúbicos do produto, precisam lidar com produtores rabugentos, Estados de trânsito ainda mais rabugentos e enfrentar a hostilidade explícita dos vizinhos. No início da Guerra da Ucrânia, os preços rapidamente ultrapassaram US$40.

Mas, nos Estados Unidos, o gás natural é frequentemente um subproduto da produção de *petróleo* do setor de xisto. Os norte-americanos muitas vezes têm que queimar o material porque não conseguem construir a infraestrutura de distribuição com rapidez suficiente para captar tudo. Quando o gás natural *é* captado, normalmente é vendido no sistema a um preço próximo de zero, e, mesmo adicionando custos de processamento e transporte, a maioria dos usuários finais norte-americanos tem acesso a ele por um valor inferior a um quarto do custo em comparação com o resto do mundo. Se o sistema global mudar, a única alteração que os norte-americanos podem fazer em sua configuração de gás natural é começar a produzir de forma mais intencional, de modo que possam processá-lo em produtos acabados para venda no exterior.

E, por fim, temos o incêndio à espreita no horizonte.

MUDANÇAS CLIMÁTICAS

Tenho certeza de que muitos de vocês estão se perguntando como posso me estender tanto em uma parte sobre energia com apenas uma menção indireta às mudanças climáticas. Não é que eu não concorde com os dados. Em outro momento da minha vida, eu estava me preparando para ser químico orgânico. A ideia de que diferentes gases exibem diferentes características de retenção de calor e reflexão de luz[*] é uma ciência bastante básica, com mais de um século de evidências de suporte. Não, o problema não é esse.

O problema é mais... complexo.

Em primeiro lugar, meu trabalho é a **geopolítica**. Geo. Geografia. Localizações. O estudo do lugar. Como dezenas de fatores geográficos se interconectam para moldar a forma como a cultura, a economia, a segurança e as populações emergem e interagem. Se você me disser que o mundo inteiro vai aquecer quatro graus, posso lhe dizer quais serão os desdobramentos. Mas *não* é isso que está acontecendo.

Assim como diferentes gases têm características distintas de retenção de calor e reflexão de luz, o mesmo ocorre com diferentes climas, cobertura do solo, latitudes e altitudes. Não estamos lidando com um aquecimento uniforme, mas, sim, com um aquecimento extremamente *des*igual, que tem um impacto maior em terra do que em água, no Ártico em comparação com os trópicos, em cidades em relação a florestas. Isso afeta não apenas as temperaturas locais, mas também os padrões de vento regionais e as correntes oceânicas globais. Essa inconsistência faz muito mais do que adicionar mais uma variável à combinação de latitude, elevação, umidade, temperatura, composição do solo, ângulo da superfície, e assim por diante, variáveis que me permitem interpretar o comportamento do planeta. O mapa de tudo está mudando. Apenas começamos a compreender as *localidades* das mudanças climáticas nos últimos anos. Para os fins deste capítulo específico, lidaremos "apenas" com as questões técnicas e a aplicabilidade das tecnologias verdes do ponto de vista da produção e substituição de energia, em vez das consequências econômicas e estratégicas específicas das mudanças climáticas.[**] Como tudo está mudando, é fundamental estabelecer primeiro uma base sólida. Por isso, abordo as mudanças climáticas por último, em vez de começar com elas logo de cara.

Em segundo lugar, não importa o que aconteça em termos políticos ou tecnológicos, **estamos longe de nos "livrar" do petróleo**. A principal preocupação ambiental relacionada ao petróleo tem sido as emissões de dióxido de carbono, mas as tecnologias — como o motor de combustão interna — que queimam produtos derivados do petróleo e produzem essas emissões estão longe de ser os únicos recursos que usam petróleo. O petróleo também é a matéria-prima para a maioria das necessidades petroquímicas do mundo. Esse setor *não* pode ser menosprezado.

---

[*] O termo técnico é "albedo", caso queira parecer inteligente.
[**] Nos capítulos sobre agricultura, farei o possível para prever os impactos por região.

Os produtos petroquímicos modernos são responsáveis pela maior parte do que hoje consideramos "normal". Eles compreendem a maioria dos componentes de embalagens de alimentos, equipamentos médicos, detergentes, refrigerantes, calçados, pneus, adesivos, equipamentos esportivos, bagagens, fraldas, tintas, tintas de impressão, gomas de mascar, lubrificantes, isolantes, fertilizantes, pesticidas e herbicidas, além de serem o segundo maior componente dos materiais utilizados na produção de papel, produtos farmacêuticos, roupas, móveis, construção, vidro, eletrônicos de consumo, automóveis, eletrodomésticos e decoração. Os combustíveis derivados do petróleo representam a maioria do consumo de petróleo, cerca de três quintos, para ser específico, mas os petroquímicos correspondem a um quinto. Isso equivale a aproximadamente toda a exportação do Golfo Pérsico em um ano típico.

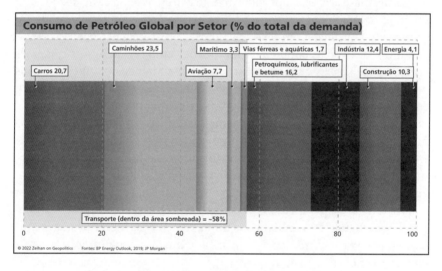

Muitos desses produtos *têm* potenciais insumos de substituição, mas em quase todos os casos esse substituto... é o gás natural. Qualquer alternativa que não envolva as possibilidades dos combustíveis fósseis implica em um custo ou em uma pegada de carbono do insumo de substituição dez vezes superior aos valores originais — ou, mais provavelmente, ambos. E isso pressupondo que exista um insumo de substituição.

Em terceiro lugar, as **tecnologias verdes não tornam um país imune à geopolítica**. Ela apenas muda o ponto de vista. Clima, temperatura, cobertura do solo, localização de recursos, distância e pontos de estrangulamento marítimos estão longe de serem os únicos fatores geopolíticos. Também são importantes latitude, elevação, umidade, temperatura, ângulo da superfície, velocidade do vento, regularidade do vento, radiação solar e variação sazonal do clima. Assim como diferentes características geográficas impactaram a navegação de águas profundas, a industrialização, a manufatura e as finanças de maneiras distintas, elas também impactam as tecnologias verdes e a geração de energia convencional de formas diferentes. E, se a tecnologia é de utilidade variável com base na localização, então há vencedores e perdedores relativos. Assim como ocorre com o transporte em águas profundas, a industrialização ou o petróleo.

Minha experiência pessoal? Eu morava em Austin e agora moro nos arredores de Denver. Instalei sistemas solares em ambas as casas. No quente e ensolarado Texas, recuperei meu investimento em menos de oito anos. Provavelmente levará *menos* tempo morando no Colorado. Denver é a área metropolitana mais ensolarada dos Estados Unidos e, em altas altitudes, não há umidade (e há muito pouco ar) para bloquear a luz solar. Sou totalmente favorável à tecnologia *quando combinada com a geografia correta*.

Mas não há muito dessa geografia "correta".

A maior parte do mundo não tem muito vento nem é muito ensolarada. O Leste do Canadá e o Norte e centro da Europa são nublados por mais de nove meses do ano, em média, além de terem dias de inverno incrivelmente curtos. Ninguém vai à Flórida ou ao Norte do Brasil para praticar kiteboard. Os dois terços orientais da China, a grande maioria da Índia e quase a totalidade do Sudeste Asiático — lar de *metade* da população mundial — têm tão pouco potencial solar e eólico que uma construção de tecnologias verdes em larga escala emitiria mais carbono do que conseguiria economizar. O mesmo vale para a África Ocidental. Para o Norte dos Andes. Para as partes mais populosas da antiga União Soviética. E para Ontário.

As zonas para as quais as tecnologias verdes de hoje fazem sentido ambiental e econômico compreendem menos de um quinto da área terrestre dos continentes povoados, a maioria dos quais está longe de nossos principais centros populacionais. Pense na Patagônia para energia eólica ou no Outback para energia solar. O fato lamentável é que as tecnologias verdes em sua forma atual simplesmente não são úteis para a maioria das pessoas na maioria dos lugares — seja para reduzir as emissões de carbono *ou* para fornecer um substituto para os insumos de energia em um mundo mais caótico e pós-Ordem.

Em quarto lugar está a questão da **densidade**. Eu moro em uma área rural e, por isso, minha casa é ampla. Tenho um sistema solar de dez quilowatts, que cobre a maior parte do meu telhado voltado para o Sul e Oeste e gera energia suficiente para quase todas as minhas necessidades.

Mas e se eu morasse em uma cidade? Um telhado menor significa menos espaço para painéis. E se eu morasse em um apartamento? Meu "telhado" seria um espaço compartilhado cujos painéis precisariam alimentar várias unidades. E se eu morasse em um arranha-céu? Espaço mínimo no telhado, muitas pessoas usando pouquíssimos painéis.

Os combustíveis fósseis são tão concentrados que são literalmente "energia" em forma física. Em contraste, todas as tecnologias verdes exigem *espaço*. A energia solar é a pior do grupo: é cerca de mil vezes menos densa do que os sistemas alimentados por meios mais convencionais. Considere a Megalópole dos Estados Unidos, a linha de cidades densamente povoadas que se estende de Boston, ao norte, até a área metropolitana de Washington, D.C., ao sul. Coletivamente, as cidades costeiras dessa linha compreendem aproximadamente um terço da população norte-americana, ocupando uma área pequena. Elas também estão localizadas em regiões com baixíssimo potencial solar e eólico. A ideia de que elas poderiam gerar volumes suficientes de eletricidade localmente é estúpida. Precisam importá-la. A zona mais próxima com potencial solar razoavelmente bom (*não* "bom", apenas "*razoavelmente* bom") é o Centro-Sul da Virgínia, que fica a inconvenientes mil quilômetros de distância de Boston, e Boston seria o último na fila para goles de eletricidade depois de Washington, Baltimore, Filadélfia, Nova York, Hartford e Providence.

HÁ MAIS DO QUE PETRÓLEO NO PETRÓLEO

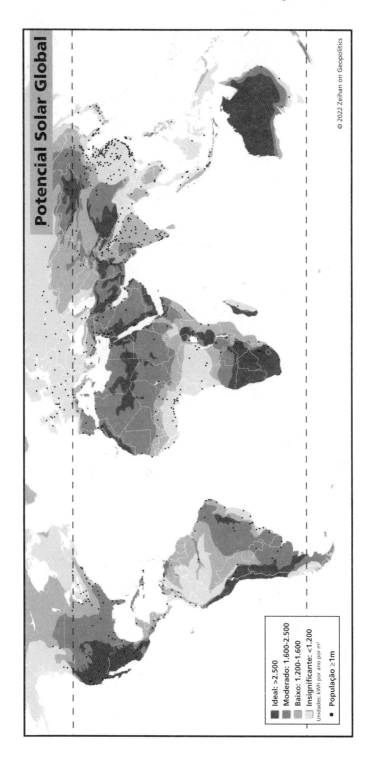

O FIM DO MUNDO É SÓ O COMEÇO

Não é apenas um problema para cidades localizadas em locais nublados e sem vento. É um problema para as cidades *em todos os lugares*. Todo desenvolvimento tecnológico que nos trouxe ao nosso presente industrializado e urbanizado deve ser reavaliado para fazer as tecnologias verdes de hoje funcionarem. Mas, de longe, o maior desafio é a própria existência das cidades. Todas são, por definição, densamente povoadas, enquanto as tecnologias verdes, por definição, *não* são densas. Enfrentar esse desafio, mesmo em locais ensolarados e com muito vento, exigirá infraestrutura maciça para preencher a lacuna entre padrões populacionais densos e sistemas geradores de energia verde muito mais dispersos. Tal infraestrutura seria em uma escala e de um escopo que a humanidade ainda não tentou. A alternativa é esvaziar as cidades e desconstruir seis mil anos de história. Pode me chamar de cético.

Em quinto lugar, mesmo que as energias solar e eólica fossem tecnologias equivalentes ao petróleo, gás natural e carvão em termos de confiabilidade, **a descarbonização da rede** continuaria sendo uma tarefa gigantesca. Atualmente, 38% da geração global de energia é livre de carbono, sugerindo que "bastaria" triplicar a parte boa para desbancar a ruim. Errado. A energia hidrelétrica já usou todas as geografias apropriadas disponíveis globalmente. A nuclear precisaria primeiro de uma baita campanha de relações públicas para melhorar sua reputação. Se todo o trabalho ficar a cargo das energias solar e eólica, elas precisariam ser expandidas nove vezes para desbancar totalmente os combustíveis fósseis.

Em sexto lugar, mesmo nas geografias onde as tecnologias verdes funcionam bem, na melhor das hipóteses, elas são apenas uma solução parcial. **As tecnologias verdes *só* geram eletricidade.** As energias eólica e solar podem, teoricamente, ser capazes de substituir o carvão mineral em alguns locais específicos, mas a eletricidade de qualquer tipo *não* é compatível com a infraestrutura existente e os veículos que usam combustíveis líquidos derivados do petróleo.

Tal restrição naturalmente leva à discussão de veículos elétricos como um substituto em larga escala para os movidos por motores de combustão interna. Isso é muito mais difícil do que parece.

A *totalidade* do setor elétrico *global* gera aproximadamente tanta energia quanto os combustíveis líquidos para transporte. Eis a matemática: mudar todo o transporte da combustão interna para a elétrica exigiria uma duplicação da capacidade da humanidade de gerar eletricidade. Novamente, hidrelétricas e usinas nucleares não poderiam ajudar, de modo que o aumento de nove vezes nas energias solar e eólica agora é um aumento de vinte vezes. E a conta não está nem longe de terminar. Agora você precisa de capacidade de transmissão absolutamente *maciça* para ligar os locais onde os sistemas eólicos e solares conseguem gerar energia aos locais onde essa energia seria finalmente consumida. No caso da Europa e da China, essas linhas de energia têm que saltar continentes. Isso pressupõe também que detalhes insignificantes sejam favoráveis, como o vento sempre soprar, o sol nunca se por ou nunca haver problemas na transmissão de energia do deserto da Líbia para Berlim ou do Outback para Pequim. O mais provável é que os veículos elétricos com a tecnologia de hoje só funcionarão se dobrarmos as fontes de energia que os ambientalistas dizem que estamos tentando eliminar do sistema.

Na minha opinião não tão humilde, precisamos abordar a questão na ordem correta: precisamos tornar a rede elétrica verde antes de expandi-la. E, infelizmente, o ritmo desse esforço é incrivelmente lento: de 2014, quando começou o boom, até 2020, a energia solar só avançou para suprir 1,5% do uso total de energia.

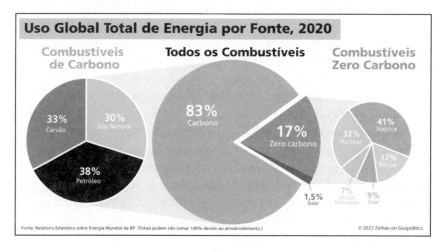

Em sétimo lugar, os **aspectos práticos** de uma potencial transição são muito mais do que hercúleos, tanto em termos de desafios técnicos quanto de custo, e *não* estou falando da tarefa relativamente simples de instalar painéis solares e turbinas eólicas suficientes para gerar 43 mil terawatts-hora de eletricidade, cerca de setenta vezes a capacidade total de tecnologias verdes instaladas de 2010 a 2021.

- Parte do que faz o mundo moderno funcionar é a eletricidade sob demanda. Isso requer algo chamado de capacidade de despacho: a ideia de que uma usina de energia pode aumentar ou diminuir sua produção para corresponder à demanda. Não só as energias

eólica e solar não conseguem fazer isso, como também são intermitentes. Os níveis de energia variam com base na força mais imprevisível: o clima. Atualizações de hardware podem evitar que essas oscilações causem falhas ou quedas de energia em clientes industriais e residenciais, mas isso tem um preço.
- Parte do que torna a capacidade de despacho tão atrativa é que há picos e vales na demanda normal de eletricidade. Especificamente, na maioria dos locais, o pico de *demanda* de eletricidade ocorre entre 18h e 22h, com taxas de demanda mais altas no *inverno*. No entanto, o pico da *geração* de energia solar ocorre entre 11h e 15h, com perfis de geração mais altos no *verão*. Isso sem considerar que o mesmo painel solar gera quantidades diferentes de energia com base na localização. Meus painéis solares nas montanhas do Colorado gerariam menos de um quinto da energia nos momentos de menor atividade em Toronto. Nenhuma quantia de dinheiro nos permite ignorar esse pequeno problema geográfico.
- Ao contrário do carvão ou do gás natural, que podem ser previamente alocados, o vento sopra onde o vento sopra e o sol brilha onde o sol brilha. A eletricidade gerada por tecnologias verdes deve então ser conectada ao local onde pode ser usada. Isso também tem um preço e muitas vezes resulta na duplicação (ou mais) do custo da energia fornecida (os detalhes variam enormemente com base na origem da energia, em onde será consumida, na natureza da infraestrutura de conexão, em que tipo de fronteiras políticas devem ser cruzadas etc.). Não é de admirar que 95% da humanidade obtenha sua eletricidade de usinas a menos de 80 quilômetros de distância.
- Resolver tais problemas requer um sistema de energia paralelo. Com o estágio das tecnologias verdes em 2022, na maioria dos casos esse sistema paralelo é um sistema convencional e pouco emocionante que utiliza gás natural ou carvão. Vou enfatizar: as tecnologias verdes atuais são tão pouco confiáveis na maioria dos locais que as localidades que tentam adotá-las não têm escolha a não ser manter um sistema convencional completo para atender à demanda de pico — com todos seus custos.[2]

As tecnologias verdes em sua forma atual simplesmente não são capazes de reduzir mais de uma dezena de pontos percentuais da demanda por combustíveis fósseis, e mesmo essa "conquista" só é possível dentro de geografias razoavelmente perfeitas para isso. Alguns lugares com bom potencial para tecnologias verdes tentaram substituir *metade* de sua geração de energia convencional preexistente por tecnologias verdes, mas trabalhar em torno de questões de capacidade de rede e intermitência e transmissão resulta em uma quadruplicação dos preços da energia.[2]

Com isso em mente, *existe* uma tecnologia complementar que poderia — ênfase em "poderia" — ser capaz de resolver essas questões: baterias. A ideia é que a energia gerada pelas tecnologias verdes possa ser armazenada em baterias até o momento em que for necessária. Intermitência? Capacidade de despacho? Descompasso entre oferta e demanda? Tudo resolvido! Até mesmo as distâncias de transmissão podem ser reduzidas em alguns casos.

Infelizmente, o que funciona lindamente na teoria enfrenta alguns problemas na prática. A primeira é a cadeia de suprimentos. Assim como a produção de petróleo é concentrada, o mesmo acontece com o principal insumo para a melhor química de baterias na atualidade: o lítio. E, assim como o petróleo precisa ser refinado para se transformar em produtos utilizáveis, o lítio bruto passa por processos de concentração e de refino e só então pode ser usado na fabricação de unidades de baterias. Na atualidade, as cadeias de suprimento de lítio exigem acesso irrestrito a Austrália, Chile, China e Japão. Isso é um pouco mais simples do que o petróleo, mas nem tanto. Se algo acontecer no Leste Asiático em grande escala — e o Leste Asiático está prestes a passar por muitas mudanças —, a maior parte do sistema de valor agregado para baterias terá que ser reconstruída em outro lugar. Isso levará tempo. E dinheiro. Muito dinheiro. Especialmente se o objetivo for aplicar a tecnologia de bateria de lítio em grande escala.

E a escala é o segundo problema. As baterias de lítio são caras. Elas são o segundo ou terceiro componente mais caro nos smartphones médios, e essas baterias armazenam apenas alguns watts-hora. Nos veículos elétricos, elas representam mais de três quartos do custo e do peso, e essas baterias armazenam apenas alguns quilowatts-hora.

As baterias para a rede elétrica urbana requerem *mega*watts-*dia*. Alcançar um armazenamento significativo de energia verde exigiria sistemas de baterias em larga escala capazes de armazenar no mínimo quatro horas de energia para cobrir a maior parte desse período diário de alta demanda. Supondo que as melhorias tecnológicas no mundo das baterias, iniciadas em 1990, continuem até 2026, o custo de um sistema de armazenamento em bateria de lítio de quatro horas será de cerca de US$240 por megawatt-hora de capacidade, ou *seis* vezes o custo de uma usina a gás natural de ciclo combinado padrão, que atualmente é o ativo de geração de eletricidade mais comum nos Estados Unidos. Importante observar: esse valor de seis vezes não inclui o custo do ativo de geração de eletricidade que efetivamente *carrega* a bateria, nem o ativo de transmissão para levar a eletricidade até a bateria.

Em 2021, os Estados Unidos tinham uma capacidade instalada de geração de eletricidade de 1.100 gigawatts, mas apenas 23,2 gigawatts de armazenamento de eletricidade. Cerca de 70% desses 23,2 gigawatts são do chamado "armazenamento por bombeamento", na essência é a utilização do excesso de energia gerada para bombear água até um reservatório superior a fim de que essa água flua pelo curso d'água, alimentando um gerador quando necessário. A maior parte dos outros 30% é algum tipo de capacidade de armazenamento localizada nas *residências* das pessoas. Apenas 0,73 gigawatts de armazenamento estão realmente na forma de baterias. O estado norte-americano mais comprometido com a ideologia de um futuro verde é a Califórnia. O estado como um todo tem um armazenamento total — não um armazenamento em baterias, armazenamento *total* — suficiente apenas para um *minuto* de energia. Los Angeles, a área metropolitana dos EUA com o plano mais agressivo de instalação de armazenamento na rede, prevê atingir uma hora de capacidade total de armazenamento apenas em 2045.

Lembre-se, isso é uma hora de armazenamento para o *atual* sistema elétrico de Los Angeles — não para o dobro necessário à realização do sonho de adoção universal de veículos elétricos para carros e caminhões leves.

Mesmo que atingíssemos as quatro horas mágicas, isso seria apenas o primeiro passo em uma estrada longa e tortuosa. Uma transição real para um sistema de energia neutra em carbono exigiria a capacidade de armazenar não apenas horas, mas *meses* de eletricidade para as estações do ano com menos vento ou sol. Não sabemos tudo sobre o mundo da energia, mas já temos certeza de que não há minério de lítio suficiente em todo o planeta para permitir que um país rico como os Estados Unidos alcance tal objetivo, muito menos o mundo como um todo.[3]

Em oitavo lugar, há uma **questão financeira** pouco lembrada que em breve pode tornar toda essa discussão irrelevante.

Em lugares com boas fontes de energia solar ou eólica, a maioria das estimativas de preço atuais sugere que o custo vitalício combinado de combustível, manutenção e instalação para tecnologias verdes em comparação com as convencionais é mais ou menos igual. Do ponto de vista financeiro, a principal diferença está no *momento* em que o capital deve ser comprometido. Cerca de um quinto dos custos totais para toda a vida útil de uma usina convencional é gasto antecipadamente na aquisição de terras e construção das instalações, enquanto o restante é distribuído ao longo de décadas para a compra de combustível e a manutenção das instalações. Em contraste, para as tecnologias verdes, quase todo o custo é antecipado, no caso de turbinas eólicas em terra, dois terços são custos iniciais. Afinal, o custo de combustível é zero.

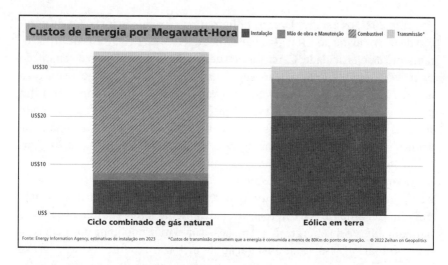

No mundo rico em capital do fim da Ordem, isso é apenas uma nota de rodapé sem muita importância. Não há nada de errado em financiar 25 anos de contas de energia antecipadamente quando o capital é barato. Mas, no mundo *pobre* em capital da Desordem, isso pode ser crucial. Caso o capital de investimento se torne mais difícil de obter ou os custos de empréstimo aumentem, todos esses investimentos antecipados deixam de ser administráveis para se tornar incrivelmente arriscados e caros. Nesse mundo, os custos de instalação muito mais baixos dos sistemas convencionais fazem muito mais sentido.

As tecnologias verdes em sua forma atual simplesmente não estão maduras ou baratas o suficiente para fazer diferença para a maioria das pessoas na maior parte dos lugares. Elas são em grande parte limitadas a países desenvolvidos com abundância de capital, que também possuem grandes centros populacionais relativamente próximos a locais ensolarados ou com muito vento. O Sudoeste dos Estados Unidos parece ótimo, assim como as Grandes Planícies norte-americanas, a Austrália e as costas do Mar do Norte.

Quase todos os outros lugares continuarão dependentes de combustíveis mais tradicionais para a maior parte de suas necessidades energéticas. Isso é muito pior do que parece do ponto de vista das emissões de gases de efeito estufa, pois *a grande maioria desses lugares não conseguirá manter o acesso ao petróleo e ao gás natural negociados internacionalmente*. Se não puderem obter petróleo ou gás natural e suas geografias não permitirem o uso suficiente de energias solar e eólica, eles terão uma decisão simples a tomar. A opção A é abrir mão dos produtos que possibilitaram o avanço da humanidade nos últimos dois séculos, enfrentar reduções catastróficas no acesso a produtos e na produção de alimentos, desencadeando enormes perdas nos padrões de vida e na população. Ficar sem eletricidade. Desindustrializar. *Descivilizar.*

A opção B é usar a única fonte de combustível que quase todos os países têm localmente: o carvão mineral. Para muitas pessoas especialmente azaradas restará algo chamado lignito, um combustível que mal se qualifica como carvão e normalmente tem mais de um quinto de seu peso composto de água, o que o torna de longe o combustível menos eficiente *e* mais sujo em uso na atualidade. Na Alemanha, o lignito já é o principal combustível utilizado como fonte de energia porque as tecnologias verdes são terrivelmente inadequadas para a geografia alemã, e ainda assim os alemães — por questões ambientais — desativaram a maioria de suas outras opções de geração de energia.*

Enquanto planeta, somos perfeitamente capazes de sofrer um colapso econômico em larga escala *e*, ao mesmo tempo, aumentar drasticamente nossas emissões de carbono.

---

* Os alemães não são tão espertos quanto você imagina.

ABASTECENDO O FUTURO

ESTAMOS CAMINHANDO PARA UM MUNDO EM QUE O FORNECImento de energia tanto do Golfo Pérsico quanto das regiões fronteiriças da antiga União Soviética estará sujeito a ambientes estratégicos altamente conflituosos. Mesmo que nenhum dos problemas nessas regiões se transforme em guerras formais, sua instabilidade e insegurança praticamente asseguram que a produção e o fluxo de petróleo e gás natural sejam interrompidos por anos. Ou, mais provavelmente, décadas. Isso pressupondo que não haja competição estratégica no Leste Asiático nem pirataria — estatal ou não — ao longo das costas do Sudeste Asiático ou da África. Os dias de remessas confiáveis e baratas de petróleo estão chegando a um obscuro fim.

Será pior do que parece, e não apenas em um nível genérico, no sentido de "isso acontecerá com aquele país", mas, sim, de forma profundamente pessoal.

Entre a entrada da China no sistema global e o fim da Guerra Fria, a demanda global total de petróleo duplicou desde 1980, principalmente devido a novos participantes iniciando suas jornadas rumo à industrialização e urbanização. Os estilos de vida modernos, industriais e urbanos da maioria da população humana exigem petróleo, e, com a perda de interesse dos norte-americanos, esse petróleo *não estará disponível*. As conexões de transporte serão reduzidas, o que afetará tudo, desde a coerência das cadeias de suprimentos de manufatura até a distribuição de alimentos. Muitos sistemas de eletricidade entrarão em colapso por falta de combustível. As concentrações físicas da urbanização — que nos possibilita viver com baixo impacto de carbono e alto valor agregado — simplesmente não são possíveis sem energia abundante. O fim da globalização pode anunciar o fim do mundo que conhecemos, mas o fim da energia global anuncia o fim da *vida* que conhecemos.

Os locais que enfrentam a maior escassez são os principais consumidores no final dessas vulneráveis linhas de abastecimento: Nordeste da Ásia e Europa Central, com Alemanha, Coreia e China enfrentando ameaças significativas, pois nenhum desses locais possui fontes próximas de petróleo ou gás natural, nem a capacidade militar para garantir o suprimento de outros países. Também haverá problemas de eletricidade. Os três países utilizam uma combinação de energia nuclear, gás natural e carvão para a maior parte de suas necessidades elétricas, todas baseadas em combustíveis importados. Dentre eles, a China é de longe a mais vulnerável. Três décadas de crescimento têm sobrecarregado o sistema elétrico do país; *não* há capacidade sobressalente — *todo* seu sistema de geração de energia opera no limite, independentemente da fonte —, portanto, a escassez de qualquer combustível resultaria, no mínimo, em grandes apagões rotativos. Isso já aconteceu. No final de 2021, enquanto a China enfrentava os duplos impactos causados pela Covid-19 e pelas normas ambientais mais rigorosas, regiões responsáveis por um terço do PIB do país sofreram com apagões e racionamento de eletricidade.

Para os países com mais recursos, a situação é um pouco melhor, mas ainda existem muitos problemas. Países como Reino Unido, França, Japão e Índia têm a capacidade militar e a posição geográfica que lhes permitirá garantir recursos por conta própria, mas todos enfrentarão um ambiente de preços de proporções assustadoras. A solução deles é óbvia: estabelecer um grau de controle neoimperial sobre um sistema de abastecimento para manter todos os suprimentos internamente e se afastar da volatilidade dos preços globais, que se alternam entre absurdamente caros e irracionalmente erráticos. Isso é ótimo para esses novos protoimpérios, mas tais ações retirariam ainda mais petróleo do resto do sistema.

A irônica conclusão é que os Estados Unidos são um dos poucos países que não só não enfrentarão uma crise energética prolongada, mas também podem tentar substitutos do petróleo e do gás natural em grande escala. É o país desenvolvido mais próximo da linha do equador, o que lhe proporciona a segunda melhor condição do mundo para instalações solares em massa (a Austrália está bem à frente nesse aspecto). Possui vastas áreas de terras com muito vento nas Grandes Planícies, oferecendo os melhores recursos eólicos do mundo. Os EUA têm um trunfo em relação à sua demanda por petróleo: um dos subprodutos da maioria dos poços de xisto é um fluxo constante de gás natural. Os norte-americanos, e praticamente *só* eles, podem usar esse gás natural como substituo do petróleo em seus sistemas petroquímicos. Adicione uma estrutura de capital relativamente estável e robusta e um acesso seguro a depósitos de lítio na Austrália e no Chile, e os norte-americanos podem até tentar sistemas de bateria e implementações de veículos elétricos com as tecnologias atuais, caso assim escolham.

Para todos os tópicos que abordamos até agora — transporte, finanças e energia —, os Estados Unidos são o país mais sortudo. Essa sorte está fortemente ligada à geografia, o que significa que pode ser aplicada a outras situações também.

Se você acha que os norte-americanos têm tudo a seu favor nessas três primeiras áreas, espere até ver o impacto dessa sorte nas próximas três.

PARTE V:

MATERIAIS INDUSTRIAIS

DESMONTANDO A HISTÓRIA

EU NÃO TENHO UMA INTRODUÇÃO ELEGANTE PARA ESTE CAPÍtulo, porque os materiais dos quais dependemos para fazer nossa tecnologia e nosso mundo funcionarem estão de certa forma incorporados nos nomes de nossas eras: Idade da Pedra. Idade do Bronze. Idade do Ferro. E muitos afirmam, com razão, que o início do século XXI faz parte da Era do Silício.

Sem querer entrar em muitos detalhes, mas, se você não tem ferro na Idade do Ferro, a história tende a esquecer sua existência. Acho que entendeu aonde eu quero chegar. Seja petróleo ou cobre, são duas as possibilidades: ter/poder obter o material ou não tê-lo. E, se você não o tem, está fora do jogo.

O que pode não ser tão óbvio é o quão multifacetado se tornou nosso comércio e nossa dependência em relação aos diversos materiais industriais nas últimas décadas.

E, de novo, é melhor começar pelo início.

Os primeiros conflitos relacionados aos materiais não eram imperiais nem nacionais, já que não havia impérios nem nações propriamente ditas. Em vez disso, essas disputas envolviam clãs, tribos e famílias. Também não havia muito pelo que lutar. Na Idade da Pedra, não era preciso ir muito longe para encontrar... pedra. Claro, havia certas rochas que eram melhores para cortar ou fazer pontas de flechas — a obsidiana vem à mente —, mas a tirania do transporte limitava o alcance de todos. Cada um usava o que tinha acesso e isso moldava sua cultura. Éramos muito mais propensos a lutar por comida (e terras para cultivá-la de forma confiável) do que por pedras.

À medida que a Idade da Pedra deu lugar à Idade do Bronze, a equação mudou sutilmente. O Egito é — famosa ou infamemente — conhecido por não ter nada além de trigo, cevada, pedra, areia, junco, um pouco de cobre e um suprimento de mão de obra quase infinito. Cada delegação comercial enviada, cada guerra travada envolvia acessar recursos que não estavam nessa lista. Os principais itens de que os egípcios precisavam eram arsênico e/ou estanho, necessários para forjar o bronze. As cidades-Estado da Mesopotâmia eram igualmente ricas em trigo e cevada e pobres em materiais e, portanto, guerreavam e negociavam regularmente entre si e com seus vizinhos rio e montanha acima para ter acesso ao equivalente aos iPhones da Antiguidade.[1]

Avancemos rapidamente para a próxima era — a do Ferro —, e a matemática se complicou de novo. O cobre, enquanto material, era praticamente único, pois é um dos poucos materiais que, ocasionalmente, pode ser encontrado em sua forma metálica na natureza. Isso *nunca* acontece com o ferro, que também não era tão comum quanto o cobre. Mas, ainda assim, não era exatamente inédito, especialmente porque estamos falando da era iniciada em 800 AEC. A Era dos Impérios estava em pleno andamento, então os sistemas de governo da época tinham a capacidade de alcançar uma grande variedade de minas. Em vez de enfrentar a escassez de materiais, a principal preocupação era a escassez de *habilidades*. O minério de ferro por si só é inútil, e a arte de transformar o minério em ferro de verdade exigia centenas de pessoas que sabiam o que estavam fazendo. A maioria dos governos era mais propensa a lançar ataques para sequestrar ferreiros do que para tomar minas de minério de ferro ou cobre.

Do ponto de vista tecnológico, o cenário continuou avançando por mais um milênio antes que o progresso lento e incremental testemunhado nas eras tecnológicas da Pedra, do Bronze e do Ferro fosse abruptamente interrompido pela queda do Império Romano em 476 EC, pelo jihad islâmico de 622 a 750 EC e, sobretudo, pelos retrocessos culturais e tecnológicos da Idade das Trevas europeia durante os séculos VI a XII. A relativa sobreposição desses três eventos certamente não contribuiu para a preservação tecnológica, muito menos para o avanço.

A salvação, de certo modo, veio na mais bizarra das formas: carnificina em massa. Entre 1345 e 1346, a Horda Dourada dos mongóis mantinha várias cidades-fortaleza da Crimeia sitiadas em uma de suas típicas campanhas militares do tipo "faça as coisas do nosso jeito ou mataremos todos, ah, sim, queremos negociar, que tal um pouco de chá". Assim que os mongóis começaram a catapultar cadáveres sobre os muros da cidade de Kaffa, um grupo de comerciantes genoveses decidiu *não* ficar por perto para ver como a batalha terminaria. Eles fugiram — sem muita cerimônia — pelo mar (não antes de levar um último carregamento de escravos de uma cidade onde de repente qualquer pretensão de moralidade havia evaporado).

Como é comum em todos os navios durante toda a história humana, os navios genoveses tinham ratos. O que os genoveses não sabiam é que esses ratos carregavam a peste bubônica. A primeira parada dos genoveses foi Constantinopla, a Singapura da época. No espaço de cinco anos, quase todo o mundo europeu, russo e norte-africano estava lutando contra a pior epidemia da história regional. Em última análise, um terço da população da região foi dizimada, e as densidades populacionais não foram restauradas por 150 anos.²

De toda forma, sem a Peste, poderíamos muito bem ter permanecido *presos na Idade das Trevas*.

Um fato curioso sobre eventos de morte em massa: para aqueles que *não* morrem, a vida... continua. A comida ainda precisa ser cultivada; as ferraduras, modeladas; os celeiros, construídos; a pedra, cortada. Ainda que uma praga não discrimine suas vítimas, no rescaldo haverá disparidades regionais para este ou aquele conjunto de habilidades. Quando a Peste Negra chegou ao fim, muitos locais não tinham um número suficiente de tecelões, carpinteiros ou pedreiros. E, em casos de escassez, surgiram dois cenários.

Primeiro, oferta e demanda: aqueles na profissão afetada experimentaram um *aumento* nos salários, preparando o terreno para o nosso conceito moderno de mão de obra qualificada. Segundo, a necessidade de expandir a produção de tais conjuntos de habilidades levou trabalhadores locais, guildas e governantes a aumentar a produtividade. Alguns fizeram isso treinando novos trabalhadores. Alguns por meio do desenvolvimento de novas técnicas. Outros importando o conhecimento há muito esquecido preservado pelos árabes no rescaldo da queda de Roma.³

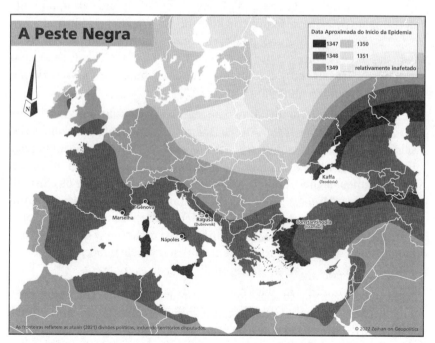

No século XV, tais avanços no processo e no aprendizado haviam atingido o ponto crítico que agora reconhecemos como o Renascimento. Reforçar os avanços no pensamento social, na cultura, na matemática e na ciência culminou não apenas na retomada do desenvolvimento tecnológico após um milênio de escuridão, mas também nos colocou no caminho para outra era tecnológica: a industrial. Entre os *muitos* resultados das amplas expansões no conhecimento e na compreensão do mundo natural estavam métodos cada vez melhores para detectar, isolar e purificar este ou aquele material deste ou daquele minério.

Dezenas de séculos antes, éramos limitados a cobre, chumbo, ouro, prata, estanho, arsênico, ferro e zinco. Ao desvendar os segredos da química e da física, expandimos essa lista para incluir cobalto, platina, níquel, manganês, tungstênio, urânio, titânio, cromo, tântalo, paládio, sódio, iodo, lítio, silício, alumínio, tório, hélio e néon. Assim que descobrimos esses materiais, como separá-los da rocha e purificá-los o suficiente para uso, desenvolvemos a capacidade de agrupá-los novamente e combiná-los sob circunstâncias controladas. Como consequência, na atualidade, temos tudo, de lança-chamas a aço que não derrete se exposto aos referidos lança-chamas; de malhas de cobre, ouro e silício — capazes de disponibilizar mais poder cerebral na palma da *mão* do que toda a *intelligentsia* do mundo medieval — a balões de festa.

LIÇÕES DO PASSADO, APRENDIZADOS PARA O FUTURO

Cada material tem os próprios usos. Cada material combinado com outros tem mais usos. Alguns são isolados. Outros podem ser substituídos. Mas todos compartilham uma característica simples. Sejam usados na construção, na guerra, na urbanização ou na manufatura, *todos* são fruto da Era Industrial. Eles requerem tecnologias da Era Industrial para serem produzidos, transportados, refinados, purificados, ligados e reorganizados em produtos de valor agregado. Se alguma coisa acontecer com a sustentabilidade ou o alcance do conjunto de tecnologias industriais, *todos* simplesmente desaparecerão — e levarão todos os seus benefícios com eles.

Já vimos isso antes. Várias vezes.

Muitos dos impérios passados do mundo lançaram campanhas militares específicas para garantir este ou aquele material, enquanto outros exploraram o controle deste ou daquele material para alcançar o progresso e se tornar algo mais do que suas geografias normalmente permitiriam.

A Polônia tornou-se a principal potência da Europa devido à renda de uma única mina de *sal* (o sal era o único método confiável nos anos 1300 para preservar grandes quantidades de carne ou peixe). A experiência da Espanha com a mina de prata de Potosi estendeu seu domínio como superpotência global em um século. No final dos anos 1800, o Chile guerreou com o Peru e a Bolívia pelo deserto do Atacama e seus ricos depósitos de cobre, prata e nitratos (um componente-chave da pólvora nos primórdios da Era Industrial). A Grã-Bretanha tinha o mau hábito de navegar para qualquer lugar a qualquer *momento* para atacar qualquer *um* que tivesse alguma *coisa* que os britânicos pudessem desejar. Os britânicos tinham uma predileção especial por tomar pontos de acesso como Manhattan, Singapura, Suez, Gâmbia ou Irauádi, locais que lhes permitiam obter uma parte do interessante comércio regional de bens não perecíveis.

Algumas dessas disputas foram um pouco mais recentes.

A Segunda Guerra Mundial foi, em muitos aspectos, uma batalha por insumos. A maioria de nós tem pelo menos um vislumbre das disputas estratégicas que ocorreram por terras agrícolas e petróleo, mas as batalhas por materiais industriais foram tão importantes quanto.

A França tinha minério de ferro, enquanto a Alemanha tinha carvão. Ambos os materiais eram necessários para forjar o aço. Você pode imaginar o problema. A invasão da França pela Alemanha em maio de 1940 resolveu a questão. Pelo menos para Berlim. No pós-guerra, os franceses lideraram a formação da Comunidade Europeia do Carvão e do Aço na tentativa de resolver o mesmo problema com diplomacia em vez de balas. Conhecemos hoje a CECA como União Europeia.

A invasão alemã da Rússia, em junho de 1941, obviamente marcou o fim da aliança germano-russa, mas a primeira grande ruptura na relação ocorreu dezenove meses antes, quando os russos invadiram a Finlândia, ameaçando o acesso alemão à principal fonte de níquel da máquina de guerra nazista, um insumo crucial para o aço de alta qualidade.

Dentre as muitas razões para o domínio do Japão sobre a Coreia no período de 1904 a 1905 estava a obtenção de madeira para uso na construção. A subsequente expansão japonesa no Sudeste Asiático é com frequência — e exatidão — descrita como uma busca por petróleo. Mas as ilhas não eram apenas pobres em energia; elas também não tinham outros materiais industriais centrais, variando de minério de ferro a estanho, borracha, cobre e bauxita, que só poderiam ser obtidos por meio de expansão física.

Em todos os casos, as tecnologias dominantes da época exigiam que cada país tivesse acesso suficiente a todos esses insumos e mais, caso contrário seria dominado por outros.

A lista de materiais "necessários" se expandiu exponencialmente desde 1945... assim como os norte-americanos tornaram o mundo suficientemente seguro para que *todos* tivessem acesso a *tudo*. Isso sugere que a competição de materiais no futuro será muito mais abrangente e multifacetada, e as consequências do não acesso a esses materiais, muito mais graves.

Nenhum desses materiais industriais é distribuído de forma uniforme ao redor do mundo. Tal como acontece com o petróleo, cada um tem a própria geografia de acesso.

É fácil traçar algumas conexões hipotéticas entre prováveis zonas comerciais e imaginar uma África que tenha acesso aos insumos eletrônicos, mas não ao aço, uma Europa com energia nuclear, mas sem tecnologias verdes, ou uma China com baterias convencionais, mas sem capacidade de transmissão de eletricidade. Esses tipos de disparidades *não* serão tolerados.

Haverá disputas por tudo o que é necessário para manter um sistema moderno. Como tal, todas as ferramentas serão válidas. Alguns tentarão comércios baseados em trocas. Outros serão mais... enérgicos em seus esforços.

Minha obsessão com a pirataria faz mais sentido agora? A pirataria *em geral* faz mais sentido? Pensar que todos vamos simplesmente nos recolher em nossas pequenas bolhas, nos contentar e não nos aventurar, ao menos, a *tentar* obter o que não temos é fazer uma leitura muito criativa da história humana. Estamos adentrando um mundo que Jack Sparrow acharia muito familiar. E esse não é um jogo para os fracos.

O maior desses desafios de acesso se somará ao desafio já intransponível de lidar com as mudanças climáticas. Em retrospecto, a geopolítica do petróleo provou-se surpreendentemente... direta. O petróleo existe em volumes comercialmente acessíveis e viáveis em apenas alguns locais. O Golfo Pérsico obviamente nos vem à mente. Podemos não gostar dos desafios inerentes a esses locais, e esses desafios podem ter captado uma parcela descomunal da atenção de todos nas eras industrial e da globalização, mas ao menos nos são familiares. E, o mais importante, o petróleo é praticamente uma solução única.

Definitivamente, isso não funcionará da mesma forma com as tecnologias verdes em um mundo desglobalizado. Ao "abandonar o petróleo", estaríamos deixando para trás um sistema de abastecimento e de transporte complexo, frequentemente violento e sempre crucial, apenas para substituí-lo por *pelo menos mais dez*.

Para cada megawatt de capacidade de geração de eletricidade, as tecnologias verdes requerem duas a cinco vezes mais cobre e cromo em comparação com métodos mais tradicionais de geração de energia, além de uma série de outros materiais que não são utilizados nos atuais sistemas de energia, como manganês, zinco, grafite e silício. E os veículos elétricos? Acha que a guerra pelo petróleo foi ruim? Apenas o trem de força de um veículo elétrico exige seis vezes mais material do que um motor de combustão interna. Se estamos realmente comprometidos com uma transição verde que tornará *tudo* elétrico, nosso consumo desses e de outros materiais deve aumentar em mais de uma ordem de grandeza.

E o que é pior, as cadeias de suprimentos mistas para esses insumos não são tão "simples" quanto as necessárias para o petróleo. Não teremos que lidar "apenas" com Rússia, Arábia Saudita e Irã; todos precisaremos lidar regularmente com Chile, China, Bolívia, Brasil, Japão, Itália, Peru, México, Alemanha, Filipinas, Moçambique, África do Sul, Guiné, Gabão, Indonésia, Austrália, Congo e, sim, claro, Rússia.

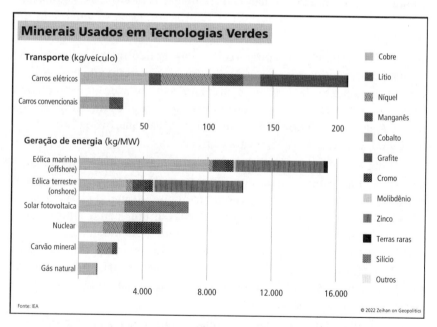

Não só as tecnologias verdes são incapazes de gerar eletricidade suficiente na maioria dos locais para mitigar as preocupações climáticas, como também é risível pensar que a maioria dos locais poderia fabricar os componentes necessários, simplesmente devido à falta de insumos. Em contraste, um produto que *existe* na maioria dos lugares é o carvão mineral de baixa qualidade. O fim da globalização não significa apenas que estamos deixando para trás o ambiente econômico mais positivo da história humana; podemos em breve citar nossas emissões de carbono da década de 2010 como "bons tempos".

ALGUMAS ADVERTÊNCIAS ANTES DE MERGULHARMOS DE CABEÇA

O restante desta parte tem como objetivo explorar quão centrais esses materiais são para o nosso modo de vida. De onde eles vêm. Para que são usados. O que está em jogo em um mundo em deterioração.

Com essa finalidade em mente, por favor, lembre-se de quatro pontos.

Primeiro, é *impossível* tratar de todos os aspectos importantes de *todos os* materiais industriais. Existem literalmente centenas deles em suas formas básicas, que se misturam em milhares de ligas intermediárias e combinações para criar milhões de produtos finais. Vamos nos concentrar nos quinze principais em termos de comércio internacional. Espero que isso seja suficiente para mapear o presente de modo que possamos vislumbrar nosso futuro.

Segundo, *existe* um caminho mais ou menos comum a ser seguido. A história dos materiais industriais modernos é a da industrialização em massa, que se entrelaça com as histórias da Ordem e da China.

A Ordem removeu em grande parte as restrições geográficas de acesso aos materiais. Todos poderiam ter acesso a qualquer item a qualquer momento; assim como em tantos outros setores, a Ordem transformou o conceito de Geografias de Sucesso em um bem comum global. Esse simples fato tem ligado de modo inextricável muitos desses materiais ao insustentável presente da República Popular. A China se tornou o maior importador, consumidor e processador do mundo de muitos desses materiais.

O mundo sobreviverá à queda da China — o mundo dos materiais industriais sobreviverá à queda da China —, mas muitos desses impactos *serão* dolorosos. E muito. E nem todos os impactos serão iguais. À medida que a Era Industrial amadureceu e os materiais industriais se tornaram mais numerosos, distintos e especializados, a geografia de sua produção e processamento importa muito mais agora do que quando era possível simplesmente coletar um pouco de cobre durante um passeio pela floresta.

Terceiro, a industrialização e a Ordem *não* são o fim da história. A partir de cerca de 1980, a condição humana adentrou uma nova era tecnológica: a Era Digital. Assim como a Era do Bronze não poderia ter acontecido sem a da Pedra, a do Ferro sem a do Bronze e a Industrial sem a do Ferro, a digitalização em massa não poderia ter acontecido sem a industrialização em massa. Foi a industrialização que nos permitiu identificar, localizar, minerar, refinar e purificar os materiais que impulsionam a sociedade moderna. Muitas partes do mundo estão à beira da desindustrialização, o que, entre outras coisas, significa que seu acesso aos materiais industriais não perdurará por muito tempo. Talvez mais do que qualquer outro fator, é essa iminente inadequação e incompletude de acesso que dividirá o mundo.

Quarto, nem todas as notícias são (terrivelmente) ruins. A história nos diz que podemos — *talvez* — estar à beira de uma série de avanços significativos na ciência dos materiais. Nas próximas décadas, a falência demográfica em curso ameaça reduzir a população humana em geral em proporções relativas equivalentes ao efeito da Peste Negra. O impacto sobre as populações em idade ativa será ainda maior. Não importa as especificidades que o futuro nos reserva, todos precisaremos sobreviver com menos trabalhadores.

Enquanto vamos descobrindo as nuances dos nossos novos modelos econômicos à medida que avançamos, nossa história sugere fortemente que menos trabalhadores, por definição, significa mão de obra mais cara. Isso, por sua vez, deve incentivar todos a descobrir como tornar essa mão de obra escassa mais produtiva. O impulso à produtividade do trabalho provocado pela Peste Negra nos colocou no caminho dos avanços da ciência dos materiais que possibilitaram e aprimoraram tanto o Renascimento quanto a Revolução Industrial. Nosso declínio demográfico, holístico como é, sugere que um horizonte prateado (ou talvez de platina ou vanádio) pode estar escondido sob as nuvens sombrias que se aproximam.

Essa perspectiva *depende* das partes do planeta que não se desindustrializarem pós-globalização, e é improvável que percebamos essa perspectiva até que seja tarde demais para eu desempenhar qualquer papel direto em um Segundo Renascimento, mas nunca se sabe. O mundo não se cansa de me surpreender.

Portanto, com esses esclarecimentos e essas diretrizes estabelecidos, vamos mergulhar de cabeça.

OS MATERIAIS ESSENCIAIS

O PRIMEIRO MATERIAL É INDISCUTIVELMENTE O MAIS IMPORtante, pois é *o* material de base que torna tudo possível, de edifícios e estradas a torres de telecomunicações: o **minério de ferro**. Independentemente da variedade ou da qualidade, o minério de ferro compreende pelo menos a maioria — e muitas vezes mais de 90% — do material em cada pedaço de aço utilizado pelos seres humanos. Isso torna a compreensão do mundo do minério de ferro muito simples: basta entender a China.

A China está posicionada na exata interseção de duas tendências típicas da era moderna: rápida industrialização e urbanização, de um lado, e hiperfinanciamento — marca registrada da China —, de outro. Toda industrialização e urbanização bem-sucedida exige novas estradas, novos edifícios e novas instalações industriais, que, por sua vez, exigem enormes volumes de aço. O hiperfinanciamento pode ajudar a tornar tudo isso realidade, mas, ao fazê-lo, constrói *tudo* em excesso, não apenas estradas e edifícios, que requerem ainda mais demanda de aço, mas também instalações industriais usadas para fazer o aço em primeiro lugar.

O esforço de industrialização da China provou ser tão grande, tão rápido e tão superfinanciado que a China não é só o maior produtor mundial de aço, o país costuma estar entre os quatro principais *importadores* mundiais de aço, especialmente dos produtos na extremidade superior da escala de qualidade. Mas esse superfinanciamento também significa que a China produz aço com zero consideração pela realidade das necessidades domésticas, e, dessa forma, também é o maior *exportador* de aço do mundo — em especial dos produtos de aço na extremidade inferior da escala de qualidade.

Tudo isso requer uma enorme quantidade de minério de ferro. A China não é só o maior importador mundial do material, tampouco consome mais do que o resto do mundo combinado, a China importa *três* vezes mais do que o resto do mundo combinado. O país *é* o mercado global de minério de ferro. Quanto à produção, a Austrália exporta metade dos volumes globais de minério de ferro, e o Brasil, a metade do restante. Sem surpresa, a China absorve quase todas as exportações dessas potências do hemisfério Sul, bem como grandes parcelas adicionais da Rússia, Índia e África do Sul.

A China também não é a única nação que usa aço; mas é a única onde a economia do aço está fundamentalmente desequilibrada. A maioria dos países usa minério de ferro produzido um pouco mais perto de casa (ou, em muitos casos, *em* casa). Seus estoques são complementados pelo significativo negócio da reciclagem de aço. Aproximadamente 1% dos edifícios no mundo desenvolvido são demolidos a cada ano, e cada pedaço de aço usado em suas estruturas é derretido, reforjado e ganha uma segunda vida. Ou terceira. Ou décima oitava.

O descompasso entre a voracidade da China e o ritmo mais tranquilo da indústria do aço em outros lugares torna a previsão bastante fácil.

A maior parte da produção mundial de minério de ferro provém de países que enfrentarão ameaças de segurança limitadas ou inexistentes conforme o mundo se desglobalizar: em ordem decrescente, Austrália, Brasil, Índia, África do Sul, Canadá e Estados Unidos. No entanto, os países que exportam a maior parte do aço global — em ordem crescente, Ucrânia, Alemanha, Rússia, Coreia, Japão e, sobretudo, China — se encaixam em algum lugar na escala móvel entre "enfrentarão complicações graves" e "estarão totalmente ferrados". O mundo sofrerá uma gigantesca escassez de aço e ao mesmo tempo haverá uma abundância no suprimento de matéria-prima para produção desse aço.

A solução é simples — o mundo precisará de mais capacidade de fundição —, mas é fundamental entender que nem todo o aço é igual. Ao contrário da maioria dos materiais, todo o aço é 100% reciclável, mas o aço reciclado não é igual ao aço virgem.

Pense no aço como se fosse uma folha de alumínio. Você pode amassá-la e esticá-la de novo. Diabos, pode até tentar passá-la a ferro. Depois repetir o processo. O aço reciclado é tão resistente quanto o aço virgem, mas não pode ser tão bonito. Assim, o aço reciclado é usado em vergalhões, vigas I e autopeças, mas o aço novo é usado em aplicações visíveis, como revestimento de eletrodomésticos e telhados.

O aço virgem é feito em altos-fornos movidos a carvão para aumentar o teor de carbono, que torna o aço mais forte. O processo é extremamente rico em carbono, pois, como eu disse, usa *carvão mineral*. Além disso, o forjamento do aço exige não apenas qualquer carvão, mas um derivado de carvão que passou pelo processo de queima de impurezas, chamado carvão coque. Em essência, o carvão tem que ser queimado *duas vezes*.

Altos-fornos semelhantes também *podem* fazer a reciclagem, mas um processo muito mais eficiente é usar algo chamado forno de arco, no qual a sucata de aço é submetida a uma corrente elétrica até que derreta.* Isso significa que a melhor economia para o aço reciclado envolve não apenas segurança física e proximidade com os insumos brutos, mas também eletricidade muito, mas muito, barata.

O vencedor nos três aspectos são os Estados Unidos, com a Costa do Golfo parecendo a mais promissora, pelas três razões: ótimos preços de eletricidade, muitos espaços para instalação industrial — particularmente em locais potenciais de portos — e proximidade com grandes mercados locais e regionais (pense no Texas, na Costa Leste e no México). Adicione amplos suprimentos de carvão e os norte-americanos também poderiam ingressar na produção de aço virgem.

Locais secundários que parecem muito favoráveis para a reciclagem de aço incluem a Suécia (energia hidrelétrica) e a França (energia nuclear). A Austrália tem uma oportunidade maravilhosa de surpreender positivamente e passar do negócio de baixo valor de escavar minério para o negócio de alto valor de forjar aço virgem. "Tudo" que os australianos precisam fazer é reunir o minério de ferro e o carvão de seus locais de produção... que ficam em lados opostos do continente. Se instalarem um mar de painéis solares e turbinas eólicas por todo o ensolarado e ventoso Outback, os australianos poderiam também reciclar aço de forma barata.

Sucessos descomunais nesses quatro países podem não parecer suficientes para manter o suprimento global de aço em seu nível atual. E com razão. Não chegariam nem perto. Mas não consideraremos essa opção como viável, ou mesmo necessária. Um mundo sem a China precisará de menos da metade desse material, e isso sem considerar os prováveis ritmos muito mais lentos de construção e industrialização que definirão o mundo futuro.

Outro material essencial para tudo no mundo moderno é a **bauxita**, a matéria-prima que nos dá alumínio.

O processo de refino de alumínio é bastante simples. A mineração a céu aberto extrai o minério de bauxita, que é então aquecido em solução de hidróxido de sódio para criar um produto intermediário chamado alumina. Esse pó branco parecido com cocaína tem uma variedade de usos em cerâmica, filtros, coletes balísticos, isolamento e tinta. Cerca de 90% da alumi*na* é, então, em essência eletrificada, no estilo *Tubarão* [2], até se tornar alumí*nio,* que pode ser moldado, dobrado e extrudado para se transformar em tudo, desde peças de avião e carro até latas de refrigerante, esquadrias,

---

* #CiênciaÉDemais.

tubulações, estojos e fios — praticamente qualquer coisa em que o baixo peso e/ou a condutividade de baixo custo seja uma preocupação primária. O processo também é bastante previsível, supondo que a matéria-prima seja um minério de qualidade decente: quatro a cinco toneladas de bauxita se tornam duas toneladas de alumina, que se tornam uma tonelada de metal acabado. Como regra geral, as minas de bauxita e as refinadoras de alumina são de propriedade das mesmas empresas, enquanto as fundições de alumínio são entidades completamente diferentes em países distintos.

A China há muito esgotou suas reservas de bauxita de alta qualidade e agora tem uma oferta cada vez menor de minas de baixa qualidade cuja produção requer muito mais filtragem e muito mais energia para gerar muito menos produto final por tonelada de minério. Isso transformou a China em um importador voraz de bauxita de *todos os lugares*. Desde 2021, a China absorve dois terços de toda a bauxita comercializada internacionalmente, e funde cerca de três quintos de todo o alumínio. Ao verdadeiro estilo chinês, a maioria da produção de alumínio da China é quase imediatamente despejada nos mercados internacionais.

Isso é tanto ótimo quanto terrível. É ótimo na medida em que simplifica a compreensão das cadeias de suprimentos: a propensão da China para hiperfinanciamento e construção excessiva faz com que tudo envolva a China, o tempo todo. É terrível no sentido de que a cadeia de suprimentos global de um dos metais mais utilizados do mundo está entrelaçada a um sistema falho. Quando a China ruir, o mundo enfrentará escassez global de alumínio, já que simplesmente não há instalações de fundição suficientes em outros lugares para cobrir mais do que alguns pontos percentuais do deficit pendente.

O problema nem é tanto o acesso à bauxita. O material é proveniente de países que ficarão relativamente bem no sistema pós-globalizado: Austrália produz mais de um quarto das exportações mundiais, enquanto Brasil, Guiné e Índia produzem um décimo cada. Não, o problema é a energia. Da extração ao metal final, a eletricidade representa cerca de 40% do custo total — e essa é uma estatística que leva em conta o fato de que, na maioria dos lugares que fazem a fundição, a energia é ridiculamente barata e/ou fortemente subsidiada. Países com ampla energia hidrelétrica — Noruega, Canadá, Rússia — são participantes importantes.

Essa restrição limita os locais para a instalação de novas fundições. O maior novo participante será um velho conhecido. Graças à revolução do xisto, os Estados Unidos já têm a eletricidade mais barata do mundo. Acrescente alguns dos melhores potenciais de tecnologias verdes do mundo e os preços da energia em grandes partes do país provavelmente *cairão* nos próximos anos. As maiores vantagens competitivas provavelmente serão percebidas no Texas, onde as tendências de geração de energia relacionadas ao xisto e às tecnologias verdes se sobrepõem à grande capacidade portuária para a instalação de uma fundição, ou cinco.

A ampla capacidade hidrelétrica da Noruega, combinada com sua localização logo acima da Europa continental, que só é capaz de suprir um terço de suas necessidades, aponta para uma grande expansão da Noruega. Felizmente — *para todos* — o alumínio é facilmente reciclado. Na Europa, os programas de captação são suficientes para suprir um terço da demanda.

Para a humanidade, o **cobre** é o início de tudo. Fácil de fundir usando algo tão simples quanto uma panela de barro, fácil de moldar com nada mais complicado do que mãos e pedras, o cobre foi o nosso primeiro metal. Às vezes, tínhamos a sorte de encontrá-lo na natureza na forma de *metal*.

Esse caso de amor nunca acabou. Adicione um pouco de arsênico ou estanho e você obtém bronze, metal mais resistente que é melhor para ferramentas. Transforme-o em tubos ou recipientes e as características antissépticas e antimicrobianas naturais do cobre permitem o armazenamento de alimentos e bebidas em longo prazo, a redução de risco de doenças e o prolongamento da vida útil. Avancemos nossa revisão da história até a Era Industrial e descobrimos que o cobre também é um excelente condutor de eletricidade; assim, o material *indispensável* no mundo antigo se transformou em material *indispensável* no mundo industrial.

Atualmente, cerca de três quartos do cobre extraído acabam em algum tipo de aplicação elétrica, desde os fios em suas lâmpadas até os geradores nas usinas de energia, passando pelos semicondutores em seu telefone e pelos ímãs em seu micro-ondas. Um quarto adicional é utilizado na construção, na qual materiais de encanamento e telhado compõem a maior parte. A maior parte do restante é destinada a motores elétricos; com a onda de veículos elétricos se intensificando, precisaremos de *muito* mais cobre nas próximas décadas.

Mas esse é o futuro. Por enquanto, a história é toda da China. Um país grande, com população enorme, industrialização rápida. Como tudo na China exige cobre em grande volume, o país absorve metal e minério do mundo todo, e abriga dez das vinte maiores fundições de cobre do mundo.

Isso significa que os produtores de cobre enfrentam um futuro sombrio, em médio prazo. A demanda por cobre e, consequentemente, os preços estão diretamente relacionados à demanda já bem conhecida dos setores de eletrificação, construção e transporte. Ao remover a China, o país com o mercado maior e em mais rápido crescimento do mundo em todos esses setores, a maioria dos produtores enfrentará anos de operação no vermelho.

A palavra-chave, é claro, é "maioria". Chile e Peru têm as minas de mais alta qualidade do mundo ao longo das muitas falhas geológicas do Deserto do Atacama, minas que também possuem os menores custos operacionais por unidade de produção. Coletivamente, os dois países suprem dois quintos das necessidades globais. O Chile também funde a maior parte do seu próprio minério em metal de cobre, tornando-se o fornecedor de ambos os produtos para o mundo pós-China. É uma sorte que o Chile esteja em uma boa vizinhança do ponto de vista da segurança e seja o país mais politicamente estável da América Latina. É só ter cuidado com os terremotos.

OS MATERIAIS DO FUTURO

O **COBALTO** VAI SER COMPLICADO.

Como todos os materiais, o cobalto tem vários usos industriais menores, particularmente em ligas metálicas, mas todos eles combinados são insignificantes quando comparados à sua grande fonte de demanda: baterias — especificamente o tipo de baterias recarregáveis que são o cerne da transição energética. Os iPhones maiores têm quase 15 gramas cada, enquanto o Tesla médio tem cerca de 23 *quilos*.

Você acha que eletrificar tudo e adotar energias verdes é o único caminho a seguir? Até 2022, o cobalto é o *único* material suficientemente denso em energia para sugerir que poderíamos usar baterias recarregáveis para superar nossos desafios climáticos. Isso é impossível de ser feito — *ou mesmo tentado* — sem o cobalto, e precisaríamos de muito mais cobalto do que temos acesso atualmente. Presumindo que todo o resto permaneça igual (o que, é claro, é uma declaração hilária considerando o tema deste livro), a demanda anual de cobalto metálico entre 2022 e 2025 precisa dobrar para 220 mil toneladas apenas para acompanhar nossas aspirações em tecnologias verdes.

Isso não vai acontecer. Não é possível.

Assim como acontece com a conexão minério de ferro/aço, o refino de minério de cobalto em metal final está totalmente envolvido no modelo de hiperfinanciamento da China. Oito das quatorze maiores fontes de cobalto do mundo são de propriedade chinesa, e quase todo o refino de cobalto ocorre na China (com o Canadá em um muito distante segundo lugar). Como se isso não fosse ruim o suficiente, não existe algo chamado "mina de cobalto". O cobalto é um daqueles materiais complicados formados em momentos e sob condições semelhantes às de outros materiais. Cerca de 98% da produção global de cobalto é gerada como um subproduto da produção de níquel e cobre. A realidade é ainda mais complicada do que isso, porque nem todas as minas de níquel e cobre geram cobalto. Mais da metade do cobalto comercialmente utilizável vem de um único país: a República Democrática do Congo (um lugar quase ditatorial que não é nem uma democracia nem uma república e não está muito longe do colapso). Grande parte *dessa* produção é gerada ilegalmente, com mineiros artesanais (um termo extravagante para descrever indivíduos que pegam uma pá, escalam arame farpado e evitam guardas prontos para atirar apenas para coletar alguns pedaços de minério) vendendo sua produção para intermediários chineses por centavos.

Em um mundo cada vez mais descentralizado, o Congo certamente *não* estará na lista de países que "sobreviverão" e seu futuro provavelmente será uma espécie de anarquia hobbesiana assolada pela fome. E, com o Congo, lá se vai o acesso mundial ao cobalto.

Existem apenas quatro opções para o futuro, e nenhuma delas é agradável. Opção 1: explorar intensivamente o terceiro e o quarto maiores produtores, Austrália e Filipinas. Mesmo com expansões significativas de produção em regiões remotas e geograficamente difíceis, os australianos e filipinos conseguem produzir no máximo um quinto das necessidades do mundo. Os países com os quais os australianos e os filipinos desfrutam de excelentes relações — principalmente os Estados Unidos e o Japão — teriam prioridades, mas então não sobraria quase nada. Isso removeria os países mais capazes de estabilizar o fornecimento global de cobalto da lista de países que se preocupariam com a referida estabilização de suprimentos.

Opção 2: alguém invadir a República Democrática do Congo com muitas tropas e assumir o controle de uma rota para as minas. Infelizmente, o cobalto do Congo não está perto da costa, mas, sim, nas profundezas das selvas do Sul do país. A solução mais rápida seria fazer parceria com a África do Sul e estabelecer um enorme corredor ao longo da coluna dorsal das terras altas do Sul da África. Essa foi exatamente a rota seguida pelos britânicos sob a liderança local de Cecil Rhodes no final do século passado. Depois que a África do Sul conquistou a independência em 1915, Joanesburgo assumiu o projeto e a respectiva linha férrea, mantendo o controle colonial total sobre toda a zona — incluindo as partes que atravessavam o Zimbábue e a Zâmbia, países supostamente independentes. Constantes intervenções imperiais mantiveram a rota aberta até o fim do apartheid no início da década de 1990. Desde então, a linha férrea entrou em acelerado estado de deterioração.

Opção 3: descobrir a química dos materiais de uma bateria melhor que não exija cobalto (ou pelo menos não tanto). Parece bom, e muitos investidores inteligentes estão buscando essa opção, mas isso já vem ocorrendo há anos com poucos avanços significativos.[4] Também é preciso considerar o tempo necessário para a operacionalização. Se de alguma forma conseguíssemos desvendar o segredo de uma bateria melhor enquanto você lê este parágrafo, ainda levaria mais de uma década para desenvolver toda a cadeia de suprimentos para a produção em massa. No melhor cenário, ainda ficaremos dependentes do cobalto pelo menos até a década de 2030.

Opção 4: desistir da eletrificação em massa que a transição para a energia verde diz ser essencial.

Então faça a sua escolha: adote uma abordagem imperialista clássica em vários países a fim de explorar desenfreadamente um material específico enquanto simultaneamente explora ou mata moradores desesperados que tentam obter uma parte da produção, ou viva sem o cobalto e continue dependendo do carvão mineral e do gás natural. O futuro está cheio de escolhas divertidas.

Já que estamos falando de químicas de baterias de baixa qualidade, precisamos mencionar o **lítio**.

O lítio ocupa o terceiro lugar na tabela periódica, o que, entre outras coisas, significa que ele tem apenas três elétrons. Dois desses elétrons estão presos em uma zona orbital chamada camada atômica interna, uma maneira elegante de dizer que eles estão felizes lá e não pretendem ir a lugar algum. Isso deixa apenas um elétron com a capacidade de se movimentar dentro do metal de lítio, saltando de átomo em átomo conforme seus "impulsos". Movimentar elétrons é uma forma um pouco menos técnica de dizer "eletricidade".

Um elétron por átomo de lítio é capaz de fazer isso. O que é bem medíocre. O lítio está entre os materiais menos densos em energia aos quais temos acesso na Terra, uma das razões pelas quais um único Tesla precisa de cerca de 63 *quilos* para funcionar — e o motivo pelo qual fazer uma bateria de lítio sem cobalto é o equivalente em tecnologias verdes a enxugar gelo.

Felizmente, o sistema de fornecimento de lítio é consideravelmente menos desanimador do que o do cobalto. A maior parte do minério de lítio global vem de minas na Austrália ou de lagoas de evaporação no Chile e na Argentina — e nenhuma delas deve enfrentar problemas de produção na pós-Ordem. Mas, semelhante ao cobalto — e ao minério de ferro —, o processamento de verdade, cerca de 80% do total, ocorre na China hiperfinanciada. O futuro do processamento de lítio provavelmente se assemelhará ao do minério de ferro: as linhas de fornecimento de matéria-prima são boas, mas o refino e o valor agregado precisarão acontecer em um novo local onde a energia seja barata. Tal como acontece com o minério de ferro, os Estados Unidos, a Suécia, a França e possivelmente a Austrália parecem locais promissores.

Além disso, é relevante mencionar o fato um tanto perturbador de que a produção de lítio, seu refinamento em metal e a incorporação desse metal nas estruturas das baterias recarregáveis são alguns dos processos industriais mais intensivos em energia já concebidos pela humanidade.

Deixe-me apresentar a você a preocupante matemática das tecnologias verdes.

Uma bateria de íons de lítio típica da Tesla, com capacidade de 100 quilowatts-hora, é fabricada na China, onde a maior parte da energia é proveniente de usinas movidas a carvão. Esse processo de fabricação intensivo em energia e carbono libera 13.500 quilogramas de emissões de dióxido de carbono, o que é aproximadamente equivalente à poluição de carbono liberada por um carro a gasolina convencional ao percorrer 53 mil quilômetros. Esse número pressupõe que o Tesla seja recarregado *apenas* com eletricidade gerada 100% por fontes verdes. Mas, de forma mais realista, a rede elétrica norte-americana é alimentada por 40% de gás natural e 19% de carvão. Esse perfil mais tradicional de geração de eletricidade aumenta o ponto de "compensação de carbono" do Tesla para 88.500 quilômetros. No mínimo, isso indica um exagero do quão ambientalmente amigável um veículo elétrico pode ser. A maior parte dos carros, incluindo os veículos elétricos, é utilizada durante o dia, o que significa que eles são recarregados à noite, quando a energia solar não pode fazer parte das fontes energéticas da eletricidade.[5]

Mas, por enquanto, lítio e cobalto são tudo o que temos. Até o momento, eles são os únicos materiais que conhecemos o suficiente para produzir baterias recarregáveis em escala. *Sabemos* que o caminho "verde" em que estamos é insustentável. Mas não temos um melhor para considerar até aprimorarmos nossa ciência dos materiais.

A **prata** é a grande heroína anônima da era moderna. Seus usos óbvios incluem joias, utensílios de mesa refinados e reservas monetárias governamentais, mas a prata também é usada em quantidades frequentemente imperceptíveis em tudo, desde eletrônicos até fotografia, catalisadores, produtos farmacêuticos, torres de telecomunicações, motores a jato, galvanização, painéis solares, espelhos, instalações de dessalinização, teclados e revestimentos reflexivos em vidro. Se nossa ciência de materiais de tecnologias verdes avançar o suficiente para tornar baterias melhores ou linhas de transmissão de energia de longo alcance uma realidade, a prata certamente será essencial para os supercondutores que farão essas tecnologias funcionarem.

Em termos de oferta, há boas e más notícias. Primeiro as más... A hiperindustrialização e o hiperfinanciamento da China tiveram impactos semelhantes no mundo da prata e no mundo dos materiais industriais. Grande produção local, grande importação de minérios, grandes volumes de processamento em metais e grandes exportações.

Agora as boas notícias. Aproximadamente um quarto da produção de prata vem de minas de prata dedicadas, enquanto o restante é coproduzido com chumbo, cobre *ou* zinco. O metal de prata — particularmente o proveniente de joias — também é altamente reciclável. Em termos de extração, processamento, refino *e* reciclagem, o ciclo de produção da prata é bem distribuído geograficamente. Assim, apesar de a China ser um grande — na verdade, o maior — participante em todos os estágios do suprimento de prata, está longe de ser o principal, e não está em posição de ameaçar excessivamente o suprimento de prata para os outros países, seja pela força ou pela fragilidade de sua produção.

OS MATERIAIS ETERNOS

OS SERES HUMANOS SEMPRE AMARAM **OOOOURO**! SUA RESIStência à corrosão o tornou útil para joalheiros desde a época dos primeiros faraós. Essa associação com riqueza, combinada com seu brilho duradouro, tornou-o um eterno favorito como reserva de valor e apoio às moedas até a era moderna. Até as guerras mundiais e o surgimento do dólar dos Estados Unidos, o ouro era o lastro para os sistemas econômicos na maior parte dos países. E, mesmo na era da supremacia do dólar dos EUA, o ouro geralmente ocupa o terceiro ou quarto lugar nas reservas da maioria dos países.

Na era moderna — mais especificamente na Era *Digital* —, encontramos também usos mais prosaicos. A combinação entre a imunidade do ouro à corrosão e a sua alta condutividade elétrica lhe confere aplicações especializadas no setor de semicondutores, tanto para o gerenciamento de energia quanto para a transmissão de informações.

Tem usos industriais? Sim. Usos pessoais? Sim. Usos governamentais? Sim. Alto valor? Sim. Reserva de valor? Sim. É bonito? Sim e sim! E, ainda *assim*, o ouro é muito inepto. Quase único dentre todos os materiais que a humanidade usa, praticamente não há oportunidade para metalurgia útil ou valor agregado.

Você não mistura ouro com um material melhor para obter melhor condutividade, porque o ouro já é *o melhor* condutor. Você não o mistura com um material inferior para degradar sua condutividade, porque você pode obter o mesmo resultado com substitutos mais baratos. A única vez em que o ouro é ligado a outro material é na fabricação de anéis para que resista à deformação. Além disso, o ouro é o que é. Ou ele é o *único* material usado em um produto ou seu uso perde o sentido. Esses usos perfeitos são tão limitados que as medalhas de premiação esportiva entram na lista dos dez principais usos em termos de demanda anual.

Isso torna sua cadeia de suprimentos... simples. O minério é extraído, purificado, transformado em metal puro, e... pronto. Bem, falta apenas um pequeno detalhe.

A única maneira, não só de adicionar valor, mas de acrescentar um toque de classe, é ter alguém em quem você confie, alguém que você respeite — alguém de *prestígio* — para transformar o metal de ouro em barras elegantes e comercialmente negociadas, como aquelas que vemos nos filmes do James Bond e imaginamos abarrotar as paredes de Fort Knox.*
Refinadores e recicladores transportam o ouro de *avião* para essa etapa final de "prestigificação"; nada de lentas viagens de navios para o ouro. Esses caras de prestígio derretem tudo, verificam a pureza, moldam essas barras icônicas e colocam seus selos pessoais de garantia no produto final. Os mais relevantes nesse processo são da Suíça ou dos Emirados. Como eu disse: caras de *prestígio*.[6]

A China vem tentando se inserir nessa etapa final há décadas. À primeira vista, parece que a China tem uma chance: o país *é* a maior fonte mundial de minério de ouro e abriga muitas refinarias intermediárias. Mas a China costuma atrair clientes em busca de produção em massa e falsificação, não de exclusividade e autenticidade. A menos que ocorra uma série de acidentes extremamente infelizes que eliminem a maioria dos caras de prestígio mencionados, a China não entrará nessa fase da indústria.

Em um mundo sem a China, o maior impacto seria no fluxo de minério, e isso não seria tão prejudicial para o ouro quanto para o resto. Talvez a característica mais valiosa do ouro seja que ele é o que é; *nunca* se deteriora. Dependendo das circunstâncias econômicas gerais, o ouro proveniente da reciclagem representa de um sexto a *metade* da "produção", e esse número aumenta em tempos de estresse econômico. A dura realidade da desglobalização certamente vai incentivar muitas pessoas a derreter seus anéis de formatura. Com uma cadeia de suprimentos global, um processo de refino simples e a produção de barras de ouro, que é de longe a mais técnica, sendo realizada em outro lugar, a China pode ser facilmente excluída de toda a cadeia de suprimentos sem causar danos.

O **chumbo** sempre foi uma substância mágica. Fácil de minerar. Fácil de refinar. Fácil de moldar. Fácil de ligar a outros materiais. Fácil de incorporar em qualquer mistura química para exacerbar quaisquer propriedades desejadas. O chumbo é particularmente resistente à corrosão pela água. Em meados da Era Industrial, ele era usado em carros, tintas, telhados, vidros, tubos, esmaltes, revestimentos e gasolina.

No entanto, o chumbo tem apenas um lado negativo: *ele nos ENLOUQUECE!* A toxicidade do chumbo gera uma série de complicações de saúde no cérebro, incluindo comportamentos dissociativos e violentos. Nos Estados

---

* A propósito, é exatamente assim.

Unidos, o chumbo começou a ser eliminado dos organismos da população na década de 1970, com a proibição sistemática de seu uso produto a produto. Ao longo do meio século seguinte, os níveis ambientais de chumbo no *ar* do país foram reduzidos em mais de 90%. Ao mesmo tempo, os índices de crimes violentos diminuíram de máximas históricas para mínimas históricas. Correlação? Com certeza. Causalidade? Digamos apenas que é uma forte possibilidade.[7]

Uma vez que o chumbo é removido de tudo que pode ser ingerido, seus usos remanescentes são pouquíssimos: algumas ligas metálicas (que não entram em contato com as pessoas), munição (um produto para o qual a toxicidade do chumbo pode até ser percebida como um bônus) e um pouco em cerâmica e alguns produtos de vidro. Mas o grande destaque é a bateria convencional de chumbo-ácido, um componente-chave em quase todos os veículos motorizados, independentemente do tamanho. As baterias anteriores a 1970 consumiam menos de um terço de todo o chumbo. Agora absorvem mais de quatro quintos.

Isso torna o chumbo um tanto peculiar do ponto de vista da cadeia de suprimentos.

Em países avançados que têm culturas automobilísticas há décadas, o processo de substituição de baterias inclui a disposição do material para reciclagem. Nos Estados Unidos e em países semelhantes, cerca de 90% das necessidades de chumbo são supridas por produtos de chumbo reciclado.

Em países de industrialização mais recente, com a China no topo da lista, o processo é menos... formal. A maioria das baterias de carros chineses é *recolhida*, mas apenas um terço é oficialmente *reciclada*. O resto parece acabar alvo da onipresente falsificação do país e simplesmente obtém novos rótulos antes de ser vendido como produto novo.* Considerando que baterias de chumbo velhas e excessivamente usadas tendem a vazar, e que o chumbo ainda é muito tóxico, isso não é nada bom.

Em todo caso, essa reciclagem em massa de chumbo significa que o mundo desenvolvido seguirá em frente sem perder o ritmo. E, se a China não conseguir acessar o minério de chumbo importado, ao menos poderá se consolar com o fato de que um programa de reciclagem aprimorado resolveria grande parte das restrições de oferta e proporcionaria ambientes de vida mais saudáveis.

Então, chegamos ao mol-bu-dê-nio, mol-bi-dê-nio, moli-bu-dê-nio, mas que droga, **M-O-L-I-B-D-Ê-N-I-O** — vamos apenas chamá-lo de "moly".

---

* Digo "parece" porque os falsificadores não costumam compartilhar seus dados de produção.

Deixando de lado o nome complicado, o moly é um daqueles materiais de que a maioria de nós nunca ouviu falar, e por um bom motivo. Ele não costuma aparecer em coisas triviais como um para-choque de carro ou uma maçaneta de porta. O moly é valorizado por sua capacidade de resistir a temperaturas extremas sem sofrer alterações significativas. Não estamos falando de temperaturas extremas como o verão de Las Vegas, mas, sim, de temperaturas extremas de um ataque com napalm. Se utilizado corretamente, o aço ligado com molibdênio se torna praticamente uma superliga, um material que mantém todas as suas características normais mesmo quando está perto de seu ponto de fusão real.

Os militares *adoram* usar molibdênio em armaduras, aeronaves e canos de rifles. No setor civil, o moly costuma ser utilizado em equipamentos e motores industriais de alta qualidade, assim como em tipos de aços inoxidáveis que precisam ser tão resistentes quanto fisicamente possível, seja em construção, gaiolas de proteção para carros, facas de cozinha asiáticas de alta qualidade ou lâmpadas de altíssima qualidade. Em forma de pó, o moly é usado para... fertilizar couve-flor?[*]

O futuro do moly parece estar garantido. Ele é produzido em uma série de etapas, frequentemente diferentes para cada tipo de minério de origem, muitas vezes em instalações distintas, geralmente no hemisfério ocidental, e com frequência é associado às fundições de aço específicas que produzem as ligas. O resultado é um sistema de fornecimento muito mais segmentado e resistente à integração vertical do que algo como bauxita. E não há risco de estrangulamento chinês.

---

[*] Sim, e não tenho mais nada a dizer sobre isso.

OS MATERIAIS EXÓTICOS

A **PLATINA** ACABADA É MUITO BONITA E, COMO TAL, COSTUMA ser muito usada em joias de alta qualidade (tal como a minha aliança de compromisso que significa "você é meu para o resto da vida, então não tente nada estúpido"). Outros **metais do grupo da platina** — por exemplo, paládio, ródio e irídio — não são nem de perto tão brilhantes, mas isso não significa que não sejam extremamente úteis.

Todo o grupo é destaque em qualquer coisa que exija a facilitação ou a regulação de reações químicas. Esses usos incluem, entre outros, sistemas de escape de qualquer processo que envolva a queima de algo para diminuir a toxicidade de perfis de emissão; revestimentos para impedir corrosão (especialmente em altas temperaturas); procedimentos dentários (com o tempo, os dentes e a saliva humanos conseguem destruir quase todos os materiais); e qualquer produto que precise promover ou inibir seletivamente o fluxo de eletricidade, principalmente semicondutores de todos os tipos.

Cerca de três quartos dos metais do grupo da platina (PGMs, na sigla em inglês) do mundo são provenientes de um único país — África do Sul —, onde quase tudo vem de uma única formação rochosa, o Complexo Ígneo de Bushveld. Imagine que uma criança de 6 anos fez um bolo de vinte camadas e de alguma forma conseguiu injetar cobertura de baixo para cima, adicionando alternadamente camadas internas de cobertura e... explosões de cobertura. Agora imagine tudo isso com magma.

Assim é a região do Bushveld. Uma anomalia geológica estranha que, até onde sabemos, não existe em nenhum outro lugar da Terra, mas sua combinação peculiar de consistência e variação a tornou, possivelmente, o depósito mineral *mais* valioso já descoberto pela humanidade. O Bushveld praticamente cospe cromo, minério de ferro, estanho e vanádio, mas os sul-africanos simplesmente ignoram esses depósitos de primeira linha para buscar o que *realmente* importa: os minérios do grupo da platina que existem lá — e somente lá —, em um estado puro, sem mistura com outros minérios de menor valor. Minérios de menor valor, como... o titânio.

OS MATERIAIS EXÓTICOS

Em todos os outros lugares onde os PGMs são encontrados, eles são um subproduto de outros minérios, mais comumente cobre e níquel. Depois da África do Sul, a Rússia é de longe o maior produtor do mundo, com quase um quinto dos PGMs globais sendo extraídos de Norilsk, uma colônia penal ártica construída pelos soviéticos, onde os operários trabalham a mais de um quilômetro de profundidade. Tantas coisas deram terrivelmente errado em Norilsk nos últimos anos que o local inteiro é uma mistura entre uma zona de alta contaminação e um inferno inóspito e congelante.

Os 5% restantes são provenientes da combinação da produção dos depósitos que estão entre a terceira e a última posição.

Mesmo que você consiga obter o minério apropriado, ainda não estará livre dos problemas: são necessárias no mínimo sete *toneladas* de minério e seis *meses* de trabalho para extrair uma *única* onça-troy de platina ou de seus metais irmãos.

Em termos mais simples, se você deseja platina ou seus metais irmãos, terá que lidar com os sul-africanos ou com os russos, caso contrário provavelmente ficará sem nada. E, se ficar sem esses metais, em um dia limpo e com vento, a emissão do escapamento do seu veículo será mais nociva do que a mais terrível poluição do ar já registrada. Um fato muito raro: a China não está entre os cinco principais produtores, importadores ou exportadores de nenhum dos PGMs brutos ou acabados. As tecnologias que utilizam os PGMs simplesmente estão além das capacidades dos chineses.

Os **elementos de terras raras** são ao mesmo tempo muito complicados e muito simples.

Complicados porque não há apenas uma "terra rara". Como a palavra "elementos" sugere, terras raras são uma categoria de materiais que incluem lantânio, neodímio, promécio, európio, disprósio, ítrio e escândio, entre outros. Complicados porque as terras raras são usadas em quase tudo na era moderna, de óculos de sol a turbinas eólicas, computadores, ligas metálicas, luzes, televisores, refino de petróleo, carros, discos rígidos de computadores, baterias, smartphones, aço e lasers.[*] Complicados porque a vida moderna *não é possível* sem eles. Complicados porque as terras raras são produzidas pelo decaimento do urânio, ou... adivinha só... pela *explosão de estrelas*.

No entanto, as terras raras são simples. Simples porque vários de seus elementos não são raros; o cério é mais comum na crosta terrestre do que o cobre. Simples porque os minérios de terras raras são muitas vezes um subproduto de muitos outros tipos de mineração. Simples porque sabemos exatamente como retirar cada elemento de terras raras do minério misto

---

[*] *"pew pew"*

de onde é extraído, e simples porque o problema é que ninguém *quer* fazer o trabalho.

Há duas questões.

Primeira, o processo de refino requer centenas — e em alguns casos milhares — de unidades de separação, um termo extravagante para tanques, em sua maioria de ácidos, que lentamente ajudam cada elemento individual a se soltar de seus irmãos de densidade semelhante. Além de ser incrivelmente perigoso, mesmo que tudo funcione bem, as refinarias acabam com muitos produtos residuais. Afinal, a principal fonte de terras raras no planeta Terra é a partir do complicado e radioativo decaimento do urânio. Nada disso é novidade para os profissionais do setor. As técnicas de extração de terras raras remontam a antes da Segunda Guerra Mundial. E não há segredos comerciais.

Segunda, a China fez todo o trabalho sujo para o resto de nós. Em 2021, cerca de 90% da produção e do processamento global de terras raras eram na China. As regulamentações ambientais chinesas fariam o mais permissivo dos legisladores ambientais corar, enquanto os esquemas chineses de hiperfinanciamento e subsídio significam que nenhuma produção em qualquer outro lugar do mundo é capaz de competir em números. No final dos anos 1980, os chineses começaram a produzir terras raras em massa e, na década de 2000, praticamente desbancaram do negócio todos os outros produtores. De alguns pontos de vista, os chineses nos fizeram um favor. Afinal, eles assumiram toda a poluição e todo o risco, ao mesmo tempo em que forneceram ao mundo metais refinados de terras raras a cerca de um quarto do custo pré-1980. Sem esse suprimento amplo e barato, a Revolução Digital teria tomado um rumo muito diferente. Computação e smartphones para as massas poderiam nunca ter ocorrido.

A questão é se o mundo se tornou irreversivelmente dependente da produção chinesa e se o desaparecimento repentino dessa produção — seja devido ao colapso ou à arrogância chineses — condenaria toda a humanidade. Nos anos 2000, a China ameaçou publicamente empresas japonesas (e implicitamente empresas norte-americanas) com cortes no fornecimento de terras raras pela primeira vez.

Quanto a essa preocupação meu voto é "não". Primeiro porque o verdadeiro valor das terras raras não está no minério (que é bastante comum) nem mesmo no refino (esse processo foi aperfeiçoado há quase um século), mas, sim, em transformar os metais de terras raras em componentes para produtos finais. Os chineses são, na melhor das hipóteses, medíocres nessa etapa. Apesar de a China assumir todos os riscos e subsidiar toda a produção, são empresas não chinesas que fazem a maior parte do trabalho de valor agregado e colhem a maior parte das recompensas.

Segundo porque, como o minério não é raro, o processamento não é um segredo e as primeiras ameaças chinesas ocorreram há mais de uma década, já existem instalações de mineração e processamento "reservas" na África do Sul, nos Estados Unidos, na Austrália, na Malásia e na França. Elas apenas não são muito ativas, pois o material chinês ainda está disponível e ainda é mais barato. Se as terras raras chinesas desaparecessem dos suprimentos globais amanhã, as instalações de processamento reservas começariam a operar de imediato e provavelmente seriam capazes de suprir toda a exportação chinesa dentro de alguns meses. No máximo, em um ano. E qualquer empresa que usa terras raras, administrada por qualquer um que não seja um completo idiota, já tem meses de estoque de terras raras. Sim, haveria muitos contratempos. Mas o Armagedom não estaria entre eles.

As terras raras são um grande exemplo do mundo apenas esperando que a China caia e, pela primeira vez, estando realmente preparado para isso.

OS MATERIAIS CONFIÁVEIS

O **NÍQUEL** É UM DAQUELES MATERIAIS QUE TÊM POUCOS USOS por si só, mas que fazem parte de um único processo com um único material complementar que o torna absolutamente essencial para todos os setores econômicos. O aço comum entorta, enferruja, é corrosível, deformável e perde parte de sua coerência com altas ou baixas temperaturas. Mas adicione cerca de 3,5% de níquel e um pouco de cromo à mistura de aço, e você obtém uma liga que é mais resistente e elimina em grande parte essas preocupações. Conhecemos informalmente esse produto como "inoxidável" — a espinha dorsal de praticamente todo o aço usado em todas as aplicações. A fabricação de aço inoxidável representa mais de dois terços da demanda global total de níquel. Outras ligas metálicas de níquel representam um quinto adicional. Um décimo é utilizado em eletrodeposição, e o restante é destinado a baterias.

Como seria de esperar, a China é o maior importador, refinador e usuário de minério de níquel do mundo, mas a natureza onipresente do aço em tudo e em *todos os lugares* significa que nem mesmo a industrialização e urbanização temerárias e em larga escala da China são capazes de dominar *todo* o mercado. Ao contrário do alumínio, onde grande parte do metal acabado resultante é exportada, a maior parte do minério de níquel que os chineses refinam e misturam ao aço é usada internamente. Assim, enquanto o impacto da China no mercado de alumínio é um problema com letra maiúscula que destruiu a capacidade dos concorrentes em todo o mundo, o comportamento dos chineses em relação ao aço associado ao níquel gera "apenas" distorção.

O níquel é um daqueles materiais raros em que o colapso do comércio global não resultará automaticamente no colapso do mercado. Quatro dos cinco principais produtores — Indonésia, Filipinas, Canadá e Austrália — têm mercados alternativos para suas vendas de níquel em suas próprias regiões. O último dos cinco primeiros — o território francês da Nova Caledônia — tem alta probabilidade de ver sua produção despencar devido a debates internos, acerca de ser uma colônia fracassada ou um país fracassado, que sobrepujam qualquer outro pensamento.

A posição de número seis vai para a Rússia, que produz quase todo o seu níquel a partir de um único complexo perto da pavorosa cidade de Norilsk. Adicione as complicações geopolíticas, financeiras, demográficas e de transporte da Rússia, e eu não contaria com Norilsk para ser uma importante fonte de suprimentos globais de metais daqui a algumas décadas.

Somando tudo, o mercado de níquel pode realmente alcançar algo com que grande parte do mundo futuro em breve se tornará eminentemente *des*familiarizado: equilíbrio.

Não vou me preocupar com os usos mais triviais para o **silício**. O silício utilizado na produção de vidro é geralmente obtido a partir de areia comum. A purificação é necessária, obviamente, mas nós descobrimos o processo para isso quase dois milênios antes de Roma, e nos tempos modernos não é necessária uma base industrial particularmente sofisticada para produzir vidro em grande volume. Tampouco vou analisar o outro grande uso da "areia" — parte do processo de produção de petróleo não convencional (também conhecido como "fracking" ou fraturamento hidráulico). Após alguns anos, as empresas de serviços de petróleo descobriram que qualquer areia básica funciona muito bem. Em vez disso, vamos nos concentrar nos produtos de silício que possuem um valor agregado mais elevado e são mais essenciais para o dia a dia na vida moderna.

Primeiro as boas notícias... As notícias *realmente* boas. O silício é extremamente comum, representando algo em torno de um quarto da crosta terrestre. Normalmente, pensamos no silício como areia porque logo o associamos emocionalmente às praias e aos lagos, mas na realidade a maior parte do silício do mundo está aprisionada em rochas de quartzo e sílica. Essas rochas são muito melhores do que a areia da praia porque não estão contaminadas com algas, plásticos, agulhas hipodérmicas ou urina. Se você pretende produzir vidro, uma pureza de 98% é boa, mas o grau mais baixo absoluto para o silício como um insumo industrial real é de 99,95% de pureza. Atingir esse patamar requer um alto-forno, que geralmente consome muito carvão mineral. No geral, o processo não é tão complicado — basicamente, basta aquecer o quartzo até que tudo que não seja silício queime —, o que significa que cerca de 90% desse processamento na primeira etapa tende a ser feito em locais como Rússia e China, países com grande capacidade industrial excedente que não dão a mínima para as questões ambientais.

Esse nível de qualidade é mais do que suficiente para a maioria dos usos do silício. Aproximadamente um terço da produção acaba em itens que conhecemos como sil*icones* — uma categoria ampla que inclui tudo, desde selantes, utensílios de cozinha, vedação e revestimentos até seios falsos — e sil*icatos*, usados em cerâmica, cimento e vidro. Quase metade é ligada com alumínio para fazer os sil*umins*, material com nome criativo que substitui em grande parte o aço em qualquer produto onde a grande redução de peso é mais importante do que a capacidade de resistir a um projétil de tanque, principalmente em estruturas de trens e automóveis.[8]

Esses produtos são importantes e onipresentes, mas não são a parte mais interessante. *Essa parte* vem das duas últimas categorias de produtos.

A primeira delas são os painéis solares. A pureza de 99,95% do silício "padrão" não é suficiente. Uma segunda rodada no alto-forno obtém o silício com nível de pureza de 99,99999%.* A segunda rodada é muito mais sofisticada do que a primeira. O GCL Group da China é a única empresa chinesa capaz de executar essa precisão em escala, tornando-se responsável por um terço do suprimento global. O resto vem de algumas poucas empresas do mundo desenvolvido. Esse silício puro é incorporado nas células solares responsáveis pelo funcionamento dos painéis solares, sendo mais frequente que o trabalho de montagem seja feito na China.

A segunda são os semicondutores, com o silício sendo de longe o maior insumo em volume. E, como alguns dos semicondutores mais recentes são moldados quase no nível atômico, o silício deve ter um nível de pureza de 99,99999999%.** Isso é *impossível* de ser feito na China. Depois que uma empresa de primeiro mundo faz esse silício de grau eletrônico, ultrapurificado, ele é enviado para algum lugar da orla do Leste Asiático para ser derretido em uma cuba de sala limpa e cultivado em cristais que formam a base de toda a fabricação de semicondutores.

Em um mundo pós-globalizado, todo esse vai e vem e vem e vai, em que a maioria dos processos passa pela China ao menos duas vezes, não será *nada bueno*. Espera-se que os chineses e os russos sejam amplamente eliminados do processamento global simplesmente devido a questões de segurança e simplicidade da cadeia de suprimentos. Qualquer item que não esteja relacionado a energia solar e eletrônicos deve ficar mais ou menos bem. O trabalho básico não é tecnicamente desafiador.

As boas notícias terminam aí. Cerca da *metade* da população do planeta pode dizer adeus à ideia de painéis solares. O problema não é o

---

* São *sete* 9s.

** São *dez* 9s.

quartzo. Nós já produzimos quartzos de qualidade solar na Austrália, Bélgica, Canadá, Chile, China, França, Alemanha, Grécia, Índia, Ilhas Maurício, Noruega, Rússia, Tailândia, Turquia e Estados Unidos. O problema é a purificação: ela é feita apenas na China, no Japão, nos Estados Unidos, na Alemanha e na Itália.

Mas o *verdadeiro* problema serão os semicondutores. Cerca de 80% do quartzo de alta qualidade do mundo que, em última análise, compõe o silício de grau eletrônico vem de uma única mina na Carolina do Norte. Quer se manter moderno? *Terá* que se dar muito bem com os norte-americanos. Em breve, eles terão algo que nunca tiveram: controle de recursos sobre *o* material básico da Era Digital. (Eles também vão se sair muito bem dominando o setor geral de semicondutores de alta qualidade, mas esse colapso específico será tratado mais adiante.)

O **urânio** é um tanto incomum, pois, até recentemente, uma das principais fontes de demanda de urânio era destinada aos esforços para explodir o planeta com o apertar de um botão. A humanidade certamente ainda tem problemas e, com o fim da Ordem, terá *muitos* mais, mas ao menos ninguém terá dezenas de milhares de ogivas atômicas estratégicas. A realidade é ainda melhor do que parece. A partir de 1993, os norte-americanos e os russos começaram não só a separar as ogivas dos sistemas de entrega, mas também a remover os núcleos de urânio dessas ogivas e convertê-los no tipo de material que pode ser transformado em combustível para usinas nucleares. Quando esse programa de transformação de megatons em megawatts foi concluído em 2013, os dois países haviam transformado cerca de 20 *mil* ogivas, deixando cada um com "apenas" cerca de 6 mil ogivas.

Ótimo para a paz global? Seguramente! Mas o esforço distorceu o mercado de urânio. Os norte-americanos e os russos utilizaram o programa de transformação de ogivas em combustível para alimentar reatores nucleares civis. Nos Estados Unidos, esse material proveniente das ogivas convertidas alimentou 10% da rede elétrica por quase duas décadas, e, como grandes partes do combustível nuclear são recicláveis, o mercado de urânio permanecerá distorcido por décadas.

Se você não é norte-americano ou russo, sua única fonte de combustível para energia nuclear é obter minério de urânio, transformá-lo em um pó chamado "yellowcake", aquecê-lo até o estado gasoso para separar o urânio do minério indesejado e processar esse gás de urânio em uma série de centrífugas para separar parcialmente os diferentes isótopos de urânio. Essa separação parcial gera uma mistura de urânio de uso civil que contém aproximadamente 3-5% de material físsil, que pode ser processado em barras de combustível para reatores de energia. Se você aumentar o nível de fissibilidade para os 90% de uma ogiva, é provável que o governo dos Estados Unidos organize uma festa surpresa com nervosos soldados das Forças Especiais e munições bem reais e precisas.

Em um mundo pós-Ordem, o urânio provavelmente se tornará *mais* popular como combustível energético. Enquanto uma usina de energia a carvão de 1 gigawatt requer 3,2 *milhões* de toneladas métricas de carvão por ano, uma usina nuclear de 1 gigawatt requer apenas 25 toneladas métricas de urânio enriquecido para geração de energia, tornando o urânio o único insumo da eletricidade que teoricamente poderia ser *aerotransportado* para o usuário final.

Também é improvável que ocorra um grande abalo na frota nuclear civil do mundo, pelo menos não um causado por restrições de acesso. Os quatro principais países geradores de energia nuclear são Estados Unidos, Japão, França e China. Já falamos sobre os Estados Unidos. O Japão e a França têm capacidade para suprir suas necessidades sem assistência externa. O urânio da China vem dos vizinhos Cazaquistão e Rússia. Então, enquanto *houver* China, ela será capaz de obter urânio.

Os locais que enfrentam o maior risco no acesso a suprimentos suficientes são as potências médias que não têm capacidade militar para obter os próprios insumos e vivem em locais geográficos que inviabilizam remessas seguras — Suíça, Suécia, Taiwan, Finlândia, Alemanha, República Tcheca, Eslováquia, Bulgária, Romênia, Hungria, Ucrânia e Coreia. A probabilidade de falta de suprimentos aumenta à medida que avançamos na lista.

O humilde **zinco** está conosco há muito tempo. O minério de zinco é frequentemente encontrado misturado ao cobre, e a fundição dos dois juntos gera o latão. Produzimos esse material (de forma intencional) há pelo menos 4 mil anos, embora só tenhamos compreendido a físico-química desse processo no último milênio (íons de cobre e zinco podem se substituir na estrutura cristalina das ligas metálicas).

O que é único sobre o zinco não é sua resistência à corrosão — na verdade, ele corrói com muita facilidade —, mas, sim, *como* ocorre essa corrosão. A camada externa de um objeto de zinco oxida rapidamente, formando uma pátina que impede que o oxigênio penetre mais profundamente. *Voilà!* A corrosão gera proteção! Em algumas aplicações, o zinco só precisa estar *presente*, sem de fato estar ligado a todo o objeto de metal. Parafuse ou prenda um disco de zinco no leme de um navio ou em um tanque de propano enterrado, por exemplo, e o zinco se corroerá completamente enquanto protege o tanque ou o leme. Eu sei! É incrível!

Avancemos rapidamente para a compreensão dos processos elétricos e químicos da Era Industrial e aprimoramos o uso do zinco em uma ampla gama de produtos.

As mesmas características elétricas que protegem o tanque de propano mencionado fazem do zinco o componente preferido para baterias alcalinas. Ainda usamos muito o latão com alto teor de zinco, pois ele é mais fácil de trabalhar e mais resistente que o cobre, ao mesmo tempo em que mantém as características mágicas do zinco no controle de corrosão. Ele é útil em tudo, desde torres de celular até encanamento e trombones. O zinco não só se combina sem complicações com o cobre, tornando-se um eterno favorito em produtos que são laminados a frio em chapas ou fundidos por injeção. Ele também é útil para revestir aço e outros metais industriais. Como decidimos evitar o chumbo o máximo possível, o zinco assumiu o posto de substituto seguro e confiável.

O maior uso — para onde destinamos cerca de metade do nosso zinco — é em processos de galvanização, onde adicionamos a pátina de zinco. Esse é um passo particularmente eficaz na proteção de metais contra os efeitos corrosivos do clima e da água do mar. Tais usos estão presentes em praticamente todos os metais que *vemos* no dia a dia: carrocerias de automóveis, pontes, grades de proteção, alambrados, telhas de metal e assim por diante. De modo geral, o zinco é o nosso quarto metal favorito em termos de uso, atrás apenas do aço, do cobre e do alumínio. E permanecerá nessa posição pelas próximas décadas.

O zinco é altamente reciclável. Aproximadamente 30% da produção de zinco é proveniente de material reciclado, e cerca de 80% de todo o zinco é capaz de ter uma segunda vida. Ele é encontrado sozinho e junto com chumbo em muitos lugares ao redor do mundo. A China é o maior produtor, claro, mas quase todo o zinco chinês é destinado ao consumo interno. Peru, Austrália, Índia, Estados Unidos e México completam a lista dos seis maiores produtores. O resultado é um sistema de fornecimento amplamente diversificado e com origens variadas, que oferece zinco a um preço mais baixo do que metais mais conhecidos, como o cobre. Em um mundo com sistemas de fornecimento quebrados, pelo menos ainda teremos zinco.

Materiais Industriais

Material	Valor da Produção (Milhões de USD$)	Usos Primários	Fontes Primárias	Consumidores Primários*
Minério de Ferro	280.375	Aço	Austrália (38%), Brasil (17%)	China (73%), Japão (6%), Coreia (5%)
Bauxita	4.160	Alumínio	Austrália (30%), Guiné (22%), China (16%), Brasil (9%)	China (74%), Irlanda (3%), Ucrânia (3%), Espanha (3%)
Cobre	120.000	Fiação, eletrônicos, encanamento	Chile (29%), Peru (11%), China (9%), Congo (7%), Estados Unidos (6%)	China (56%), Japão (15%), Coreia (7%)
Cobalto	4.200	Baterias, ligas metálicas, usos industriais	Congo (68%), Rússia (5%), Austrália (4%)	China (56%), Estados Unidos (8%), Japão (7%), Reino Unido (4%), Alemanha (3%)
Lítio	5.390	Baterias	Austrália (49%), Chile (22%), China (17%)	Coreia (46%), Japão (41%)
Prata	14.985	Joias, ligas metálicas, eletrônicos, usos industriais	México (22%), Peru (14%), China (13%), Rússia (7%), Chile (5%)	China (62%), Coreia (11,2%)
Ouro	148.500	Joias, ligas metálicas, revestimentos não corrosivos e altamente condutivos	China (12%), Austrália (10%), Rússia (9%), Estados Unidos (6%), Canadá (5%), Chile (4%)	Suíça (34%), Estados Unidos (12%), China (12%), Turquia (10%), Índia (9%)
Chumbo	10.440	Baterias, ligas metálicas, usos industriais	China (43%), Austrália (11%), Estados Unidos (7%), México (5%), Peru (5%)	Coreia (36%), China (30%), Holanda (6%), Alemanha (6%)

OS MATERIAIS CONFIÁVEIS

Material	Valor da Produção (Milhões de USD$)	Usos Primários	Fontes Primárias	Consumidores Primários*
Molibdênio	7.540	Ligas de aço reforçadas, lubrificantes industriais	China (40%), Chile (19%), Estados Unidos (16%)	China (22%), Coreia (11%), Japão (10%)
Metais do Grupo da Platina	20.718	Eletrônicos, galvanização, catalisadores	África do Sul (50%), Rússia (30%)	Estados Unidos (18%), Reino Unido (15%), China (13%), Japão (11%), Alemanha (11%)
Terras Raras	210	Bens de consumo e eletrônicos, incluindo tela plana, smartphones, baterias recarregáveis	China (58%), Estados Unidos (16%), Mianmar (13%)	Japão (49%), Malásia (17%), Tailândia (5%)
Níquel	29.700	Ligas metálicas (aço inoxidável), galvanização	Indonésia (30%), Filipinas (13%), Rússia (11%)	China (74%), Canadá (6%), Finlândia (6%)
Silício	18.502	Vidro, materiais de silicone, cerâmica, revestimentos, semicondutores, células fotovoltaicas	China (68%), Rússia (7%), Brasil (4%)	China (34%), Japão (21%), Taiwan (10%), Coreia (8%)
Urânio	2.565	Combustível, armas, pesquisa	Cazaquistão (41%), Austrália (31%), Namíbia (11%), Canadá (8%)	**
Zinco	35.100	Ligas não corrosivas, pigmentos, filtro solar	China (35%), Peru (11%), Austrália (10%)	China (27%), Coreia (15%), Bélgica (10%), Canadá (7%)

* Os números representam os usuários finais do produto refinado. No caso do lítio e das terras raras, por exemplo, a China é um consumidor primário de minérios, mas exporta materiais processados e refinados para outros países que fabricam bens acabados.

** Devido à natureza sensível e estratégica do uso do urânio, os dados publicamente relatados não refletem precisamente o consumo global. Fontes: USGS, OEC, UNCTAD, World Nuclear Association.

© 2022 Zeihan on Geopolitics

É ASSIM QUE O MUNDO ACABA

DURANTE A VIGÊNCIA DA ORDEM — ESSE MOMENTO SEM PREcedentes, breve, mas acima de tudo *vital* na história humana —, todos esses materiais e *muitos* mais foram disponibilizados em um mercado global amplamente livre e justo. Sua disponibilidade não é apenas a base de nossa vida moderna; tem sido um círculo virtuoso. A Ordem criou a estabilidade, que fomentou o crescimento econômico, que permitiu o avanço tecnológico, que levou à disponibilidade desses materiais, que permitiu a inclusão nos produtos, na modernidade e no estilo de vida da era moderna.

Na Ordem, a única competição para obtenção de materiais era pelo acesso ao *mercado*. Invadir países para obter matérias-primas era expressamente proibido. Você precisava pagar por elas. Os sistemas ricos em capital, portanto, desfrutavam do melhor acesso. Os asiáticos com seu modelo de hiperfinanciamento de certa forma trapacearam, com o sistema chinês ultra-mega-absurdamente-financiado disposto a engolir tudo que conseguisse.

Sem as regras e restrições da Ordem em vigor, o dinheiro por si simplesmente não será suficiente.

Sem a Ordem, tudo se desmantela. E isso é muito pior do que parece.

Nos últimos 75 anos da Ordem, a lista de materiais cruciais para o que definimos como vida moderna se expandiu muito mais do que uma ordem de magnitude. Com exceção dos Estados Unidos, que manterão acesso total ao hemisfério ocidental e à Austrália, bem como a capacidade militar de chegar a qualquer lugar do mundo, *ninguém* terá acesso a todos os materiais necessários. Eles estão dispersos demais ou concentrados demais. Alguns países com depósitos locais ou forças militares com alcance suficiente podem tentar, mas é uma lista curta: Reino Unido, França, Turquia, Japão e Rússia. Para os demais, há um risco muito real de retroceder não apenas aos níveis econômicos e tecnológicos prevalentes antes de 1939, mas, sim, de antes da própria Revolução Industrial. Se você não tem insumos industriais, não pode alcançar resultados industriais. O contrabando de minérios, materiais processados e/ou produtos acabados se tornará, por necessidade, um negócio próspero.

O elemento central para essa "desevolução", mais uma vez, é o desinteresse norte-americano. Os EUA podem ter acesso a tudo o que precisam sem intervenções militares significativas. Isso gerará não o tipo de envolvimento norte-americano pesado que a maioria dos países consideraria desagradável, mas, sim, um *desengajamento* em larga escala que grande parte dos países achará aterrorizante. Se a superpotência global se envolvesse no cenário mundial, ao menos haveria algumas regras. Em vez disso, teremos concorrências intrarregionais erráticas, nas quais os norte-americanos se recusarão a participar. Concorrência errática significa acesso errático a materiais, que significa aplicação tecnológica errática, que significa capacidade econômica errática. Somos perfeitamente capazes de aumentar a concorrência e a guerra, *ao mesmo tempo* em que experimentamos declínios econômicos e tecnológicos dramáticos.

Então é assim que tudo desmorona. Agora vamos nos concentrar em como podemos — *talvez* — colocar tudo novamente no lugar.

PARTE VI:

MANUFATURA

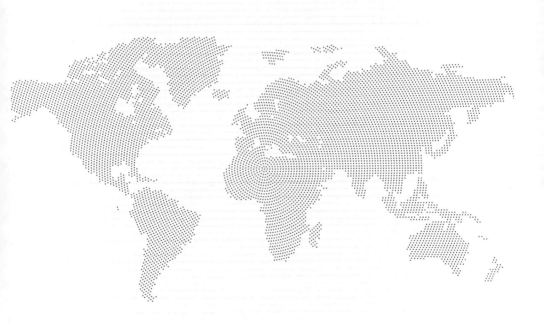

FABRICANDO O MUNDO QUE CONHECEMOS

O ANO DE 2021 FOI UM PERÍODO ESTRANHO NA ERA DA GLO-
balização. Sofremos com a escassez. De tudo. Papel higiênico. Telefones celulares. Madeira. Automóveis. Guacamole. Caixas de suco. *O papel necessário para imprimir este livro!*

Tudo isso foi culpa da Covid-19.

Toda vez que tínhamos um lockdown ou uma flexibilização, nossos padrões de consumo mudavam. Durante um lockdown, prevaleciam materiais para melhorias domésticas e equipamentos eletrônicos, para que tivéssemos algo para fazer. Em períodos de flexibilização, prevaleciam férias e saídas para restaurantes. *Cada* mudança de padrão exigia reestruturações industriais globais para atender ao novo perfil de demanda. *Cada* vez que surgia uma nova variante, uma nova vacina ou uma nova reação antivacina, nosso perfil de demanda mudava novamente. *Cada* mudança em nosso perfil de demanda levava um ano para se ajustar.

Não foi agradável, e isso nem se compara ao que está por vir. A agonia da cadeia de suprimentos em 2021 foi principalmente devido à *demanda* volátil. A desglobalização, por sua vez, nos atingirá em cheio com instabilidade na *oferta*.

Pense nas vulnerabilidades envolvidas em um exemplo "simples": a calça jeans.

Em 2022, os maiores fornecedores de brim para os Estados Unidos são China, México e Bangladesh. Retroceda um passo no processo e o tecido provavelmente foi tingido na Espanha, na Turquia ou na Tunísia, usando produtos químicos desenvolvidos e fabricados na Alemanha. Isso sem mencionar de onde vem o fio para fabricação do tecido do jeans. Pode ser da Índia, da China, dos Estados Unidos, do Uzbequistão ou do Brasil. Retroceda mais um passo e o algodão provavelmente foi obtido da China, do Uzbequistão, do Azerbaijão ou do Benim.

Mas a história não termina — nem começa — por aí. O *trabalho de design* por trás do seu jeans favorito provavelmente ocorreu nos Estados Unidos, na França, na Itália ou no Japão... embora muitos países em ascensão estejam mostrando seus talentos de design. Bangladesh, em particular, está ingressando no trabalho intelectual.

É claro que há mais em uma calça jeans do que brim, cores e estilos. Há também rebites e botões de cobre e zinco. Eles *provavelmente* vêm da Alemanha, da Turquia ou do México (embora, sinceramente, esse tipo de coisa possa vir de qualquer lugar). O minério necessário para forjar essas pecinhas brilhantes provavelmente é proveniente de minas no Brasil, no Peru, na Namíbia, na Austrália ou, de novo, na China. E os zíperes? O Japão é o lugar certo caso queira um que não emperre. Você tem três palpites para adivinhar de onde vêm os que mais emperram. Depois, temos o fio, que... *provavelmente* vem da Índia ou do Paquistão, mas esse é outro daqueles produtos provenientes da onipresença que nos torna indiferentes. Finalmente, há o local onde os trabalhadores costuram a etiqueta "fabricado em". Normalmente, nada é realmente *fabricado* lá. É mais uma questão de montagem da peça. Um par de jeans típico é tocado por mãos em pelo menos dez países. E Deus nos livre precisar de uma máquina de apliques para decorar seu traseiro com strass ou adornos brilhantes — o sistema de insumo para esse pequeno dispositivo praticamente envolve viagens espaciais.

Se você quiser ser realmente técnico, tudo isso é apenas o lado "voltado para o cliente". As máquinas de costura não brotam prontas da terra. Elas usam cobre, aço, engrenagens e plásticos provenientes de todo o mundo. O mesmo vale para os navios que transportam tudo isso.

E isso é para algo feito de tecido que não precisa fazer nada além de ser vestido. Um computador médio tem 10 *mil* peças, algumas das quais são feitas de centenas de componentes. A manufatura moderna quase ultrapassa as fronteiras da insanidade. Quanto mais eu aprendo sobre o setor, menos tenho certeza em qual lado dessa fronteira ela se encaixa. A manufatura moderna é extremamente vulnerável a todas as facetas de cada disrupção que a Desordem é capaz de gerar.

O termo técnico para o que viabilizou tudo isso e muito mais é "comércio de bens intermediários". Ele é literalmente a materialização da globalização.

Historicamente falando, o comércio de bens intermediários era impossível. Isso requer uma explicação mais detalhada.

Mais uma vez, vamos começar do início.

COMEÇANDO DO ZERO

O primeiro par de tecnologias de manufatura significativas é aquele que qualquer um que tenha jogado *Civilization,* de Sid Meier, conhece muito bem: cerâmica e cobre. A cerâmica queimada nos permitiu armazenar nossa colheita para as estações magras, enquanto o cobre foi o primeiro metal que fomos capazes de forjar em ferramentas — sendo a primeira delas as foices, para nos ajudar a colher trigo. O equipamento necessário para forjar esse par de produtos não é particularmente complexo. A argila pode ser moldada à mão (ou com uma roda de cerâmica, se você for mais sofisticado), enquanto o cobre pode ser fundido a partir de minério se for aquecido em — você adivinhou — um recipiente de argila. Depois de obter o metal de cobre, é apenas uma questão de moldá-lo — batendo com uma pedra — em qualquer formato que você considere relevante. As técnicas iniciais de manufatura não se sentiriam muito deslocadas em uma aula de cerâmica para aposentados.

Pouco a pouco, fomos nos aprimorando tanto nos materiais de trabalho quanto no pioneirismo no uso de novos materiais. As foices de cobre deram lugar às de bronze. Os potes de argila deram lugar às cerâmicas. As lanças de bronze deram lugar às espadas de ferro. As canecas de madeira deram lugar às garrafas de vidro. Os fios de lã deram lugar ao tecido de algodão. Mas, de certa forma, tudo desde o alvorecer da civilização até o século XVIII compartilhava uma característica em comum: simplicidade organizacional.

Não havia grandes lojas de materiais de construção para onde correr (a toda hora) a fim de adquirir peças. A maioria das peças era você mesmo quem fabricava. Se tivesse sorte, tinha um vizinho ferreiro, mas até o sistema de suprimento dele não poderia ser considerado complexo. Era apenas um sujeito, uma forja, um martelo, algumas tenazes e um barril de água. Se fosse uma pessoa com visão de futuro, poderia ter um assistente e um aprendiz... e era basicamente só isso. Essas indústrias caseiras enfrentavam limitações extremas. Ferreiros e pessoas habilidosas como eles não podiam simplesmente ir até a praça da cidade e contratar mão de obra; precisavam treiná-la. Durante *anos*. Não havia progresso tecnológico rápido. Não havia expansões rápidas de capacidade.

A Revolução Industrial mudou essa equação de três maneiras críticas.

Primeira, a Revolução Industrial não só nos presenteou com aço — menos frágil, mais manuseável e mais durável do que o ferro —, mas também com *enormes volumes de aço* de modo que os trabalhadores pudessem acessar o metal bruto sem ter que forjá-lo eles mesmos. Com esse passo complexo, caro e perigoso, os trabalhadores qualificados poderiam se concentrar em agregar valor e se especializar ainda mais. Pela primeira vez na história da humanidade, especialistas em vários campos puderam colaborar de forma significativa. A interação trouxe avanço.

Segunda, a Revolução Industrial nos trouxe a manufatura de precisão, tanto em ferramentas quanto em moldes. Uma das principais desvantagens da indústria caseira é que não há duas peças exatamente iguais, portanto, não há dois produtos acabados exatamente iguais. Se algo quebrasse, não era possível simplesmente substituir a peça. Era preciso descartar o item inteiro ou levá-lo a um ferreiro habilidoso para que criasse uma peça nova e personalizada. Na guerra, isso era particularmente desagradável. Mosquetes eram ótimos e tudo mais, mas, se uma única peça falhasse, não passavam de um porrete caro e de baixa qualidade. Os avanços na precisão contornaram essa restrição. Agora, peças idênticas podiam ser fabricadas às dezenas. Ou aos milhares. Pela primeira vez na história humana, a manufatura ganhou escala.

Terceira, a Revolução Industrial nos trouxe os combustíveis fósseis. Já discutimos seu papel na geração de energia e na viabilização de alternativas para a energia muscular e hídrica, mas o petróleo e o carvão mineral vão muito além. Os derivados desse par de "combustíveis energéticos" muitas vezes não têm nada a ver com energia: tintas, pigmentos, antibióticos, solventes, analgésicos, nylon, detergentes, vidro, tinta de impressão, fertilizantes e plásticos. Pela primeira vez na história humana, não demos um "pequeno" passo como fizemos do bronze para o ferro; em vez disso, experimentamos uma explosão de aplicações na ciência dos materiais.

Esses três aperfeiçoamentos se encaixaram perfeitamente. Se os trabalhadores habilidosos não precisavam dominar cada etapa, poderiam se tornar realmente bons em uma ou duas. Bum! Conjuntos de habilidades cada vez mais diversos e produtos cada vez mais complexos. Aplique essa capacidade de hiper-habilidades em uma escala maior e quase qualquer produto pode ser produzido em massa. Bum! Linhas de montagem, máquinas, automóveis e telefones. Aplique esses conceitos a dezenas de novos materiais e toda a condição humana é reconfigurada. Bum! Medicina moderna, cidades repletas de arranha-céus, agricultura avançada. Juntos, esses três aperfeiçoamentos — especialização, escala e alcance do produto — mudaram a equação do possível e nos proporcionaram o primeiro vislumbre real do que hoje conhecemos como manufatura.

Ainda havia muitas limitações. Nem todos os lugares tinham bom carvão mineral, minério de ferro de qualidade ou todos os outros insumos industriais necessários. E o comércio continuava sendo um negócio incerto. Se você dependesse de um soberano estrangeiro para obter algo de que precisava, não se tratava apenas de confiar nele ou nela para obter os insumos necessários; nem de confiar nele ou nela *o tempo todo*. Era preciso confiar em *todos* os soberanos estrangeiros *o tempo todo*. Qualquer poder capaz de interferir em alguma parte de uma cadeia de suprimentos poderia arruinar tudo, muitas vezes de forma não intencional. Por necessidade e praticidade, toda a manufatura de todos os tipos era mantida internamente.

Isso naturalmente beneficiava certas geografias. Economias de escala são impossíveis com uma força de trabalho qualificada de apenas uma pessoa. A industrialização permitiu o desenvolvimento de instalações industriais que, por sua vez, possibilitaram (a) que a mão de obra qualificada multiplicasse seus esforços à medida que cada trabalhador se especializava em uma tarefa ou parte específica; e (b) que a mão de obra *não* qualificada trabalhasse nas linhas de montagem.

Com o segredo da indústria desvendado, as perguntas passaram a ser: De que tamanho poderia ser essa instalação industrial? Até que ponto os trabalhadores qualificados poderiam se especializar? Quanto território e população era possível alcançar dentro do seu próprio sistema? Para explorar tudo isso, a velha matemática do transporte entrou em jogo. Qualquer geografia capaz de transportar bens e pessoas na era pré-industrial agora poderia transportar bens *intermediários*. Além de todas as outras vantagens, os sistemas imperiais com boas geografias internas agora podiam gerar *manufatura*, possibilitando economias de escala com as quais outros só poderiam sonhar.

O primeiro grande vencedor foi a Grã-Bretanha, rica em canais, seguida pelo Vale do Ruhr, na Alemanha, e, por fim, o Cinturão do Aço dos Estados Unidos. Não é surpresa que a concorrência econômica entre esses centros industriais tenha sido o enredo principal das disputas geopolíticas entre 1850 e 1945.

Mas, por maiores e mais importantes que fossem os sistemas britânico, alemão e norte-americano, a geopolítica restringia suas economias de escala dentro de suas próprias fronteiras. Foi preciso o fim da Segunda Guerra Mundial para fundir todo o planeta em um único sistema e transformar o oceano global em uma gigantesca hidrovia segura e navegável. Graças à ação dos Estados Unidos — em garantir a segurança de todo o comércio internacional; em impedir que os membros da aliança entrassem em guerra uns com os outros ou criassem impérios coloniais; *e* em abrir o mercado consumidor norte-americano a todas as partes interessadas —, a industrialização, antes um sonho impossível, se tornou viável para muitos países. De repente, os locais "seguros" favorecidos pela geografia tiveram que competir com locais até então atrasados e não industrializados.

As regras mudaram. E com elas, a manufatura. Um novo conjunto de critérios passou a definir o sucesso.

COMO FUNCIONA, POR QUE FUNCIONA

Um dos aspectos inconstantes do desenvolvimento econômico é que o processo não é igual para todos. Em primeiro lugar, veio a Grã-Bretanha; em segundo lugar, em concomitância, a França e os Países Baixos; em terceiro lugar, a Alemanha; em aproximadamente quarto lugar, os Estados Unidos, seguidos pelo Japão. Mas, como as tecnologias envolvidas estão em constante evolução, mesmo entre esse primeiro lote amplo, os caminhos diferiram. O processo da Grã-Bretanha foi lento porque os britânicos literalmente estavam inventando coisas à medida que avançavam.

O desenvolvimento da Alemanha foi muito mais rápido, e não apenas porque os britânicos fizeram a gentileza de abrir o caminho para os demais. A Alemanha está inserida em uma panela de pressão geopolítica, cercada por concorrentes estratégicos e econômicos. Pior ainda, as áreas habitáveis das terras alemãs ao longo dos rios Reno, Danúbio, Weser, Elba e Oder são — na melhor das hipóteses — parcamente conectadas. Vizinhos mais consolidados poderiam facilmente dividir a Alemanha. Se a Alemanha não conseguir levar todos os processos de desenvolvimento econômico ao limite, será suplantada. Assim, a experiência de industrialização alemã do final dos anos 1800 e início dos anos 1900 foi absolutamente frenética.

A Alemanha também tinha algumas vantagens geográficas significativas sobre os britânicos quando se tratava de geração de capital e estabelecimento da cadeia de suprimentos. O sistema fluvial alemão — em particular o sistema dos rios Reno-Ruhr do Oeste da Alemanha — é a rede mais densa de cursos de água naturalmente navegáveis do mundo. É perfeito para a industrialização. A região do Vale do Ruhr, em especial, tinha alguns dos melhores depósitos de carvão da Europa (e nenhum desses problemas de lençol freático que restringiram os britânicos). Some tudo isso, e a industrialização alemã foi mais uma corrida tensa ao estilo "acho que tem alguém me perseguindo" e menos um passeio tranquilo.

Por outro lado, o processo dos norte-americanos foi muito mais lento — quase tão lento quanto o dos britânicos —, mas por razões muito diferentes. Enquanto o processo de industrialização da Alemanha só começou a ganhar força na década de 1830, a fase realmente intensa ocorreu entre 1880 e 1915, menos do que a duração de uma vida humana. Nos Estados Unidos, o início do processo — o despertar da era da ferrovia — ocorreu simultaneamente, em 1830, mas as cidades norte-americanas só foram totalmente industrializadas na década de *1930*, e o campo só na década de 1960. De muitas maneiras, a experiência norte-americana foi o oposto da alemã; não havia pressão geopolítica, então não havia necessidade de acelerar as coisas, e, enquanto os alemães tinham uma presença industrial, fluvial e populacional muito densa, os norte-americanos estavam espalhados por todo o território. As terras úteis dos Estados Unidos têm cerca de 25 vezes a área das terras úteis da Alemanha antes da Primeira Guerra Mundial, e os norte-americanos não tinham nada parecido com uma política industrial estatal até *ingressarem* na Segunda Guerra Mundial.

Para os norte-americanos, tudo é — e *sempre foi* — feito de uma forma um tanto despreocupada.

O Japão chegou atrasado à primeira rodada, e sua industrialização só ganhou força quando a Restauração Meiji de 1868 destruiu a antiga ordem feudal, mas, tal como os alemães, os japoneses avançaram rapidamente por necessidade. As ilhas são pobres em praticamente todas as matérias-primas imagináveis, seja petróleo ou bauxita, então o Japão não teve escolha a não ser forjar um império para garantir os materiais necessários para a industrialização. Como isso significava tomá-los de outros países, os japoneses não tiveram escolha a não ser agir com *muita* rapidez.

Os coreanos foram as primeiras vítimas da expansão japonesa e permaneceram colonizados até que os bombardeios de Hiroshima e Nagasaki os libertaram. Eles então passaram a ser os participantes mais entusiasmados da Ordem, tornando-se a vanguarda da segunda grande onda da industrialização. Seu caminho de industrialização pode ser melhor definido como uma corrida desabalada. Os coreanos — mesmo na atualidade — são desesperados para proteger sua soberania de tudo que se refere aos japoneses. Eles são um povo que, por não ter um dique seco suficientemente grande para construir um superpetroleiro, construíam o navio em duas *partes* e, em seguida, construíam o dique seco *em torno* das partes para terminar o projeto.

Os Estados do Sudeste Asiático abrangem uma ampla gama. Singapura seguiu um caminho quase igual ao coreano por razões semelhantes, com a Malásia no papel do vilão japonês. O Vietnã priorizou a unidade política em detrimento do desenvolvimento econômico e, assim, permaneceu pré-industrializado e pobre até a década de 1990... a menos que você esteja na cidade de Ho Chi Minh (também conhecida como Saigon); nesse caso, a industrialização chegou um século antes, graças ao capital francês. Mesmo em 2022, o Vietnã não parece dois países diferentes, mas, sim, dois planetas distintos. A Tailândia, historicamente muito mais confiante em sua capacidade de repelir invasores (o núcleo do país é cercado por montanhas da selva), está em uma posição intermediária em termos de ritmo e resultado.

O objetivo dessa pequena digressão sobre os resultados práticos da teoria econômica é que nem todos estão no mesmo nível de desenvolvimento e tampouco avançam no mesmo ritmo. Isso pode ser terrível, pois os países mais avançados tendem a ter sistemas econômicos mais robustos em termos de produtividade, riqueza e diversificação, e podem usar essa robustez para dominar sistemas menos avançados. Bem-vindo ao colonialismo, neo ou não.

Mas essa diferenciação também pode ser ótima, porque, se o ambiente macroestratégico não permite o colonialismo tradicional — tal como a Ordem global liderada pelos Estados Unidos —, existem fortes argumentos a favor da *integração* da manufatura.

Com a mudança no ambiente geoestratégico da Ordem e o surgimento do transporte em contêineres, as preocupações com segurança e custo que haviam impedido uma integração significativa entre as fronteiras desde o início dos tempos finalmente se dissiparam.

Em qualquer produto manufaturado que tenha mais de uma peça, existem oportunidades para eficiências. Vamos analisar algo muito simples: um pião de madeira. Há a parte cônica giratória e o eixo em forma de haste, geralmente colados juntos. Embora seja razoável esperar que o cone e o eixo sejam feitos pelo mesmo marceneiro, esse marceneiro provavelmente não fabricou a cola. São dois conjuntos de habilidades diferentes. Dois níveis de preço diferentes. Se pintarmos esse pião, já temos três elementos envolvidos.

Aplique esse conceito básico de especialização a um telefone celular: tela de display, bateria, transformador, fiação, sensores, câmera, modem, processador de dados e sistema em um chip (este último é um dispositivo pequeno e sofisticado que inclui um processador de vídeo, um processador de display, um processador gráfico e a unidade central de processamento do telefone). Ninguém espera que um único trabalhador seja capaz de fazer tudo isso. Menos ainda no caso do sistema em um chip. Ninguém espera que o trabalhador que conecta a fiação, algo que envolve relativamente baixa tecnologia, seja remunerado no mesmo nível que o trabalhador que ajusta os sensores. Imagine se todas as peças fossem feitas no Japão, um país com uma renda per capita de cerca de US$41 mil. Esse sistema em um chip seria bastante sofisticado — e *deveria* ser, os japoneses se destacam no trabalho microeletrônico complexo —, mas é difícil imaginar que haja algum japonês que adore operar um sistema de moldagem por injeção para fabricar capas de telefone a fim de ganhar um dólar por hora. Seria o mesmo que a Lady

Gaga dar aulas de piano para crianças de 4 anos. Ela conseguiria fazer isso? Sim. Aposto que ela se sairia *muito bem*. Mas ninguém estaria disposto a pagar US$50 mil por uma hora de trabalho.* A combinação de transporte barato e inviolável e uma variedade quase infinita de mão de obra permitiu que os fabricantes dividissem suas cadeias de suprimentos em etapas cada vez mais complexas e distintas.

Para rastrear toda a cadeia de suprimentos de um carro, você precisaria de um orçamento maior do que o meu, mas aqui está um resumo.

Metais — incluindo a platina, o cromo e o alumínio —, fios encapados e soldados, um sistema de computador completo de diagnóstico e melhoria de desempenho, borracha para os pneus, tecidos sintéticos feitos de petróleo, plásticos para o interior, vidro e espelhos, engrenagens e pistões, rolamentos de esferas e botões moldados por injeção para aumentar o volume do rádio até o máximo. Cada um desses componentes, e dos 30 *mil* outros não elencados, mas que integram um veículo de passageiros padrão, tem a própria força de trabalho altamente personalizada e *a própria cadeia de suprimentos*. Cada peça deve ser montada em um produto intermediário (ar-condicionado, motor, iluminação etc.) por *sua própria* força de trabalho e, em seguida, montada em outro produto intermediário (painel, estrutura do carro) por *sua própria* força de trabalho e assim por diante até que toda essa profusão chegue à montagem final. As cadeias de suprimentos da montadora norte-americana Ford estão entre as mais complexas de qualquer empresa existente, abrangendo mais de 60 países e 1.300 fornecedores *diretos* que, juntos, têm mais de 4.400 fábricas.[1]

A cada etapa, a necessidade de insumos se expande. A cada etapa, a diferenciação do fluxo de insumos se expande. A cada etapa, a demanda por infraestrutura de apoio se expande. A cada etapa, a necessidade de petróleo para abastecer tudo se expande. Tudo isso ocorreu gradativamente entre os norte-americanos e seus principais aliados da Guerra Fria ao longo das décadas de 1950, 1960, 1970 e 1980, mas, com o fim da Guerra Fria, o escopo para a diferenciação se tornou verdadeiramente global e o ritmo acelerou em velocidade impressionante.

Esses incrementos em complexidade e valor se desdobram em todos os produtos manufaturados. Consequentemente, nos vinte anos seguintes a 1996 — período que incluiu a Grande Recessão —, o comércio marítimo

---

* Ou pelo menos a chance de encontrar pais gays excêntricos e glamourosos, adeptos da parentalidade tigre e que também sejam xeiques do petróleo é muito pequena.

global dobrou em volume e triplicou em valor. Comércio este que, até então, levara cinco *milênios* para se desenvolver.

No mundo globalizado pós-Guerra Fria, tudo não ficou apenas maior; também ficou mais *rápido*.

JUST-IN-TIME

Até a década de 1970, a única maneira de obter bens intermediários era por meio de compras em massa. Nos velhos tempos pré-contêineres, não apenas o transporte era mais caro, mas era também confuso em termos organizacionais. O intervalo entre as compras era longo, então era mais econômico adquirir uma grande quantidade de uma vez e manter um estoque. O armazenamento não era barato, mas ainda assim era mais barato do que fazer muitos pedidos pequenos sujeitos a cronogramas de entrega imprevisíveis. O mais importante, todo esse estoque era necessário para evitar o impensável: ter que interromper a produção porque você ficou sem um item específico.

A conteinerização mudou a equação ao tornar o transporte mais confiável, permitindo que as empresas transferissem a gestão de estoque para os navios e possibilitando a produção de pedidos menores a custos mais razoáveis. A Toyota, em particular, percebeu que, com as modificações das normas de transporte, a manufatura poderia evoluir de um modelo de produção em grandes lotes para um fluxo de produtos contínuo. Esse novo sistema de gestão de estoque, conhecido como "just-in-time" (no momento certo), permite que as empresas façam pedidos, com até um mês de antecedência, de suprimentos suficientes para apenas alguns dias, e esses novos suprimentos chegam exatamente quando o pedido anterior estiver se esgotando.

Esses sistemas existem por algumas razões. A mais importante é ajudar as empresas com o fluxo de caixa. Em termos simples, quanto menos estoque uma empresa tem, menos dinheiro é comprometido, o que possibilita que as empresas utilizem suas reservas financeiras de outras maneiras: investimentos úteis, expansão da capacidade, treinamento da força de trabalho, P&D etc. Para colocar isso em perspectiva, pense no iPhone. Em 2020, a Apple vendeu 90 milhões de iPhones. Uma economia de apenas um centavo no custo por unidade por meio de uma estratégia just-in-time equivaleria a uma economia significativa de US$1 milhão. Somente no ano de 2004, apenas para as empresas norte-americanas, essas economias de estoque totalizaram US$80-90 *bilhões* por ano.

Em um sistema globalizado, as cadeias de suprimentos não envolvem simplesmente obter economias de escala; trata-se de combinar cada parte e processo à economia e à mão de obra que lide com o trabalho de forma mais eficiente, no menor período possível. Um dos inúmeros fatores que tornam possíveis a computação, a telefonia e a eletrônica modernas é o fato de o mundo contar com forças de trabalho e economias em diferentes estágios de desenvolvimento, *ao mesmo tempo* em que o ambiente macroestratégico possibilita que todos esses vários sistemas interajam pacificamente e sem problemas.

O just-in-time é a conclusão lógica da produção de alimentos em excedentes suficientes para sustentar pessoas que, então, puderam se especializar, como o ferreiro tão importante em sua época. E, assim como o comércio de produtos intermediários em geral, isso só é possível porque o sistema global de transporte se tornou muito confiável.

Esses foram o como e o porquê. Agora vamos falar do onde.

O MAPA DO PRESENTE

GLOBALIZAÇÃO PERSONIFICADA: MANUFATURA NO LESTE ASIÁTICO

Primeiro temos o Leste Asiático como *o* centro do trabalho de manufatura, em grande parte por causa da Ordem.

Quando os norte-americanos tornaram os mares livres e seguros para todos, os custos de transporte caíram tão rapidamente que as empresas manufatureiras não só se realocaram para os arredores das grandes cidades ou dos antigos sistemas fluviais; pelo menos parte delas *foi realocada para longe das principais economias*. Qualquer país capaz de construir um porto e alguma infraestrutura circundante poderia participar do mundo da manufatura de baixa habilidade e baixo valor agregado, processando alimentos e produzindo têxteis, cimento, eletrônicos baratos e brinquedos enquanto expandia suas instalações industriais e conjuntos de habilidades. Com a adição da conteinerização, o processo se acelerou ainda mais. Em 1969, o primeiro ano completo de serviço de contêineres do Japão para a Califórnia, as exportações japonesas para os Estados Unidos aumentaram quase um quarto.

Os asiáticos vislumbraram o consumo ocidental como seu caminho para a estabilidade e a riqueza, e todos reformularam suas normas econômicas e sociais em torno da manufatura baseada em exportação. O Japão liderou o processo, mas não demorou muito para Taiwan, Coreia do Sul, Sudeste Asiático e China seguirem o exemplo. Décadas de exportações, crescimento e estabilidade possibilitaram que a maioria desses participantes galgasse posições na cadeia de valor. O Japão, por exemplo, passou da produção de aparelhos de som baratos* para algumas das tecnologias industriais mais avançadas do mundo. Taiwan era o berço dos brinquedos de plástico, mas agora faz os chips de computador mais avançados do mundo. A China

---

* Alguém mais tem um Walkman Sanyo?

só ingressou de verdade nesse cenário na virada do século, mas, *uau*, causou um belo impacto. O país tinha o benefício de um transporte interno mais barato do que os outros atores asiáticos, mais recursos para injetar na economia e uma base de trabalho maior do que o resto da Ásia combinado.

Veja quem são os astros da manufatura asiática em 2022.

Japão, Coreia e Taiwan lidam com o alto valor agregado em praticamente *todos* os produtos manufaturados, desde eletrodomésticos até automóveis e máquinas. O trio se destaca principalmente em displays e semicondutores, em especial no design e na fabricação de chips de alta capacidade. Os coreanos, em particular, são extremamente bons em telefonia celular.

Tanto os japoneses quanto os coreanos operam por meio de uma ampla série de conglomerados integrados verticalmente, conhecidos como keiretsu e chaebol, respectivamente. Pense em empresas como Toyota, Mitsubishi, Samsung e LG. Esses conglomerados fazem de tudo. Vamos escolher um deles: o grupo SK, da Coreia. Ele é um importante player em refino de petróleo, petroquímica, filmes, poliéster, painéis solares, luzes de LCD e LED, etiquetas, componentes de bateria, chips de memória DRAM e flash, e *em paralelo* o SK também tem um negócio próspero em construção, engenharia civil, *serviços* de TI e de telefonia móvel (não confundir com fabricação de telefones). São verdadeiros tubarões!

Taiwan, por outro lado, é um cardume de peixes pequenos. Ou, considerando a hipercompetitividade do ambiente de negócios em Taiwan, talvez chamá-lo de um cardume de piranhas seja mais apropriado. As poucas grandes empresas de Taiwan — como a líder em semicondutores TSMC — estão um passo além do padrão mundial, em parte porque aproveitam as habilidades de milhares de pequenas empresas que se concentram intensamente em uma parcela muito específica da indústria de semicondutores. Em essência, empresas estrangeiras ou empresas maiores de Taiwan, como a MediaTek, terceirizam milhares de microaperfeiçoamentos para essas pequenas empresas a cada novo design de chip, e as piranhas minúsculas se ocupam em fazer o máximo possível de avanços significativos para uma pequena parte do processo geral. Os principais players então combinam os melhores resultados de toda a cadeia de P&D de Taiwan para criar seus chips de destaque mundial. Não há como se obter mais valor agregado do que isso.

Na parte inferior da escala de qualidade e valor está a China, que, apesar de anos de esforço e bilhões de dólares investidos, até o momento não apenas provou ser incapaz de conquistar o mercado de alta qualidade, como também não consegue sequer construir as máquinas que produzem a maior parte dos produtos de mercado médio. Embora a mão de obra de baixo custo na China tenha permitido que os chineses dominassem a montagem de produtos, quase todos os componentes de alta qualidade (e uma quantidade considerável de componentes de qualidade média) são importados de outros lugares. Os produtos que a China *fabrica* — em oposição aos que apenas *monta* — tendem a ser de baixa qualidade: aço, plásticos e qualquer item que possa ser fundido ou moldado por injeção.

Por muitas medidas, a China está retrocedendo. A produção industrial do país como percentual do PIB vem *caindo* desde 2006, o que, a julgar pelos números de lucratividade corporativa, foi provavelmente o ano de pico da China em termos de eficiência de produção.

A China *deveria* ter se tornado um país não competitivo na manufatura no final dos anos 2000, pois havia esgotado seu contingente de mão de obra costeira. No entanto, a costa importou pelo menos 300 milhões — provavelmente até 400 milhões — de trabalhadores do interior.[2] Isso proporcionou à economia chinesa mais quinze anos, mas ao custo de estabelecer uma gigantesca desigualdade na renda e nos níveis de desenvolvimento industrial, tanto dentro da costa quanto entre a costa e o interior.

Isso também torna o objetivo chinês de uma economia orientada para o mercado interno, impulsionada pelo consumo e isolada internacionalmente, simplesmente impossível de ser alcançado. Uma pequena parte da renda proveniente de todas essas exportações chinesas vai para os trabalhadores (especialmente os trabalhadores do interior), portanto, pouco pode ser gasto em consumo. A China agora possui uma população costeira em rápido envelhecimento, com necessidades limitadas de consumo e, o mais importante, que não se reproduziu. Essa população costeira está em desvantagem em relação à efervescente classe migrante do interior, que vive em situação de semilegalidade em condições de hiperlotação, quase em favelas, trabalhando horas exaustivas e *que não pode* se reproduzir. Tudo isso ao lado de um interior esvaziado, cuja principal fonte de atividade econômica são os investimentos estatais em uma instalação industrial de utilidade econômica questionável, habitada por uma população *velha* demais para se reproduzir. Esse cenário ocorre em um país onde décadas da Política do Filho Único incentivaram abortos em massa, preterindo nascimentos do sexo feminino, portanto, simplesmente não há mulheres suficientes com menos de 40 anos para repovoar o país.

As sucessivas ondas de hipercrescimento — concentradas nas zonas costeiras onde são visíveis para o mundo — fazem com que a ascensão da China pareça inevitável. A realidade é que a China sacrificou suas regiões do interior e sua demografia, a fim de alcançar o que, em termos históricos, é um impulso de curtíssimo prazo. Não aceite que ninguém lhe diga que os chineses são bons na estratégia de longo prazo. Em 3.500 anos de história chinesa, o período mais longo que um de seus impérios passou sem perdas territoriais maciças foi de setenta anos. Esse período é o atual, em uma era geopolítica criada por uma força externa que os chineses não podem influenciar.

De volta à manufatura chinesa: sim, a força de trabalho da China se tornou mais qualificada, talvez dobrando, ou, se interpretarmos os dados de forma favorável, triplicando sua eficiência desde 2000. No entanto, devido ao colapso demográfico acelerado do país, os custos trabalhistas aumentaram *quinze* vezes. A maioria do crescimento econômico do país desde o início do século veio de investimentos hiperfinanciados, em vez de exportações ou consumo.

Isso dificilmente torna a China irrelevante ou atrasada; apenas dita o que a China pode e não pode fazer. Ter bilhões de trabalhadores disponíveis e subsidiar fortemente *tudo* faz da China a Rainha do Baixo Custo e da Baixa Qualidade e a Imperadora da Montagem. Se você precisa de um termômetro de carne conectado à Internet das Coisas, que possa informar ao seu smartphone a temperatura do seu assado, um chip barato da China servirá perfeitamente. Mas, se você deseja um smartphone rápido para compartilhar seus vídeos editados no TikTok, é melhor optar por algo do outro lado do Estreito de Taiwan.

Tailândia e Malásia são um nível intermediário em tudo, desde eletrônicos até automotivos e, é claro, semicondutores. Esses países fazem pouquíssimo trabalho de montagem e, em vez disso, se concentram nas tarefas pesadas, literal e figurativamente. Se os japoneses, coreanos e taiwaneses fornecem o cérebro, e os chineses constroem o corpo, os tailandeses e malaios são responsáveis pelas entranhas — componentes internos, como cabeamento, processadores de nível intermediário e semicondutores para itens como carros, guindastes e sistemas de climatização. As Filipinas fornecem o trabalho considerado de nível inferior até pela China. Na extremidade oposta, Singapura evoluiu para uma presença etérea e sobrenatural que se destaca em finanças, logística, petroquímica avançada, software e uma manufatura tão orientada à precisão que é usada no funcionamento interno de aplicações como laboratórios limpos.

Nas extremidades estão os novos participantes em busca de seu próprio nicho. A Indonésia — com seus 250 milhões de habitantes — está gradualmente ingressando no espaço da China. O Vietnã espera aproveitar suas densas aglomerações populacionais, seus excelentes portos, seu sistema educacional em rápida evolução e seu sistema político sem possibilidade de dissidência para ultrapassar a China e se tornar a próxima Tailândia. A Índia, com sua infinita variação interna, espera conseguir uma parcela de *tudo*.

No mínimo, a declaração anterior subestima amplamente a complexidade do sistema asiático. Pense na incrível variedade de economias somente dentro do estado norte-americano da Califórnia. São Francisco é um centro de turismo e finanças e a área urbana economicamente mais desigual do país. O Vale do Silício projeta e inova muitos dos produtos fabricados em toda a Ásia — até mesmo no altamente tecnológico Japão —, mas tem que importar *tudo*: concreto, aço, energia, alimentos, água, mão de obra. A expansão urbana desordenada de Los Angeles esconde uma riqueza de locais de produção industrial em pequena escala. O Vale Central é tanto uma potência agrícola quanto lar de algumas das comunidades mais pobres do país. E isso é apenas um estado.

Padrões semelhantes e diversidade ocorrem em toda a Ásia, principalmente dentro do amplo território da China continental. Grande Hong Kong e Grande Xangai são, de longe, os centros financeiros e tecnológicos do país. A Planície do Norte da China — lar de mais da metade da população chinesa — prioriza a quantidade em detrimento da qualidade. Para fins de comparação, a variação de renda per capita nos Estados Unidos entre os estados mais ricos e mais pobres — Maryland e West Virginia — é de pouco menos de dois para um. Na China, a variação entre os mais ricos e os mais pobres — entre a ultraurbana Hong Kong, na costa, e a ultrarrural Gansu, no interior — é de quase dez para um. E isso subestimando as possibilidades de sinergias. Desde 1995, as principais cidades da China adicionaram cerca de 500 *milhões* de pessoas às suas populações, na maioria migrantes do interior ultrapobre do país, inundando todos os centros urbanos com mão de obra de custo ultrabaixo. Estruturas de custo múltiplas e qualidade de trabalho variada existem não apenas dentro do país, mas dentro de cada *cidade*. Não é de surpreender que a China tenha se tornado a oficina do mundo.

Combine a multiplicidade de opções dentro da China com a multiplicidade de opções em toda a Ásia e não deve ser surpresa que esse canto do mundo seja o lar de metade das etapas da cadeia de suprimentos de manufatura global — bem como a origem de cerca de três quartos dos produtos eletrônicos, celulares e de computação do mundo.

Todo o necessário para fazer tudo isso funcionar é um ambiente estratégico que permita que os navios transitem sem riscos, possibilitando que as diversas estruturas de custo de mão de obra da região trabalhem em harmonia, fabricando produtos em perfeita sinergia.

MAIS INTELIGENTE, MELHOR, MAIS RÁPIDA... E PARA EXPORTAÇÃO: A MANUFATURA NA EUROPA GERMANOCÊNTRICA

Em muitos aspectos, a Europa é uma reinterpretação do sistema do Leste Asiático em menor escala e com um pouco menos de diversidade. Os países da Europa sempre favoreceram um grau de igualitarismo econômico dentro das próprias fronteiras, reduzindo os potenciais benefícios de ter estruturas de altos e baixos salários colocalizadas dentro do mesmo país.

Com uma população total de "apenas" meio bilhão, a Europa nem sequer tem a capacidade teórica de gerar um sistema econômico tão imenso e divergente quanto a China, com seu 1,4 bilhão de habitantes. No entanto, a Europa *tem* os próprios Japões, Coreias e Taiwans (Alemanha, Holanda, Áustria e Bélgica). Também possui os próprios equivalentes de Tailândia e Malásia (Polônia, Hungria, Eslováquia e República Tcheca).

E tem até alguns "parasitas" que contribuem de maneiras únicas e bastante europeias. Romênia, Bulgária e especialmente Turquia são um pouco como o Vietnã no quesito baixos salários, mas esses três países (e especialmente a Turquia) frequentemente são surpresas positivas em termos de qualidade do produto. A Espanha lida com grande parte do trabalho pesado relacionado a estruturas metálicas.

A Itália é, bem, a Itália. Ao contrário dos europeus do norte, que integraram seus povos desde cedo, estendendo a autoridade governamental ao longo dos vales fluviais em direção a comunidades organizadas politicamente cada vez maiores, e, portanto, se adaptaram naturalmente a aspectos como cadeias de suprimentos, os italianos eram uma série de cidades-Estado desconectadas desde a queda de Roma até a unificação formal no final do século XIX. A indústria manufatureira italiana é local e vista menos como uma indústria e mais como um motivo de orgulho artístico. Os italianos não utilizam linhas de produção, nem mesmo integração regional. Eles não fabricam, criam artesanalmente. Como tal, os produtos que saem da Península Apenina são absolutamente incríveis em qualidade e beleza (pense na Lamborghini) ou totalmente ridículos em falta de qualidade e beleza (pense na Fiat).

Porque é a Europa — e por isso tudo precisa ser supercomplicado —, a região é o lar de três outros circuitos de manufatura:

1. Os franceses *realmente* se inspiram um pouco na Holanda e especialmente na Bélgica, e *de fato* contribuem para a rede germânica, mas, em sua maioria, os franceses se preocupam em

manter a maior parte de sua indústria separada dos demais parceiros europeus. Entre os principais países da União Europeia, a França é de longe a menos integrada.

2. A Suécia, com uma população de apenas 10 milhões, se destaca à sua própria maneira. Ela estabelece parcerias com países de níveis salariais semelhantes, como a Dinamarca e a Finlândia, ao mesmo tempo em que depende de estruturas salariais mais baixas na Estônia, Lituânia, Polônia e especialmente na Letônia.

3. O Reino Unido está... com dificuldades para se decidir. Em 2015, votou para deixar a União Europeia, mas só concluiu o processo em 2020... e o fez sem estabelecer uma rede de comércio alternativa. Os britânicos agora estão testemunhando a ruptura dos elos das cadeias de suprimentos há muito tempo estabelecidas com o continente sem necessariamente estabelecer sistemas de substituição. O resultado? Escassez. De tudo.

Existe uma considerável variedade em termos de estrutura empresarial também. Há muito tempo os franceses decidiram usar uma combinação de investimento estatal, práticas comerciais anticompetitivas e até espionagem para incentivar a consolidação industrial por toda a economia francesa, de modo a gerar grandes defensores do Estado. Os holandeses fizeram algo semelhante, mas sem as práticas comerciais anticompetitivas e a espionagem. Os hipereficientes alemães, em vez disso, preferem empresas de médio porte que se especializam em produtos específicos, como unidades de aquecimento ou empilhadeiras, e contam com uma infinidade de empresas menores em toda a Europa Central para abastecer suas cadeias de suprimentos. A indústria manufatureira britânica é tão hiperespecializada quanto a indústria manufatureira turca é hipergeneralizada.

O ponto mais fraco da Europa no cenário da manufatura é que as desconexões entre os altos e baixos dos custos trabalhistas não são tão amplas quanto na Ásia, tornando os europeus menos competitivos economicamente em produtos que se beneficiam de estruturas trabalhistas mais variadas. A diferença entre a avançada Alemanha e a menos industrializada Turquia é de US$46 mil versus US$9 mil, enquanto a diferença entre Japão e Vietnã é de US$40 mil versus US$2.700. A Europa realmente não tem um "baixo custo" no sentido asiático, então muitos produtos que dependem de salários baixos pelo menos em parte de sua estrutura de custos — isso inclui desde têxteis básicos até computadores avançados — não são fabricados na Europa. No geral, a Europa produz aproximadamente metade do valor total dos produtos manufaturados em comparação com o que é produzido no Leste Asiático.

Em vez disso, os europeus se destacam em sistemas de manufatura menos complicados. Isso não significa *produtos* menos avançados — muito pelo contrário, os produtos que saem da Alemanha são de primeira classe —, mas, sim, produtos que requerem uma diferença menor nos custos de mão de obra entre os mais qualificados e os menos qualificados (ou seja, não envolve uma gama tão ampla que varie de sofisticados chips de computador a uma simples caixa de plástico, mas, sim, de transmissões de alta qualidade a um para-choque integrado que absorve impactos). As indústrias automotiva e aeroespacial têm grande importância, mas os alemães são excepcionalmente bons na construção de máquinas que fabricam outros itens. A maior parte da expansão da base industrial da China, desde 2005, só foi possível porque os alemães construíram as principais máquinas para viabilizá-la.

UM MUNDO DE OPÇÕES: A MANUFATURA NA AMÉRICA DO NORTE

O terceiro grande bloco de manufatura do mundo integra o Tratado de Livre Comércio da América do Norte (Nafta), uma aliança econômica entre Canadá, México e Estados Unidos. O sistema Nafta é completamente diferente de seus concorrentes. Há, de longe, um jogador dominante — os Estados Unidos, é claro —, mas esse jogador também é tecnologicamente mais avançado. O Canadá está em um nível salarial e tecnológico semelhante, então a integração existente está amplamente concentrada onde Detroit, em Michigan, encontra Windsor, em Ontário — o núcleo da indústria automobilística do Norte da América do Norte. A única ponte que conecta as duas cidades transporta mais carga em valor do que o comércio *total* dos Estados Unidos com *todos* seus parceiros comerciais, exceto os *três* principais.

Existem dois elementos mágicos na manufatura da América do Norte. O primeiro está nos Estados Unidos em si. O país é vasto. Em termos de terras planas e utilizáveis, é facilmente o dobro do tamanho da Europa ou da China, ambas com vastas extensões de territórios praticamente inúteis, como montanhas, desertos ou tundras. A Europa e a China conseguiram alcançar uma população próxima ao limite, enquanto os norte-americanos poderiam facilmente dobrar sua população e ainda ter muito terreno disponível (provavelmente o que vai acontecer até o final do século XXI). Embora os Estados Unidos não tenham a variação *salarial* existente em toda a Ásia e, em menor grau, na Europa, eles compensam isso com variação *geográfica*. Diferentes partes dos Estados Unidos têm custos muito diferentes para alimentos, eletricidade, produtos petrolíferos e terras.

Cada região tem características únicas:

- **Cascadia** é conhecida por sua política de esquerda, regulação rigorosa, ambiente sindicalizado, mas, o mais importante, pelos custos exorbitantes de terras urbanas. Seattle está situada em um istmo, enquanto Portland está espremida entre montanhas. Ambas ostentam um tráfego monumental assim como os preços imobiliários. O único ponto positivo da perspectiva dos custos é a eletricidade barata da região.* A única opção que o Noroeste do Pacífico tem no mundo da manufatura é subir na cadeia de valor e fornecer o máximo valor agregado possível. É a terra da Boeing e da Microsoft.

- O **Nordeste** dos Estados Unidos é extremamente restritivo! Custos de terras elevados. Altos custos de mão de obra. Infraestrutura sobrecarregada. Padrões regulatórios elevados. Altamente sindicalizado. Cidades densamente povoadas. Quase nenhum espaço verde disponível. A maior parte da manufatura já abandonou a região há muito tempo, deixando para trás uma estranha bifurcação. Primeiro são as corporações legadas que remontam quase à era de industrialização do país, como GE, Raytheon e Thermo Fisher Scientific. Nenhuma produz muito localmente, mas a sede corporativa e o trabalho intensivo de design estão situados em Massachusetts. Segundo, produtos ainda fabricados lá são influenciados pelos custos cada vez maiores de localização, mão de obra e conformidade regulatória. É uma fusão de trabalho industrial e intelectual: biomedicina, controles de sistemas, instrumentos científicos, dispositivos aeronáuticos e de navegação, sistemas elétricos, além de projeto, montagem final e reforma de uma variedade de hardware aeroespacial, marítimo e naval. Acima de tudo, o Nordeste é onde ocorre o *treinamento* para o *trabalho intelectual* que impulsiona *toda* a manufatura norte-americana *em todos os lugares*. Afinal, o Nordeste é o lar de Yale, Harvard e do mais sagrado celeiro de nerds, o MIT.

- O **Front Range** — onde moro atualmente — e o **Corredor do Sol do Arizona** são um mundo à parte. A terra é barata. As regulamentações são feitas para serem ignoradas. Mas simplesmente

---

* Viva, energia hidrelétrica!

não há muitas pessoas, e as cidades não estão próximas umas das outras. A população combinada dos corredores urbanos das duas zonas não é muito superior a 10 milhões, e de Colorado Springs, o extremo Sul da (ampla) área metropolitana de Denver, até Albuquerque são boas quatro horas de carro.* Entre economias de escala muito limitadas e altos custos de transporte na região, as cadeias de suprimentos de manufatura padrão estão quase fora de questão. A solução? Serviços técnicos e centros de manufatura tudo-em-um que não se integram fortemente com o resto do país, a menos que faça sentido que o produto seja *aerotransportado*. Este é o canto dos EUA que está ingressando na manufatura de semicondutores de alta qualidade ao estilo japonês e taiwanês.

- A **Costa do Golfo** é a Alameda da Energia. Petróleo e gás natural são produzidos e processados lá. A revolução do xisto inundou tanto a região com vastos volumes de hidrocarbonetos de baixo custo e alta qualidade que a região está ocupada expandindo sua indústria para produzir não apenas produtos intermediários como propileno ou metanol, mas cada vez mais produtos de baixo custo como vidro de segurança, fraldas, pneus, nylon, plásticos e fertilizantes. O maior problema? Encontrar um local pode ser um pouco complicado. Grandes refinarias precisam ter acesso marítimo e muito espaço. No entanto, essa região tem duas vantagens. Primeira, a costa do Texas possui uma extensa cadeia de ilhas-barreira que oferece mais potencial de porto protegido do que *toda* a Ásia (e o baixo Mississippi, no Sul da Louisiana, também não fica para trás). Segunda, a maioria das instalações petroquímicas norte-americanas foi construída com *bastante* distância de segurança. (Trabalhar com grandes volumes de petróleo e gás natural em altas temperaturas pode ser perigoso.) Pelo menos parte desse espaço vazio pode ser convertido (e *está* sendo convertido) em ainda mais capacidade industrial.

- Uma região que sempre surpreende é o **Piedmont** norte-americano. Sistema educacional abaixo da média. Terreno parcialmente acidentado que aumenta os custos de transporte e da terra, limitando as oportunidades de integração e economias de escala. Opções limitadas para o transporte fluvial. Não parece que o Sul deva ser muito bem-sucedido. Mas os habitantes locais

---

* E mesmo assim só se o tráfego for leve, o tempo, bom, e os policiais estiverem dormindo.

mais do que compensam suas deficiências com níveis absolutamente encantadores de charme. Em vez de esperar que os investidores venham até eles, os sulistas se aventuram em busca de potenciais investidores em todo o mundo, geralmente levando consigo o peso combinado de sua delegação em bourbon para superar quaisquer barreiras culturais.* Uma vez que os sulistas embriagam, digo, atraem um investidor, eles se dedicam a criar o ambiente de negócios personalizado perfeito em sua terra natal. A infraestrutura é expandida, a força de trabalho é cuidadosamente adaptada não apenas para o negócio do investidor, mas *para empregos específicos*, as leis fiscais são alteradas e os sulistas se dedicam ao que fazem de melhor: fazer os estrangeiros se sentirem parte da família. Surpreendentemente, há pouco investimento *norte-americano* impulsionando o Sul, mas investimento estrangeiro? Está em toda parte. O Sul dos Estados Unidos se tornou um playground para as alemãs Volkswagen e Mercedes-Benz; as japonesas Honda, Mazda, Nissan e Toyota; as coreanas Hyundai e Kia; e a sueca Volvo. Até a exigente Airbus possui instalações em Charleston, Carolina do Sul, e em Mobile, Alabama.

- **Flórida**. As pessoas vão para a Flórida pelas praias, pela Disney World e para curtir a aposentadoria — não para fabricar coisas. E estamos caminhando...
- A região dos **Grandes Lagos** era conhecida como o Cinturão do Aço dos Estados Unidos. Em meados do século XIX, um pouco de obra nos canais conectou o Nordeste aos Grandes Lagos e ao Grande Mississippi, tornando essa região a maior zona integrada de manufatura do planeta. Por um tempo. Durante a Grande Depressão, os norte-americanos adotaram algo conhecido como Lei Jones, que obrigava qualquer carga transportada entre dois portos dos EUA a usar apenas embarcações construídas, de propriedade, capitaneadas e tripuladas por norte-americanos. Isso, em termos conservadores, aumentou o custo do transporte marítimo nos Estados Unidos em cinco vezes. O que tornou essa região especial e bem-sucedida definhou. Acrescente a concorrência internacional durante a era da globalização, e a região, desde então, foi... transformada no Cinturão da Ferrugem,

---

* Curiosidade: quando sulistas norte-americanos que adoram beber se encontram com coreanos que adoram beber, o resultado é uma disputa entre força irresistível e objeto inamovível.

apesar de possivelmente ter o melhor sistema educacional do país. A manufatura ainda existe, é claro. Illinois é o lar de nada menos que a John Deere, e maior parte dos equipamentos agrícolas de grande porte do continente são fabricados no Meio-Oeste até hoje. Detroit não fica para trás, mas também não é a norma da região. Em vez de sistemas altamente integrados de grande volume, a maioria dos participantes é de pequeno porte, focados em trabalhos altamente técnicos e frequentemente fornecendo peças especializadas para o...

- **TEXAS!** O Triângulo do Texas compreende as cidades de Houston, Dallas-Fort Worth, Austin e San Antonio. Do ponto de vista da manufatura, o Triângulo tem tudo: comida barata, energia barata, terra barata, ausência de imposto de renda, imposto corporativo mínimo e regulamentações incrivelmente brandas. E isso não vai mudar. Aliás, a assembleia legislativa do Texas se reúne só uma vez a *cada dois anos*, durante apenas 35 dias, e os legisladores são impedidos constitucionalmente de propor qualquer legislação durante a primeira metade desse período. Fabricantes norte-americanos de todos os tipos se aglomeraram na região. O maior subsetor é o automotivo, mas isso é simplificar demais uma variedade e dinamismo impressionantes. Austin dá vida às ideias do Vale do Silício. Dallas-Fort Worth aproveita seu centro bancário para transformar o trabalho intelectual de Austin em manufatura em massa. San Antonio combina custos mais baixos do que a média do Texas com a tecnologia de Austin para se destacar em qualquer item que possa ser colocado em uma linha de montagem. Mas a verdadeira estrela do Texas é Houston. A cidade compete com Austin em tecnologia, com Dallas-Fort Worth em automação *e* com San Antonio na manufatura em massa, *além* de ser centro financeiro, hub energético do país, estar localizada na região do Golfo do México, ser o maior porto dos Estados Unidos em termos de valor *e* ser muito boa em lidar com grandes equipamentos *e* componentes de metal. As máquinas em que os alemães são tão bons? Houston ocupa o segundo lugar mundial do setor. Não é surpresa que Houston seja o segundo maior polo de concentração de sedes de empresas da Fortune 500 no país.

A maioria das regiões dos EUA se sairia bem se fosse independente, mas não precisa ser. Acrescente o sistema de transporte ferroviário e rodoviário abrangente do país para transportar produtos intermediários e, de muitas maneiras, o sistema de manufatura norte-americano tem mais variedade até mesmo do que a Ásia, mesmo sem seus vizinhos ao Norte e ao sul.

Isso nos leva ao segundo aspecto mágico da manufatura do Nafta. Os Estados Unidos *têm* um vizinho que complementa seu sistema: o México. A diferença salarial entre a média norte-americana e a mexicana é de aproximadamente seis para um, menor do que a da Ásia, mas maior do que a da Europa. No entanto, isso não conta toda a história. O México é diferente em comparação com muitos dos outros países que abordamos. O antiamericanismo continuou a ditar a política industrial mexicana até os anos 1990, e o México só entrou de fato no jogo da industrialização em 2000 — que, aliás, foi um pouquinho antes de a China ser admitida na Organização Mundial do Comércio.

Ser um ingressante tardio definitivamente gerou alguns problemas, mas nada atrasou mais o processo do México do que sua topografia. A baixa latitude do país o situa firmemente nos trópicos. A combinação de calor, umidade e insetos tropicais torna os trópicos o clima mais problemático possível para a industrialização; os materiais de construção são comprometidos, o concreto muitas vezes não se solidifica corretamente devido à umidade, o asfalto amolece no calor e a população precisa lutar contra doenças tropicais. Os mexicanos lidaram com essas questões se estabelecendo no amplo planalto entre as cadeias montanhosas de Sierra Madre, mas isso gerou novos problemas: viver em altitude significa não ter acesso à costa nem a rios navegáveis, o que exige infraestrutura artificial que precisa lidar com as peculiaridades do terreno a cada passo. Os trens só podem transportar metade de sua capacidade nominal quando transitam em trilhos com uma inclinação de apenas 0,25%, e há muito mais do que 0,25% de inclinação na maioria das montanhas. Todo o processo fica muito caro rapidamente.

Outro "problema" de subir a montanha é que quanto mais alto se sobe, menor a umidade e a pressão de vapor da água. Para aqueles que vivem ao nível do mar, isso significa que a água não só evapora rapidamente, mas também ferve a uma temperatura mais baixa, especificamente cerca de 7 graus Celsius mais baixa na Cidade do México do que em Miami.

Essas características nos levam a duas situações. A primeira é que o México tem uma variação extrema nos custos de mão de obra, semelhante àquela que torna o Leste Asiático tão eficiente — a natureza fragmentada do país garante isso —, mas a variação não é facilmente acessível, tornando esse fato mais ou menos irrelevante até que a infraestrutura do México possa recuperar o atraso.

A segunda é que, à medida que avançamos ao Norte a partir da Cidade do México, a combinação de latitudes mais altas, diferentes correntes de ar e marítimas e uma paisagem montanhosa em constante mudança transforma a terra em deserto. Normalmente, isso seria algo ruim. A precipitação pluviométrica é tão baixa que há pouquíssima agricultura não irrigada no Norte do México. Isso significa que as cidades estão por conta própria. Não há áreas adjacentes de onde se possa atrair população futura.

No entanto, isso cria uma dinâmica política e econômica interessante. Quando as cidades são, essencialmente, oásis, a evolução natural é que uma única pessoa ou pequeno grupo de pessoas assuma o controle de praticamente tudo. Se uma infraestrutura ou uma indústria precisa ser construída, alguém tem que pagar por isso, e quem paga gosta de deter o controle. Se a cidade não está cercada por um cinturão de florestas ou fazendas, não há lugar para insurgentes se esconderem. Isso torna o sistema mexicano — particularmente as cidades do Norte do México — bastante oligárquico.

O MAPA DO PRESENTE

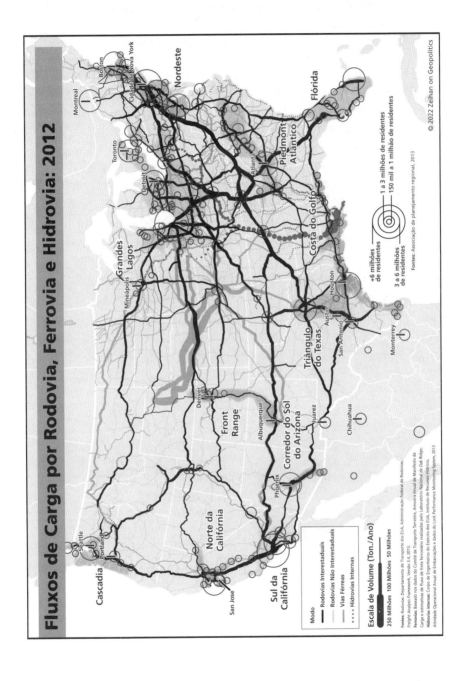

Normalmente, os sistemas oligárquicos não são nem ricos nem dinâmicos, porque os chefes mantêm o dinheiro para si mesmos. No caso do Norte do México, no entanto, esses "jefes" estão próximos à fronteira dos Estados Unidos e servem como portas de entrada para o maior mercado industrial e de consumo do mundo. Isso muda a equação. Os empresários do Norte do México ainda se integram uns aos outros, pelo menos dentro da própria região metropolitana compartilhada, mas é muito mais importante para eles se conectar a um sistema de suprimentos norte-americano, especialmente o rico sistema de suprimentos do Triângulo do Texas.

Talvez o melhor de tudo seja que, enquanto os Estados Unidos detêm a estrutura demográfica mais saudável do mundo desenvolvido, o México detém a melhor do mundo avançado *em desenvolvimento*. Há muito consumo em *ambos* os lados da fronteira.

Resultado: o eixo Texas-México tem a sofisticação tecnológica do Japão, a variação salarial da China e a integração da Alemanha com seus vizinhos, tudo dentro do alcance do maior mercado de consumo do mundo.

Essa é a situação atual. Mas o futuro será diferente.

O MAPA DO FUTURO

DOS TRÊS PRINCIPAIS AMBIENTES DE MANUFATURA, O DA ÁSIA é de longe o menos sustentável.

É... um tanto complicado saber por onde começar.

O FIM DA CORPORAÇÃO DA ÁSIA

Há o contexto regional: as quatro economias do Nordeste Asiático *não* se dão bem. Apenas as duas maiores bases militares dos Estados Unidos no exterior — na Coreia do Sul e no Japão — impedem que elas vivam em conflito. Somente a ameaça do poderio naval norte-americano impede os chineses de tentarem alguma gracinha. Seja devido ao ódio e ao ressentimento históricos na região ou pela saída dos EUA, no mundo que está se desenhando é impossível que os asiáticos orientais sejam capazes da cooperação produtiva necessária para permitir cadeias de suprimentos integradas, multimodais e pacíficas. Os asiáticos orientais são política, estratégica e culturalmente incapazes do grau de confiança exigido para criar uma versão própria do Nafta, muito menos do tipo de tomada de decisão conjunta que define a União Europeia.

Há o contexto demográfico: no ano de 2019, a China sofreu o maior declínio já registrado em sua taxa de natalidade. Infelizmente, isso já era esperado. A Política do Filho Único encolheu a taxa de natalidade da China por tempo suficiente para que o país na atualidade sofra uma escassez de pessoas de vinte e poucos anos, justamente a faixa demográfica que tem filhos. Com poucos jovens adultos, a nova geração não poderá ter muitos filhos. Apinhe essas pessoas em condomínios urbanos e até aquelas que *podem* ter filhos não *desejarão* ter.

Mas o pior estava por vir. Os dados de 2020 indicaram uma queda ainda maior. A queda foi instintivamente atribuída ao coronavírus, mas leva nove meses para gerar um bebê. Portanto, a maior parte da queda em 2020 se deve às circunstâncias e escolhas feitas em 2019. Formalmente, a taxa de natalidade da China não é apenas a mais baixa desde 1978, as taxas de natalidade em Xangai e Pequim — as maiores cidades da China — são agora as mais baixas do mundo. No momento em que escrevo, ainda estamos aguardando os dados finais de 2021, mas os relatos anedóticos de toda a China não são nada promissores para a dominante população han.

O cenário para os não han é ainda pior. Diga o que quiser sobre Mao, mas sua versão de comunismo tinha uma certa consideração pelas muitas minorias da China* e permitia exceções à Política do Filho Único. Mas o comunismo maoista já morreu há muito tempo, substituído por um ultranacionalismo neofascista implacável. Enquanto a China enfrenta o terror da desintegração em um mundo desglobalizado, o Partido Comunista Chinês começou a perseguir sistematicamente suas minorias, a ponto de alocar funcionários do Partido *dentro das casas das pessoas* para impedir que elas, entre outras coisas, procriem. Os uigures de Xinjiang viram sua taxa de natalidade cair pela *metade* apenas entre 2018 e 2020. Em vez de exceções à Política do Filho Único, algumas minorias da China agora estão de fato sob uma Política de Zero Filho. Somando tudo isso, a China é agora a sociedade que está envelhecendo mais rapidamente no mundo.

A situação demográfica em outros lugares do Leste Asiático não é tão evidente, mas isso não significa que seja muito melhor. O Japão já possui a demografia mais envelhecida do mundo (e era a que envelhecia mais rápido até a China assumir essa posição em 2020). A queda na taxa de natalidade da Coreia começou vinte anos depois da do Japão, mas progrediu mais rapidamente. Taiwan e Tailândia estão aproximadamente uma década atrás da Coreia. Até a populosa Indonésia e o Vietnã, com aproximadamente 400 milhões de pessoas juntos, foram afetados pelo fenômeno da urbanização. Nenhum deles está próximo do ponto de "não retorno", mas sua estrutura demográfica em 2021 se parece muito com a da China nos anos 1980.

O envelhecimento rápido atinge os asiáticos com uma restrição tripla: a primeira é que as forças de trabalho envelhecidas podem ser tipicamente mais produtivas, mas também são mais caras. A oferta de mão de obra pouco qualificada da China atingiu o pico no início dos anos 2000. A oferta de mão de obra qualificada da China está atingindo o pico no momento em que escrevo. O resultado é tão claro quanto inevitável: custos de mão de obra mais altos. A China não é mais o produtor de baixo custo e não avançou rápido o suficiente na cadeia de valor para se tornar um produtor de alta qualidade.

A segunda restrição é que esse rápido envelhecimento impede os asiáticos em geral — e os chineses em particular — de se libertar de seu modelo de exportação. Simplesmente não há consumo local suficiente para sequer

---

* Nesse contexto, "certa consideração" significa "não os eliminou sistematicamente".

esperar absorver tudo o que os asiáticos produzem. E, se os norte-americanos deixarem de capacitar os asiáticos a exportar para o mundo, todo o modelo asiático fracassa da noite para o dia. E a terceira e última é que as forças de trabalho que envelhecem rapidamente são perfeitamente capazes de desabar por conta própria devido à aposentadoria em massa.

Há o contexto do acesso a insumos: a China importa mais de 70% dos 14 milhões de barris de petróleo que precisa diariamente; Taiwan, Coreia e Japão importam mais de 95% de suas necessidades de 1 milhão, 2 milhões e 4 milhões de barris, respectivamente. Mais de dois terços de todas as suas importações são originadas no Golfo Pérsico, uma região que não está exatamente exalando estabilidade sob a égide da Ordem, que dirá após a retirada dos Estados Unidos do cenário internacional. A China é o maior importador de *todas* as commodities industriais, com japoneses e coreanos sempre figurando entre os cinco primeiros.

Energia à parte, quase todas as commodities industriais em questão vêm do hemisfério Sul, com a Austrália, o Brasil e a África Subsaariana sendo os maiores participantes. O que não vem desses países vem da Rússia, e, apesar de um conflito entre Rússia e China não estar no topo da minha lista de "coisas que podem dar errado", também não está nem perto de ocupar as últimas posições. Afinal, os russos têm uma tradição consagrada pelo tempo de usar fluxos de recursos para extrair concessões geopolíticas.

Talvez o maior problema para os chineses sejam... os japoneses. A marinha da China tem alcance litorâneo e próximo à costa, com apenas cerca de 10% de seus navios de combate de superfície capazes de navegar a mais de 1.600 quilômetros da costa. Alguns poucos conseguem navegar a mais de 3.200 quilômetros. A China não possui aliados reais (exceto talvez a Coreia do Norte), portanto, projetar poder... sobre qualquer região é uma impossibilidade hilária. Por outro lado, o Japão possui uma marinha totalmente capaz de navegar — e combater — a um continente ou dois de distância. Se a situação complicar, os japoneses podem simplesmente despachar uma pequena força-tarefa via Singapura, em direção ao Oceano Índico, e interromper os fluxos de recursos da China — e, com isso, bloquear a China — remotamente.

Há o contexto da economia de escala: o ingrediente secreto do modelo de manufatura asiático são os mercados de trabalho altamente variáveis da região, combinados com o ambiente de segurança e a rede de comércio global fornecidos e subsidiados pelos EUA. O colapso demográfico está desestabilizando o primeiro, enquanto a retirada norte-americana acabará com o último. Qualquer fator que eleve os custos ou aumente as preocupações de segurança reduz a capacidade dos asiáticos orientais de realizar um esforço conjunto no mundo da manufatura. Ao eliminarmos o que torna a Ásia tão especial não haverá razão alguma para que a Ásia continue sendo o centro global nos mercados de manufatura altamente diferenciados: eletrônicos e computação.

Há o contexto da cadeia de suprimentos: qualquer fator que eleve o custo marginal de manufatura ou transporte, ou aumente a instabilidade e o risco na manufatura ou no transporte, elimina a possibilidade de o estoque just-in-time funcionar até mesmo na teoria. Isso obriga a manufatura a se aproximar dos pontos de consumo final. Como a Corporação da Ásia é a maior fabricante e *exportadora* do mundo, é essa parte do mundo que mais sofrerá com a futura aproximação da manufatura e do consumo. E, como o próprio conceito de just-in-time significa que ninguém armazena muito estoque, quando a Ásia entrar em colapso, *tudo* desaba, de *uma só vez*.

Se a demografia e a geopolítica asiáticas complicarem (ou, mais provavelmente, interromperem) os processos de produção regionais, não haverá razão econômica para que os subsetores de eletrônicos, telefones celulares e computação sejam monopolizados na região. Se a Ásia perder o domínio nesse mercado, mesmo que um pouco, as economias de escala que mantiveram o Leste Asiático como a oficina indiscutível do mundo desaparecerão.

A China especificamente enfrenta um desafio subsequente. Como a oficina do mundo, o país é totalmente dependente de tecnologia e componentes importados. Em setores de alto valor, como semicondutores, telefonia e aeroespacial, a China anunciou planos nacionais para se tornar líder global em *todos*, mas provou ser amplamente incapaz de fabricar componentes de alto valor agregado, como chips com tecnologia de baixo nanômetro ou motores a jato, por conta própria.* Itens que a maioria de nós presume que os chineses dominam — eletrônica doméstica, equipamentos de escritório e computadores —, na verdade, têm mais de 90% de seu valor agregado *fora* da China. Para os navios, esse número é de 87%. Para equipamentos de telecomunicações e componentes da maioria dos aparelhos eletrônicos, é de 83%. Mesmo para trabalhos considerados menos sofisticados, como papel, plástico e borracha, mais da metade do valor agregado ocorre em outros lugares.[3]

O fracasso da China em avançar simplificou um pouco o modelo industrial do país: a China usa seu modelo hiperfinanciado para reduzir os custos dos componentes que *consegue* produzir; importa as peças que *não consegue* produzir, junta as duas e envia o produto final. Mas esse modelo só funciona

---

* Ou, para ser *bem* sincero, fazer engenharia reversa com sucesso dos produtos alheios.

se os fornecedores externos participarem ativamente. Qualquer fator, desde uma crise de segurança até sanções, acaba com isso muito rapidamente. A China já experimentou um bloqueio na tecnologia celular (Huawei) e aeroespacial (o jato de passageiros C919). Com base em como a política se desenrola, alguma versão desse tipo de disrupção pode ocorrer (e ocorrerá) em quase todas as categorias de produtos.

Por fim, há o contexto de proximidade com o mercado. Os dois maiores destinos para os produtos finais asiáticos são os distantes Estados Unidos e a Europa. Os norte-americanos estão a cerca de 11 mil quilômetros via Oceano Pacífico, enquanto os europeus estão — dependendo da origem, rota e destino — entre cerca de 14 mil e 22.500 quilômetros de distância. Em um mundo pós-globalizado, é razoável esperar que *algumas* relações comerciais se mantenham — por exemplo, entre a França e o Norte da África, a Turquia e a Mesopotâmia, a Alemanha e a Escandinávia —, mas localização será essencial.

Quanto mais longa a rota marítima e quanto mais participantes estiverem ao longo de qualquer rota específica, mais acordos precisam ser feitos e mais oportunidades de interrupção haverá. Uma das razões pelas quais as mercadorias transportadas pelas Rotas da Seda eram tão caras era que nenhum poder único controlava toda a rota. Normalmente, *centenas* de intermediários adicionavam suas próprias taxas, inflacionando o custo das mercadorias em mil vezes ou mais.

Com exceção talvez do Japão, não há *nenhum* poder asiático com capacidade naval para alcançar qualquer um dos dois grandes mercados finais em questão, e, em um sistema pós-globalizado, é improvável que produtos asiáticos sejam muito bem-vindos, para começar. Acrescente o ódio mútuo generalizado que a maioria dos asiáticos sente uns pelos outros, e todo o modelo que tirou a região da pobreza e da guerra está prestes a implodir. A única questão é se alguém sairá sem lutar. E, para ser bem claro, "lutar" é extremamente prejudicial para a segurança da cadeia de suprimentos.

O DESMANTELAMENTO DA EUROPA

De forma semelhante, o sistema europeu enfrentará problemas por uma série de razões. A primeira razão é a mais óbvia e a menos controlável: a queda na taxa de natalidade na Europa começou antes da Ásia, com os europeus ultrapassando o ponto de não retorno demográfico antes do novo milênio. Bélgica, Alemanha, Itália e Áustria envelhecerão em massa na primeira metade da década de 2020, enquanto quase todos os países da Europa

Central, desde a Estônia até a Bulgária, estão envelhecendo ainda mais rapidamente e entrarão em obsolescência na segunda metade da década.

Ainda pior, apenas o fator demográfico já garante que a Europa, como a conhecemos, entrará em colapso em um cronograma semelhante. Quando os países da Europa Central aderiram à União Europeia na década de 2000, conseguiram convencer os europeus ocidentais a abrir seus mercados de trabalho. Cerca de um quarto a um terço da população jovem trabalhadora da região da Europa Central partiu em busca de melhores perspectivas econômicas pessoais no Oeste. Em suma, os números demográficos da Europa Ocidental são muito *piores* do que aparentam. Seja porque os europeus centrais retornarão para casa quando as coisas ficarem difíceis, o que privará a Europa Ocidental de sua força de trabalho, ou porque *mais* europeus centrais se dirigirão à Europa Ocidental quando as coisas ficarem difíceis, pois são os únicos empregos que restam, o equilíbrio laboral que tem permitido a funcionalidade econômica europeia desde 2008 está prestes a desaparecer.

O problema demográfico nos assombra de uma segunda maneira. A Europa envelheceu a ponto de não conseguir absorver seus próprios produtos. A Europa *precisa* manter um elevado nível de exportações para sustentar o seu sistema. O principal destino são os Estados Unidos, um país que está se voltando cada vez mais para dentro e, no momento em que escrevo, já está se encaminhando para uma guerra comercial de amplo espectro com a União Europeia. Os Estados Unidos também estão explorando (novamente, no momento em que este texto está sendo escrito) um acordo comercial igualmente abrangente com o Reino Unido. Como qualquer futura paz comercial com a UE exigirá a aprovação de Londres, ninguém na Europa continental pode contar com uma retificação fácil.

Os produtos europeus que não vão para os Estados Unidos seguem para o outro lado do planeta: o Nordeste Asiático. Mesmo que, contra todas as probabilidades, o sistema do Nordeste Asiático (assim como a demanda do Nordeste Asiático por produtos europeus) sobreviva, os norte-americanos não garantirão mais a liberdade dos mares para o transporte marítimo civil. A rota de Xangai a Hamburgo é de aproximadamente 12 mil milhas náuticas (22,2 mil quilômetros). Na "ágil" velocidade de cerca de 27 quilômetros por hora que navegam os modernos navios porta-contêineres, significa uma viagem "rápida" de aproximadamente 35 dias. A velocidade máxima de um navio de carga comercial é de 25 nós (46km/h). Ainda assim, são três semanas inteiras — muito tempo para navegar em águas infestadas de piratas, corsários, marinhas hostis ou alguma combinação dos três.

Talvez ainda pior, a parte da Europa que mantém a relação comercial mais robusta com os chineses é a Alemanha. As vendas de produtos alemães para a China inclinam-se fortemente na direção de máquinas usadas para fazer outros produtos... produtos para *exportação*. Mesmo que, contra todas as probabilidades, a Alemanha e a China consigam manter uma relação comercial em um mundo onde ambas não têm alcance estratégico para interagir diretamente, as exportações chinesas não serão tão necessárias, minando a base racional para qualquer tipo de interação entre a Alemanha e a China.

Os mesmos problemas amplos de estratégia que afetam os asiáticos também afetam os europeus, embora esses problemas específicos sejam de maior ou menor preocupação dependendo da localização e da perspectiva.

Primeiro, o "mais". A maioria dos países europeus começou a se industrializar no século XIX, sendo que até mesmo os mais atrasados — em grande parte os antigos países satélites soviéticos — começaram, no máximo, na década de 1950. Isso significa que a maioria das minas na Europa já foi explorada há pelo menos algumas décadas. Os europeus, que estão industrializados há pelo menos algumas gerações, podem não consumir tantos materiais quanto os asiáticos, mas produzem ainda menos. Os chineses podem importar a grande maioria dos materiais de que precisam, mas normalmente os europeus precisam importar *todos*.

Agora, o "menos". A maioria das commodities industriais necessárias para a vida moderna vem de locais muito mais próximos da Europa do que do Leste Asiático, como o hemisfério ocidental e a África. Vários países europeus — França e Reino Unido me vêm à mente, mas também Espanha, Holanda, Itália e Dinamarca — têm capacidade naval suficiente para proteger o transporte ocasional fluindo entre esses locais. Ainda melhor, a maioria das rotas marítimas dessas regiões para a Europa não passa por águas especialmente conflituosas. Em relação ao abastecimento proveniente do hemisfério ocidental, os norte-americanos certamente colocarão um fim em qualquer tipo de pirataria ou corso em seu hemisfério, e o comércio europeu não será impedido, desde que permaneça desmilitarizado.

A dificuldade será nos países europeus mais distantes do extremo Oeste do continente, que não possuem acesso nem forças navais. Eles precisam obter materiais de uma localização "próxima" diferente: a Rússia. A Alemanha não conseguirá manter sua posição como uma nação rica e livre sem os norte-americanos, mas também não é capaz de manter sua posição como uma nação *industrializada moderna* sem a Rússia. A história de todas as questões alemãs e russas é marcada por capítulos alternados de cooperação relutante e conflito incisivo. Tão devastador quanto isso é para os alemães e russos, é ainda pior para os povos entre eles — países essenciais para as cadeias de suprimentos industriais da Alemanha. A Guerra na Ucrânia já está impondo algumas questões difíceis para todos os envolvidos.

E, claro, tudo isso pressupõe que nada dê errado *na* Europa. A Europa sofre de uma daquelas geografias peculiares, nas quais há o suficiente de áreas planas, banhadas por rios e com acesso fácil para que algumas regiões se convençam de que podem e devem liderar um grande poder consolidado, ao mesmo tempo em que há o suficiente de áreas peninsulares, montanhosas ou insulares para abrigar potências dissidentes que sempre frustrarão tais sonhos. Foi somente durante a Ordem que a paz e a riqueza globais reprimiram a antiga disputa entre as duas visões. Reprimiram. Não extinguiram. Apesar de 75 anos de recuperação, crescimento, segurança, modernização, liberdade e democracia, ainda existem muitos ressentimentos e desavenças internas. O Brexit, que ocorre no auge da globalização, é um exemplo disso. Com a retirada norte-americana, essa repressão termina.

Em termos simples, o sistema germanocêntrico não é capaz de manter sua posição atual, muito menos crescer, e *ninguém* no mundo tem interesse estratégico em socorrê-lo. O desafio para a Europa Central será impedir que os alemães ajam como um país "normal". As últimas sete vezes que a Alemanha o fez, as coisas assumiram proporções... históricas.

Uma luz no fim do túnel: as redes de comércio subsidiárias da Europa parecem mais favoráveis do que o sistema germanocêntrico.

O sistema centrado na Suécia pode ser capaz de se manter. As cadeias de suprimentos do Norte da Europa estão menos expostas a ameaças potenciais, seus suprimentos de energia são mais locais e sua demografia é menos envelhecida e envelhece mais lentamente, sugerindo uma melhor correspondência entre oferta e demanda que limitaria a necessidade de importações e exportações extrarregionais, para começar. No Mar do Norte, os escandinavos até têm petróleo e gás natural suficientes para atender a quase toda a sua demanda. "Tudo" o que eles precisam fazer é obter, de alguma forma, as diversas matérias-primas industriais de outro continente.

Eles têm duas opções.

A primeira é se associar ao sistema francês, pelo menos parcialmente. Além de a França ter consumo interno suficiente para absorver a própria produção, ela também possui isolamento e posicionamento geográfico suficientes para obter os insumos necessários. Acrescente um exército expedicionário competente e um volume quase galáctico de autoestima, e a França tem chances de seguir o próprio caminho. A Suécia e seus parceiros se sairiam bem ao encontrar uma maneira de trabalhar ao lado dos franceses.

A segunda opção pode parecer mais confortável para os escandinavos: trabalhar com os anglo-saxões. A cooperação escandinavo-britânica contra todas as questões continentais tem uma história secular. Com os britânicos se juntando aos norte-americanos (em termos organizacionais), algumas possibilidades interessantes estão surgindo. Os norte-americanos obviamente têm uma força militar e uma economia mais poderosas do que qualquer aspecto que os franceses possam ostentar. Da mesma forma, os norte-americanos também têm *alcance* muito maior — alcance para qualquer lugar que possa ter os recursos necessários. O mercado americano-mexicano é inigualável, enquanto o mercado britânico continua sendo o mais saudável (em termos demográficos) na Europa além da França.

O SÉCULO DA AMÉRICA DO NORTE

Quando se trata do destino do sistema Nafta, a maioria dos indicadores parece extremamente positiva.

Vamos começar com a estrutura básica: parte do motivo pelo qual os fabricantes norte-americanos se sentem enganados pela globalização é porque *esse era o plano*. O preceito central da Ordem é que os Estados Unidos sacrificariam o dinamismo econômico para obter o controle da segurança. O mercado norte-americano *deveria* ser sacrificado. O trabalhador norte-americano *deveria* ser sacrificado. As empresas norte-americanas *deveriam* ser sacrificadas. Assim, tudo o que os Estados Unidos ainda fabricam é um conjunto de produtos para o qual o mercado, o trabalhador e a estrutura corporativa norte-americanos são hipercompetitivos. Além disso, o sacrifício deliberado significa que a maioria dos produtos manufaturados nos EUA não são para exportação, mas, sim, para consumo dentro da América do Norte.

Não é assim que a China funciona. Os chineses fazem tudo o que são tecnologicamente capazes de fazer, usando subsídios, roubo de tecnologia e força diplomática para expandir a lista de produtos sempre que possível. E, ao contrário dos Estados Unidos, muitos desses produtos são para exportação. Dito de outra forma, os produtos que os chineses fazem são aqueles que, por qualquer motivo, os norte-americanos *escolheram* não fazer.

A empresa de telecomunicações chinesa Huawei é um exemplo disso. A Huawei diretamente, e por meio de um ramo do governo chinês, que se destaca em hackear empresas estrangeiras, tem buscado uma estratégia dupla por duas décadas: roubar qualquer tecnologia possível e comprar o que não pode ser replicado. As sanções promulgadas pelo governo Trump (e reforçadas pelo governo Biden) impediram a transferência legal de tecnologia para a Huawei, ao mesmo tempo que deixaram as empresas norte-americanas cientes da ameaça de hackers. O resultado? A posição corporativa da Huawei implodiu em menos de dois anos, deixando de estar prestes a se tornar a maior fabricante de telefones celulares do mundo para não figurar nem entre as cinco maiores da China. A maioria das empresas chinesas simplesmente não consegue operar sem a participação ativa dos EUA.

O inverso não é verdadeiro. Claro, os norte-americanos precisariam construir instalações industriais para compensar a perda de fornecedores de baixo custo, e isso é mais fácil e mais rápido de dizer do que fazer, mas isso não significa que os norte-americanos não saibam *como* fazer coisas, por exemplo, fundir alumínio, forjar vidro, dobrar aço, fabricar carburadores ou montar placas-mãe.

Depois, temos o acesso ao comércio: some todas as importações e exportações, e, ainda assim, cerca de três quartos da economia dos EUA é interna, limitando sua exposição a tudo que é global. O Canadá e o México estão muito mais integrados, obtendo cerca de dois terços e três quartos, respectivamente, de seu volume econômico do comércio, mas cerca de três quartos desse comércio são *com os Estados Unidos*. Na América do Norte como unidade, mais de 8 em cada 10 dólares (ou pesos) de renda são gerados dentro do continente. Esse é de longe o sistema mais isolado do mundo.

Além disso, os norte-americanos já ratificaram, operacionalizaram e implementaram acordos comerciais com o Japão e a Coreia do Sul, outros dois dos seis maiores parceiros comerciais do país. Adicione um acordo pendente com o Reino Unido (mais um desses seis) e metade do portfólio comercial dos Estados Unidos já foi inserido em um sistema pós-globalizado.

Em seguida vem a oferta de matéria-prima: nenhum dos parceiros do Nafta é negligente quando se trata de produção de commodities industriais ou energia. Todos geram volumes globalmente significativos de várias commodities industriais, gás natural e petróleo. Há mais por vir. À medida que o transporte marítimo global civil entra em colapso, grande parte da produção bruta e do processamento intermediário realizados na costa do Golfo dos Estados Unidos terá seu potencial de vendas globais limitado, seja devido ao colapso dos mercados finais, à falta de segurança ou ambos.

Isso reterá uma maior parte da produção dentro da América do Norte. Isso não é bom se você é um produtor ou processador de energia, mas é uma notícia *fantástica* se você é um *usuário* de produtos energéticos. Como é a maioria dos fabricantes.

Se mais suprimentos de qualquer item forem necessários, a América do Sul é um ponto de partida sólido. O abastecimento extra-hemisférico é obviamente mais problemático, mas, ao contrário de todas as outras regiões industriais, os norte-americanos têm o mercado baseado no consumo, o capital, o combustível *e* a capacidade militar para sair e obter o que precisam.

Agora, vamos falar de cadeias de suprimentos.

A maioria dos estudos na última década indicou que, até 2021, a maior parte dos processos de manufatura *já* era mais barata de operar na América do Norte do que na Ásia ou na Europa. Isso pode ser surpreendente, mas não é necessária uma análise profunda para entender as conclusões. O sistema norte-americano apresenta alta variação de mão de obra, baixos custos de energia, baixos custos de transporte para os consumidores finais, opções quase ilimitadas de áreas de implantação, fornecimento estável de insumos industriais e oferta alta e estável de capital.

Ainda melhor, o continente norte-americano enfrenta poucas ameaças à segurança entre as próprias costas e as de potenciais fornecedores. Em média, os produtos norte-americanos enfrentarão menos de um terço das disrupções nas cadeias de suprimentos que os alemães provavelmente sentirão e um décimo das disrupções dos asiáticos. Agora, a implantação de uma instalação industrial não acontece de graça, da noite para o dia, mas os tipos de disrupções que os fabricantes norte-americanos provavelmente enfrentarão são aquelas que podem ser superadas.

A diferença entre a viabilidade da manufatura na América do Norte e na Ásia e na Europa só vai aumentar nas próximas décadas, em grande parte devido às evoluções em curso na geração de eletricidade. Os Estados Unidos e o México detêm algumas das *melhores* opções de tecnologias verdes do mundo. Energia eólica nas Grandes Planícies, energia solar no Sudoeste. O México também é muito bom em ambas, especialmente no norte, onde ocorre a maior integração com o sistema norte-americano.

Mas talvez o mais importante de tudo seja que ainda nem todos na América do Norte ingressaram na corrida da manufatura.

Em primeiro lugar temos os millennials. Apesar de todas as suas muitas[*] falhas, os millennials norte-americanos são a maior parcela da

---

[*] E são *muuuuitas*.

população em idade ativa dentre todos os países desenvolvidos. O consumo dessa geração é o atual impulsionador do sistema da América do Norte, e, dentro de vinte anos, será o investimento dela. Graças aos millennials, a América do Norte não enfrentará nada parecido com as crises de consumo e de capital que em breve definirão a Ásia e a Europa.

Em segundo lugar, as megarregiões de manufatura dos Estados Unidos não são muito integradas (as únicas exceções são a Costa do Golfo e o Triângulo do Texas). Em um cenário futuro em que o comércio global sofra disrupção, os governos federal, estadual e local dos EUA terão interesses em melhorar essas interconexões. Com essas interconexões virá uma integração mais suave e eficiente dos sistemas de manufatura do país.

Em terceiro lugar, nem todo o México está nesse jogo. Ainda. As cidades do Norte do México têm se empenhado na integração com os Estados Unidos, mas o México central é uma região de manufatura independente. Há integração com os norte-americanos, mas não é tão abrangente quanto a que ocorre no Norte do México. E o Sul do México também não está integrado. O Sul é a região mais pobre e menos avançada tecnologicamente do México, ao mesmo tempo que sofre com a pior infraestrutura em termos de sistemas rodoviário e ferroviário locais, assim como o tipo de infraestrutura que poderia ligar o Sul ao restante do país.

À medida que canadenses, norte-americanos e mexicanos do Norte expandirem um sistema mais integrado, esse sistema naturalmente estenderá seu alcance integrador mais ao sul. A Cidade do México, afinal, abriga mais de 70 milhões de pessoas e está muito mais conectada internamente do que as cidades do Norte do México entre si. No mundo em que estamos "desevoluindo", adicionar 70 milhões de pessoas de classe média a qualquer sistema é uma vitória significativa.

Em quarto lugar, *pode* haver uma vitória iminente um pouco mais significativa. O Reino Unido votou para deixar a União Europeia em 2016, mas só efetivou a saída em 2020, e foi somente em 2021 que Londres percebeu que não havia se planejado para as consequências. Na verdade, não havia planejado *nada*. Os europeus continentais não mostraram disposição para fazer qualquer concessão aos britânicos, e a Inglaterra, por si só, simplesmente não é grande, estável ou diversificada o suficiente para ser relevante. *Mas* adicione o Reino Unido e sua sofisticada capacidade de manufatura de primeiro mundo ao grupo do Nafta e a equação muda significativamente. Expandir laços comerciais ao estilo do Nafta para integrar mais o México seria ótimo, mas incorporar 66 milhões de britânicos? Isso poderia ser ainda melhor. Ambas as opções são possíveis.

Mas *há* um problema: a importante variedade da força de trabalho. Os britânicos têm um conjunto de habilidades e custos de mão de obra semelhantes aos norte-americanos e canadenses, enquanto os mexicanos centrais são mais semelhantes aos mexicanos do norte. Duas décadas de crescimento moderado no México, combinado com um envelhecimento demográfico suave, significa que o México agora precisa de um parceiro de manufatura de baixo custo. Em outras palavras, o México precisa... de um México.

Existem duas opções. A primeira é... improvável. Os países da América Central, Honduras, Guatemala, El Salvador, Costa Rica, Nicarágua e Panamá, já integram um acordo comercial com os Estados Unidos chamado Acordo de Livre Comércio da América Central. O problema é a infraestrutura. Administrar uma rede rodoviária e ferroviária em toda a extensão do território montanhoso do México, a fim de conectar a força de trabalho de baixo custo e baixa qualificação da América Central ao mercado norte-americano, parece um desafio. Certamente não seria tão lucrativo quanto o relativamente curto trajeto entre o Triângulo do Texas e o Norte do México.

Com isso, restam as conexões marítimas. Os países da América Central são, na realidade, cidades individuais — uma ou duas por país — cercadas por densa vegetação. O segredo é encontrar uma indústria em que tal trabalho possa alcançar rentabilidade suficiente para justificar a exportação. Não está claro se existe uma. Exceto pelo trabalho de acabamento, até mesmo a indústria têxtil provavelmente não é adequada. Isso limita a região à produção e ao processamento agrícolas tropicais. Apesar de não ser um setor insignificante, também não é excelente. E esses setores certamente não conseguem empregar um número suficiente de habitantes locais para tirar esses países da categoria de "quase falidos".

Uma opção mais viável é a Colômbia. Assim como os países da América Central, os colombianos já têm um acordo comercial com os Estados Unidos. Mas, ao contrário deles, os colombianos têm uma força de trabalho muito mais qualificada que está em um nível salarial de cerca de dois terços do nível atual do México. O maior desafio, que é um desafio bastante comum em toda a América Latina, é a infraestrutura. Ao contrário do México, com seu único planalto central elevado, a Colômbia tem uma formação em V de terras altas, com as cidades de Medellín e Cali no eixo do Oeste e, portanto, sendo mais prováveis de se integrar por meio dos portos do país no Pacífico, enquanto a capital, Bogotá, fica no eixo do Leste e é mais provável que busque acesso ao norte, pela costa do Caribe.

O FIM DO MUNDO É SÓ O COMEÇO

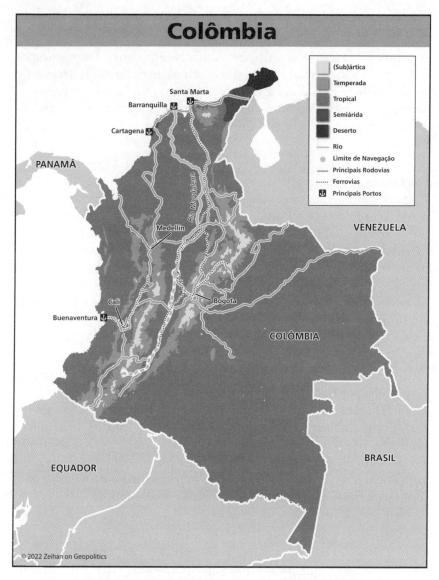

Até o momento, a globalização tem... destruído os sonhos da Colômbia. A dificuldade e o custo de transportar itens para cima e para baixo nas montanhas da Colômbia impediram que cadeias de suprimentos significativas se manifestassem tanto dentro do país quanto entre a Colômbia e o mundo em geral. Como tal, o país é mais conhecido por exportar petróleo, carvão superduro e café. Mas, em um mundo onde os custos de produção disparam devido à instabilidade e a demanda por insumos industriais de

326

todos os tipos aumenta na América do Norte — incluindo *mão de obra* —, a Colômbia pode estar prestes a ter o seu momento de glória.

Se a Colômbia estivesse localizada em qualquer outro lugar do mundo, falar de integração significativa com a América do Norte seria uma impossibilidade. Mas, com os preços e a geografia únicos da Colômbia, aliados a sua proximidade relativa, o país pode ser capaz de integrar o sistema norte-americano de uma maneira muito semelhante à asiática: just-in-time.

Toda a base da estratégia just-in-time é que a estabilidade dos vários parceiros de manufatura é tão confiável que você pode apostar o futuro de sua empresa que a próxima remessa chegará na hora certa. Na maior parte da Ásia, todo esse conceito está prestes a ruir. Não é o caso na região do Nafta. Apesar de suas falhas, Canadá, Estados Unidos e México não enfrentam desafios estruturais e, portanto, podem continuar a utilizar o just-in-time, se assim o desejarem. Assim como a Colômbia.

Além disso, embora seja improvável que a manufatura asiática (e europeia) consiga aproveitar as economias de escala necessárias para uma abordagem de linha de montagem em massa, a combinação de infraestrutura integrada e maior consumo da América do Norte significa que ela provavelmente pode continuar com linhas de montagem e aplicações limitadas de automação. O trio do Nafta simplesmente precisará de um pouco de ajuda com alguns dos componentes de menor valor. Mais uma vez, a Colômbia entra em cena.

A maioria das pessoas pensa no sistema de Bretton Woods como uma espécie de Pax Americana. O Século Americano, se preferir. Mas isso não é verdade. Todo o conceito da Ordem é baseado nos Estados Unidos *se prejudicarem* economicamente para comprar a lealdade de uma aliança global. Isso é a globalização. As últimas décadas não foram um Século Americano. Foram um sacrifício americano.

Esse sacrifício acabou. Com a retirada norte-americana, os vários fatores estruturais, estratégicos e econômicos que sustentaram artificialmente todos os sistemas asiáticos e europeus estão acabando. O que resta do consumo está concentrado na América do Norte. Somente a América do Norte possui um perfil demográfico que não precisa se adaptar imediatamente a uma realidade financeira fundamentalmente nova e desconhecida. E, assim, o repatriamento maciço da manufatura para o sistema norte-americano já está em andamento.

O verdadeiro Século Americano está começando só *agora*.

Isso não significa que não haverá manufatura em outros lugares.

UMA NOVA SAFRA DE HUBS

Cerca de 95% da manufatura de valor agregado ocorre no Leste Asiático, na Europa ou na América do Norte. A maior parte disso se deve a uma mistura de fatores que já analisamos: geografia, demografia, transporte e globalização.

Mas parte disso também se deve à política.

Durante a Guerra Fria, duas regiões em grande parte se abstiveram da globalização em larga escala. A primeira abstenção, a da União Soviética, foi proposital. A globalização foi criada para isolar os soviéticos. A segunda abstenção foi a do Brasil; o país da América Latina manteve seus sistemas separados por uma combinação de razões políticas e ideológicas.

Quando a Guerra Fria terminou, ambos abriram seus mercados, particularmente para os produtos eletrônicos e de computação baratos da orla do Leste Asiático. Protegidos como estavam há décadas, nem os russos nem os brasileiros conseguiam competir. Para piorar a situação, os chineses entraram em ambos os países para firmar parcerias e começaram a extrair toda a propriedade intelectual que conseguiram das empresas, de uma maneira que faria até o Facebook corar.[*]

Em 2005, restava pouco para os chineses roubarem. Em 2010, os chineses haviam incorporado totalmente toda a tecnologia roubada em seu imenso sistema de manufatura e estavam empurrando produtos mais baratos goela abaixo de ambos os antigos "parceiros", destruindo, casualmente no processo, empresas que já haviam sido líderes globais. Alguma versão disso aconteceu em menor grau em grande parte do mundo em desenvolvimento. É por isso, mais do que qualquer outra coisa, que a manufatura no Leste Asiático representa cerca de metade da manufatura global, enquanto as potências da Europa e da América do Norte compreendem quase todo o restante.

No mundo vindouro, a Rússia e o Brasil *podem* experimentar um certo renascimento da manufatura. Qualquer coisa que incentive as cadeias de suprimentos a serem mais curtas, mais simples e mais próximas dos consumidores beneficiará qualquer sistema de manufatura que esteja *fora* do Leste Asiático ou da Europa. Mas mesmo essa "possibilidade" vem com duas grandes ressalvas. A primeira é que a recuperação exigiria que os russos e os brasileiros lidassem com uma série de questões não relacionadas, desde sistemas educacionais até infraestrutura. A segunda é que qualquer renovação da manufatura seria em grande parte limitada a atender clientes dentro da Rússia e do Brasil, ou, no máximo, países dentro de seu alcance. Não é

---

[*] Por um breve momento.

algo insignificante, mas nenhum dos dois países está sequer em um caminho teórico para se tornar a próxima China, México ou até mesmo Vietnã.

Da mesma forma, o fim da China *pode* ajudar as economias em grande parte não manufatureiras da África Subsaariana. Nenhuma delas poderia competir com a manufatura centrada na China em termos de custo, mas com a China fora do cenário? Pode haver algum espaço para sucessos locais. Ainda existem (muitos) problemas. O continente africano é composto por uma série de platôs em diferentes níveis, o que praticamente impede que os vários países se liguem à infraestrutura e alcancem economias de escala regionais. Além disso, muitos deles não têm uma boa relação. Nenhum deles possui uma estrutura de capital rica capaz de propiciar a construção de muita infraestrutura por conta própria. Mas, com a China fora da equação, há pelo menos uma brecha de esperança. Os países com maior potencial de destaque são aqueles cujas geografias locais possibilitam uma integração mais fácil dentro de seus próprios sistemas e com o mundo exterior: Senegal, Nigéria, Angola, África do Sul, Quênia e Uganda. Dentre esses, a Nigéria, devido ao tamanho da população, à demografia jovem e à produção local abundante de energia, parece estar em melhor posição.

Em um tom mais otimista, existem três regiões que *serão* capazes de tirar proveito das mudanças nas circunstâncias estratégicas para ingressar ou reingressar no mundo da manufatura de forma significativa. A mesma combinação de fatores — demografia, variação de mão de obra, segurança, acesso a recursos e segurança no transporte — determinará quem conseguirá esse feito.

A primeira dessas regiões é o Sudeste Asiático (excluindo a China), que tem uma série de fatores a seu favor.

- O Sudeste Asiático tem ampla variação de mão de obra: Singapura é extremamente avançada em tecnologia e tem forte presença no setor bancário; Vietnã e Indonésia são sociedades jovens e vibrantes que lidam com a extremidade inferior do mercado; e Tailândia e Malásia ocupam uma posição intermediária... mas no contexto *asiático*. As economias tailandesa e malaia são tecnicamente mais sofisticadas do que uma minoria considerável de países europeus e estados norte-americanos.
- No Sudeste Asiático, a Indonésia, a Malásia, as Filipinas, a Tailândia e o Vietnã estão se urbanizando *muito* rapidamente. As cidades superlotadas da região reduzem o custo do trabalho em relação aos padrões globais, dando aos asiáticos do Sudeste uma vantagem em qualquer tipo de concorrência direta.

- A região tem suprimentos razoáveis de muitos insumos industriais; de modo mais notável, é quase autossuficiente para suas necessidades de petróleo e gás natural. Mianmar, em particular, tem uma profusão de minerais que ainda não são produzidos industrialmente, enquanto Papua Nova Guiné tem uma abundância de materiais úteis. Para o que a região não consegue produzir por si só, ela pode contar com a Austrália, líder mundial em carvão, lítio, minério de ferro, níquel e urânio.

- Embora seja um exagero dizer que todos na região sempre têm uma boa relação, a própria natureza da geografia regional — com densas florestas, montanhas, penínsulas e ilhas — torna muito difícil para os moradores terem algo mais do que um simples conflito de fronteiras. A última guerra significativa foi a invasão do Camboja pelo Vietnã nos anos 1980 e, para ser franco, esse conflito não teve impacto econômico algum. O Camboja era — e continua sendo — insignificante.

A região tem alguns pontos fracos consideráveis que, na minha opinião, são perfeitamente administráveis.

Primeiro, com todos vivendo em cidades (e continuando a se deslocar para elas), e com solos tropicais de fertilidade limitada, essa região não tem esperança de se alimentar sozinha. Felizmente, Austrália e Nova Zelândia, grandes exportadores agrícolas, estão bem perto, enquanto a abundância agrícola de todo o hemisfério ocidental está a uma curta distância pelo Pacífico.

Segundo, não há líder óbvio no Sudeste Asiático. Singapura é o país mais rico, mas também o menor. A Indonésia é o maior, mas um dos mais pobres. Os tailandeses são os mais "antenados", a menos que estejam passando por um de seus golpes militares periódicos.* Os vietnamitas são os mais organizados, mas isso se deve ao fato de que seu governo é quase ditatorial. A questão não envolve apenas saber quem lidera a região, mas também quem será capaz de manter a segurança das rotas marítimas. Essa tarefa está muito além da capacidade dos países da região.

Felizmente, também há ajuda disponível para isso. A marinha do Japão tem uma capacidade de alcance muito longo — de águas azuis, no jargão dos especialistas em defesa — e poderia patrulhar a região com relativa facilidade. É crucial destacar que *não* estamos na era do Japão Imperial. Não haverá invasões imperiais. A maior parte do Sudeste Asiático pode estar uma ou duas gerações atrás do Japão em termos de desenvolvimento

---

* O que aparentemente ocorre o tempo todo.

econômico, mas todos os países relevantes são totalmente industrializados. Assim, isso seria uma *parceria* de defesa, não uma ocupação.

Em seguida, temos a Índia. Em certos aspectos positivos, a Índia é um pouco parecida com a China. É um país imenso e vasto, com grande variação entre suas regiões densamente povoadas. O corredor de Bangalore foi um dos primeiros a ingressar no mundo dos serviços de tecnologia, e o país também se destaca em refino de petróleo, produtos químicos pesados, produção de medicamentos genéricos e bens de consumo de alta rotatividade.

O problema da Índia é que ela pode ser variada *demais* e povoada *demais*. A Índia não é um Estado-nação etnicamente definido como a China, o Vietnã, a França ou a Polônia, em que um grupo domina a população e o governo; em vez disso, tem mais diversidade étnica e linguística do que qualquer *continente*, exceto a África. Muitas dessas etnias não têm simplesmente suas próprias culturas; têm seus próprios *governos*. Esses governos costumam ter poder de veto — às vezes, formal; outras, informal — sobre as políticas nacionais. O inverso também costuma ser verdadeiro. Essa não é uma configuração que defende grandes conexões e relações comerciais harmoniosas.

A Índia é assim há um milênio e meio. Nada tão insignificante quanto o colapso do mundo que conhecemos será capaz de mudar isso. Mas, se as conexões globais fracassarem, a confusa burocracia típica da Índia não será um problema tão grande quanto a falta de transporte marítimo de longa distância. No *mínimo*, a mudança nas circunstâncias possibilitará que a Índia expanda sua capacidade de manufatura para atender à própria população de 1,4 bilhão de pessoas. O tamanho da Índia por si só significa que ela não precisa ser um participante global para ser globalmente significativa.

Um problema comum para o Sudeste Asiático e a Índia será o fornecimento de capital. Como ambos têm demografias relativamente jovens, a geração de capital local é um tanto limitada. Como ambos têm um território complexo e dividido — com todas aquelas florestas, montanhas, penínsulas e ilhas —, a necessidade de capital para construir infraestrutura compensatória é alta, e as oportunidades para infraestrutura terrestre que conecte as diversas forças de trabalho da região são escassas, na melhor das hipóteses. Ambos *herdarão* muitos componentes de várias redes de manufatura à medida que a China se desintegra e se divide, mas as instalações industriais ainda precisarão ser construídas — e isso não é de graça. Com a notável exceção de Singapura, nenhuma dessas economias tem moedas fortes ou mercados de ações estáveis. Mesmo que consigam manter a estabilidade política e econômica, não serão destinos óbvios para a fuga de capital.

O que todos eles precisam é de investimento estrangeiro direto (IED). O conceito por trás do IED é simples: dinheiro para comprar ou construir instalações específicas — normalmente instalações industriais — a fim de fabricar um produto específico. A solução para os problemas de capital do Sudeste Asiático e da Índia é provavelmente a mesma: o Japão. A força de trabalho japonesa está envelhecendo rapidamente para a obsolescência e o consumo japonês atingiu seu auge há três décadas. Mas os japoneses ainda são muito prósperos. Embora sua força de trabalho não consiga produzir muito, ela ainda é eminentemente capaz de projetar produtos a serem fabricados em outro lugar e arcar com os custos de instalações industriais para tornar tudo isso possível. Combine a tecnologia, a força militar e a riqueza japonesas com o potencial de manufatura, a demografia e os insumos industriais da Índia e do Sudeste Asiático, e você terá uma das grandes alianças do século XXI.

A questão é se mais alguém será convidado a participar da festa. Os coreanos seriam a escolha lógica, mas eles são tão especialistas em guardar rancor contra os japoneses — em virtude da ocupação da Coreia de 1905 a 1945 — quanto o são em manufatura de alta tecnologia. Não está claro se os coreanos, que carecem totalmente da capacidade naval para cuidar de suas próprias necessidades, estarão dispostos a se aproximar dos japoneses em um mundo pós-Ordem. Em contrapartida, Taiwan é um parceiro óbvio. Os taiwaneses e os japoneses instintivamente compartilham uma visão hostil de Pequim e têm colaborado em todos os aspectos industriais desde o fim da Guerra da Coreia.

Há mais uma região que vale a pena observar: Buenos Aires. Se você conhece a Argentina, tenho certeza de que acha que eu sofri um derrame. A Argentina tem um dos regimes regulatórios e tarifários mais hostis aos investidores do mundo, e a propensão do país para confiscar propriedades privadas destruiu sua base industrial local. Tudo isso é verdade. E tudo isso é relevante... para o mundo que está morrendo. Mas, no mundo que está nascendo — fragmentado em sistemas comerciais regionais e até nacionais —, a política industrial socialista/fascista da Argentina funcionará muito melhor. Afinal, se os produtos manufaturados baratos não estiverem mais facilmente disponíveis no Leste Asiático, os argentinos serão privados deles ou precisarão fabricar alguns itens localmente. E os argentinos *odeiam* privações.

Isso provavelmente levará a um boom industrial significativo na região. Os argentinos estão entre o povo mais instruído do mundo, então a questão nunca foi a capacidade intelectual. A região de Buenos Aires também está ao alcance de mercados de trabalho mais baratos no Paraguai, no Uruguai e no Sul do Brasil. O mercado local de 45 milhões de argentinos vale a pena ser explorado, e o resto do Cone Sul — a região que já está ligada à infraestrutura argentina existente — adiciona quase um quarto de bilhão. O Cone Sul combinado também é um grande produtor de quase todos os produtos agrícolas e industriais, e não há ninguém no hemisfério oriental com a capacidade de romper o cinturão de segurança norte-americano em torno do hemisfério ocidental. Em um mundo que logo enfrentará escassez de alimentos, de processamento industrial e de sistemas de manufatura coesos e sustentáveis, a Argentina e seus parceiros preenchem todos os requisitos.

Então esse é o *onde*. Agora vamos tratar do *como*. Afinal, o mundo em que estamos nos transformando fabricará produtos não apenas em lugares diferentes e em escalas diferentes, mas também de maneiras diferentes.

FABRICANDO UM NOVO MUNDO

QUANTO MAIS LONGA E COMPLEXA A CADEIA DE SUPRIMENTOS, maior a probabilidade de enfrentar um colapso catastrófico e irrecuperável.

Essa única declaração contém *muita* angústia e disrupção.

Evoluir de normas de manufatura do mundo globalizado para as novas normas de um mundo desglobalizado não será como desmontar um carro e depois montá-lo em um novo local. Será como desmontar um carro e depois montá-lo como uma máquina de fazer pão, uma colheitadeira de maçãs e um jato dos sonhos da Barbie. Os processos que usamos para a manufatura mudarão porque o ambiente vai se alterar. As economias de escala globais desaparecerão. Muitas das tecnologias que usamos para fabricar bens na era da globalização não serão aplicáveis ao mundo fragmentado que está emergindo. Isso significa que, em 2022, temos muitas instalações industriais que em breve não serão relevantes.

Pense na China: o valor agregado total da manufatura na China em 2021 foi de cerca de US$4 trilhões, dos quais cerca de três quartos foram para exportação. O valor bruto das instalações industriais subjacentes é facilmente dez vezes maior, isso sem contar as infraestruturas de transporte e de energia de apoio, nem os milhares de navios de longo alcance que levam os insumos para o país e os produtos finais para o resto do mundo, nem o valor dos sistemas de suprimento interdependentes que envolvem outros países do Leste Asiático.

Tudo vai ficar isolado. A desglobalização — seja provocada pela retirada dos Estados Unidos ou pelo colapso demográfico — romperá os elos das cadeias de suprimento que tornam a maioria das manufaturas centradas na China possíveis, mesmo antes que as nações consumidoras protejam mais seus mercados internos de forma mais feroz. Praticamente toda a indústria orientada para a exportação (e uma parcela significativa da indústria voltada para o mercado interno) será considerada obsoleta. Totalmente obsoleta.

Nem tudo precisará ser substituído. O declínio demográfico significa que o consumo global atingiu o auge em 2019, nos dias dourados pré-Covid, ao mesmo tempo que a fragmentação do sistema global reduzirá ainda mais os níveis globais de renda e riqueza. Mas, em muitos desses fragmentos menores, *haverá* a necessidade de construir uma nova infraestrutura industrial. Afinal, depender do mercado global de bens acabados deixará de ser uma opção viável.

As características dessa nova infraestrutura industrial refletirão um ambiente macroeconômico, estratégico, financeiro e tecnológico fundamentalmente diferente. Essa nova infraestrutura será um pouco diferente dependendo de onde estiver localizada, mas algumas características comuns existirão em todas elas.

1. As linhas de montagem de produção em massa em grande parte tendem a desaparecer. A produção em massa de qualquer tipo requer enormes economias de escala. Mesmo dentro do mercado da América do Norte, essa produção precisa "apenas" atender cerca de meio bilhão de pessoas, com uma economia combinada de cerca de US$25 trilhões. Sim, é muito, mas é apenas um terço do total global pré-Covid, e os países do Nafta passarão a produzir principalmente para si mesmos, não para o mundo inteiro.

2. A redução das economias de escala diminui as oportunidades para a automação. A aplicação de novas tecnologias em qualquer sistema de manufatura adiciona custos, e a automação não é exceção. Ela ainda ocorrerá, mas apenas em aplicações específicas, como têxteis e semicondutores avançados. Essas aplicações automatizadas já são mais baratas do que a mão de obra humana.

3. O ritmo da melhoria tecnológica na manufatura diminuirá. Ampliando esse contexto: o ritmo de *todas* as melhorias tecnológicas diminuirá. O avanço tecnológico rápido requer um grande corpo de trabalhadores altamente qualificados, oportunidades de colaboração em larga escala entre esses trabalhadores e uma quantidade significativa de capital para financiar o desenvolvimento, a operacionalização e a aplicação de novas ideias. O colapso demográfico está prejudicando o primeiro aspecto, a desglobalização fragmentará o segundo e a combinação desses fatores aniquilará o terceiro.

4. As cadeias de suprimentos serão muito mais curtas. Em um mundo desconectado, qualquer ponto de exposição é uma possibilidade de falha e qualquer sistema de manufatura que não possa eliminar a própria complexidade não sobreviverá. O modelo de dezenas de fornecedores geograficamente isolados alimentando uma única cadeia de suprimentos extensa desaparecerá. Em vez disso,

a manufatura bem-sucedida assumirá duas formas novas e mutuamente complementares. A primeira realizará mais etapas dentro de locais individuais para eliminar o máximo possível de risco da cadeia de suprimentos. Isso indica que essas instalações centrais se tornarão muito maiores. O segundo tipo de manufatura serão pequenas instalações que fornecem peças personalizadas. As oficinas de usinagem, em particular, devem prosperar. Elas conseguem absorver capital, tecnologia, novos designs e novos trabalhadores rapidamente e produzir peças personalizadas ou em rápida mudança para uso nessas instalações centrais maiores.

5. A produção deve ser próxima ao consumo. Com o fraturamento do mapa global, atender a um mercado consumidor significa produzir bens dentro desse mercado. Para mercados menores e mais isolados, isso significa custos extremos de produção devido à total falta de economias de escala, bem como dificuldade em obter a gama necessária de insumos. Sistemas maiores (Nafta, por exemplo) se sairão muito melhor. Afinal, os insumos provenientes de Utah podem ser usados para construir um produto em Toronto que pode ser vendido no Yucatán. "Colocalização" é algo relativo.

6. Os novos sistemas recompensarão a simplicidade e a segurança, assim como o antigo sistema premia o custo e a eficiência. A morte do just-in-time obrigará os fabricantes a uma de duas ações. A opção A é armazenar grandes quantidades de produto — incluindo produtos acabados — o mais adiantado possível no processo de manufatura, de preferência na periferia dos principais centros populacionais. A opção B é abandonar o máximo possível do processo tradicional de manufatura e realizar toda a manufatura o mais próximo possível do consumidor final. Uma tecnologia adequada para isso é a manufatura aditiva ou em 3D, em que um material em pó ou líquido é pulverizado em camadas finas repetidamente até que um produto seja "impresso". Sim, a manufatura aditiva é cara em termos absolutos por produto, mas os parâmetros mudaram. O custo já não é o foco principal, e qualquer produto fabricado em impressão 3D, por definição, terá custos de armazenamento próximos de zero.

7. A força de trabalho será muito diferente. Com a ênfase alternada entre a personalização e a realização de várias etapas de manufatura em um único local, não há muito espaço para pessoas que não sabem o que estão fazendo. Um dos grandes benefícios da Era Industrial foi que a mão de obra pouco qualificada poderia ganhar

um salário razoável trabalhando em uma linha de montagem. Mas e agora? A demanda por empregos menos qualificados no setor industrial evaporará, enquanto a remuneração dos empregos mais qualificados disparará. Para os países pobres, isso será um desastre. Subir na escala de valor agregado significa começar na parte inferior. Com as "desevoluções" geopolíticas, inversões demográficas e mudanças tecnológicas, a maioria desses empregos não existirá mais. Além disso, cadeias de suprimentos mais curtas e mais simples reduzirão o emprego global na manufatura em geral, em termos de postos de trabalho por unidade de produto produzido. O resultado? O aumento da desigualdade dentro e entre os países.

8. Nem todos podem participar. Cada parte fragmentada do mundo precisará olhar para seu próprio sistema interno de manufatura, e muitas delas não terão capacidade. Os requisitos de capital para a construção de instalações industriais são íngremes. O envelhecimento demográfico limitará as opções na Europa. As prováveis restrições às transferências de capital limitarão as opções em todo o mundo em desenvolvimento fora da Ásia. As regiões que podem aproveitar melhor o capital serão aquelas com as melhores perspectivas para explorar recursos, fabricar produtos de forma confiável e talvez até vender alguns fora da região: Sudeste Asiático, Índia e região da Grande Buenos Aires. A única região capaz de autofinanciar totalmente sua própria infraestrutura é o Nafta.

9. Por fim, e o mais deprimente, existem variados tipos de perdedores nesse mundo em que estamos desevoluindo. É uma coisa se o seu país perde um sistema de manufatura porque alguém tem uma melhor Geografia de Sucesso para fazer este ou aquele item na era que se desenrola. Mude o mapa do transporte, das finanças, da energia ou dos materiais industriais, e a lista de vencedores ou perdedores mudará com ele. Não será um resultado feliz para o perdedor, mas não é o fim do mundo. A menos que seja. Há uma diferença — uma grande diferença — entre um *preço* crescente de acesso e uma total *falta* de acesso. O primeiro leva a um esvaziamento industrial. O segundo leva à desindustrialização total. Assim como acontece com a energia, os países que perdem o acesso aos elementos básicos da sociedade industrial moderna não entram apenas em recessão, eles perdem a capacidade de participar do jogo.

Agora vamos falar de produtos.

Existem literalmente centenas de subsetores em todo o setor de manufatura, e *cada* um compreende milhares de produtos intermediários e finais. Uma lista de todos eles mataria mais árvores do que este livro inteiro. Para o bem da brevidade e da preservação ambiental, vamos nos concentrar nos onze primeiros em termos de valor comercializado internacionalmente.

A maior parte do comércio internacional de manufaturas é **automotiva**. Todas aquelas 30 mil peças que compõem um veículo têm suas próprias cadeias de suprimentos. Uma vez que cada peça tem seus próprios requisitos de mão de obra e estrutura de custos, *muitos* países produzem *muitas* etapas e com frequência atuam como fornecedores para as marcas e os mercados uns dos outros. É bastante comum encontrar uma transmissão alemã em um Ford, um bloco de motor mexicano em um Geely ou fiação malaia em um BMW.

É claro que esse nível de interação industrial desaparecerá completamente. Isso não é tão desastroso quanto parece. Como todos fabricam um pouco de tudo, qualquer lugar onde os sistemas existentes da cadeia de suprimentos estejam concentrados gera efeitos de rede significativos, *supondo que haja demanda de consumo suficiente para o produto final*. Na China, onde as vendas de veículos atingiram o auge em 2018, isso é ruim. Na Europa, onde atingiram o pico décadas atrás, isso é ainda pior. Mas no eixo Texas-México isso é quase perfeito. Quando 25 mil das peças já são fabricadas (ou montadas) dentro de uma geografia bastante compacta inserida no maior mercado de carros do mundo, a economia de adicionar cada peça restante individual não é particularmente desafiadora.

A manufatura de **veículos pesados** — principalmente equipamentos agrícolas, de mineração e de construção — segue o mesmo padrão que a automotiva. Muitos países produzem muitas peças diferentes e trocam insumos intermediários entre si. Uma peça é uma peça... mas apenas até certo ponto. Enquanto bilhões de pessoas querem um carro, nem todo mundo sente a necessidade de sair correndo para comprar a melhor e mais recente retroescavadeira. Há também o aspecto nada insignificante de que não é possível acomodar algo do tamanho de uma colheitadeira em um contêiner padrão. As dificuldades de transporte por si só significam que a maioria dos locais que precisam de equipamentos agrícolas, de mineração ou de construção terão que fabricá-los em grande quantidade por conta própria.

Considerados em conjunto, os equipamentos pesados são um pouco como a indústria automotiva em miniatura. Assim como a indústria automotiva, a manufatura de equipamentos pesados existe nos três grandes polos de manufatura — Leste Asiático, Europa e América do Norte — e cada um atende principalmente aos próprios mercados regionais, mas também fornece mais de um quinto dos componentes para os sistemas uns dos outros. Potências secundárias, como Argentina, Brasil e Rússia, conseguiram preservar seus próprios sistemas de manufatura de equipamentos pesados devido a uma combinação de barreiras tarifárias e necessidade.

No futuro, o sistema alemão estará em apuros. A demografia da Alemanha é muito terminal para manter a produção, é muito integrada com outros países com demografias terminais para manter suas cadeias de suprimentos, é muito dependente de importações de commodities industriais para até mesmo tentar a manufatura em larga escala e é muito dependente de exportações extracontinentais para manter os fluxos de receita.

Em contraste, o Brasil é completamente diferente. Tem acesso mais fácil a energia e materiais. Tem uma indústria em grande parte nacional que fabrica desde os produtos de base, com exposição mínima aos problemas de outros países. Além disso, há uma grande demanda interna por equipamentos de construção, agrícolas e de mineração e o Brasil pode ver uma *expansão* nas vendas para o exterior à medida que outros países abandonam o setor.

Situados entre os alemães e os brasileiros no que diz respeito à integridade da cadeia de suprimentos, à demanda doméstica, à segurança do acesso aos materiais e às estruturas demográficas estão os italianos, os franceses e os japoneses. Por razões nacionais (campos agrícolas menores e cidades congestionadas exigem equipamentos menores), a produção da Itália tende a envolver modelos menores, que coincidentemente são mais fáceis de exportar. O sistema francês domina quase todas as vendas domésticas, mas continua fortemente voltado para a exportação. Os modelos franceses e japoneses sofrerão restrições se não conseguirem manter excelentes relações com os norte-americanos, o destino final mais popular para ambas as produções. O desafio está mais relacionado ao acesso que à necessidade. A China enfrenta um problema semelhante, embora menos intenso (a demanda interna da China é muito maior do que a da França ou do Japão).

Ainda assim, há uma grande diferença entre ter 80% de um caminhão de mineração e ele inteiro. Felizmente, qualquer um que seja muito bom na manufatura de automóveis deve ser capaz de ser muito bom na manufatura de equipamentos pesados. Grande parte dos conjuntos de habilidades e requisitos de infraestrutura são comuns a ambas. Na América do Norte, o eixo Texas-México é o lugar certo para equipamentos de mineração e construção — Houston, em particular. Quer equipamentos agrícolas? Ainda deve recorrer ao Meio-Oeste.

A indústria **madeireira** transita entre os setores da agricultura e manufatura de maneiras complexas e em constante mudança. O processo de agregação de valor, da árvore até a madeira e a polpa — ou tábuas, essências aromáticas e tabuões —, resulta em um valor total impressionante de cerca de um quarto de trilhão de dólares em mercadorias, e isso é antes mesmo do trabalho real, que transforma a madeira em móveis, compensados, colônias, estruturas de casas ou carvão vegetal. Como você pode imaginar, mapear o futuro da indústria madeireira — que diabos, mapear o *presente* da indústria madeireira — é um processo complicado.

Portanto, vamos nos concentrar nas partes óbvias.

Todo mundo usa tudo. Em diferentes concentrações, é claro, mas todos usam madeira para construção, móveis, combustível, papel e assim por diante. A madeira é um material básico para a existência humana, e tem sido assim desde que existem... humanos.

Mas nem todos são capazes de produzir madeira em grande volume. Os Estados Unidos, um país grande em zona temperada, com vastas áreas florestais em altitudes médias e altas, é de longe o maior produtor de madeira do mundo, mas, devido à preferência por casas unifamiliares grandes e cheias de móveis, também é um importador líquido. Canadá e México suprem quase todas as necessidades excedentes dos Estados Unidos. Esqueça as preocupações sobre as mudanças que um mundo pós-globalizado trará para a América do Norte; o continente *já* atende aos próprios interesses nesse subsetor.

Em um mundo desglobalizado, os problemas da indústria são triplamente complicados.

Em primeiro lugar, *os Estados Unidos* são a fonte dos produtos de madeira manufaturada mais importantes no comércio global, tais como aglomerados na forma de pellets, serragem e aglomerado de partículas; painéis na forma de compensados; e polpa para papel. Em um mundo fragmentado, esses produtos de alto volume e baixo valor não serão enviados para muito longe. Isso será um problema para os gestores florestais e processadores no Piedmont dos EUA, mas passará praticamente despercebido no restante da América do Norte. Para os consumidores na Europa e na Ásia, a inflação vertiginosa dos preços dos produtos é praticamente garantida, especialmente porque quase todas as alternativas razoáveis são baseadas em petróleo.

Em segundo lugar, o que não vem dos Estados Unidos tende a cruzar os pontos de tensão geopolítica sobre os quais não paro de falar: a madeira das florestas densas do Sudeste Asiático vai para o Nordeste Asiático, a madeira da Rússia vai para a Europa Central e Ocidental. As diversas disrupções no comércio de madeira que estão por vir serão tão variadas quanto a mistura de produtos. O único fluxo que talvez — provavelmente? — não sofra modificações seja da madeira escandinava para outros lugares da Europa.

Em terceiro lugar, há uma grande questão ambiental iminente. Em 2019, a madeira e vários de seus subprodutos representaram 2,3% da geração de *eletricidade* da Europa, principalmente porque a União Europeia dispõe de regulações absurdamente tolas que consideram a queima de madeira e de seus subprodutos neutra em carbono, apesar do fato praticamente indiscutível de que a queima de madeira emite mais dióxido de carbono até mesmo do que o carvão.

Em termos mais específicos, cerca de metade das árvores derrubadas são usadas como combustível direto, sendo que a grande maioria é queimada a uma distância de um dia a pé da margem da floresta, especialmente na Índia e na África Subsaariana. Em um mundo pós-globalizado, quase não haverá restrições sobre o uso da madeira como combustível. Na melhor das hipóteses, acontecerá o oposto. Se as pessoas não puderem obter produtos energéticos comercializados globalmente, como gás natural ou diesel, elas terão que escolher entre não ter calor para cozinhar ou se manter aquecidas... ou queimar madeira. A escala da devastação — em termos de emissões de carbono, cobertura do solo, biodiversidade, poluição atmosférica, qualidade da água e segurança — causada pelo retrocesso de metade da população mundial à queima da madeira é difícil de entender.

Próximo ponto: com a queda da Corporação da Ásia... espere uma grande mudança no mundo dos **semicondutores**.

A fabricação de semicondutores é um processo extremamente difícil, caro, exigente e, sobretudo, *concentrado*. Tudo, desde o derretimento do pó de dióxido de silício até a formação de cristais a partir do silício líquido, o corte desses cristais em pastilhas, a corrosão, a dopagem e o cozimento dessas pastilhas, a separação dessas pastilhas em componentes semicondutores individuais, a montagem e a embalagem desses componentes extremamente delicados em estruturas de proteção que podem ser inseridas em GameBoys, lâmpadas inteligentes e notebooks, *tudo* isso normalmente é feito na mesma instalação. Cada etapa requer condições de sala limpa, então, em vez de enviar o produto várias vezes por transporte com cadeia limpa, é mais seguro e confiável fazer tudo no mesmo local.

Taiwan, Japão e Coreia fazem os semicondutores realmente bons. Malásia e Tailândia lidam com o mercado intermediário. A China oferece os produtos mais baratos. Essas instalações simplesmente não se movem.

Ou, pelo menos, não se moviam. Mas o mundo está mudando e agora elas começaram a se mover. Restrita pela necessidade de trabalhadores altamente qualificados, alta confiabilidade de eletricidade e uma série de sistemas de suporte à fabricação em escala, a maioria das instalações de fabricação terá pouca escolha a não ser ir para os Estados Unidos.

Isso evidencia um problema. A manufatura norte-americana — especialmente no setor de tecnologia da informação — tem um valor agregado extremamente alto. Ela participa da fabricação em massa de chips de alta qualidade que são usados em servidores, notebooks e smartphones. Tanto é assim que, mesmo no auge do desmantelamento da globalização, os Estados Unidos continuam a ser responsáveis por cerca de metade *do valor* de todos os chips, apesar de produzirem apenas cerca de um nono *do número* de chips.

Infelizmente, o futuro da manufatura ainda exigirá muitos chips de nível abaixo do excelente. Os trabalhadores norte-americanos só podem se adaptar a esse nível com significativos subsídios. O México também não poderá ajudar: o país carece da cultura de educação de precisão em grande escala necessária para gerar a força de trabalho exigida. Se o objetivo é fabricar algo que só se tornou digitalizado nas últimas décadas, isso é um problema gigantesco. Podemos dizer "adeus" para a Internet das Coisas.[*] E provavelmente devemos nos preparar para uma geração de veículos mais analógicos do que digitais.

Claro, os semicondutores não envolvem apenas semicondutores. Por si só, os chips são inúteis. Eles devem ser incorporados em chicotes elétricos e placas de controle, entre outros itens, antes de serem instalados em diversos produtos. Esse estágio intermediário requer olhos e dedos. Isso não só me leva a pensar em futuras parcerias com México e Colômbia para etapas de fabricação intermediárias, mas também sugere grandes parcerias em todo o setor de indústrias criadas em torno dos semicondutores em geral, especificamente computação, smartphones e eletrônicos de consumo.

A montagem de **computadores** é surpreendentemente simples (a maioria dos componentes importantes são, de fato, semicondutores) e se resume basicamente a uma questão de preço. Se for um produto de qualidade inferior e puder ser feito manualmente, como a montagem de placas-mãe, o México será o local adequado. Se mais precisão for necessária — por exemplo, a instalação de displays — e, portanto, exigir automação, o melhor lugar é os Estados Unidos.

A primeira década pós-globalização será difícil para os usuários de **smartphones**. No momento, quase toda a cadeia de suprimentos está

---

[*] Sejamos sinceros, realmente precisamos de um termômetro digital que envia os resultados para o celular ou de uma secadora de roupas que toca música?

concentrada na Europa ou na Ásia. O sistema europeu *provavelmente* ficará bem. A maioria dos fabricantes europeus de celulares está na Escandinávia e seus sistemas regionais de suprimento provavelmente não enfrentarão muitos desafios. Mas o sistema asiático? Bem, a Coreia é o maior participante, e a existência contínua da Coreia não apenas como uma potência manufatureira ou tecnológica, mas como um país funcional, depende dos coreanos chegarem a um acordo com os japoneses. Basta um passo errado significativo e todo o sistema operacional Android perderá a maior parte de seu hardware.

Quanto ao ecossistema da Apple, a empresa projeta seus produtos na Califórnia, mas depois terceiriza *inteiramente* a produção para uma rede centrada na China que certamente implodirá em um futuro não muito distante. Todo esse sistema de manufatura precisará ser reconstruído do zero dentro dos Estados Unidos. Os países do Sudeste Asiático não têm a escala necessária, enquanto o México não tem as capacidades de precisão. Mesmo no melhor cenário, quando o mundo se fragmentar, ficaremos muitos anos com o mesmo modelo de iPhone.

Eletrônicos — uma categoria muito ampla que inclui tudo, de eletrodomésticos e aparelhos de fax a roteadores, liquidificadores e secadores de cabelo — são um pouco como o setor automotivo, em que *todos* participam de *tudo*. No entanto, ao contrário do setor automotivo, não há grandes segredos. Ninguém pratica espionagem corporativa ou ameaça declarar guerra por causa da propriedade intelectual necessária para fabricar um ventilador de teto ou um dispositivo para abrir garagens.

O que define o setor de eletrônicos é o importante recurso da manufatura da era da Ordem: diferenciação do trabalho. O conjunto de habilidades — e, sobretudo, o ponto de preço — que permite fabricar a carcaça de um aparelho de telefone é diferente do conjunto de habilidades necessário para conectar os cabos ou construir a interface digital. Os fabricantes de eletrônicos de sucesso no futuro serão aqueles que dispuserem de múltiplos conjuntos de habilidades e pontos de preço a curta distância. As opções são o Sudeste Asiático e a região da fronteira entre os EUA e o México. Mais do que outros setores, os eletrônicos são um *grande* negócio. Muito maior do que o automotivo e o de computadores, o setor de eletrônicos é uma gigantesca categoria de produtos e está entre os setores da manufatura que mais exigem mão de obra. Pode parecer atraente construir semicondutores domesticamente, mas, se você quer empregar milhões de pessoas, os eletrônicos são a melhor opção.

Outro subsetor importante é o **aeroespacial**. Assim como no setor automotivo, as três grandes regiões de manufatura da era da Ordem têm seus próprios sistemas: Boeing, na América do Norte, Airbus, na Europa, e Comac, na China. Isso não vai durar. A Comac, apesar de décadas de transferência forçada de tecnologia e espionagem, provou ser incapaz de construir todos os componentes necessários para uma aeronave funcional. Na pós-Ordem, não terá capacidade para importar o que precisa e simplesmente vai desaparecer.

A situação da Airbus não é muito melhor. A corporação é um conglomerado multinacional de empresas aeroespaciais da Espanha, da França, da Alemanha e... do Reino Unido, sendo que o Reino Unido é responsável por detalhes importantes como asas e motores. Em um mundo pós-Brexit, o futuro da Airbus já é incerto. Avancemos para o cenário após o pendente acordo comercial entre EUA e Reino Unido e o setor aeroespacial britânico será integrado à família Boeing. Pior ainda, alguns dos maiores compradores de aeronaves Airbus têm sido as companhias aéreas de longa distância do Golfo Pérsico, Etihad, Emirates e Qatar Air. Todos os seus voos têm origem ou destino no Golfo Pérsico. Quando os EUA abandonarem a região do Golfo Pérsico à própria sorte, *é impossível* que a aviação civil continue a operar na área. Se a Airbus tiver um futuro, será reinventando-se como um fornecedor militar para uma Europa que não pode mais confiar na vigilância estratégica norte-americana.

No rescaldo, a Boeing assumirá a aviação global. O mercado global de aviação será muito menor, mas ser a última empresa de pé no setor tem seu mérito.

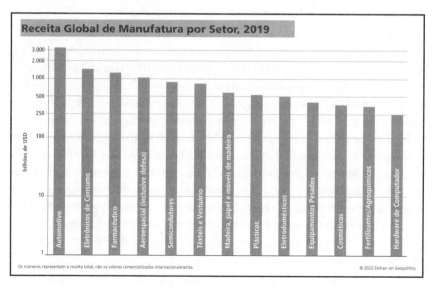

A indústria de **máquinas e equipamentos** é onde as coisas ficam incertas, e não apenas porque ninguém realmente classifica máquinas e equipamentos em uma categoria específica para coleta de dados. A Alemanha é, sem dúvida, a melhor do mundo porque a propensão cultural alemã para a precisão detalhista é exatamente o que resulta em bons equipamentos. Infelizmente, para o mundo, a cultura não pode ser transferida. Não importa quanto dinheiro seja gasto nisso. Basta perguntar aos chineses, cujos esforços para piratear designs alemães e imitar a produção alemã têm fracassado reiteradamente.

Isso nos leva a três resultados. Primeiro, os Estados Unidos ficarão em boa situação. Na maioria das vezes. Embora os norte-americanos não sejam tão bons nesse setor quanto os alemães, os habitantes de Houston chegam razoavelmente perto. Segundo, a posição industrial da China está completamente comprometida. Mesmo que nada mais dê errado, os chineses são totalmente dependentes do maquinário alemão para manter seu enorme setor industrial. Terceiro, o mundo como um todo experimentará uma desaceleração tecnológica. Sem os alemães empurrando obstinadamente os limites do que é um bom maquinário, espere que o avanço tecnológico nesse setor — que é necessário para fabricar todo o resto — estagne.

Isso é o que acontece no nível superior. Mas uma reorganização completa também é iminente no nível inferior. Os dois subsetores que sofrerão as maiores mudanças são o **têxtil** e o **de fiação**. O setor têxtil é uma indústria de baixa qualificação e intensiva em mão de obra, enquanto a de fiação é de baixa qualificação e intensiva em eletricidade. Desde os primórdios da Era Industrial, esses setores têm sido opções para países em processo de industrialização que tentam ingressar no mercado.

Não mais.

Avanços na automação agora significam que a maioria dos fios, linhas, tecidos e roupas pode ser produzida a um menor custo por máquinas em um país desenvolvido do que por mãos semiqualificadas em Bangladesh. Espere que roupas e tecidos feitos de fibras naturais sejam realocados para onde a lã e o algodão são colhidos: em especial, o Sul dos Estados Unidos, a Austrália e a Nova Zelândia. Para fibras sintéticas, será difícil superar a Costa do Golfo dos EUA. Tenha em mente que esses "empregos" serão muito diferentes em comparação a como eram quando foram realocados nas décadas de 1980 e 1990. Um único engenheiro de sistemas pode manter sozinho uma instalação têxtil de *4 mil* metros quadrados.

Quanto à fiação, a revolução do xisto possibilitou aos Estados Unidos a eletricidade mais barata do mundo. Não só a fundição de metais está retornando aos Estados Unidos, mas também a próxima etapa do processo:

a fiação. Mãos humanas ainda serão necessárias ao trabalho de acabamento em têxteis e à fabricação de chicotes elétricos para a produção subsequente, mas o que costumava ser uma indústria de entrada no mercado mudou de forma irreversível.

Há mais em jogo aqui do que apenas algumas meias perdidas. As indústrias têxtil, de calçados e de fiação estão tipicamente entre os primeiros passos no processo de desenvolvimento. Os países mais pobres usam esses subsetores não apenas para obter renda e dar início à urbanização, mas também para desenvolver o tipo de experiência organizacional e de treinamento para elevar a cadeia de valor agregado a sistemas e manufaturas mais sofisticados. A realocação desses subsetores para economias mais avançadas em geral, e sua crescente automação em específico, nega aos países que ainda não iniciaram o processo de desenvolvimento a oportunidade de acessar o que antes provou ser o degrau inferior do processo. Se o país em questão for a Bolívia, o Laos ou o Congo, o risco não é de voltar para um mundo pré-1939, mas para o período antes de 1800.

FRAGMENTANDO OS FRAGMENTOS

Na melhor das hipóteses, este capítulo *subestima* os impactos que reverberarão e desmantelarão o mundo da manufatura. Qualquer fator que eleve o custo marginal do transporte aumenta o atrito em todo o sistema. Um aumento de apenas 1% no custo de uma parte subsidiária anula consideravelmente a economia de uma cadeia de suprimentos existente. A maioria dos locais se considerará afortunada se seus custos de transporte aumentarem apenas *100%*.

Esse é o mundo para o qual estamos caminhando. Mudanças nos transportes, nas finanças, na energia e no acesso a insumos industriais o tornarão mais pobre e mais fragmentado, e reverterão muito do progresso que passamos a associar à era moderna. E isso pressupondo que todos possam continuar a suprir suas necessidades e, ao fazê-lo, sobreviver como nações modernas.

Infelizmente, esse não é o fim da história. Ainda precisamos discutir quem sobreviverá para testemunhar esse futuro. Analisaremos agora quem assumirá a única atividade que suplanta todas as outras: *comer*.

Vamos tratar da agricultura.

PARTE VII:

AGRICULTURA

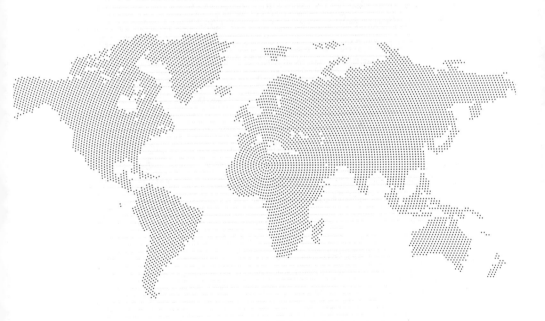

O QUE ESTÁ EM JOGO

ESTA PARTE É, DE LONGE, A MAIS IMPORTANTE. SE VOCÊ NÃO conseguir obter um determinado item, com certeza, pode não ser capaz de fabricar um carro. Se o posto de gasolina ficar sem combustível, com certeza, sua vida virará um caos. Mas, se não houver alimento suficiente, você morre. Seus vizinhos morrem. Todos na sua cidade morrem. Seu país morre. Muito mais governos caíram devido a falhas no sistema alimentar do que devido a guerra, doenças ou conflitos políticos internos combinados. Além disso, no que mais parece uma piada de mau gosto, alimentos são perecíveis. A única coisa imprescindível para nossa existência pode apodrecer em questão de meses, se formos cuidadosos. Dias, se não formos. O alimento é efêmero, mas a fome é eterna.

Na melhor das hipóteses, em longo prazo a situação é ainda mais desoladora. Se o sistema de fornecimento de alimentos entrar em colapso por qualquer motivo, não há como simplesmente fabricar mais. Mesmo a aveia, que tem um crescimento rápido, demora três meses do plantio até a colheita. O milho leva seis. Seis meses também costuma ser o menor tempo para um porco ir para o abate. Um boi, nove, embora doze sejam o ideal — e isso pressupõe o confinamento, e não a criação livre no pasto. Prefere algo mais orgânico e de criação livre no pasto? Então agora são 24 meses. No mínimo. Pomares normalmente não produzem nos primeiros três anos. Alguns levam oito.

Nem todos podem participar desse jogo. Um dos produtos a granel mais difíceis de transportar é a *água*. Os lados opostos das moléculas de água têm fortes cargas elétricas negativas e positivas, o que faz com que as moléculas se agarrem a tudo, até umas às outras.* A água bombeada deve superar esse atrito, e isso só pode ser feito com um constante gasto de energia. É a maior razão pela qual cerca de metade da superfície terrestre não congelada da Terra é inadequada para a agricultura, e por que o cultivo significativo de quase metade das terras que *conseguimos* cultivar

---

* Isso se chama ligação de hidrogênio, para os nerds de plantão interessados em química.

exigiu o surgimento das tecnologias de bombeamento da Era Industrial. A desindustrialização não significa simplesmente o fim da indústria; significa o fim da produção de alimentos em larga escala e o retorno da fome em larga escala.

No mínimo, estou amenizando a gravidade dos desafios enfrentados na produção de alimentos em um mundo pós-globalizado. Para compreender o quão terrível o futuro realmente será, precisamos de uma parte final verdadeiramente *brutal*. Precisamos entender quem será afortunado o suficiente para conseguir *comer* em nosso futuro caótico.

Precisamos voltar ao início, uma última vez.

ATINGINDO A FARTURA

Há muito tempo, em uma terra bem, bem distante,* os seres humanos domesticaram seu primeiro vegetal: o trigo. Com essa conquista, todo o resto se tornou possível. Cerâmica. Metais. Escrita. Moradias. Estradas. Computadores. Sabres de luz. *Tudo*.

Em termos de cultivo, o trigo é praticamente perfeito. Ele cresce relativamente rápido, o que o torna uma base alimentar, independentemente da duração da estação de crescimento. Ele pode ser hibridizado com facilidade para se adaptar a diferentes altitudes, temperaturas e níveis de umidade. Algumas variedades podem ser plantadas no outono e colhidas na primavera, atenuando a severidade da estação de escassez de alimentos. Mas, sobretudo, o trigo não é muito exigente. Como muitos agricultores costumam brincar, "o trigo é uma erva daninha". Quando o clima não colabora, seja com geadas precoces ou tardias, secas ou chuvas intensas, às vezes, o trigo é o único vegetal que consegue prosperar. Como resultado, ele tem sido o grão preferido pela maioria da humanidade. À medida que os anos se transformaram em milênios, quase todas as culturas, em todos os lugares, cultivaram trigo em volume significativo, tornando-o o cerne da experiência alimentar.

O trigo fez mais do que simplesmente nos alimentar. Ele nos transformou. As características biológicas do trigo moldaram os resultados tecnológicos, geopolíticos e econômicos de nossa espécie. A natureza descomplicada do trigo não se limita apenas ao clima; ele também não exige cuidados constantes. Uma vez semeado, ele praticamente não precisa de

---

* Certamente antes do décimo milênio AEC, no que é hoje o Curdistão iraquiano, para quem se interessar.

mais nada até a época da colheita. E, se o trigo se vira sozinho, os agricultores estão livres para realizar outras tarefas durante 90% do ano.

Havia outros grãos ancestrais como farro, painço, amaranto e teff, mas todos exigiam mais terra, água ou mão de obra (ou geralmente os três) do que o trigo, e são menos calóricos. Isso é ótimo para as dietas contemporâneas, que estão nos levando a uma eterna guerra com a balança, mas não era tão vantajoso para o mundo pré-industrial, onde a fome era uma ameaça constante. Para os povos que não cultivavam trigo, o contato com um grupo que consumia trigo muitas vezes significava a morte. Povos que usavam o trigo como base alimentar tinham mais soldados para um conflito, não apenas porque mais calorias significavam uma população maior, mas também porque, na maior parte do ano, eles poderiam armar seus agricultores de lanças e enviá-los para a batalha. Além disso, esses povos tinham acesso a mais calorias e de forma mais confiável, porque os agricultores dispunham de "tempo livre" para culturas *adicionais*, resultando em ainda mais calorias, suficientes para sustentar populações ainda maiores. A criação de ovelhas era particularmente popular no Oriente Médio, enquanto a de vacas era preferida na Europa.[*] Todo esse tempo livre significou uma maior diferenciação do trabalho e, a partir disso, um avanço tecnológico mais rápido. Povos que não consumiam trigo simplesmente não conseguiam acompanhar.

Se a produção de trigo quase *sem* manejo — pouco mais do que jogar as sementes no solo — gerava poder geopolítico, a produção de trigo com bom manejo elevava os povos adeptos do trigo a patamares impressionantes. O segredo está no conceito frequentemente menosprezado da irrigação. Todos sabemos que vegetais precisam de água e sol, mas muitos de nós não compreendem totalmente os milagres que podem surgir não apenas do manejo, mas do *controle* da água.

Sou de Iowa, lugar onde chove com regularidade, há farta umidade do solo e a irrigação é quase inexistente. A agricultura em Iowa é produtiva, robusta e regular. Não há nada de muito extravagante.

Um dos meus lugares favoritos para visitar é o interior do estado de Washington por causa de sua topografia, seu povo e sua cultura — ok, *tudo bem*, eu vou pelo vinho. A maior parte do interior de Washington é árida ou desértica. A precipitação anual é comparável ao Deserto de Chihuahua. As temperaturas no inverno raramente caem abaixo de zero, enquanto as temperaturas no verão frequentemente ultrapassam os 37 graus Celsius. A umidade do solo é extremamente baixa. Em circunstâncias

---

[*] Sim. Isso mesmo. O trigo nos proporcionou o *queijo*!

pré-industriais, poucos vegetais poderiam crescer lá. Mas a água que escoa das montanhas da Cascata das Rochosas forma os rios Yakima, Snake e Columbia, que confluem na região. O resultado é uma extensão de áreas verdes sinuosas no coração de uma das regiões mais secas do hemisfério ocidental. Com sol pleno. Quase todos os dias. E irrigação proveniente do maior sistema de abastecimento de água da América do Norte. Confira no Google Earth: o triângulo irregular formado entre as cidades de Yakima, Walla Walla e Moses Lake é exuberantemente verde, graças à irrigação nas planícies dos vales dos rios, ou um deserto marrom e árido.*

O estado de Iowa é otimizado para culturas de milho e soja de alta umidade, estação única e clima temperado. Há uma estação de crescimento "padrão" de seis a oito meses antes de o inverno chegar. Mas em Washington é possível cultivar quase *tudo*: milho, soja, nozes, maçãs, peras, drupas, trigo, batatas, uvas, beterraba-sacarina, lúpulo, hortelã e praticamente qualquer vegetal existente. A produtividade por hectare é gigantesca porque todas as culturas recebem sol escaldante quase todos os dias, *ao mesmo tempo* que recebem toda água que possam querer. As opções de produtos são quase ilimitadas e os produtores podem cultivar quase o ano todo. O clima desértico significa morte. O temperado é sazonal. Mas clima desértico com irrigação é *sensacional*!

A antiga Mesopotâmia, o Egito e o Vale do rio Indo tinham áreas *planas* suficientes em seus vales fluviais, então não eram necessárias tecnologias industriais de grande escala; canais de desvio pré-industriais funcionavam muito bem. Para a época, eram a Geografia de Sucesso perfeita. As três primeiras civilizações uniram o potencial do trigo à irrigação para gerar os primeiros excedentes de alimentos em larga escala do mundo, o que exigiu o uso de cerâmica para armazenamento, estradas para coletar os excedentes, escrita e aritmética para controlar os estoques de alimentos, e cidades cheias de não agricultores para consumi-los. E, assim, os mesopotâmicos se expandiram para as regiões de Anatólia e do Zagros, os egípcios para o Sudão e o Levante, e o povo do Indo para os rios Mahi e Oxus e para a foz do Golfo Pérsico.

Conforme as tecnologias das três primeiras civilizações se disseminaram para amplas extensões do mundo antigo, a combinação de produção de trigo com e sem manejo transformou muitas colônias em culturas filhas com excedentes próprios de alimentos, que, por sua vez, geraram culturas netas. No entanto, em todos os casos a disponibilidade de alimentos

---

* O Vale Central da Califórnia segue um padrão muito similar por razões muito semelhantes.

permanecia uma restrição comum, impondo limites absolutos sobre a população, a urbanização, o progresso tecnológico e a expansão cultural. E, embora o trigo não fosse muito exigente, ainda exigia mão de obra para semear e colher (e muita mão de obra para o manejo dos sistemas de irrigação).

A solução para essa restrição revelou-se enganosamente simples: conquistar terras com produção manejada de trigo em grande escala e usar a mão de obra local para cultivar alimentos a fim de expandir seu império. Na maioria dos casos, essas "terras" eram locais que tinham os sistemas de produção de trigo com melhor *manejo*, onde a maior parte da população vivia em situação de escravidão voltada para o cultivo de trigo: as civilizações originárias da humanidade.

No século VI AEC, os persas do Império Aquemênida, liderados por Ciro, o Grande, conquistaram seus antecessores mesopotâmicos, iniciando a rivalidade entre mesopotâmicos e persas que persiste até a atualidade. Pouco depois, os descendentes de Ciro — Câmbises e Dario — incorporaram o Egito e o Indo ao império. Então, a expansão aquemênida cessou pela simples razão de que toda a produção de alimentos que valia a pena já havia sido conquistada. A paralisação de campanhas militares levou a lutas internas, que resultaram nos atos "misericordiosos" de Xerxes,* que culminaram em rebelião, que levou à ascensão dos macedônios no século IV AEC sob o comando de Alexandre, o Grande, que, tal como os aquemênidas antes dele, conquistou a totalidade do mundo conhecido (e alimentado). E, assim como os aquemênidas, Alexandre também cessou suas conquistas assim que os grandes celeiros das três primeiras civilizações estavam sob seu domínio.**

E assim a história se desenrolou: a ascensão dos impérios pelos 2.500 anos seguintes girou em torno do domínio de terras que poderiam alimentar a expansão. A Espanha para os romanos, a Ucrânia para os russos, a Polônia para os alemães, a África do Sul para os britânicos, o Egito para praticamente todo mundo em algum momento.

Três grandes avanços interromperam o ciclo de conquistas impulsionadas pelo trigo.

Primeiro, a era industrial apresentou a humanidade aos insumos agrícolas sintéticos, principalmente fertilizantes, mas também pesticidas, herbicidas e fungicidas. Terras já utilizadas para a agricultura dobraram sua produção em pouco tempo, enquanto terras de qualidade inferior,

---

* Por Esparta!
** Ele morreu aos 32 anos. Então, pode ter sido por isso, também.

ignoradas ao longo da história, puderam experimentar um aumento de quatro vezes (ou mais) em relação aos níveis de produção pré-industriais. Os campos agrícolas se espalharam pelo mundo. Na nova era tecnológica, a Geografia de Sucesso mudou. Terras que antes não eram cultivadas se tornaram celeiros. O Norte da Alemanha, frio, úmido e com menos exposição solar, de repente se transformou em um produtor de alimentos quase no patamar do Norte da França, enquanto a capacidade de cultivar vegetais na Sibéria tornou a vida na Rússia um pouco menos miserável.

Os impérios ainda conquistavam o Egito,* mas, com acesso a tecnologias industriais, muitas culturas agora controlavam a produção confiável de alimentos em larga escala dentro de seus próprios territórios. Locais que antes eram domínios imperiais rapidamente se tornaram desafiantes legítimos para os participantes mais estabelecidos. Levou décadas para que as potências mais antigas se adaptassem a essas profundas mudanças nos equilíbrios de poder. Conhecemos essa era de adaptação como as guerras de unificação alemãs do século XIX e os conflitos muito maiores que surgiram logo depois.

E os avanços industriais não se limitavam apenas a fertilizantes e fungicidas. Eletricidade e aço também são tecnologias da agricultura industrializada. Combinados, eles nos proporcionam a hidráulica, que nos permite bombear água morro acima ou a partir de aquíferos. Podemos *criar* água doce por meio da dessalinização. A industrialização não apenas aumenta nossa produção por hectare; ela também nos possibilita produzir alimentos em terras anteriormente estéreis.

A refrigeração também é uma tecnologia agrícola de nível industrial que operou milagres significativos. As carnes agora duram semanas em vez de horas ou dias. A perecibilidade não foi totalmente eliminada, mas pôde ser mitigada. Algo tão perecível quanto uma maçã, submetido a alguns truques da era industrial que envolvem um armazém escuro, próximo da temperatura de congelamento e sem oxigênio, pode durar mais de um *ano*. Quando armazenado em local fresco, escuro, selado e desumidificado, o trigo pode durar até *oito* anos. Para produtos frescos, a genética moderna melhora a durabilidade para suportar variações de temperatura e retardar a deterioração. Misture tudo isso em uma salada geopolítica envolvendo opções de transporte industrial que se tornaram *muito* baratas e *muito* confiáveis, e podemos enviar qualquer coisa para qualquer lugar do mundo com regularidade. Até mesmo *feno*.

---

* Só porque era *tão* fácil.

O segundo fator a romper o ciclo do trigo foi — que surpresa — a Ordem. Ao tornar os mares seguros para todos e proibir as expansões imperiais, os norte-americanos subverteram milênios de conquistas anteriores impulsionadas pela agricultura. Os territórios das três primeiras civilizações alcançaram e/ou consolidaram sua independência de seus senhores imperiais. Terras antes consideradas marginais em todo o mundo experimentaram um crescimento explosivo à medida que tecnologias e insumos importados modificaram o universo de suas possibilidades. Essa "Revolução Verde" acabou sendo responsável por quase quadruplicar a produção agrícola de regiões que hoje conhecemos como o mundo em desenvolvimento. De longe, os maiores beneficiários dessa mudança foram as nações do Sul, Sudeste e Leste Asiático, que abrigam metade da população global. A Ordem, combinada com a disseminação de tecnologias industriais, levou 3 *bilhões* de pessoas de uma vida precária para uma situação de segurança alimentar. Melhores insumos modernos, menos restrições típicas da era imperial, mais fazendas em áreas maiores e safras maiores de uma variedade maior de produtos. Benefícios para todos.

O QUE ESTÁ EM JOGO

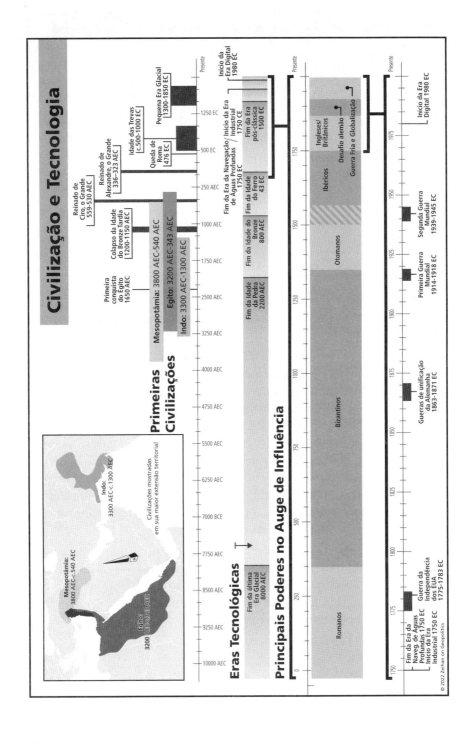

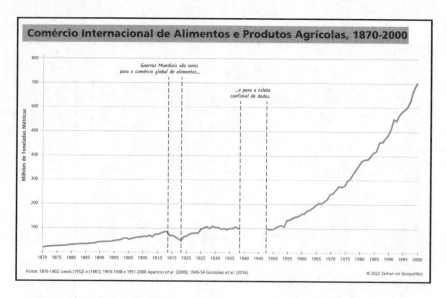

A maior variedade é o terceiro e, talvez, o mais importante fator no fim da Idade do Trigo: as pessoas simplesmente optaram por *parar de cultivar trigo*.

Na longeva Era Imperial, o controle das zonas de alta produção de trigo era a própria definição de sucesso. O suprimento confiável de alimentos levava diretamente ao crescimento populacional e à expansão militar confiáveis. Mas, na era da Ordem industrializada, o cálculo estratégico mudou radicalmente. O comércio global mitigou a necessidade de se preocupar com a autossuficiência em trigo. A vigilância estratégica norte-americana eliminou a paranoia de se preparar para um ataque imperial. Os novos insumos, combinados com a Revolução Verde, significaram que a segurança global do trigo havia sido alcançada. Assim, agricultores de todo o mundo passaram a reorganizar a geografia da produção global de alimentos, com foco específico na especialização.

Produtos com maior teor de calorias e proteínas, como milho, soja, lentilhas ou aveia, se espalharam como ervas daninhas. As melhores terras de pastagem do mundo passaram a ser destinadas à criação de animais. Terras irrigadas, seja no Iraque ou no Vale Central da Califórnia, transformaram-se em pomares de escala industrial.

O QUE ESTÁ EM JOGO

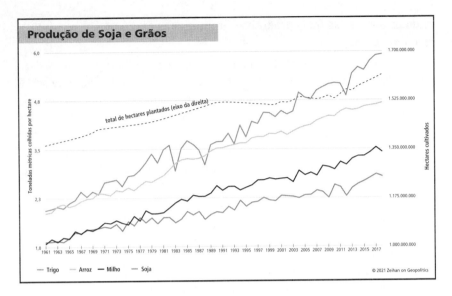

No mundo em desenvolvimento, onde as tecnologias industriais eram novidades, o resultado foi uma expansão maciça da produção de alimentos de todos os tipos, com o trigo ainda em um papel central. Para as terras que no período pré-industrial eram consideradas inúteis, o trigo era a melhor opção.

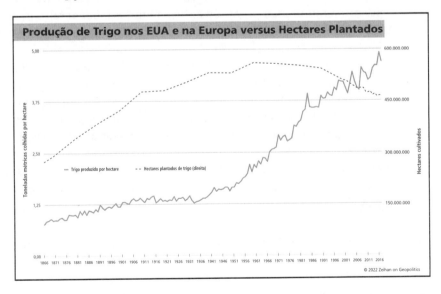

No mundo avançado, onde as tecnologias industriais estavam mais estabelecidas, o trigo era constantemente relegado a áreas secundárias, enquanto as terras mais produtivas eram usadas para as demais culturas. *Qualquer outra.*

O incentivo da Ordem às economias de escala significa que cada pedaço de terra e microclima tende a se dedicar a um único cultivo em que se sai melhor, atendendo às necessidades de um mercado global totalmente unificado. O milho e a soja precisam de calor e umidade, o que os torna mais adequados para os interiores continentais. Uma única geada pode destruir uma safra de cítricos, o que os torna mais adequados para as regiões subtropicais. O arroz não só gosta de calor e umidade, como, na maioria das versões, precisa ficar *submerso* em várias fases de crescimento — assim, é perfeito para terras quentes e úmidas. A aveia e a cevada preferem climas mais frescos e secos, portanto, são mais adequadas para latitudes mais altas. *Todos* os grãos precisam de um período seco para amadurecer antes da colheita. Como regra geral, as latitudes mais altas são simplesmente frias demais para qualquer cultivo além de variedades específicas de trigo ou talvez beterraba,* enquanto os trópicos não são frios ou secos o suficiente para a maioria das culturas germinarem e secarem de forma adequada, incentivando a adoção de conjuntos de culturas completamente diferentes: desde manga até inhame.

As dietas mudaram. À medida que conquistaram acesso ao comércio internacional, os povos do mundo em desenvolvimento fizeram o que era de se esperar: melhoraram a produção agrícola em casa, obtiveram uma participação maior na extração de matérias-primas em relação a quando eram colônias, urbanizaram-se, diversificaram a manufatura, ganharam mais dinheiro e passaram a consumir alimentos cada vez melhores, vindos de lugares cada vez mais distantes. No Leste Asiático, isso significou trocas incrementais do arroz para o trigo e um aumento maciço na demanda por carne de porco. No Irã, isso significou mais arroz como complemento do trigo. No Nordeste da China, no Caribe e na África Subsaariana, isso significou uma diminuição incremental de sorgo, painço e raízes tuberosas, e um aumento incremental de arroz, frango e carne bovina.

Com a segurança alimentar básica resolvida, "agricultura" hoje consiste em muito mais do que apenas alimentos básicos e, em muitos casos, nem sequer significa comida. Não produzimos apenas milho, trigo, soja e arroz, mas também batatas, lentilhas, maçãs, cerejas, avelãs, amêndoas, abacates, morangos, mirtilos, quinoa, lúpulo, madeira, algodão, linho, flores e cannabis. Cada produto tem uma faixa de temperatura e de umidade e um tipo de solo preferidos, e a Ordem permitiu que cada região maximizasse

---

* *Blergh!!*

suas vantagens, produzisse em escala e vendesse para um mercado global faminto, rico e em crescimento. A substituição maciça do trigo por outras culturas tornou-se a norma.

Pense em dois países que têm quase nada em comum em termos de geografia, história, clima, cultura ou estrutura econômica: Nova Zelândia e Egito. A Nova Zelândia é um país muito úmido, enquanto o Egito, densamente povoado, dispõe de muita mão de obra para cuidar das plantações. Na atualidade, ambos *poderiam* facilmente cultivar volumes suficientes de trigo para suprir suas necessidades. Na verdade, se assim escolhessem, estariam entre os produtores de trigo mais lucrativos do mundo.

No entanto, nenhum dos dois países optou por esse caminho.

Em vez disso, ambos produzem itens mais adequados às suas condições ambientais e de mão de obra — produtos com ávida demanda global. O clima ultra-ameno da Nova Zelândia faz dela a produtora de laticínios, madeira e frutas mais eficiente do mundo, com pastagens, florestas industriais e pomares desbancando os campos de trigo menos lucrativos. Da mesma forma, o Egito cultiva algodão e cítricos para exportação, em vez de trigo para consumo local. Ambos os países exportam seus produtos agrícolas por um alto valor e, em seguida, importam alimentos mais baratos — como trigo — que eles mesmos poderiam ter cultivado se a economia agrícola global os impulsionasse para uma direção mais autárquica.

Essa marginalização do trigo significa que a maior parte de sua produção mundial é cultivada em poucos lugares: as Grandes Planícies dos Estados Unidos, as Pradarias Canadenses, a Bacia Murray-Darling e áreas periféricas do Sudoeste da Austrália, as terras áridas da região central da Argentina, o Sudeste da Inglaterra, os infinitos pequenos campos da altamente protecionista França, as regiões famosas pelos dumplings no Norte da China, no Paquistão e na Índia — para alimentar a abundante população e limitar a necessidade de importações —, e as vastas extensões do cinturão de trigo russo, uma zona que inclui Bielorrússia, Ucrânia e Cazaquistão. (Dentre esses, apenas a França, o Paquistão e a Índia cultivam trigo em áreas que poderiam ser usadas de forma mais eficiente para outras culturas, mas, para esses três países, o foco do governo não está na eficiência.)

A Ordem industrializada não só nos permitiu aumentar em sete vezes o total de calorias cultivadas desde 1945; ela possibilitou que vastas áreas do planeta atingissem níveis populacionais impossíveis de ser mantidos apenas com sua geografia. A população no Norte da África aumentou mais de *cinco* vezes desde 1950, a do Irã mais de seis, enquanto a da Arábia Saudita e a do Iêmen aumentaram mais de *dez* vezes. As remessas de alimentos a granel originários de um continente (ou mais) de distância se tornaram triviais.

Em relação à agricultura, as tecnologias industriais mudaram o *onde* e o *quanto* era possível, a Ordem mudou o *acesso* e o *alcance* do possível, enquanto a substituição de culturas em massa mudou o *que* e a *variedade* do que era possível. Mais terras — cerca de 4,6 bilhões de hectares — são cultivadas do que em qualquer outro momento da história humana. Mais safras — em 2020, a produção agrícola total valia cerca de US$8 trilhões — são produzidas do que em qualquer outro momento da história humana. Isso representa aproximadamente 10% do PIB *global*, o maior valor dentre todos os setores econômicos. Mais produtos alimentícios — mais de um terço em valor — são comercializados internacionalmente do que em qualquer outro momento da história humana. Mesmo uma grande parte do que não é exportado também não é consumida localmente (afinal, há um limite para a quantidade de laranjas cultivadas na Flórida que os moradores locais conseguem consumir).

Se o objetivo é a eficiência e o aumento dos padrões de vida, tudo isso faz sentido. Mas não é preciso muita mudança na mecânica do comércio global para desmantelar esse sistema interligado. Se a geografia do acesso encolher, o que faz "mais sentido" mudará drasticamente.

Manufatura, energia e finanças são importantes, é claro. Coletivamente, elas conduziram toda a humanidade para a era moderna. Mas a agricultura? Ela foi *o* primeiro passo do longo caminho desde os desafios e as incertezas do passado até o mundo que conhecemos. Se a agricultura contemporânea se desmantelar, significará uma imensa retração em volume, variedade, disponibilidade e confiabilidade dos alimentos. Significará que países inteiros, que exploraram as tecnologias e os mercados agrícolas modernos para abandonar a era pré-industrial, agora retrocederão para esse passado. Com *níveis populacionais* pré-industriais.

A GEOPOLÍTICA
DA VULNERABILIDADE

VAMOS REEXAMINAR TODO O RESTANTE DESTE PROJETO, MAS agora do ponto de vista da agricultura.

Vamos começar com a **manufatura**.

A ênfase da Ordem em eficiência, economias de escala e expansão do alcance das tecnologias industriais molda não apenas onde, mas também *como* determinadas culturas são cultivadas. As que sofrem os maiores impactos são as culturas em linha, produtos que podem ser cultivados de maneira industrial por meio da utilização de equipamentos pesados para plantar, fertilizar, eliminar ervas daninhas e colher.

Em termos de volume produzido, as maiores delas são trigo, soja, milho, batata, canola, feijão, ervilha, trigo-sarraceno, beterraba-sacarina, linho, girassol e cártamo. Como a operação de equipamentos pesados em encostas ou perto de campos úmidos gera acidentes industriais absurdamente caros, a junção desses equipamentos e culturas em linha realmente só funciona em zonas agrícolas planas e extensas, tornando esses equipamentos essenciais em todo o território de países como Canadá, Estados Unidos, Brasil, Argentina, Austrália, África do Sul, Holanda, Polônia, Romênia, Bulgária, Bielorrússia, Ucrânia e Rússia, e regionalmente importantes no Reino Unido, França, Alemanha, Espanha, Bélgica, Argélia, Bolívia, México, China e Nova Zelândia. Coletivamente, as culturas em linha nesses países representam cerca de um quarto de toda a produção global de alimentos em peso. Fazendas maiores significam equipamentos maiores e mais especializados. Equipamentos especializados significam cadeias de suprimentos de manufatura especializadas. E as cadeias de suprimentos especializadas são extremamente vulneráveis à disrupção.

Para os grandes *produtores* de culturas em linha, a lista de potenciais fornecedores de equipamentos é extremamente curta.

No final do período de globalização, existem apenas quatro lugares que fabricam o equipamento relevante para culturas em linha de larga escala em termos de quantidade e qualidade. A capacidade de manufatura da Europa é multinacional e está sujeita à coesão (ou à falta dela) da União Europeia. Os equipamentos chineses são de pequeno porte. O tamanho médio de um campo de trigo ou milho na China é cerca de meio hectare, menos de 1/350 o tamanho de seus equivalentes norte-americanos. A capacidade de manufatura da América do Norte permanece intacta, mas depende fortemente do Leste Asiático para componentes de computação. Os brasileiros têm capacidade de produção limitada, em grande parte destinada ao próprio mercado, mas com um pouco de exportações para o Sul da Ásia e a África Subsaariana.

Em um mundo desglobalizado, as cadeias de suprimentos europeias enfrentarão restrições severas. Os equipamentos agrícolas fabricados na Alemanha exigem os mesmos elos de cadeia de suprimentos ao longo da Europa Central que o mercado automotivo alemão, assim como o mercado global para as vendas. Nenhuma das duas cadeias será possível no futuro. A capacidade de manufatura francesa para esses equipamentos provavelmente superará esse obstáculo, devido ao total domínio do mercado interno e ao acesso menos complicado à América do Norte. A produção e a exportação de equipamentos agrícolas chineses são praticamente inexistentes, tanto do ponto de vista da produção quanto da exportação. O Brasil pode preencher parte dessa lacuna.

Para *todos os* produtores agrícolas, a questão será se conseguirão estabelecer conexões com um dos poucos fornecedores de equipamentos restantes. Felizmente, a lista de grandes produtores de culturas em linha desconectados de centros de manufatura é curta. Seria surpreendente se a geopolítica regional afetasse ao mesmo tempo a Argélia, a Bulgária, a Polônia, a Romênia, a Espanha e o Reino Unido, mas seria ainda *mais* surpreendente se não afetasse *nenhum* deles. A Austrália, a Nova Zelândia e a África do Sul não estão próximas de suas fontes de equipamentos, mas também não enfrentam rotas de fornecimento tão precárias.

Além das gigantescas e sofisticadas megamáquinas necessárias para as culturas em linha, o Sul e o Sudeste da Ásia usam equipamentos de pequeno porte para seus campos menores. Com a exclusão da China do rol de fornecedores, não há um substituto claro. A Índia *fabrica* muitos pequenos caminhões e tratores, mas sua cadeia de suprimentos abrange todo o mundo (e inclui a China). Aqueles que dispõem de cadeias de suprimentos predominantemente internas e fabricam equipamentos de tamanho adequado, como o Brasil e a Itália, estão *muuuuito* distantes. Provavelmente seria melhor que a Tailândia e a Malásia reestruturassem parte de seu setor automotivo para preencher as iminentes lacunas. Isso não acontece — nem é *viável* — da noite para o dia.

O pior dos impactos será sentido nos antigos Estados soviéticos, Rússia, Ucrânia, Cazaquistão e Bielorrússia. Assim como acontece com a maioria da manufatura de equipamentos pesados, grande parte do maquinário agrícola é fabricada perto de casa. Mas todas as piadas que você já ouviu sobre tratores russos são mais fato do que ficção. O declínio da Rússia foi tão severo que poucos agricultores *conseguiram* comprar equipamentos novos na era pós-soviética. Os que eles operam são *velhos*. E, apesar de o território da antiga União Soviética ser conhecido por fabricar equipamentos de baixa qualidade, é ainda mais conhecido por sua prática de adaptar peças estrangeiras às engrenagens locais para mantê-las em funcionamento. Ainda pior, as fazendas mais bem-sucedidas e produtivas na Comunidade dos Estados Independentes (CEI) são grandes... e importam seus equipamentos de outros lugares. Seja porque os equipamentos antigos finalmente quebrarão ou porque os novos não estarão disponíveis, a agricultura nesse canto do mundo está prestes a se tornar desesperadora. E esse problema não ficará restrito à região. No período final da Ordem, esses países são responsáveis por cerca de 40% das exportações mundiais de trigo.

O cenário fica consideravelmente mais sombrio ao analisarmos o mundo dos **transportes**.

O fato de a maioria dos produtos agrícolas ser comercializada a granel requer navios graneleiros gigantes. A natureza especializada de grandes equipamentos agrícolas requer sistemas de transporte especializados (não há como colocar uma enorme colheitadeira dentro de um minúsculo contêiner de transporte). A propensão da Ordem para maximizar a produção de itens especializados, combinada com a natureza altamente dependente de insumos da produção agrícola contemporânea, exige intermináveis frotas mercantes. Embora "apenas" 20% a 25% dos grãos e da soja sejam transportados internacionalmente, esse número aumenta para 80% no caso dos *insumos*.

Todos esses fluxos serão ameaçados em um grau ou outro, e *qualquer* interrupção em *qualquer* um deles terá efeitos devastadores ao longo de todos os sistemas de abastecimento, na verdade, até a mesa de jantar. Se um carburador demorar três meses para chegar ao local de montagem, o carro ainda pode ser concluído — apenas com um atraso de três meses. Se pesticidas, fertilizantes, diesel, soja bruta ou uma unidade de refrigeração atrasarem três meses, grande parte do produto alimentício em si será *perdida* em algum lugar ao longo da cadeia de plantio, crescimento, colheita, processamento e envio.

Há a questão nada insignificante da geografia do planeta. Aproximadamente dois terços da população humana vivem em zonas temperadas e quase temperadas do hemisfério Norte. Esse hemisfério é um *importador* líquido de alimentos. A única boa notícia é que as zonas temperadas do hemisfério Sul — regiões altamente resistentes à iminente tempestade geopolítica — são pouquíssimo povoadas em comparação ao hemisfério Norte. Isso torna os países do Sul global grandes exportadores de alimentos. No entanto, considerando que o tamanho combinado de suas regiões agrícolas representa menos de um quinto das do hemisfério Norte... o Sul global só pode ajudar até certo ponto. Qualquer disrupção direta na produção de alimentos no hemisfério Norte ou indireta nas indústrias de apoio se transforma imediatamente em escassez de alimentos em uma escala que a humanidade nunca experimentou.

E há outro aspecto a ser considerado.

Sob a Ordem globalizada, a maioria dos países se especializa na produção de itens não alimentícios de várias categorias — por exemplo, manufatura leve na Irlanda, algodão no Uzbequistão, petróleo na Argélia, eletrônicos no Japão — e então usa a receita proveniente da exportação para comprar alimentos comercializados internacionalmente. Para a maioria dos países, esses tipos de intercâmbios não estarão mais tão disponíveis. Um abalo em *qualquer* parte desse sistema — navios-tanque para petróleo ou combustível; navios metaneiros ou gasodutos para gás natural; aviões para produtos de alto valor, como semicondutores; porta-contêineres para automóveis; graneleiros para potássio, fertilizantes acabados ou grãos brutos — rapidamente reverberará não apenas no cerne da produção agrícola na ponta inicial, mas também na capacidade dos importadores de alimentos em pagar por essas importações na ponta final.

Os maiores abalos serão sentidos nas mesmas regiões e nos mesmos setores a que sempre me refiro:

- Produtos manufaturados no Leste Asiático e no Norte da Europa.
- Commodities industriais processadas no Golfo Pérsico, no Leste Asiático e no Norte da Europa.
- Produtos alimentícios destinados ao Norte da África, ao Nordeste da Ásia, ao Golfo Pérsico e ao Sul da Ásia.
- Remessas de energia pelo Golfo Pérsico e pelos mares Vermelho, Báltico, Negro, do Sul da China e do Leste da China.

Destes, os mais críticos são os que envolvem os insumos que se traduzem não apenas em combustíveis, mas nos tipos de produtos que possibilitam todo o resto na Era Industrial.

Isso nos leva a disrupções na **energia**.

Parte disso é tragicamente óbvio. Petróleo e derivados são fundamentais para toda a atividade agrícola. Se esses insumos não estiverem presentes em volumes suficientes, tratores, colheitadeiras, caminhões, trens, terminais e navios, cruciais para a produção e o transporte de alimentos e seus fluxos de insumos, simplesmente não funcionam. E esqueça todo o frenesi em torno dos veículos elétricos. Deixando de lado os pequenos detalhes de que, na hora da colheita, os agricultores ficam dezoito horas por dia (ou mais) nos campos e que *não* existe um sistema de bateria no mundo capaz de lidar com esse tempo de atividade com apenas seis (ou menos) horas de carga — bem como o detalhe nada insignificante de que um navio elétrico não consegue recarregar *no meio do oceano* —, ainda não existe tecnologia de eletrificação capaz de atender aos requisitos de alta potência, seja para equipamentos pesados ou transporte oceânico de longo alcance. Simplesmente não há tecnologia existente nem revolução tecnológica iminente que possa substituir o petróleo e o gás natural no setor agrícola.

E que tal um retrocesso como este? Um dos grandes avanços tecnológicos que nos proporcionou não apenas a era moderna, mas a própria civilização básica, foi a capacidade de captar energia da água e do vento por meio dos moinhos de água e de vento, a fim de transformar grãos em farinha. Na atualidade, a moagem é feita em moinhos *elétricos*. Em um mundo com acesso limitado aos insumos básicos *que geram eletricidade*, boa sorte em manter não apenas um estilo de vida industrial, mas um estilo de *vida pós-roda d'água*. Lembre-se de tudo o que tratamos na primeira parte. Quantas das diversas geografias do mundo são favoráveis para a utilização de moinhos d'água? Você acha que há o suficiente delas para moer farinha para 8 *bilhões* de pessoas???

Além disso, infelizmente, a questão da energia é muito mais do que "apenas" combustível. Para explicar melhor, precisamos tratar da próxima restrição à agricultura: **commodities industriais**.

Como já discutimos, o petróleo e o gás natural envolvem mais do que simplesmente o transporte de produtos. O petróleo normalmente é *o* principal ingrediente em pesticidas, herbicidas e fungicidas, enquanto a maioria dos materiais de base dos fertilizantes também inclui gás natural. A adoção coletiva de tais insumos químicos no final dos anos 1800 pelo mundo avançado aumentou a produção de grãos aproximadamente quatro vezes, com o mundo em desenvolvimento participando dessa abundância nas décadas após a Segunda Guerra Mundial e especialmente após a Guerra Fria. Sem tais insumos, ocorrerá o oposto.

Cada tipo de solo — cada tipo de cultura — exige não apenas diferentes quantidades de fertilizante, mas também diferentes *tipos*. Cada fertilizante tem o próprio conjunto de complicações geopolíticas, resultando em uma mistura vertiginosa de implicações.

O gás natural é crucial para quase todos os aspectos da fabricação de fertilizantes nitrogenados. O nitrogênio é o nutriente essencial se o objetivo for o crescimento foliar, tornando os fertilizantes à base de nitrogênio essenciais tanto para gramíneas, como milho e trigo, quanto para frutas e vegetais (flores são "folhas" especializadas). Qualquer país que não consiga obter petróleo bruto para refino doméstico não conseguirá produzir fertilizantes nitrogenados.

Isso será um problema em quase todo o hemisfério oriental, mas, assim como na questão energética mais ampla, as complicações serão particularmente intensas na Coreia, na Europa Central e na maior parte da África Subsaariana. O país que certamente enfrentará os maiores declínios na produção agrícola será a China. Os chineses não só cultivam praticamente *tudo* em escala, como a qualidade do solo e da água no país é tão baixa que os agricultores chineses geralmente usam mais fertilizantes por caloria produzida do que qualquer outro país — *cinco vezes* a média global no caso de fertilizantes nitrogenados.

Mais interessado em tipos de culturas do que nos locais? Pense que pelo menos dois dos cinco principais produtores de toda esta lista de produtos enfrentarão escassez crônica de fertilizantes nitrogenados: amêndoa, maçã, feijão, mirtilo, brócolis, repolho, cenoura, caju, mandioca, couve-flor, cereja, coco, milho, pepino, groselha, berinjela, figo, fonio, uva, vagem, kiwi, alface, painço, aveia, quiabo, azeitona, cebola, pêssego, ervilha, abacaxi, ameixa, batata, leguminosas, marmelo, quinoa, framboesa, arroz, centeio, gergelim, abóbora, morango, batata-doce, nabo, trigo e inhame.

Isso — tudo isso — infelizmente é apenas o começo de um cenário infernal.

Há muito mais nos fertilizantes do que apenas petróleo ou gás natural. Existe uma segunda categoria de fertilizantes baseada em um material chamado fosfato. O fosfato, em essência, são fezes fossilizadas de aves, que servem como um substituto adequado para... as fezes humanas. Estou sendo um tanto simplista, mas as fezes de aves são coletadas e tratadas com ácido, transformadas em pó e aplicadas nas plantas. A comercialização e a produção em volumes industriais provaram ser absolutamente essenciais para o surgimento da agricultura industrializada, especialmente porque a) há *muito* mais pessoas para alimentar agora do que em 1945; e b) a maioria da humanidade concorda que armazenar e espalhar as *próprias* fezes é algo que preferimos evitar. Quer uma prova dessas afirmações? A produção e a utilização de fertilizantes à base de fosfato aumentaram oito vezes desde 1960.

Independentemente de seus sentimentos em relação a tópicos como população,* os maiores fornecedores de fosfato do mundo são os Estados Unidos, a Rússia, a China e o Marrocos. Espero que a esta altura você já saiba o que acho que vai acontecer com os suprimentos vindos dos EUA (serão reservados para uso regional) e da Rússia (diga "adeus" a qualquer item que já tenha se originado no império dos sonhos despedaçados). A produção da China vem das províncias no Oeste do interior do país, que em muitos casos são secessionistas, de modo que manter a produção chinesa internacionalizada requer que a China drible não uma, mas três dificuldades.

Isso deixa o Marrocos como a grande esperança do mundo, e pela primeira vez *há* esperança real. Além de seus ativos de fosfato já produtivos, o Marrocos ocupa um território chamado Saara Ocidental, que tem as maiores reservas de fosfato *inexploradas* do mundo, a maioria das quais está localizada a poucos quilômetros da costa.[1] Mesmo que os suprimentos russos e chineses desapareçam completamente do mercado, os Estados Unidos, junto com um Marrocos mais ativo, devem ser capazes de fornecer volumes suficientes para toda a América do Norte, América do Sul, Europa e África. Isso é *ótimo* para os envolvidos. E... terrível para o resto do mundo.

Na verdade, é pior do que parece. Uma das muitas complicações geradas pelo mundo da agricultura globalizada hiperespecializada é que agora cultivamos ou criamos cada planta ou animal onde faz mais sentido econômico dentro de um sistema holístico. Por exemplo, o gado bovino se concentrou nas Grandes Planícies, enquanto o milho e a soja dominam o Meio-Oeste. Nos dias pré-Ordem, os dois estavam mais ou menos próximos. No sistema pré-Ordem, os agricultores usavam estrume bovino para fornecer fósforo para seus campos. Sem suprimentos próximos de fezes de animais, os agricultores agora não têm escolha a não ser usar fertilizantes artificiais à base de fosfato. Isso tem exigido que ambas as cadeias

---

* Ou fezes.

de suprimentos internacionais obtenham e processem fosfatos, além da gasolina e do diesel para levar o fertilizante ao campo. Todo esse modelo entra em colapso em um sistema pós-globalizado.

Mas, por mais essenciais que sejam os fertilizantes nitrogenados e fosfatados, eles não são tão bons quanto os fertilizantes potássicos. Em sua forma final, a maioria das plantas no momento da colheita contém entre 0,5% e 2,0% de potássio em peso, sendo as partes mais ricas em potássio aquelas que alimentam a cadeia de suprimentos humana. *Cada* cultura precisa de uma *grande* quantidade de potássio a cada ano. Em relação a suprimento, quase todo o potássio do mundo vem de um mineral conhecido como potassa, e a potassa comercializada internacionalmente vem de apenas seis lugares: Jordânia, Israel, Alemanha, Rússia, Bielorrússia e Canadá. A Jordânia é um Estado quase falido, mesmo com o ilimitado apoio econômico e de segurança dos EUA e a administração de fato de Israel. Em um Oriente Médio pós-Ordem, Israel será muitas coisas, mas "hub de comércio" não será uma delas. Os suprimentos alemães são insuficientes para ajudar qualquer país além daqueles que fazem fronteira com a Alemanha. Rússia e Bielorrússia já estão do outro lado de uma nova Cortina de Ferro. Isso deixa apenas o Canadá. *Graças a Deus pelo Canadá!* A América do Sul e a Austrália, continentes que produzem e exportam os maiores volumes de alimentos em relação às suas populações, quase não têm potassa. A China importa metade de suas necessidades. Sul da Ásia, Europa e África Subsaariana são extremamente carentes tanto em potassa *quanto* em fosfatos.

Existe um pequeno raio de esperança na iminente escassez global de fertilizantes — e, a partir dela, de alimentos: muitos estudos realizados por grande parte dos cientistas agrícolas sugerem que a maioria dos agricultores tem usado fertilizantes em excesso há décadas, especialmente quando se trata de fertilizantes potássicos. Isso indica que atualmente a maioria das fazendas em muitos lugares tem um excedente de potássio no solo. Também indica que grande parte dos agricultores pode reduzir suas quantidades de fertilizantes sem sacrificar tanto a produção. A questão é: por quanto tempo? Os dados sugerem que até por uma década. Pode parecer insuficiente. Não só parece. É *totalmente* insuficiente. Mas indica que talvez tenhamos algum tempo para buscar soluções em vez de nos depararmos imediatamente com fomes do tamanho de continentes na primeira vez em que alguém sequestrar um navio de carga.

Vamos encerrar essa discussão animadora com uma análise da interação entre agricultura e **finanças**. Pode parecer óbvio, mas os agricultores não costumam receber pelos seus produtos até que... os entreguem.

A GEOPOLÍTICA DA VULNERABILIDADE

Algo que pode parecer ainda mais óbvio, os agricultores não conseguem trabalhar dobrado, fora das estações nem fazer horas extras para produzir mais. Culturas são semeadas e animais nascem quando o clima sazonal permite. Culturas e animais crescem enquanto o clima de uma estação diferente permite. Culturas são colhidas e animais são abatidos quando atingem a maturidade, quase certamente em outra estação. *E só então* os agricultores são pagos.

Mas avançamos muito desde os tempos pré-industriais, quando os únicos insumos para a agricultura eram alguns sacos de trigo não moído guardados da última colheita, ou quando o único custo para criar animais era um garoto para pastorear o rebanho enquanto se distraía olhando as estrelas. A agricultura industrial contemporânea possui uma variedade estonteante de insumos, que podem ser divididos em três categorias gerais.

Matéria-prima. Sementes para plantio podem parecer simples, mas, em muitos casos, sementes hibridizadas, geneticamente modificadas ou especializadas são muito mais caras do que simplesmente reservar parte da colheita do ano anterior. Essas sementes especializadas podem facilmente aumentar a safra em três vezes em comparação com o método tradicional. Em 2021, sementes para um hectare de plantio de milho custavam cerca de US$111. Mudas para pomares precisam ser compradas. O processo contínuo de reprodução seletiva para obter animais maiores, mais produtivos e com carne mais saborosa requer esforços constantes para garantir o reprodutor perfeito. Em 2019, nos dias de baixa inflação pré-Covid, um carneiro reprodutor básico custava facilmente US$600 para um fazendeiro, enquanto um touro comum e "bem disposto" era vendido por US$1.500. Na atual economia de escassez generalizada, esses números dobraram. Caso esteja procurando algo especial, um reprodutor de alto nível da raça Black Angus pode facilmente custar US$7 mil em um leilão.

Insumos de crescimento. Estes incluem fertilizantes, herbicidas, pesticidas, fungicidas, irrigação para culturas vegetais, silagem, direitos de pastagem e insumos veterinários para a criação de animais. Tais despesas não são únicas e pontuais. Na agricultura e na pecuária, praticamente tudo, exceto o trigo, requer algum grau de dedicação — e insumos — durante toda a temporada.

Equipamentos. Uma colheitadeira moderna pode custar cerca de meio milhão de dólares para um agricultor. As vacas leiteiras não só devem ser protegidas do clima, mas também precisam de instalações capazes de ordenhá-las várias vezes ao dia. A maioria das instalações mais novas, de baixa mão de obra e quase toda automatizada tem custos de instalação superiores a US$10 milhões. À medida que a demografia global envelhece e os custos trabalhistas aumentam, os produtores de pomares também têm investido em máquinas que poupam trabalho ao pulverizar as árvores, automatizar o sistema de irrigação e colher, separar, limpar e até embalar as frutas.

Tudo isso além de mais custos básicos, como combustível e mão de obra. Uma típica fazenda de milho de 80 hectares em Minnesota pode esperar gastos com insumos de cerca de US$85 mil por ano. Uma típica fazenda de trigo de uma empresa familiar de 2.250 hectares em Montana pode esperar que esse número anual ultrapasse US$1 milhão. Nada disso seria possível a menos que *tudo* fosse financiado. Um abalo nas finanças e todo o sistema entra em colapso.

Entre as economias avançadas, a financeirização do sistema agrícola é frequentemente integrada diretamente aos sistemas de governo, a fim de suavizar o processo e proteger agricultores e pecuaristas das volatilidades dos ciclos financeiros, econômicos e climáticos. Por exemplo, o Farm Credit System, que apoia os produtores agrícolas norte-americanos, foi criado por lei federal e é uma das maiores instituições financeiras dos Estados Unidos.

A maioria dos países não dispõe desse tipo de estrutura organizacional e financeira, e está mais sujeita aos caprichos e às tendências da disponibilidade financeira global. De 1990 a 2020, isso não foi um grande problema. A fuga de capital do antigo mundo soviético, a hiperfinanceirização da China e os pesados subsídios agrícolas da Europa e do Japão, combinados com o crédito ridiculamente barato e disponível possibilitado pela explosão demográfica dos baby boomers, inundaram os agricultores em todo o mundo com todo o financiamento que pudessem suportar. No entanto, com a desglobalização e a inversão demográfica global, esse ambiente está se transformando. Os custos de empréstimos aumentarão, assim como os termos de empréstimo se tornarão mais restritos e a liquidez desaparecerá. Os produtores agrícolas sofrerão junto com todo o resto, mas, quando os produtores agrícolas não conseguem obter financiamento, há escassez de alimentos.[2]

Em termos simples, a disrupção em quase todos os setores se traduz imediatamente na disrupção da produção agrícola com resultados catastróficos.

Produtividade Média e Custo dos Insumos por Cultura

	Milho Contínuo	Milho de Rotação	Soja de Rotação	Trigo	Sucessão Soja/Soja
Rendimento médio por hectare (bushels)	169	180	55	77	38
Preço da Colheita	$3,80	$3,80	$10,10	$5,70	$10,10
Receita Anual	$642	$684	$556	$439	$394
Custos Menos Variáveis					
Fertilizante	120	111	47	71	35
Semente	111	111	67	44	78
Pesticidas	58	58	50	30	45
Combustível do Secador	33	27			5
Combustível para Maquinário	12	12	8	8	5
Reparos de Maquinário	22	22	18	18	15
Transporte	17	18	6	8	4
Juros	12	11	7	6	6
Seguros e Outros	38	38	34	9	9
Custos Variáveis Totais	**$423**	**$408**	**$237**	**$194**	**$202**
Lucro líquido por hectare	**$219**	**$276**	**$319**	**$245**	**$192**

Fonte: Purdue Crop Cost and Return Guide, 2020   Todos os preços estão em USD.   © 2022 Zeihan on Geopolitics

EVITANDO — OU ACEITANDO — O PIOR

VAMOS CLASSIFICAR POR ORDEM DE IMPORTÂNCIA.

A primeira categoria de países exportadores de alimentos são aqueles cujos sistemas de fornecimento para tudo — de finanças a fertilizantes e combustíveis — são suficientemente internos para que possam preservar sua atual variedade de produtos com apenas pequenos ajustes. França, Estados Unidos e Canadá são os *únicos* países do planeta que preenchem todos os requisitos. A Rússia chega perto, mas seus veículos agrícolas são... *russos*. Sobrecarregada com uma população envelhecida e em colapso, a Rússia simplesmente não tem mão de obra suficiente para manter a produção agrícola com algo que não seja o tipo de equipamento agrícola gigantesco que a Rússia é incapaz de fabricar sozinha.

Em seguida, vêm os países exportadores que atendem a maioria dos requisitos *regionalmente*. Eles ainda precisarão de acesso a uma espécie de rede de amigos e parceiros para suprir todas as suas necessidades de insumos, mas mesmo em um mundo em Desordem isso deve ser gerenciável.

Classificados em ordem crescente de desafios: Nova Zelândia, Suécia, Argentina, Austrália, Turquia, Nigéria, Índia, Uruguai, Paraguai, Tailândia, Vietnã, Mianmar, Itália e Espanha. Todos têm deficiências — principalmente no acesso a equipamentos, fertilizantes e energia —, mas nenhum deles provavelmente enfrentará o tipo de desafios extremos de abastecimento ou segurança que prejudicarão a produção em locais mais vulneráveis.

Bielorrússia, Cazaquistão e Ucrânia também estão nessa categoria. Além da escassez de insumos, é incerto se qualquer excesso de produção de alimentos poderá ser exportado para algum lugar útil à medida que a Rússia reafirma maior controle sobre esses países. Tenha em mente que a Rússia cultiva muito trigo em seus territórios *marginais*. Em anos de colheita escassa no auge da Ordem, a Rússia *já* interferiu nas exportações dos outros três países que compõem o cinturão do trigo, a fim de garantir ao próprio povo suprimentos suficientes de alimentos.

A terceira categoria são os exportadores que simplesmente não conseguem manter o fluxo de insumos necessário para continuar operando sem uma conjunção perfeita de fatores geopolíticos improváveis que estão em grande parte além de sua capacidade de influência. Eles não enfrentarão quedas catastróficas na produção, mas terão que se acostumar com uma agricultura interconectada a ameaças geopolíticas — e em alguns anos isso significa que as colheitas simplesmente não serão satisfatórias. Esse é o futuro para Brasil, Croácia, Dinamarca, Finlândia, Holanda, Paquistão e África do Sul.

Em quarto lugar entre os exportadores estão os países que se estabeleceram como potências agrícolas na Ordem, mas não têm chance alguma de desempenhar um papel significativo na Desordem. A maioria de suas cadeias de suprimentos está fora dos territórios que eles são capazes de alcançar, e a maioria enfrenta preocupações de segurança que tornarão impossível para eles manter o que se tornou o seu normal: Bulgária, Estônia, República Tcheca, Etiópia, Finlândia, Alemanha, Hungria, Letônia, Lituânia, Mali, Romênia, Eslováquia, Zâmbia e Zimbábue.

A verdadeira desolação está do lado dos importadores na equação.

A primeira categoria é composta daqueles que estão suficientemente próximos dos exportadores, tanto geográfica quanto diplomaticamente, para não se preocuparem muito em serem excluídos: Chile, Colômbia, Equador, Islândia, Indonésia, Malásia, México, Noruega, Peru, Filipinas, Portugal, Singapura e Reino Unido. O Japão também se enquadra nessa categoria, não porque está próximo dos fornecedores de alimentos, mas porque possui alcance naval para obter o que precisa.

O segundo grupo de importadores é onde a situação fica desconfortável. Alimentos estarão disponíveis, mas a um certo preço — e não um preço influenciado apenas por termos puramente financeiros. Esses importadores precisarão se curvar à vontade dos fornecedores. Caso contrário, os alimentos serão direcionados para outros lugares:

- A Rússia usará essa "diplomacia" alimentar para ajudar a consolidar o controle sobre Mongólia, Tajiquistão, Turcomenistão e Quirguistão. Com base na rapidez com que os rios da Ásia Central secarão dentro de uma a três décadas, os russos podem acabar competindo com o Uzbequistão pela dominação da Ásia Central ou sobrecarregando um Uzbequistão desesperado, assolado por uma seca permanente.*

---

* Ou *ambos*.

- A França, com alta segurança em termos alimentares, adotará uma abordagem neocolonial. Paris estabelecerá uma relação de suserania com a Bélgica, tentará uma com a Suíça e fortalecerá os laços com os receptivos Marrocos e Tunísia, e a relutante Argélia. Os franceses também estabelecerão o máximo de dependências possíveis nos países ricos em petróleo que faziam parte do antigo território conhecido nos dias imperiais como África Ocidental Francesa, principalmente Gabão, Congo (Brazavile) e Chade.

- A Índia gastará recursos alimentares para *dominar* Bangladesh, que se encontrará na pior situação possível. Menos precipitação no Sul do Himalaia significa que a produtividade geral dos arrozais de Bangladesh diminuirá. Mas qualquer fluxo de água que o país receba será mais provável na primavera, quando poderá ocorrer uma *super*inundação das culturas de arroz, prejudicando ainda mais a produção local de alimentos.

- A Nigéria, a única nação africana capaz de manter a produção agrícola sem ampla assistência externa, estabelecerá uma esfera de influência que inclui Guiné Equatorial, Camarões, Chade, Níger, Burkina Faso, Gana, Togo e Benin. Em uma espécie de reviravolta justa, a rica em petróleo e gás natural Nigéria se verá competindo, à maneira neocolonial, com os franceses em toda a África Ocidental, e se saindo razoavelmente bem na disputa.

- A Turquia já estava destinada a se tornar a líder do Mediterrâneo Oriental. Ela usará sua qualidade superior de terras, clima ameno e domínio dos fluxos de petróleo e comércio da região não apenas para manter seu sistema agrícola funcionando, mas também para obter concessões geopolíticas do Azerbaijão, Geórgia, Grécia, Iraque, Israel, Líbano e Síria.

- Os Estados Unidos trocarão alimentos por cooperação em uma variedade de questões com os Estados da América Central e as nações e ilhas do Caribe, incluindo Cuba. Em termos menos amigáveis, os norte-americanos usarão a comida como uma das vantagens para obrigar a Venezuela a se adequar mais a seus padrões. Em termos mais amigáveis, a diplomacia alimentar norte-americana transformará a Colômbia em um dos amigos e aliados mais rápidos dos EUA.

- Mesmo que ambos precisem adquirir alimentos de mais longe, o Japão e o Reino Unido provavelmente os incluirão no pacote de ferramentas usadas para impor suas vontades sobre a Coreia e a Irlanda, respectivamente.

Quanto ao resto do mundo, simplesmente não haverá comida suficiente para todos. A expansão da produção doméstica, mesmo durante a Ordem, nunca permitiu que esses lugares alcançassem a autossuficiência. As importações de alimentos que poderiam chegar até eles serão parte de uma rigorosa troca de favores ou representarão um feliz alinhamento cósmico que não pode ser planejado nem confiável. Todos os países do Oriente Médio (a região mais superpovoada em relação à sua capacidade agrícola) e da África Subsaariana que ainda não foram mencionados estarão mais ou menos por conta própria, e, com os insumos agrícolas globais não mais disponíveis de forma confiável, é inevitável que ocorram declínios populacionais.

O FIM DO MUNDO É SÓ O COMEÇO

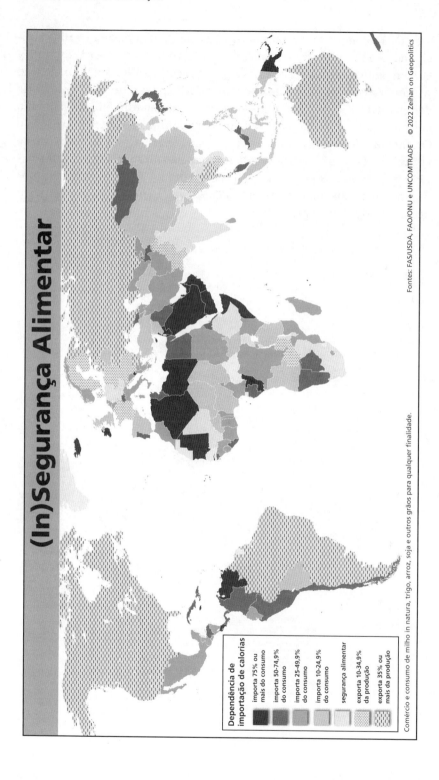

EVITANDO — OU ACEITANDO — O PIOR

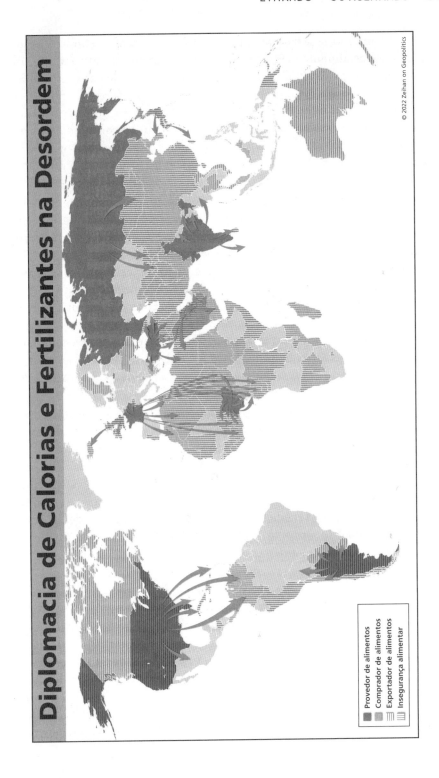

No mínimo, essa lista de impactos é excessivamente... otimista. Desde 1945 e especialmente desde 1992, o mundo tem vivido em condições de extremo excedente calórico. Uma boa regra geral é que são necessários cerca de nove vezes mais insumos para gerar uma caloria a partir de animais do que de vegetais, e a era pós-Segunda Guerra Mundial permitiu que a grande maioria da humanidade aumentasse drasticamente o consumo de carne. No entanto, todos nós estamos cientes de que, mesmo no atual período de abundância, alguns lugares não têm o suficiente para todos. A questão é econômica — ou da economia moldada pela Ordem.

O Haiti, país cronicamente subdesenvolvido, é um exemplo perfeito. Até meados dos anos 1980, a dieta haitiana era principalmente composta de culturas de raízes, milho e um pouco de trigo, culturas que não eram particularmente densas em calorias ou adequadas ao clima tropical do Haiti. A população haitiana convivia com a ameaça da fome. No entanto, o Haiti está próximo da costa da superpotência agrícola mundial e, até 2010, o arroz cultivado nos Estados Unidos se tornou *o* componente mais importante da dieta haitiana. Ele não apenas era mais confiável e mais calórico do que as opções cultivadas localmente, mas também, devido à economia da agricultura industrializada dos Estados Unidos, o arroz norte-americano era *mais barato* do que qualquer alimento que os haitianos seriam capazes de produzir.

Essa desconexão no preço contribuiu para três consequências subsequentes. Primeira, alimentos mais baratos e confiáveis destruíram amplamente a agricultura haitiana, tanto diretamente em termos de produção quanto na preservação das habilidades necessárias para reiniciar essa produção no futuro. Segunda, o repentino colapso dos meios de subsistência em um sistema amplamente agrário contribuiu para a ampla destruição das florestas do país, à medida que a população cada vez mais desesperada procurava construir jangadas e remar em direção aos Estados Unidos. E, terceira, a população haitiana dobrou, em grande parte *porque a comida era muito barata*.

O Haiti nem sequer é o caso extremo. Muitos países são pior administrados, estão sofrendo colapsos agrícolas maiores ou *ambos*. Estou particularmente preocupado, sem uma ordem específica, com Afeganistão, Cuba, Coreia do Norte, Irã, Venezuela, Iêmen, Síria, Líbia, Zimbábue, Honduras, Guatemala, Laos, Turcomenistão, Iraque, Sudão, Sudão do Sul, Níger e Mali. Todos experimentaram um aumento populacional além da capacidade de seus sistemas alimentares, ao mesmo tempo em que perderam o controle das habilidades pré-industriais que sustentavam suas populações antes da Ordem. Para muitos desses lugares, a luta pela subsistência das eras pré-Ordem e pré-industrial em breve será considerada um *apogeu* que não pode ser recuperado.

Caso algo — qualquer coisa — aconteça com esses fluxos de alimentos importados, o colapso da civilização em anarquia total, com "correção" populacional, não é apenas uma possibilidade, mas *o resultado mais provável*. Afinal, um governo que não consegue alimentar sua população está fadado a cair.

Essa é a história dos maiores perdedores em termos relativos. Em termos absolutos, o maior perdedor de longe será a China. A China está no final das rotas de abastecimento mais longas do mundo para praticamente tudo o que importa, incluindo cerca de 80% de suas necessidades de petróleo. A marinha chinesa não possui o alcance necessário para garantir, por meio de comércio ou conquista, produtos agropecuários — ou mesmo os insumos para produzi-los por conta própria.

O colapso demográfico da China indica o colapso iminente da força de trabalho *e* da oferta de capital. E o sistema agrícola da era da Ordem vigente na China já é o setor mais hiperfinanciado da economia mais hiperfinanciada da história. Nada disso funcionará no mundo que está por vir. Não haverá escassez de fome no mundo pós-Ordem. Provavelmente, mais de 1 bilhão de pessoas morrerão de fome e outros 2 bilhões sofrerão desnutrição crônica. Cerca de dois terços da população da China enfrentará um desses dois destinos. E, lembre-se, a China também é a sociedade que *envelhece* mais rápido na história. As pessoas que precisarão administrar — ou enfrentar — a desnutrição e a fome em massa serão *velhas*.

MITIGANDO A FOME

REALMENTE NÃO EXISTEM MUITAS MANEIRAS DE EVITAR O TIPO de carnificina em massa que este capítulo apresenta. Felizmente, "não muitas" não é sinônimo de "nenhuma".

A ARTE E A CIÊNCIA DOS INSUMOS

A primeira maneira de evitar a fome é acrescentar uma tecnologia ou algum outro item que não estava sendo aplicado anteriormente, a fim de aumentar a produtividade. Existem poucos lugares onde isso é possível em 2022, momento em que escrevo, e haverá muito menos no futuro, quando os vários insumos preexistentes se tornarão mais difíceis de serem obtidos. Na verdade, consigo pensar em apenas um lugar onde isso é uma oportunidade real, de acordo com as regras da agricultura da Era Industrial: Mianmar.

Conforme a Era Imperial chegava ao fim no início do século XX, Mianmar, então conhecida como Birmânia, estava entre as colônias europeias na Ásia tecnologicamente mais atrasadas. Era em grande parte não industrializada quando os japoneses a tomaram dos britânicos durante a Segunda Guerra Mundial. Os britânicos nunca mais voltaram. A independência formal ocorreu em 1948. Depois, em 1962, um golpe destituiu o governo democraticamente eleito. A nova junta militar decidiu que um povo sem eletricidade e carros teria menos probabilidade de se revoltar, e assim adotou uma política de *des*industrialização deliberada. Um breve ressurgimento da democracia no final dos anos 2010 foi sufocado com outro golpe em 2021. Em termos simples, se o mundo se desintegrar, acabará muito mais parecido com Mianmar em 2021, enquanto Mianmar se manterá... mais ou menos igual.

Mas Mianmar tem um dos melhores terrenos para produção de arroz do mundo, mão de obra mais barata e um rio navegável — o Irrawaddy — que atravessa a zona agrícola mais promissora. No presente, o mundo ocidental tornou todo o país persona non grata por razões diplomáticas, mas não é preciso muita imaginação para pensar que alguém, em algum lugar, olhará para essa configuração agrícola perfeita e pensará: "Ei, poderíamos obter um monte de arroz lá se alguém enviasse alguns sacos de fertilizante." "Tudo" o que precisa acontecer é que alguns países de fora estejam dispostos a tolerar as políticas internas autoritárias e quase genocidas de Mianmar. Isso provavelmente não será um problema no caso da Índia ou da Tailândia. Ambos os países (a) são vizinhos de Mianmar; (b) dispõem de bases industriais suficientes e opções de fornecimento de energia para suprir algumas necessidades agrícolas; e (c) praticamente não têm problemas com Mianmar de *hoje*. Acrescente escassez global de alimentos à equação e ambos os países provavelmente se envolverão com Mianmar de forma agressiva. Talvez até em termos cooperativos.

Há outro tipo de insumo que pode, pelo menos parcialmente, suprir a falta de componentes de equipamentos, fertilizantes e afins: mão de obra. O país a ser observado com mais atenção nesse sentido é a China.

Antes do início da modernização pós-Mao do país em 1979, quase não havia tratores e equipamentos nos campos chineses. Também não havia muito em termos de fertilizantes artificiais e similares.[3] A população rural havia sido destroçada — política, econômica, espiritual e nutricionalmente — pela Revolução Cultural, que em essência foi um expurgo nacional de qualquer pessoa que agisse em desacordo com as ideias deturpadas de Mao. A questão é que a população era basicamente uma classe camponesa devastada, trabalhando manualmente em pequenos lotes de terra, dedicando atenção individual a cada planta, desprovida de qualquer uma das tecnologias desenvolvidas nos últimos dois séculos. Tecnicamente, nem era agricultura. Era *horticultura*.

Horticultura pré-industrial não é uma tolice. Na verdade, é extremamente produtiva. Só que, no mundo avançado, a consideramos um hobby ou um complemento. Mas, quando a horticultura é um *trabalho em tempo integral,* o *único método de produção de alimentos* e a *mão de obra é ilimitada e gratuita,* ela pode competir com algumas formas de agricultura industrializada em termos de produtividade por hectare.

No mundo que a China está prestes a enfrentar, os chineses precisarão fazer escolhas extremamente difíceis. Petróleo para automóveis ou para tratores? Gás natural para eletricidade ou para fertilizantes? Mão de obra para manufatura em massa, para a qual não há consumidores, ou para produção de alimentos? Nenhum desses são tópicos agradáveis, mas nem a desintegração nacional nem a fome o são. A melhor aposta da China provavelmente será uma brutal campanha de *des*urbanização organizada pelo Estado, que se assemelhará um pouco à Revolução Cultural, para transformar cerca de meio bilhão de pessoas novamente em horticultores. Em breve descobriremos se a campanha de hiperurbanização da China nas últimas quatro décadas eliminou da população todas as habilidades relacionadas à produção de alimentos. Independentemente disso, a desurbanização não será suficiente para evitar a fome nacional — a China simplesmente não conseguirá manter sua população atual sem acesso total ao sistema global para o fornecimento de alimentos e insumos agrícolas —, mas uma grande desurbanização pode — talvez — gerar comida suficiente para preservar o conceito de China como uma entidade política.

Taaalvez.

Alguma forma de desurbanização a fim de liberar mais mão de obra para a agricultura provavelmente ocorrerá em outras partes do mundo que também enfrentarão fome em massa, com o Egito talvez no topo dessa lista sombria. Grande parte da África Subsaariana não ficará muito atrás. Nesse aspecto, os africanos subsaarianos provavelmente enfrentam um futuro um pouco menos assustador do que os egípcios. Cerca de metade da população egípcia vive no deserto ocupado graças às *tecnologias da Era Industrial*. Se algo acontecer com as bombas movidas a eletricidade que transformaram parte do Saara egípcio em áreas verdejantes, bem, então... adeus. As terras agrícolas na África Subsaariana podem não ser as melhores do mundo, mas pelo menos na maioria delas *chove*.

Há outro tipo de "insumo" com alta probabilidade de se tornar útil em um tipo completamente diferente de geografia. As melhores terras agrícolas de zonas temperadas do mundo, em grande parte restritas a países avançados que provavelmente não sofrerão disrupções severas, poderão aplicar tecnologias *digitais* à agricultura.

Normalmente, quando pensamos em digitalização, imaginamos aplicativos online para empréstimos, trabalho remoto durante a pandemia de Covid ou comunicação via smartphones, mas a digitalização também se aplica a algumas tecnologias extremamente centradas em agronegócios.

A primeira aplicação é óbvia: genômica. Todos já ouvimos falar de organismos geneticamente modificados (OGMs), o culminar de uma série de tecnologias digitais que nos permitem modificar as características das plantas para torná-las mais resistentes a sal, seca, calor, frio, pragas e/ou fungos. Há também algo chamado "edição genética", que é bastante semelhante à criação de OGMs, mas os ajustes no genoma são mais direcionados e poderiam — teoricamente pelo menos — ocorrer naturalmente ou por meio de métodos mais tradicionais, como o cruzamento. A edição de genes simplesmente acelera o processo de dezenas de gerações para uma.

O ponto principal é que agora existem tecnologias para modificar geneticamente as plantas e fazer com que elas gastem mais energia na propagação (ou seja, no crescimento das partes que os humanos consomem). Isso aumenta a produtividade ao mesmo tempo que reduz a exigência de insumos. Talvez o melhor exemplo dos avanços possíveis, de cruzamentos a seleção artificial, modificação e edição genética, seja o milho contemporâneo.

A planta que conhecemos como milho descende de um grupo de gramíneas conhecidas como teosintos. As porções comestíveis de variedades silvestres são um espigão duro de aproximadamente três centímetros contendo grãos envoltos em uma casca dura parecida com uma concha. Sem surpresa, essas variedades eram de longe as menos produtivas nas plantações ancestrais em termos de produção por hectare. Avance por 11 mil anos de ajustes humanos até os dias de hoje, adicione insumos da Era Industrial, e o milho gera consistentemente a maior produção por hectare. Em breve, em um mundo de produtividade e disponibilidade de insumos reduzidas, podemos visualizar as vantagens.

A segunda aplicação é menos óbvia: reconhecimento facial. Nas democracias, seu uso mais comum é desbloquear o celular. Na China, a função mais comum é o governo saber onde, com quem e o que cada indivíduo está fazendo a qualquer momento. Na *agricultura*, o uso emergente é para que um computador acoplado a um trator avalie individualmente *cada planta* à medida que o trator percorre o campo, primeiro para identificá-la, em seguida determinar o que deve ser feito e, finalmente, acionar um dispositivo conectado e executar uma ação. A planta é uma erva daninha? Pulverização de herbicida. A planta está infestada de insetos? Pulverização de pesticida. Está amarelada? Pulverização de fertilizante. Os agricultores não precisarão mais pulverizar todo o campo, uma etapa para cada tipo de aditivo. Agora eles podem simplesmente recarregar vários recipientes com os diferentes insumos e executar uma única etapa, fornecendo atenção personalizada e sob demanda a cada planta individual por meio de um equipamento que praticamente funciona sozinho. Não é só agricultura industrial, mas também *horticultura digital*, onde cada planta recebe atenção dedicada... só que não de um ser humano.

Juntas, as sementes geneticamente modificadas e a horticultura digital prometem — no mínimo — o dobro da produtividade por hectare até 2030, ao mesmo tempo em que reduzem os insumos químicos e as necessidades de combustível em até três quartos.

No entanto, isso pressupõe que os agricultores terão condições de arcar com a aplicação de novos insumos. Os equipamentos agrícolas já estão entre os mais caros de uso civil, e os novos equipamentos de horticultura digital, sem dúvida, custarão o triplo para serem adquiridos e muito mais do que o triplo de manutenção em comparação com seus antepassados industriais não digitais. Esses investimentos só fazem sentido para culturas em linha, onde as fazendas são enormes e o capital *é* abundante: Estados Unidos, Canadá e Austrália são *os únicos* locais passíveis de aplicação em larga escala. Existem algumas grandes fazendas de cultura em linha na França, Alemanha, Holanda e Nova Zelândia que *talvez* possam se qualificar. Algumas poucas megafazendas brasileiras com boas conexões políticas também podem conseguir adotar essa tecnologia. A Argentina será um sucesso garantido *se* o governo argentino admitir que não tem esperança de fabricar esse tipo de equipamento internamente e, assim, permitir importações com impostos reduzidos.

Mas essa lista... inclui *todos* capazes de experimentar melhorias relacionadas a insumos.

REVERTENDO O "PROGRESSO"

O segundo meio de mitigar a fome é cultivar produtos mais alinhados com a demanda local, e não global. Muitas dessas culturas substitutas que contribuíram para a saúde e a riqueza globais nas últimas décadas desaparecerão.

Espere que três padrões se manifestem, com base no clima, na geografia e na cultura.

O primeiro é que a monocultura em larga escala, orientada para a exportação, dará lugar à policultura em pequena escala, voltada para o consumo local. Isso ajudará (espero) a atender às necessidades calóricas e nutricionais das comunidades locais, mas terá um custo em termos de economia de escala. Seja do ponto de vista de insumos, alcance, tecnologia, capital ou preferências de plantio, o volume de alimentos produzidos na Terra como um todo *deve* diminuir.

O segundo é que o plantio de trigo retornará de forma significativa... depois que desaparecer de maneira significativa.

A mesma equação vigente para os insumos em todas as culturas agrícolas na Era Industrial — melhores financiamentos, melhores equipamentos, fertilizantes sintéticos, pesticidas e herbicidas — se aplica ao trigo também. Combine a baixa exigência do trigo com os potentes insumos industriais e você terá a razão pela qual a produção mundial de trigo disparou ao longo das décadas. Essa oferta consistentemente alta fez com que os preços do trigo caíssem. Isso torna o grão pouco atraente, mas, como quase todo o trigo é cultivado em terras marginais, poucos agricultores têm a opção de cultivar outra coisa.

Agora junte todas as outras lições deste livro: em transporte, finanças, energia, materiais industriais, manufatura. A maior parte do trigo é cultivada *apenas* em lugares onde *somente* o trigo pode crescer, mas ele *só poderá crescer nesses lugares se os fluxos de insumos não forem interrompidos*. A desglobalização indica que na maioria desses locais haverá uma disrupção monumental. Globalmente, estamos à beira de uma escassez do principal alimento da humanidade.

E não só dele. A falta de insumos torna a maioria das culturas comerciais ou de exportação inviáveis, mesmo antes que os abalos globais no transporte impeçam que essas culturas cheguem aos compradores finais. Seja pela impossibilidade de importar trigo ou de comer apenas abacates, os agricultores mundo afora não terão escolha senão mudar seus cultivos. O trigo em larga escala, complementado por culturas de alimentos básicos determinadas pelo clima, como aveia, cevada e centeio em climas mais frios, e mandioca nos trópicos, é a onda do futuro.

Considere o seguinte: países como o Reino Unido, a Rússia, os Emirados Árabes Unidos, a Polônia e a Mongólia vivem atualmente o auge de sua diversidade culinária histórica. Nos anos vindouros, a menos que possam se unir à rede comercial de outro país, eles correm o risco, na melhor das hipóteses, de retornar às dietas de meados do século XIX, mas *sem* as importações a que passaram a ter acesso a partir de seus respectivos envolvimentos coloniais e relações comerciais para ampliar a escassa gama de opções de produção doméstica. Papas, mingaus e angus acenam no horizonte — talvez com um pouco de repolho aos domingos.

O terceiro é que essa é uma receita para a pobreza rural extrema. A eliminação da monocultura reduz a economia de escala. O retorno ao trigo elimina as culturas comerciais e a renda proveniente delas. Desde 1945, o número de pessoas envolvidas na agricultura caiu 80%, enquanto a renda rural bruta aumentou. Não a renda rural por pessoa, mas a renda rural por *hectare*. Em termos per capita, as terras agrícolas experimentaram alguns dos maiores aumentos de renda da história humana. Sem fluxos de insumos internacionalizados ou opções de exportação, grande parte disso tudo será desfeito.

Agora, vamos ampliar os exemplos prévios dos neozelandeses e dos egípcios, que resumem perfeitamente os extremos de redução de produtividade, substituição de culturas e impactos rurais do futuro:

- Abale os padrões comerciais no Pacífico e os neozelandeses ficarão com mais laticínios e frutas do que conseguem vender, e sem trigo suficiente para fazer pão. Abale os padrões comerciais no Mediterrâneo e os egípcios terão muito algodão sobrando — e morrerão de fome.*

- A geografia regional também é importante: a Nova Zelândia desfruta de fácil acesso a suprimentos alimentares de regiões ricas em alimentos na Austrália e no hemisfério ocidental, possibilitando um razoável grau de especialização e comércio de gêneros alimentícios contínuos. Em particular, Austrália e Nova Zelândia são bem adaptadas para continuar sendo a parceira comercial mais confiável uma da outra. Compare isso ao Egito, localizado entre o Mediterrâneo e a África Oriental — ambas as regiões que já são escassas em alimentos.

- A demografia também desempenha seu papel: do ponto de vista regional de fornecimento de alimentos, a população da Nova Zelândia, com 5 milhões de habitantes, é insignificante, enquanto sustentar mais de 100 milhões de egípcios será uma tarefa hercúlea. Atualmente, a população do Egito é tão grande que, mesmo que o país fosse capaz de manter insumos industriais e mudasse *todas* suas terras produtivas para o cultivo de trigo, ainda não seria o bastante para fornecer calorias suficientes. Mas os egípcios precisam tentar. A alternativa é simplesmente morrer.

- Essa corrida para o trigo, por definição, significa que outros produtos enfrentarão drásticas reduções na produção. No caso específico do Egito, significa menos algodão e cítricos para os mercados internacionais. Mas esses não são produtos muito relevantes. Em termos de culturas comercializadas internacionalmente, o algodão e os cítricos ocupam a décima sétima e décima sexta posição. Muito mais importantes são as três culturas que, junto com o trigo, respondem pela maior parte do consumo de alimentos da humanidade.

---

* Eu amo laranjas tanto quanto qualquer pessoa, mas, apesar de poderem fazer parte de uma dieta equilibrada, uma dieta não pode se *resumir* a elas.

EXPANDINDO A DIETA, ENCOLHENDO A DIETA

VAMOS COMEÇAR COM O MILHO E A SOJA, QUE OCUPAM O quarto e o primeiro lugar, respectivamente, entre as commodities alimentícias comercializadas internacionalmente.

Assim como o trigo, o milho e a soja foram cultivados e domesticados pela primeira vez na pré-história. Centenas de gerações de seleção artificial permitiram que o milho impulsionasse os impérios maia e asteca, enquanto a soja... teve uma trajetória mais errante. Ela foi domesticada em algum lugar no Nordeste Asiático,* mas depois percorreu o mundo por meio de praticamente todas as rotas comerciais conhecidas até as expedições de Colombo. Nesse ponto, a soja foi introduzida no hemisfério ocidental pela primeira vez, e isso mudou tudo.

Tanto o milho quanto a soja têm peculiaridades que os tornam culturas contemporâneas do hemisfério ocidental por excelência.

- O milho adora calor e umidade. Prospera no Meio-Oeste norte-americano, nos pampas argentinos e no cerrado brasileiro muito melhor do que na Europa ou no Nordeste Asiático, regiões que tendem a ser mais frias, secas ou ambas.
- Tanto o milho quanto a soja são culturas em linha por excelência. Isso incentiva o uso de mecanização, que, por sua vez, requer campos cada vez maiores para compensar os custos dos equipamentos. Por mera casualidade, não há muitos campos de larga extensão apropriados no hemisfério oriental. (A maioria dos grandes campos do hemisfério oriental está na Austrália ou na Rússia, países cujas terras são muito secas, muito úmidas ou muito frias para a soja.)
- O milho precisa de ajuda para propagação. Historicamente, o milho domesticado exigia polinização artificial, enquanto os

---

* Chineses, japoneses e coreanos são capazes de discussões *acaloradas* sobre esses detalhes.

híbridos contemporâneos exigem manejo de polinização por meio de um processo chamado despendoamento. Em essência, uma parte dos pés de milho em um campo deve ter suas flores (também conhecidas como pendões) removidas para que a mistura genética correta possa contribuir para a formação do fruto (a espiga). É um trabalho fortemente sazonal mais adequado para grandes fazendas, estrutura demográfica jovem, cultura de pequenas cidades e economia de trabalho da agricultura do Novo Mundo.* Mesmo que a Rússia ou a Austrália tivessem o clima adequado, ainda não teriam a densidade populacional rural para fornecer a mão de obra.

- A soja tem uma biologia que faz com que ela floresça quando o número de horas de luz solar cai para cerca de 12,8, mas, assim como o milho, ela também precisa de calor e umidade. Os únicos locais com essa combinação perfeita de calor, umidade e variação sazonal no hemisfério oriental estão nas margens ocidentais e setentrionais do Mar Negro. No entanto, *toda* a área de cultivo de soja nessa região corresponde a menos de 7% das zonas climáticas adequadas para a soja no hemisfério ocidental, especialmente em Córdoba, na Argentina; Iowa, nos Estados Unidos; e Paraná, no Brasil. Não é surpresa que cerca de 70% das exportações mundiais de milho e 85% das exportações de soja venham de três países: Argentina, Brasil e Estados Unidos.

- O maior exportador do hemisfério oriental tanto de milho quanto de soja é a Ucrânia, um país do qual o mundo não deveria depender. Os problemas são inúmeros. O país é muito pobre para arcar com a mecanização exigida pelo milho e pela soja, enquanto a capacidade de energia, refino e manufatura do país é limitada. Mas o mais relevante é a segurança. Em 28 de fevereiro de 2022, quando esse parágrafo foi escrito, a Rússia está profundamente engajada na invasão da Ucrânia. A guerra pode se desenrolar de várias maneiras, mas, no mínimo, a estação de plantio de 2022 será prejudicada, dando ao mundo uma prévia da escassez de alimentos do futuro. O último exemplo de disrupções nas exportações agrícolas do antigo território soviético ocorreu em 2010. O preço do trigo dobrou. Um dos desdobramentos, entre muitos,

---

* O despendoamento também é um trabalho calorento, tedioso, suado e piniquento e a necessidade de ficar longe dele provavelmente foi a maior razão pela qual fui para a faculdade. Se não fosse pelo milho, este livro não existiria!

EXPANDINDO A DIETA, ENCOLHENDO A DIETA

foi a sequência de protestos, colapsos governamentais e guerras da Primavera Árabe. O que está por vir será muito pior.

Em grande parte, esse caso específico de substituição e diferenciação provará ser positivo. As cadeias de suprimentos do hemisfério ocidental são amplamente autossuficientes dentro do próprio hemisfério, sugerindo que quaisquer disrupções devem ser limitadas e gerenciáveis. Isso, por sua vez, significa que a desglobalização não levará a um colapso no perfil de produção mundial de milho e soja.

O que *não* quer dizer que o perfil permanecerá igual. Não vai. Mudará drasticamente, mas não por causa dos problemas e do impacto da interrupção de acesso a insumos provocados pela desglobalização. Mudará por causa de uma alteração na *demanda* do mercado.

O milho está, em uma palavra, ferrado. O milho em espiga comprado nos EUA para ser grelhado ou cozido *não* é aquele que cobre os campos intermináveis de Nebraska, Iowa e Illinois. A variedade consumida nos EUA se chama milho *doce* e representa menos de 1% do milho cultivado no país. A variedade plantada no Meio-Oeste é chamada de milho-dentado. Por meio de um processo chamado nixtamalização, que utiliza calor e uma solução alcalina, o milho-dentado *pode* ser transformado em um alimento como a *masa*, mas, para a maioria das pessoas, o milho tem usos diferentes do consumo direto.

Os maiores e mais criativos consumidores de milho-dentado são os norte-americanos, que o produzem em quantidades tão extraordinárias a ponto de considerar razoável processá-lo em milhares de produtos, desde xarope de milho com alto teor de frutose até garrafas de plástico biodegradável, cerâmica para velas de ignição e giz escolar. O maior volume desses produtos, de longe, é o biocombustível informalmente conhecido como etanol. Uma combinação de subsídios e normas exige que a gasolina norte-americana contenha de 10% a 15% do produto à base de milho, o que não parece muito até você perceber que, no auge do etanol, cerca de metade da safra de milho norte-americana era transformada em um aditivo para gasolina. O regulamento absorveu tanto milho que não elevou só o preço do milho, mas também de praticamente *todas* as culturas, devido à realocação de áreas de cultivo *para* o milho: trigo, soja, algodão e feno notavelmente se tornaram mais caros com a concorrência, assim como a carne suína e bovina devido aos custos mais altos da alimentação.

Para o restante do mundo, a principal finalidade do milho *é* servir como ração animal.

Na era do final da globalização, com renda crescente, isso não é um problema. À medida que as pessoas ganham mais dinheiro, elas querem consumir mais carne. Mas, em uma era pós-globalizada, com renda em colapso, a maioria das pessoas em grande parte dos países não terá riqueza suficiente para desfrutar de proteína animal diariamente. Espere que a *demanda* por milho despenque junto com a pecuária em larga escala em qualquer país cuja produção não atenda à demanda regional *ou* que dependa de milho importado para engordar seus animais. Isso afetará produtores de carne como Uruguai e Austrália, na primeira categoria, e consumidores de carne como Coreia e China, na segunda.

Ruim para o milho, bom para a soja. A soja também é uma forragem animal. Na verdade, devido ao seu maior teor de proteína, em muitos casos a soja é o insumo superior. No entanto, ao contrário do milho-dentado, a soja pode ser facilmente processada para consumo humano. E, como a soja é uma planta, a proteína à base de soja é barata em comparação a hambúrgueres e costeletas de porco. Em um mundo desglobalizado e desconectado, simplesmente não haverá um número grande e crescente de consumidores de carne suficiente para sustentar a pecuária em sua escala global atual. Essa transição da proteína animal de alto custo para a proteína vegetal de baixo custo é uma transformação necessária que provavelmente salvará cerca de 1 bilhão de pessoas da fome.* Se você não vive no hemisfério ocidental, na Europa ou na Australásia, é hora de aumentar seu consumo de tofu.

No entanto, há uma forte probabilidade de que, mesmo com a produção de milho em larga escala dando lugar à produção de soja em escala cada vez maior, *ainda* não teremos soja suficiente. O problema é o Brasil, o maior exportador de soja do final do período globalizado. O Brasil detém esse título devido a cinco fatores:

1. Cientistas brasileiros decifraram o genoma da soja para ajustar a exigência de horas de luz do dia para que a planta possa florescer e amadurecer nas terras agrícolas localizadas mais próximas do equador. (Perto da linha do equador, verão e inverno têm dias com durações quase idênticas, então a soja nunca sabe o que fazer e não amadurece.) Esse feito científico permitiu que o Brasil expandisse a produção de soja de regiões mais temperadas no Sul — como o estado do Rio Grande do Sul — para as regiões mais equatoriais e tropicais, como o estado do Mato Grosso. Esse único ajuste é responsável por cerca de um terço das exportações *globais* de soja.

---

* Isso significa que, se essa transição não ocorrer, teremos *2* bilhões de pessoas morrendo de fome.

2. As exportações de soja do Brasil estão fisicamente tão longe dos mercados asiáticos quanto possível no planeta. Elas precisam ser enviadas de navio contornando a extremidade da América do Sul ou pelo Atlântico Sul até o Cabo da Boa Esperança, antes de atravessar o Pacífico ou o Oceano Índico no trajeto mais longo possível. A maioria dos alimentos é de valor muito baixo em comparação ao peso ou volume. Vinte e dois quilos de ouro valem cerca de US$25 mil e você pode carregá-los com as mãos. Vinte e dois quilos de alumínio valem cerca de US$50 e você pode carregá-los em um balde. Vinte e dois quilos de soja custam cerca de US$10 e exigem um carrinho de mão. Exceto por aqueles sortudos Centros Imperiais com boas opções de transporte hidroviário interno, a maioria da humanidade nem sequer considerou obter alimentos de mais de alguns quilômetros dos locais de produção até o século XVIII. Na Ordem industrializada, isso não importa. O transporte de longo percurso e baixo custo tornou-se onipresente.

3. Os solos quase tropicais do Brasil são extraordinariamente pobres em nutrientes e as principais regiões produtoras de soja do país não têm invernos capazes de exterminar insetos. No lado positivo, a ausência de inverno significa que a maioria dos agricultores brasileiros de soja (e milho) pode dobrar (e até triplicar) as safras. No lado negativo, não só insetos, plantas daninhas e fungos são um problema constante, como o desmatamento de florestas para criar terras agrícolas removeu a maioria das pressões naturais, de modo que os vários organismos podem concentrar seus esforços genéticos em resistir aos produtos químicos agrícolas. Pesticidas, herbicidas e fungicidas que devem ser reformulados a cada década ou mais no Meio-Oeste norte-americano exigem revisões a cada dois ou três anos no Brasil. Consequentemente, a agricultura brasileira tem os maiores custos de insumos do mundo em fertilizantes, pesticidas, herbicidas e fungicidas por unidade de produção. No período globalizado de fácil fornecimento de insumos e vendas mais fáceis de produtos, isso é um mero detalhe.

4. Assim como a produção de soja na Argentina e nos Estados Unidos, a maior parte da produção de soja do Brasil é no interior profundo. Ao contrário da Argentina ou dos Estados Unidos, o Brasil carece da geografia plana que permite que um sistema de transporte ferroviário e fluvial barato envie sua produção agrícola. A maior parte da soja brasileira é transportada de caminhão. Isso requer grandes volumes de capital barato e importado para financiar a

infraestrutura necessária. Na era de capital onipresente da explosão demográfica dos baby boomers e do hiperfinanciamento chinês, isso não é um problema.

5. Todas as culturas passam por ciclos de excesso de oferta e baixa demanda, mas, se há uma característica comum no mundo pós-1990, é que a população global ficou consistentemente maior *e* mais rica, e isso significa que deseja mais e melhores alimentos. O maior componente individual desse mundo maior e mais rico é a China, um país com insensibilidade a preço. A comida de luxo preferida dos chineses é a carne de porco, o rebanho suíno chinês é maior do que o do resto do mundo combinado, as terras agrícolas chinesas são lamentavelmente inadequadas para a tarefa de alimentar esse rebanho, e a maneira mais rápida de engordar um porco é alimentá-lo com soja. Não é surpresa que a soja brasileira tenha tido um crescimento significativo desde 2000.

Com exceção do trabalho intelectual genético, *todos* esses fatores afetarão negativamente os brasileiros em um mundo desglobalizado. Isso não significa que a produção agrícola brasileira entrará em colapso, mas que *diminuirá, será* muito menos confiável, *será* muito mais cíclica e que os brasileiros *enfrentarão* dificuldades com questões internas de transporte de maneiras inconcebíveis para argentinos e norte-americanos.

Em seguida, vem o arroz. Em termos de comércio internacional, o arroz ocupa "apenas" o nono lugar em valor, mas isso não reflete sua importância como o segundo grão mais popular do mundo depois do trigo. O problema é que existem muitas variedades diferentes, desde o arbóreo usado em risoto até o basmati da culinária indiana, o glutinoso da Indonésia, o jasmine da Tailândia e o arroz negro da China. Os asiáticos pensam em arroz da mesma forma que os norte-americanos pensam em churrasco. Existe o tipo certo e a *catástrofe*. Essa atitude tende a reduzir o volume negociado.

As variedades combinadas de arroz do mundo não são tão difundidas quanto o trigo, em grande parte porque, em muitos aspectos, o arroz é o oposto do trigo. O arroz é difícil e caro de cultivar, exigindo mais insumos, mão de obra, maquinário e processamento do que qualquer outro dos principais alimentos consumidos pela humanidade.

O arroz demanda tanta água e mão de obra que seu cultivo molda — e restringe — profundamente as sociedades que dependem dele. O trigo tem uma etapa única. Bem, talvez duas se você considerar a debulha. O arroz? Sem chance. Tudo se resume ao gerenciamento da água.

Praticamente todo o arroz do mundo *não* é produzido em culturas em linha, mas em várzeas úmidas, com canteiros inundados que devem ser escavados e revestidos com argila para que não vazem. Esses arrozais não se parecem tanto com um campo, e sim, com gigantescos vasos ao ar livre. Em um local separado, as sementes de arroz devem ser cultivadas em mudas. Na maioria dos casos, essas mudas são transplantadas à mão nos canteiros inundados para crescimento inicial, e depois de alguns dias os arrozais são drenados para permitir que as plantas de arroz jovens respirem, obtenham sol suficiente, fixem raízes e cresçam.

Em seguida, começa a dança da água: os campos são repetidamente inundados para abafar plantas daninhas e insetos terrestres e depois drenados para matar plantas daninhas e insetos aquáticos. Água demais em qualquer estágio afoga a colheita. Água de menos resulta em dessecação com formação de torrões. Dependendo da variedade do arroz, esse ciclo de inundação e drenagem deve ser repetido até quatro vezes antes de uma secagem final que precede a colheita. Após a colheita, as hastes de arroz devem ser secas novamente. O arroz deve ser debulhado *duas vezes* — uma para separar os grãos das panículas e uma segunda vez para remover as cascas dos grãos. Isso para obter o arroz *integral*. Para obter o arroz *branco*, os grãos devem ser polidos para remover o farelo.

Não basta jogar algumas sementes no chão e voltar alguns meses depois. O cultivo de arroz é um trabalho quase em tempo integral. Quando um país que cultiva trigo entra em guerra, desde que os agricultores estejam de volta a tempo para a colheita, fica tudo bem. Mas, quando um país que cultiva arroz entra em guerra, a decisão envolve um ano de fome.

Considerando as muitas variedades de arroz existentes, não deve ser surpresa que haja *muita* variação de tipo para tipo e de região para região. O clima de monções do subcontinente indiano tem estações muito úmidas que são boas para o arroz e estações muito secas que são boas para o trigo (mas os arrozais são lavouras alagadas, então os agricultores devem escolher para qual cultura preparar suas terras). O Japão tende a usar máquinas para plantar mudas. No Mississippi, o arroz é cultivado em linha sob irrigação incessante, intensa e altamente controlada. A Califórnia planta seu arroz usando *aviões*.

A Ordem não transformou o mundo do arroz tanto quanto transformou o do trigo. O trigo cresce em qualquer lugar, então a Ordem o relegou a lugares onde somente ele pode ser cultivado. Mas o cultivo de arroz requer condições muito específicas que precisam ser *criadas*, uma força de trabalho de custo ultrabaixo que faz pouco além de cuidar do arroz e *muita* água, normalmente por mais de uma estação. Independentemente dos feitos da Ordem em relação a todo o resto em todos os lugares, ela não criou uma grande revolução em como e especialmente em onde o arroz é cultivado: há muito tempo o Mundo do Arroz se resume a uma área bastante limitada, que engloba o Sul, o Sudeste e o Leste Asiáticos. Essa região compreende aproximadamente 90% da produção mundial de arroz, quase toda em lavouras inundadas.

Olhando para o futuro, o Mundo do Arroz enfrenta dois desafios.

O primeiro são as fezes.

Com as notáveis exceções do Japão, Hong Kong e Singapura, poucos lugares no Sul, Sudeste ou Leste Asiático haviam se industrializado antes de 1945. Assim, a maioria da produção de arroz usava fezes humanas e de animais como o principal fertilizante. Considerando que os trabalhadores do arroz passavam o dia todo imersos em água contaminada com fezes, você pode imaginar o impacto na expectativa de vida.*

Na China, os horrores da Revolução Cultural reverteram a maior parte do progresso inicial na adoção de fertilizantes, forçando os camponeses chineses a voltarem a usar fezes. Somente na década de 1990 é que as fezes foram abolidas como insumo. Com a adição de outras tecnologias industriais em relação à colheita e à irrigação, muitos produtores de arroz chineses finalmente desfrutaram de segurança alimentar suficiente para abandonar a vida nos arrozais e se mudarem em massa para a cidade. A renda aumentou. As taxas de doenças caíram. A expectativa de vida expandiu.

Reverta esse processo, negue acesso a insumos importados e o Mundo do Arroz enfrentará sérios problemas. Sem esses fertilizantes fosfatados, o arroz não pode ser cultivado em volume suficiente em *nenhum* local do Mundo do Arroz. Décadas de urbanização em massa separaram as fontes de fezes dos arrozais. Isso significa que 2 bilhões de pessoas terão que abrir mão do arroz ou essas regiões precisarão *des*urbanizar muito mais rapidamente do que se urbanizaram para que o fertilizante "natural" possa ser novamente utilizado na produção de arroz.

Nesse aspecto, a China tem a possibilidade de ficar *mais ou menos* bem. Ao contrário da grande maioria do Leste e do Sudeste Asiático, os chineses podem obter fosfatos internamente, embora apenas enquanto a China permanecer intacta. Todas as minas de fosfato da China ficam a extremo Oeste — especificamente no Tibete e em Xinjiang, regiões onde o Partido vem realizando genocídios étnicos com vários graus de intensidade e brutalidade desde a década de 1950. Tais regiões também estão a mais de 1.600 quilômetros das regiões densamente povoadas de supermaioria han, onde o arroz é cultivado. Se a China entrar em colapso por qualquer motivo, sua

---

* Aqueles que gostam de conhecer os detalhes mais nojentos podem pesquisar "esquistossomose" no Google. Aviso: *não* faça isso logo após um lauto almoço.

única esperança de produtividade razoável de arroz é voltar a um ciclo de vida movido a "adubo natural".

Os efeitos indiretos dessas realocações em massa na capacidade de manufatura devem ser óbvios. A mão de obra simplesmente estará no lugar errado, fazendo algo não relacionado à manufatura. Os efeitos indiretos na produção de arroz são um pouco menos óbvios. A urbanização vertiginosa da China significa que sua população envelheceu tão rapidamente que não há muitas pessoas aptas para serem realocadas nas fazendas. Já os efeitos indiretos para o *tamanho da população* são simplesmente aterrorizantes. Quase todos os incrementos populacionais na China entre 1980 e 2020 — cerca de 500 milhões de pessoas — se devem ao aumento da expectativa de vida proporcionado por melhorias na *saúde*, não a novos nascimentos. Isso significa que, caso a China precise abandonar fertilizantes sintéticos em favor de algo mais... natural, os ganhos na expectativa de vida do país — *os últimos quarenta anos de aumento populacional* — serão perdidos em apenas algumas décadas, mesmo que nada mais dê errado.

O segundo desafio para o Mundo do Arroz é menos repugnante, mas talvez ainda mais problemático: o acesso à água.

A natureza exigente e intensiva em água do arroz significa que, ao contrário do trigo, *não* é possível cultivar arroz em terras marginais. Essa exigência torna o arroz incrivelmente vulnerável a mudanças climáticas. Mude a hidrologia de uma região, mesmo que um pouco, e a produção de arroz despenca.

A área de produção de arroz mais prolífica da China está localizada ao longo do baixo Yangtze, a região onde o arroz foi domesticado há dez *milênios*. Conforme a China se urbanizou, as cidades ao longo do rio se expandiram, ocupando o que costumava ser território dos arrozais. O que resta para a produção de arroz são terras altas que dependem quase exclusivamente de irrigação. Isso torna o arroz do Yangtze dependente da precipitação em diversas zonas climáticas da bacia superior do Yangtze — muitas das quais estão se desertificando. O Sul da China — outra grande região produtora de arroz — é muito mais úmido, mas também possui uma grande variedade de microclimas devido à sua topografia acidentada. Mesmo que a quantidade total de chuva na área não mude, surgirão bolsões úmidos e secos, resultando em áreas com falta de água ou com distribuição inadequada. Normalmente, pequenas diferenças nos microclimas não justificariam minha atenção. Mas existem 1,4 bilhão de pessoas na China e o arroz é extremamente exigente.

Os problemas relacionados à água enfrentados pela China são apenas um microcosmo das questões mais amplas envolvendo as mudanças climáticas, e *este* é um tópico muito maior.

AGRICULTURA E MUDANÇAS CLIMÁTICAS

VAMOS COMEÇAR ESTE CAPÍTULO COM ALGUNS FATOS desconfortáveis.

Primeiro, a paz é extremamente prejudicial para o planeta. Quando criaram a Ordem, os norte-americanos não apenas formaram uma aliança para lutar contra os soviéticos. Essa decisão estratégica também permitiu que a grande massa da humanidade iniciasse o caminho em direção à industrialização, gerando uma explosão nas emissões de gases de efeito estufa à medida que grande parte da humanidade passou a usar carvão mineral, petróleo e gás natural em larga escala.

Segundo, a expansão da Ordem pós-Guerra Fria para, bem, o mundo inteiro acelerou o aumento das emissões. Já era ruim o suficiente quando os principais sistemas industrializados do mundo incluíam França, Alemanha, Japão, Coreia e Taiwan. Mas foi completamente diferente quando Indonésia, Índia, Nigéria e China se juntaram ao clube. Países que nem sequer podiam considerar iniciar o processo de industrialização antes da Segunda Guerra Mundial são agora responsáveis por mais da metade das emissões atuais, com emissões totais *sete vezes* maiores do que em 1945.

Terceiro, agora que a maioria da humanidade experimentou confortos como a eletricidade, é importante considerar que as pessoas não escolherão conscientemente voltar a um estilo de vida pré-industrial, *mesmo se a globalização entrar em colapso*. Algo que o movimento ambientalista moderno frequentemente ignora é que o petróleo e o gás natural não são apenas os combustíveis fósseis de baixo carbono do mundo, eles também são os combustíveis *comercializados internacionalmente*. Em um mundo pós-globalizado, o principal combustível que a maioria dos países poderá obter localmente é o carvão mineral. E não é qualquer carvão, mas o carvão sub-betaminoso ou linhito (carvão marrom), de baixo poder calorífico, baixa temperatura de queima, com alto teor de contaminantes e que gera muito mais emissões de carbono do que a queima de... praticamente qualquer outra coisa. Somos totalmente capazes, enquanto espécie, de desevoluir para um mundo fragmentado, sombrio, pobre e faminto e *ainda* aumentar as emissões de gases de efeito estufa.

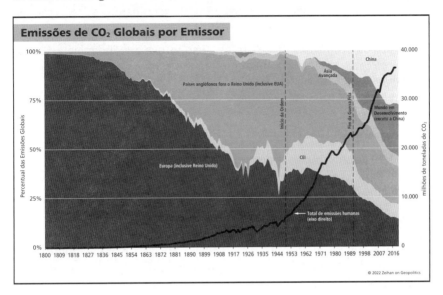

Quarto, a nossa capacidade de prever os impactos climáticos tende a ser imprecisa em um nível constrangedor.

O melhor exemplo recente são os Estados Unidos em meados de 2021. Um sistema de alta pressão reteve uma massa de ar quente sobre o Noroeste do Pacífico. Parte desse ar então desceu das montanhas das Cascatas, desencadeando efeitos de compressão. O resultado? Locais normalmente nublados, chuvosos e tristonhos se transformaram em fornos a céu aberto durante semanas. Portland, no Oregon, registrou repetidamente temperaturas acima de 48 graus Celsius. Vi muitos modelos climáticos que sugerem a inevitabilidade de desertos mais quentes ou o Sul dos Estados Unidos mais quente, mas nenhum indicava que Portland — a friorenta Portland — acabaria sendo mais quente do que Las Vegas jamais foi.

A razão para uma falha tão elementar é simples: atualmente não temos dados suficientes para projetar as mudanças climáticas com uma localização tão precisa. Qualquer um que tente está, no máximo, fazendo uma suposição educada.

Não gosto de suposições. Sempre que possível, evito fazê-las. Portanto, não presto muita atenção para as previsões climáticas, prefiro analisar os dados meteorológicos. Não os dados meteorológicos atuais ou futuros, mas os *passados*. O registro meteorológico é baseado em relatórios de centenas de milhares de locais em todo o mundo, coletados dezenas de vezes por dia, ao longo de mais de um século. Dados não são controversos. Não são políticos. Não são projeções. E, se há uma alteração na linha de tendência, você sabe que o indicador *já* se moveu e basta acompanhar sua direção um pouco adiante.

Para os propósitos deste projeto, uso linhas de tendência de dados meteorológicos de 120 anos para projetar apenas mais 30 anos. Acha que isso não é muito relevante? Pensou errado.

UM CONTO DE DUAS TERRAS

Considere dois exemplos muito reais envolvendo duas regiões do primeiro mundo para as quais temos excelentes dados: Austrália, no Sudoeste do Pacífico (especificamente, o terço Sudeste do país, onde vive a maioria de sua população e de onde vem a maior parte de sua produção agrícola), e Illinois, estado do Meio-Oeste dos Estados Unidos.

Em média, as temperaturas em ambos os lugares aumentaram 1,1 grau Celsius desde 1900. Também temos — mais uma vez, a partir de dados concretos do mundo real — uma ideia clara do que esse aumento de temperatura tem causado em ambos os lugares. Os impactos são muito discrepantes.

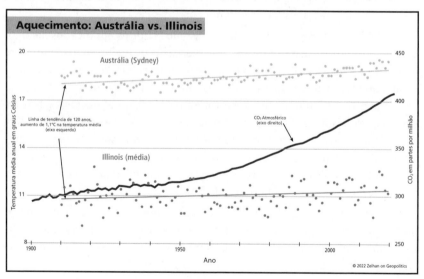

Na Austrália, temperaturas mais altas se manifestaram como dias de verão mais quentes e secos. No verão de 2019 a 2020, a Austrália enfrentou uma seca, com incêndios florestais quase apocalípticos que queimaram cerca de um quinto das florestas, matando aproximadamente 1 bilhão de animais e destruindo cerca de um sétimo das pastagens do país. Em contraste, em Illinois, as temperaturas mais altas se manifestaram como um aumento na *umidade*, e os verões de 2019 e de 2020 não foram exceção. Em vez de incêndios, Illinois experimentou *aumentos* incrementais na produção de milho e soja.

Por que essas diferenças tão gritantes? Em uma palavra: geografia.

A Austrália é cercada por um turbilhão de correntes oceânicas importantes. Algumas quentes. Algumas frias. Outras sazonais. O extremo Norte da Austrália está localizado inteiramente nos trópicos. O extremo Sudeste margeia a parte fria da zona temperada. O resultado é uma terra de contrastes. Três quartos do interior do continente australiano são formados por desertos áridos e as extraordinárias variações climáticas — de uma estação para outra e de um ano para outro — assolam a Austrália com um padrão irregular de inundações e secas. É como se os grandes desertos australianos pulsassem como um coração, com padrões de precipitação que avançam e recuam do interior a cada poucos anos. Os australianos, com sua maravilhosa habilidade para as palavras, chamam essas fases de Big Wet e Big Dry [Grandes Chuvas e Grande Seca, em tradução livre]. Esses padrões já eram bem documentados muito antes do aumento acelerado de carbono na atmosfera da Terra no mundo pós-1990, ou mesmo antes dos australianos começarem a se industrializar. Isso não é efeito das mudanças climáticas. Essa é a *Austrália*.

Agora adicione esse aumento de temperatura de 1,1 grau Celsius. A topografia da Austrália torna o país árido. O ar seco aquece rapidamente, mas também esfria na mesma velocidade. A maior parte do aumento de temperatura na Austrália, portanto, se manifesta como temperaturas *diurnas* mais altas. Isso eleva o ponto de condensação, tornando a chuva menos provável. O que torna o país mais seco e propenso a secas e incêndios, *diminuindo* o potencial agrícola. Muitas regiões agrícolas da Austrália — especialmente as encostas ocidentais das Montanhas Azuis, no Leste, e partes significativas da Bacia Murray-Darling, no Sudeste — estão propensas a se tornar desérticas. Os incêndios de 2019 a 2020 assumiram proporções pré-apocalípticas.

Compare isso com a geografia de Illinois. O estado norte-americano está localizado no interior continental e, assim, experimenta as quatro estações completas quase como um relógio. Illinois está bem no meio da zona temperada e recebe precipitação bastante consistente mês a mês, sendo que o mês mais seco (fevereiro) raramente recebe menos de 50 milímetros de chuva, enquanto o mês mais chuvoso (maio) raramente recebe mais de 130 milímetros.

Parte dessa chuva começa como sistemas climáticos tropicais no Golfo do México. Sabemos — novamente, a partir de medições de temperatura do mundo real — que o ar acima do Golfo tem aquecido constantemente há décadas. O ar mais quente pode carregar mais umidade, tornando Illinois mais propenso a receber chuvas de sistemas de tempestades tropicais, mas a natureza profundamente continental de Illinois significa que o estado experimenta essas tempestades como chuvas simples, em vez de furacões devastadores. A umidade extra em comparação com a primeira metade do século XX, entre 76 e 230 milímetros por ano dependendo da região do estado, significa que a agricultura de Illinois está atingindo níveis cada vez maiores de produção.

Mas e quanto a esses aumentos de temperatura? Até agora, eles têm sido... positivos. A topografia de Illinois torna a região úmida. O ar mais úmido aquece mais lentamente e mantém o calor por mais tempo. A maior parte do aumento de temperatura em Illinois, portanto, se manifesta como temperaturas *noturnas* mais altas. Isso reduz o número de noites com geadas que danificam as plantações, *aumentando* o potencial agrícola. Se as tendências de aquecimento se mantiverem, em algum momento da década de 2020, a maior parte do estado de Illinois terá tão poucas geadas noturnas que os agricultores poderão ter duas safras por ano.

A sabedoria convencional sobre as mudanças climáticas afirma que o problema da Austrália é óbvio, previsível e, portanto, evitável. Mas a realidade tem desafiado essa sabedoria convencional quando se trata de Illinois. Diferentes geografias geram resultados climáticos distintos, mesmo quando o aumento líquido de energia térmica é idêntico. É difícil encontrar um aspecto positivo nos desdobramentos para a Austrália, assim como é difícil identificar um aspecto *negativo* no caso de Illinois.

Essa desconexão é exatamente a questão.

Embora também não possamos fazer previsões específicas e localizadas com base em dados meteorológicos, *podemos* usar dados meteorológicos para fazer algumas afirmações um pouco menos genéricas, mas que já são dramáticas demais para o meu gosto. E *todas* impactam o mundo da agricultura.

ENTENDENDO AS MUDANÇAS CLIMÁTICAS — PARTE I: NÃO É O CALOR, É A UMIDADE

A primeira afirmação menos genérica envolve a química básica: embora o ar mais quente possa conter mais água, ele também significa que mais umidade é necessária para gerar precipitação. Em áreas de baixa umidade, ar mais quente geralmente significa menos chuva (Austrália), mas em áreas de alta umidade tipicamente significa mais chuva (Illinois). O maior impacto é sentido nos extremos. A maioria dos desertos ficará mais quente e mais seca (e maior), grande parte das zonas já áridas corre o risco de desertificação e o aumento da precipitação nos trópicos transformará zonas mais planas em campos úmidos. Desertos e campos úmidos não são adequados para o cultivo de alimentos.

Uma diferença de temperatura de alguns graus mudará os padrões de umidade em apenas alguns pontos percentuais. Não parece muito. E *não é*. Mas, lembre-se, também estamos lidando com um mundo com cadeias de suprimentos e transporte fragilizadas ou, em alguns lugares, completamente interrompidas. Adicionar um pouco mais de estresse aos sistemas agrícolas *nesse* ambiente terá efeitos descomunais. A lista de alvos não é muito animadora. As regiões que provavelmente sentirão o maior peso das mudanças climáticas deste primeiro fator incluem:

- Mato Grosso, a Central da Soja do Brasil, a zona de produção de soja mais densa do mundo.
- Levante, Sahel e América Central, que já são as regiões com maior insegurança alimentar do mundo.
- Sul da Ucrânia, indiscutivelmente *a* parte mais produtiva do cinturão do trigo russo.
- Vale Central da Califórnia, em termos de valor, *a* zona agrícola mais produtiva do planeta.
- Bacia do Ganges, o sistema fluvial mais densamente povoado do mundo, abriga cerca de meio bilhão de pessoas.
- Região vinícola de Mendoza, na Argentina, de onde vem a verdadeira *alegria* engarrafada.

ENTENDENDO AS MUDANÇAS CLIMÁTICAS — PARTE II: DE OLHO NOS VENTOS

A segunda afirmação menos genérica é que o mundo está aquecendo de *forma desigual*, com um aquecimento nos polos aproximadamente três vezes maior do que nos trópicos. A diferenciação de temperatura gera vento, e uma maior diferenciação de temperatura gera *mais* vento. Se isso é bom, ruim ou não, depende do que há entre o local em que você está e a linha do equador. Se houver um grande corpo de água tropical, espere que os ventos mais fortes tragam mais chuva. *Muito* mais chuva.

Japão, Taiwan, Coreias do Sul e do Norte, México e China devem se preparar para mais chuvas. Em todos os seis casos, o *gerenciamento* da água provavelmente será um problema, porque todos os países têm topografias extremamente acidentadas nas zonas que provavelmente experimentarão umidade adicional. Japão, Taiwan e Coreia do Sul são países altamente desenvolvidos que já possuem sistemas robustos de gerenciamento de água e podem desfrutar de uma vantagem semelhante à de Illinois.

México, China e Coreia do Norte provavelmente não terão tanta sorte. A Costa Sudoeste do México não só receberá mais chuva, como ficará encharcada, mas a maior parte do México é acidentada e de alta altitude. Qualquer benefício para a agricultura provavelmente será contrabalanceado pela destruição causada por deslizamentos de terra. O Sul da China, a parte do país que provavelmente receberá mais calor e mais chuvas, já é a área mais quente e chuvosa do país. O mais provável é que ocorram inundações torrenciais e a formação de campos úmidos persistentes que prejudicarão os esforços de cultivo de arroz da região, *reduzindo* em vez de aumentar as safras. A Coreia do Norte já sofre com inundações catastróficas regulares. O último evento na década de 1990 contribuiu para a morte de quase 2 milhões de pessoas, causada pela fome.

A mudança dos padrões de precipitação afeta os fluxos de água, especialmente quando eles já foram afetados pela atividade humana. Entre os principais rios do mundo, o que sofreu as maiores mudanças em seu volume e fluxo nos últimos anos é o Mekong, no Sudeste Asiático. Os chineses têm explorado as águas no alto curso para irrigar campos no planalto tibetano, os laocianos e tailandeses estão construindo barragens freneticamente para gerar energia hidrelétrica, os cambojanos centraram sua civilização na interseção do Mekong e suas planícies sazonalmente inundadas, enquanto os vietnamitas transformaram todo o delta do Mekong em um gigantesco arrozal. Como os deltas são os locais onde os rios encontram o oceano, você pode imaginar o problema. Mesmo fluxos ligeiramente reduzidos provocam o afundamento do terreno e o avanço do mar. Mesmo pequenas mudanças nos níveis do mar ou do terreno significam que vastas áreas do Delta do Mekong ficarão expostas à água do mar e... nenhum arroz crescerá. Mais de 100 milhões de pessoas dependem do delta para o suprimento de alimentos.

AGRICULTURA E MUDANÇAS CLIMÁTICAS

Também estou preocupado com o subcontinente indiano, uma região com muitos habitantes e cuja localização quase equatorial gerará condições de vento diferentes. O aumento das temperaturas no Oceano Índico significa que a diferença de temperatura entre o mar e a terra está diminuindo. Menos variação de temperatura significa ventos menos intensos, o que, por sua vez, significa que o centenário e muito bem documentado enfraquecimento das monções continuará. Esse enfraquecimento já reduziu as chuvas no subcontinente em 10% a 20% no último século.

Normalmente, uma redução tão limitada em um período longo não me preocuparia tanto. As tecnologias da Revolução Verde, combinadas com o acesso aos materiais da Ordem, mais do que compensaram essa redução. Mas essas tecnologias e materiais não estarão disponíveis de forma confiável no futuro. Ainda mais preocupante, um terço dos habitantes da Índia já vive em regiões semiáridas e, ao mesmo tempo, a população quadruplicou durante o último século, tornando o país o mais pobre em água do mundo em termos per capita. Monções mais fracas significam menos chuvas no Cinturão Hindu, bem como menos neve no Sul do Himalaia. Essa última parte é uma notícia particularmente ruim para o Paquistão, que depende do derretimento da neve do Himalaia para irrigar *tudo*. No lado oposto ao Paquistão no subcontinente está Bangladesh, um país que *é* o Delta do Ganges. Os fluxos mais fracos do Ganges sugerem que todo o país de Bangladesh, cerca de 160 milhões de pessoas, poderia sofrer um destino semelhante ao Delta do Mekong. Não há muita margem para erros nessa parte do mundo... especialmente porque menos chuva significa menos arroz.

O Mediterrâneo não é grande ou tropical o suficiente para gerar o efeito de umidade. Em vez disso, padrões de ventos mais fortes entre o equador e os polos já estão empurrando algumas das frentes geradoras de chuva do Norte da Europa para o mar. Do Leste da França até o Oeste da Ucrânia, o Norte da Europa vem se tornando cada vez mais seco há seis décadas. Sob a égide da Ordem, isso não tem sido um problema. A Europa simplesmente passou a se dedicar à produção de bens especializados que são vendidos a um alto preço para um mundo rico e interconectado. Não está claro se o continente *conseguirá* reverter esse processo, e, mesmo que tenha sucesso, isso retiraria *muitos* produtos alimentícios do mercado, uma vez que os europeus priorizarão as necessidades locais.[4]

Os três quartos orientais do cinturão de trigo russo estão ao Norte dos *desertos* continentais internos. Correntes de ventos mais fortes entre o equador e os polos reduzirão a umidade na metade oriental do cinturão de trigo russo, particularmente a porção no Norte do Cazaquistão. Pior ainda, qualquer perda de umidade provocada pelo vento acelerará um outro desastre climático já em andamento.

A União Soviética desviou as águas dos sistemas dos rios Amu e Syr Darya para irrigar campos de algodão nos desertos da Ásia Central, um esforço que praticamente destruiu o Mar de Aral, principal fonte de umidade da região. Mesmo sem aumentos de temperatura induzidos pelas mudanças climáticas, a contínua desertificação da região já seria suficiente para *acabar* com a camada de neve das montanhas Tian Shan e Pamir, no Oeste, dentro de algumas décadas. Sem a neve, não há rios regionais, e toda a área volta a ser um deserto árido. Isso significa o fim de quase toda a agricultura no Turcomenistão, Uzbequistão, Tajiquistão, Quirguistão, Sul do Cazaquistão e Norte do Afeganistão. Como em qualquer local desértico onde a agricultura é totalmente dependente da irrigação, quando a água desaparece, o mesmo acontece com a comida. E com o povo.

O grande beneficiário dessas mudanças nos padrões de vento é o Meio-Oeste norte-americano. É esse fenômeno equatorial-polar que, pelo menos em parte, é o responsável por Illinois estar se saindo tão bem com as mudanças climáticas até o momento. Isso é maravilhoso se você mora em Iowa ou Indiana, mas nem tanto se você estiver na Costa do Golfo, onde os furacões são uma ameaça anual muito presente.

ENTENDENDO AS MUDANÇAS CLIMÁTICAS — PARTE III: DUAS É MELHOR DO QUE UMA

Estou falando de fontes de chuva, é claro. Parte do que torna a agricultura norte-americana tão confiável é que ela recebe chuvas não apenas dos sistemas de monções vindos do Golfo do México, mas também da corrente de jato Oeste-Leste da América do Norte. É extremamente raro que ambos os sistemas de umidade falhem no mesmo ano.

O que é verdade para o Meio-Oeste norte-americano em geral, no entanto, não é verdade para todos os Estados Unidos. Via de regra, a corrente de jato Oeste-Leste, que predomina na maioria dos padrões climáticos dos Estados Unidos, detém os fluxos de tempestades tropicais aproximadamente no meridiano 100, impedindo que avancem mais para Oeste.

No mundo cada vez mais afetado pelas mudanças climáticas para o qual estamos caminhando, é provável que qualquer lugar a Leste desse meridiano experimente *mais* precipitação. No entanto, qualquer lugar a Oeste já era seco e agora será ainda mais seco. A maioria das comunidades agrícolas das Grandes Planícies depende de irrigação e se concentra ao longo dos vales dos rios, possibilitados pela neve altamente sazonal no Leste das Montanhas Rochosas... neve que no futuro provavelmente chegará com menos frequência, menos intensidade e derreterá muito mais rapidamente.

Mas o que é provável que seja... triste nas Grandes Planícies norte-americanas será devastador na Índia, no Brasil, na Austrália ou no Sudeste Asiático, regiões afetadas predominantemente por monções; na antiga União Soviética ou na África Subsaariana, regiões afetadas predominantemente por correntes de jato.

Na verdade, além do Meio-Oeste norte-americano, apenas três lugares no mundo se beneficiam tanto dos sistemas de umidade das correntes de jato quanto das monções: França, Argentina e Nova Zelândia — que já são potências agrícolas. É provável que nenhum desses países enfrente grandes dificuldades para obter insumos, seja na forma de equipamentos ou de petróleo. Melhor ainda, é provável que nenhum deles sofra ameaças significativas à segurança capazes de comprometer a vida em geral ou a produção agrícola em específico. Todos eles provavelmente terão *aumentos* significativos na produção devido a uma combinação de mudanças de padrões geopolíticos e climáticos.

No entanto, esses aumentos não serão nem de longe suficientes para alimentar 8 bilhões de pessoas.

E isso sem levar em conta a quarta e última afirmação não tão genérica.

O FIM DO MUNDO É SÓ O COMEÇO

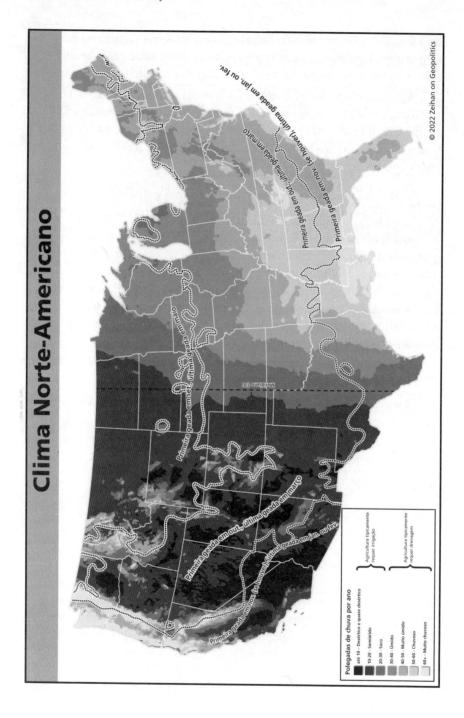

406

ENTENDENDO AS MUDANÇAS CLIMÁTICAS — PARTE IV: O FIM DAS TERRAS MARGINAIS

As áreas que sofrerão o maior impacto na capacidade agrícola serão aquelas que *já* eram marginais: áridas, mas não desérticas, quentes e úmidas, mas ainda utilizáveis. O impacto será sentido de forma mais aguda em locais secos do que em úmidos pela simples razão de que é muito mais fácil em termos de energia e infraestrutura drenar regiões excessivamente úmidas do que fornecer água a regiões excessivamente secas.

Essas terras marginais enfrentam um duplo golpe. Foram necessárias tecnologias industriais para transformar essas terras marginais em cultiváveis, e foi necessário que a Ordem possibilitasse que as tecnologias industriais chegassem a muitas dessas terras marginais em primeiro lugar. Qualquer dessas localidades que não tenha acesso aos rios ou aos aquíferos necessários para a irrigação em massa — e isso se aplica à maioria delas — enfrentará acentuadas reduções no tamanho das áreas produtivas, bem como reduções catastróficas na produção agrícola por hectare nas áreas remanescentes.

Infelizmente, isso representa uma proporção gigantesca da superfície da Terra, incluindo potências agrícolas como Bolívia, Brasil, Paraguai, Itália, Espanha, Portugal, Argélia, Nigéria, Congo, Paquistão, Índia, Tailândia, China, Vietnã, Indonésia, Austrália, México e África do Sul. Em termos conservadores, isso adiciona desafios climáticos às zonas de produção agrícola que alimentam cerca de 4 *bilhões* de pessoas.

Isso nos leva de volta ao trigo. Na atualidade, o trigo é cultivado principalmente em terras marginais, em especial naquelas consideradas marginais porque já são muito secas para qualquer outra cultura. A palavra-chave aqui é "seca". Uma das descobertas dos últimos trinta anos é que a maioria das plantas é como a maioria das pessoas: elas são bastante resistentes à temperatura, *desde que tenham acesso a mais água*. O equilíbrio entre água e calor é fundamental na agricultura. O Leste de Wyoming e o Leste de Montana têm o mesmo perfil de precipitação, mas Wyoming é um pouco mais quente e, portanto, não consegue cultivar nada, enquanto Montana faz parte da região do Cinturão do Trigo. O estresse térmico é relativamente gerenciável com irrigação adequada. Mas, se as regiões de cultivo de trigo da atualidade *tivessem* mais água, estariam cultivando algo mais valioso do que trigo. Pense no interior do estado de Washington. O acesso ao rio que permite que a região seja uma cornucópia agrícola é o mesmo fator que excluiu o trigo da combinação de culturas locais.

Em locais ricos com ampla geração de eletricidade, a dessalinização *pode* ser uma opção parcial. A tecnologia por trás da dessalinização melhorou de forma constante nos últimos anos, a ponto de o custo energético ser apenas um terço do que era em 2005. Mas não há muitos oceanos perto de terras marginais que cultivam trigo — a maioria delas fica bastante distante do litoral. A falta de água é precisamente o que a maioria dessas terras já secas e marginalizadas enfrentará em breve, estejam elas em Saskatchewan, Kansas, Luhansk, Sul da Austrália, Krasnodar, Shewa, Gaziantep, Santa Cruz ou qualquer um dos Punjabs.

No mínimo, isso é muito pior do que parece. As duas culturas mais importantes para a humanidade são as que enfrentam os maiores perigos: o arroz, devido à interrupção dos ciclos de água, e o trigo, porque é cultivado em áreas já secas que estão prestes a se tornar ainda mais secas.

UM POUCO MAIS ADIANTE

Tudo isso é extraído da mesma projeção de curto prazo a partir dos dados meteorológicos. Mudanças climáticas mais profundas ocorrerão nos anos e décadas seguintes? Talvez. Provavelmente. Ok, é praticamente uma certeza. Não tenho dados para fornecer detalhes, então não o farei. Mas *posso* analisar o passado para ajudar a aguçar a mente. Afinal, as mudanças climáticas não são novas para a experiência humana.

AGRICULTURA E MUDANÇAS CLIMÁTICAS

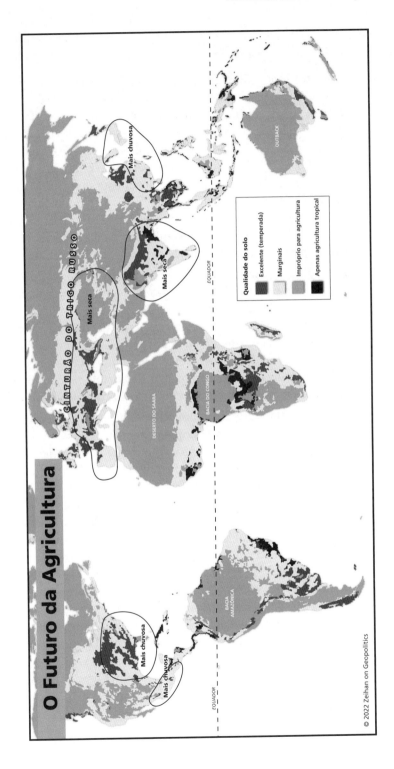

409

- A melhor suposição dos arqueólogos de hoje é que uma mudança climática regional atingiu a civilização do Vale do Indo com inundações persistentes que mudaram o curso do rio para longe de suas cidades-Estado, seguida por uma seca de várias décadas que deixou todos à própria sorte. Em vez de se unirem para lidar com o desafio, as cidades-Estado da civilização mergulharam em conflitos internos que destruíram completamente sua cultura coletiva. *Só descobrimos que a civilização do Indo existiu* quando os britânicos encontraram algumas ruínas na região central do Paquistão em 1800. Não entendemos o significado da descoberta até escavações perto da moderna cidade de Harappa, um século depois.

- Em capítulos anteriores, mencionei o colapso da Idade do Bronze Tardia, um período de seca (provavelmente desencadeada por atividades vulcânicas) entre cerca de 1200 e 1150 AEC. Os seres humanos já eram avançados o suficiente naquele período para fazer registros escritos, então temos alguma ideia dos efeitos das mudanças climáticas. Aparentemente, foram *muito* severos; quase todas as civilizações do planeta ruíram, incluindo *todos* os antepassados do que conhecemos como Civilização Ocidental.

- Mais recentemente, a Pequena Era Glacial foi um período de cerca de 1300 a 1850 EC em que as temperaturas caíram cerca de 0,3 graus Celsius em comparação com a era anterior (e cerca de 0,8 graus Celsius mais fria do que 1900). O maior impacto foi sentido em zonas que já eram frias. Há muitos registros históricos (relativamente recentes) narrando a dificuldade da vida em lugares como Escócia, Suécia, Rússia, China, Coreia e Japão. Casos documentados de regiões inteiras sofrendo anos "sem verão" são abundantes. Você pode imaginar como os alimentos eram escassos. Um desses anos sem verão em particular — 1816 — foi anormalmente frio, mesmo para a época. Locais mais ao sul, como Connecticut, experimentaram temperaturas inferiores a 5 graus Celsius em agosto, enquanto Londres recebeu quinze centímetros de neve em julho. Mary Shelley passou seus dias trancada dentro de casa para se abrigar contra a chuva fria, o granizo e a neve intermináveis, enquanto escrevia o romance leve e animado que hoje conhecemos como *Frankenstein*.

ALIMENTANDO UM NOVO MUNDO

PARA ALÉM DAS QUATRO GRANDES CULTURAS DE TRIGO, SOJA, milho e arroz, há todo um mundo de outros produtos alimentícios, cada um com seu próprio futuro. Vamos analisar os *dezessete* principais.

Os maiores impactos no mundo da agricultura serão sentidos na pecuária, pelo menos em termos relativos. A domesticação de animais é *a* primeira invenção humana, antecedendo até mesmo o cultivo de trigo e arroz. E a mesma árvore tecnológica que nos proporcionou o melhor amigo do homem e os bigodudos guardiões dos estoques de grãos também é responsável por tudo, desde hambúrgueres até asinhas de frango, bacon e foie gras. Mas, assim como aconteceu com praticamente todo o resto, foi necessária a Revolução Industrial combinada com a Ordem globalizada para levar carne às massas.

Na era pré-industrial, aqueles que desejavam comer carne enfrentavam três desafios. O primeiro era o fato de os animais serem criados para o consumo doméstico. As criações eram de pequena escala porque as limitações de insumos impediam um rápido crescimento dos animais. As sobras dos alimentos eram dadas às galinhas; as vacas pastavam e produziam leite. A proteína animal era um *complemento* em nossa dieta e, com exceção talvez do leite e dos ovos, não era algo que tínhamos todos os dias. Foram as conquistas agrícolas impulsionadas por fertilizantes da Era Industrial que geraram produção suficiente de soja e grãos para fornecer alimento para os animais.

O segundo desafio, como sempre, era o transporte. Transportar animais *vivos* por longas distâncias em grandes quantidades era inviável porque eles precisariam ser alimentados. A única exceção eram as ovelhas, as criaturas com melhor aproveitamento metabólico do capim e que, portanto, podem ser engordadas só com pasto. Mas, mesmo nesse caso, as ovelhas (e o pastor) teriam que *caminhar* até a cidade. Ferrovias, navios a vapor e caminhões aceleraram as coisas, mas a mudança real só ocorreu no século XX, com o surgimento do transporte refrigerado barato. Agora, os animais podiam ser abatidos e resfriados antes de serem transportados, e carcaças não precisam ser alimentadas.

O terceiro era o custo. Obter a mesma combinação de proteínas e calorias a partir de animais requer aproximadamente nove vezes mais insumos do que obtê-la a partir de vegetais. Longe da fazenda, a proteína animal se torna um produto de luxo supremo. Mas, na era da Ordem, a renda aumentou rapidamente junto com a população geral. A demanda por todos os tipos de carne explodiu, especialmente após 1990.

Nada disso, é claro, é sustentável em um mundo pós-globalizado. A produção das culturas utilizadas como forragem — mais notavelmente milho — diminuirá. O transporte que leva o milho e a soja para os locais de confinamento e a carne para o mundo enfrentará dificuldades. A renda global despencará, devolvendo a proteína animal à condição de artigo de luxo para a maioria da população humana. A palavra-chave aqui é "maioria". O Novo Mundo continuará a desfrutar de enormes excedentes de grãos e soja, o que possibilitará a manutenção do modelo agrícola industrial no que diz respeito à pecuária.

Esse é o quadro geral, mais amplo. No entanto, existem muitos quadros gerais menores que, ainda assim, são muito significativos.

A carne mais negociada é a **suína** (o terceiro maior produto agrícola comercializado internacionalmente em valor), e sua história é tragicamente simples. A carne de porco é a proteína animal preferida do Leste Asiático. Metade do rebanho global de suínos é criado na China e, recentemente, o país se tornou também o maior importador de carne suína do mundo. Aqueles que apostaram na demanda de longo prazo *da* China perderão a aposta. Centros secundários de produção de carne suína na Dinamarca e na Espanha continuarão a existir — estão longe o suficiente do caos que se tornará a Europa Central e Oriental para serem excessivamente prejudicados por questões de segurança —, mas o aumento dos custos dos insumos limitará a produção futura. Resta aos norte-americanos dominar o resto do mercado, principalmente no Sudeste Asiático, onde os habitantes locais amam carne de porco tanto quanto os chineses (em termos per capita, os vietnamitas já consomem *mais*).

Em seguida vem o **frango** (o décimo maior produto agrícola comercializado internacionalmente em valor). É de longe a proteína animal mais barata e menos exigente, mas apenas por causa dos insumos da Era Industrial. Historicamente, as galinhas eram pequenas e magras porque sua dieta eram restos de comida, insetos e sementes de grama, mas, se alimentadas com grandes quantidades de grãos, elas ficam enooooormes. Alguns criticam a indústria norte-americana de frango pelo amplo uso de confinamento em gaiolas, mas, se o objetivo é manter o frango como a proteína animal mais barata, essa é a única maneira de criá-lo. (As verdadeiras galinhas de criação livre custam mais por quilo do que a maioria das carnes bovinas, sendo que o peito de frango sem osso/sem pele custa mais por quilo do que todos os cortes de carne, exceto pelo filé mignon.*) O confinamento em gaiola nos EUA explica por que o país é o único exportador significativo de carne de frango e por que os preços do frango no mercado externo tendem a ser o triplo ou mais do preço doméstico.

Isso facilita o processo em termos de prognóstico. Nada na produção norte-americana de frango será impactado negativamente pela desglobalização. Para muitos, o frango dos EUA pode ser a única carne importada que permanecerá ao alcance.

O **leite de vaca** (oitavo em valor) tem sido central para a dieta humana há milênios, particularmente no Sul da Ásia, em partes da África que agora são o Norte da Nigéria e do Quênia e em todo o mundo ocidental. Devido à sua extrema perecibilidade, o leite raramente sai do país em que é produzido, com a única (e grande) exceção do mercado único da União Europeia, que se tornou... peculiar. A UE tem uma Política Agrícola Comum (PAC), um programa de subsídios que é de longe a maior rubrica orçamentária da comunidade europeia. A PAC não só ajudou a manter os produtores agrícolas não competitivos em atividade, como também estimulou inadvertidamente o surgimento de grandes centrais leiteiras em países que, historicamente, não eram grandes produtores de leite, em particular a Holanda, a Alemanha e a Polônia. O resultado é superinvestimento maciço, superprodução e dumping de produtos em escala global de todos os tipos de produtos lácteos, principalmente **queijo** (quinto em valor). Mas remova a UE e daremos adeus à PAC e à maior parte do excedente de produção de laticínios e queijos da Europa.

Os Estados Unidos, via de regra, têm leite de maior qualidade e mais barato do que os europeus, mas a questão da perecibilidade limita as exportações norte-americanas de lácteos ao leite em pó de baixo valor. Os norte-americanos não desenvolveram uma cultura de queijo como, digamos, a França. Franceses e italianos — como grandes beneficiários da PAC — se concentraram na produção de queijos de nicho de alta qualidade e extremamente desejados. A demanda por esses produtos persistirá, não importa o que aconteça com a UE. Cuidarei disso *pessoalmente*. Seu alcance de vendas, sem dúvida, diminuirá, mas esses países ainda terão acesso bastante fácil à América do Norte e ao Norte da África.

---

* Quer agradar aos estrangeiros com uma refeição sofisticada e tipicamente norte-americana que não encontrariam em seus países? Não os leve a uma churrascaria, leve-os ao KFC.

O verdadeiro futuro dos laticínios globais é a Nova Zelândia. Os neozelandeses desfrutam de um clima ameno com verões frios e invernos quentes, muita chuva e ausência de predadores, de modo que suas vacas não precisam de abrigo — *ou mesmo de forragem*. Os produtos lácteos neozelandeses têm uma estrutura de custos ainda mais baixa do que os dos norte-americanos, a Nova Zelândia produz leite de melhor qualidade do que os Estados Unidos e está desenvolvendo uma cultura de queijo ao estilo francês com incrível valor agregado.* Mais um detalhe: quando uma vaca leiteira não é mais produtiva, ela é enviada para o abate. Esse pequeno detalhe fez da Nova Zelândia o quinto maior exportador mundial de...

Carne bovina (décimo primeiro em valor). Junto com os neozelandeses, os principais participantes no mercado global de carne bovina são Estados Unidos, Austrália, Holanda, Canadá e Irlanda. Destes seis, os Estados Unidos estão em melhor posição, principalmente porque têm vastas extensões de terras federais que produtores de carne bovina podem arrendar para pastagem.** Em contrapartida, a instabilidade climática da Austrália fará com que o país seja o menos confiável dos principais exportadores em longo prazo. A carne bovina proveniente da Holanda e da Irlanda só é possível com os subsídios oferecidos pela PAC.

Tecnicamente, a Índia e o Brasil também são grandes produtores e exportadores, embora — de novo, tecnicamente — sua carne não seja do mesmo tipo de gado; em vez de taurinos, seus rebanhos são zebuínos, mais aclimatados ao calor dos trópicos. Isso coloca seu produto em uma categoria de qualidade inferior, mas não há razão para esperar que ele desapareça em um mundo desglobalizado. No mínimo, restrições de infraestrutura no Brasil tenderão a manter a soja no interior brasileiro e a incentivar a produção e a exportação de *mais* gado zebu, uma vez que terá um valor agregado maior do que a soja bruta. O zebu pode ser de baixa qualidade para os padrões de carne bovina, mas, em um mundo com restrições impostas pelo custo, carnes mais baratas terão um atrativo próprio.

Para todos os outros países que desejarem carne bovina, as opções são escassas. Para ser mais literal, mais *magras*. O gado de corte típico norte-americano (e canadense, australiano, brasileiro) são animais *enormes* que normalmente pesam mais de uma tonelada no momento do abate. Além disso, eles atingem esse tamanho em questão de meses, em grande parte

---

* Se quiser vivenciar uma experiência única, prove um pedaço de Kapiti Kikorangi — um queijo neozelandês que combina as melhores características do gorgonzola e do Camembert. Fantasticamente saboroso!

** Todo mundo ama animais livres!

porque são alimentados com uma dieta constante de milho e soja, além de receberem injeções regulares de antibióticos e hormônios para estimular o crescimento e aumentar a taxa de sobrevivência. O gado bovino mais tradicional, criado em pastagens e com menos manejo, leva de três a cinco vezes mais tempo para atingir a maturidade, tem altura na cernelha cerca de trinta centímetros menor e geralmente tem um peso de abate inferior a um terço em comparação aos seus pares com mais manejo — o que, aliás, o torna *a* proteína animal de maior custo. Esses bovinos "tradicionais" podem até ter um sabor melhor para alguns paladares, mas, em um mundo de comércio e acesso restritos, seus níveis de produtividade muito mais baixos tornarão a carne bovina para a maioria da humanidade um alimento raro.

Meu mundo não pode funcionar sem **café** (sétimo em valor) e estou... preocupado. O café tem características muito semelhantes à cocaína... em termos de onde pode ser cultivado. Ele exige uma combinação muito específica de altitude, temperatura e condições de umidade. Se o clima for muito seco, a planta definha. Se for muito úmido, apodrece. Se for muito quente, o fruto fica amargo. Se for muito frio, não floresce. A altitude ideal é de cerca de 2.300 metros, o que está bem acima da maioria das áreas habitadas pelo ser humano, complicando o manejo e o transporte. A cultura em larga escala de café só é possível em um sistema globalizado no qual os insumos podem chegar a essas áreas muitas vezes quase inacessíveis. O café Arábica encontrado em todo lugar, desde o McDonald's até sua cafeteria gourmet favorita, enfrenta os maiores desafios, enquanto o café robusta, que é utilizado no café instantâneo, é mais resistente ao calor e à seca. A combinação de desglobalização e mudanças climáticas sugere que a maior parte do mundo está prestes a enfrentar uma queda na qualidade do café.

O **óleo de palma** (sexto em valor) é onipresente. Em produtos não alimentícios, ele é ingrediente de sabonetes, xampus, desodorantes e pastas de dente. Também está em quase todos os produtos alimentícios processados imagináveis. Embora a manteiga e o azeite de oliva possam ser usados na preparação de alimentos em pequena escala para distribuição local, sem algumas tecnologias de processamento de ponta, laticínios e azeite de oliva tendem a estragar e/ou ficar amargos quando submetidos a calor ou movimento excessivos. E, de qualquer forma, o óleo de palma é mais barato que ambos. Isso exige uma substituição dos insumos pelo óleo de palma para proteger a textura e prolongar a vida útil, principalmente em produtos cremosos. Sem óleo de palma, não haveria margarina, massa de pizza, macarrão instantâneo, sorvete ou... Nutella!

A palmeira requer solo fértil, nada de frio e muita água *o tempo todo*, tornando-a ideal para os trópicos costeiros. Os maiores produtores, de longe, estão no Sudeste Asiático. O principal problema será a fertilidade do solo. Os asiáticos do Sudeste praticam a agricultura de corte e queima para gerar os nutrientes necessários do solo, mas isso só pode ser feito uma vez. Depois disso, as opções são os fertilizantes ou nada feito, e o Sudeste Asiático é suscetível a experimentar escassez de fertilizantes, mais notavelmente os tipos potássicos e fosfatados.

Existem algumas alternativas. O que torna o óleo de palma eficiente é a sua gordura: ao adicionar hidrogênio aos átomos de carbono que compõem a estrutura de hidrocarboneto de uma molécula de óleo, ele se torna sólido em temperatura ambiente (isso é o que significa o "hidrogenado" que você vê no rótulo de ingredientes da maioria dos alimentos processados). Embora o óleo de palma seja o melhor (e mais barato!) para isso, também é *possível* usar óleo de soja, de milho ou de algodão. Não é tão saboroso — como muitos europeus adoram argumentar ao menosprezar os alimentos processados norte-americanos com alto teor de óleo de soja e óleo de milho —, mas funciona. No entanto, fora do mundo em zonas temperadas, essas opções se tornam mais difíceis — especialmente se o comércio global estiver se desintegrando.

Para o mundo desenvolvido, a perda do comércio de óleo de palma é um problema típico de primeiro mundo: é uma mera questão de sabor e textura. Para o mundo em desenvolvimento, a questão é de *vida útil*, o que rapidamente evolui da conveniência à catástrofe. Muitos podem considerar o acesso universal a alimentos processados como uma das causas da obesidade, e não estão errados. Mas esse acesso também é uma das dádivas da Ordem. A maior parte do mundo em desenvolvimento não tem *nenhuma* experiência em sustentar grandes populações sem alimentos estáveis. Remova o óleo de palma das áreas que não conseguem produzir seu próprio óleo de cozinha e fomes sazonais serão um evento certo.

Depois que os povos ibéricos desbancaram as Rotas da Seda com seu comércio marítimo de especiarias, muitos dos impérios europeus se voltaram para a disputa pelo **açúcar** (décimo segundo em valor). A cana-de-açúcar é muito exigente. Precisa de água constante, mas também de calor, e prefere planícies aluviais e sem salinidade. Há pouquíssimos lugares no planeta que atendem a esses critérios. A maioria está no Brasil e no Caribe. Nos anos 1800, os alemães estavam em guerra com os britânicos e, ao fazê-lo, perderam o acesso a tudo que vinha de regiões quentes. Sua solução foi hibridizar plantas locais e criar o que hoje conhecemos como beterraba-sacarina, que, por sua vez, se dá bem em climas mais frios, assim como as beterrabas normais.[*] Isso sugere que qualquer clima razoavelmente frio e temperado — e isso inclui

---

[*] *Blergh!!*

Alemanha, Rússia, Turquia, Canadá, França e Norte dos Estados Unidos — deve ser capaz de obter açúcar de beterraba.

O rei do açúcar de *cana* — que, sejamos sinceros, tem um gosto *muito* melhor do que o açúcar de beterraba — é Cuba, que tem o clima perfeito para o que costuma ser um produto exigente. Qualquer país capaz de manter relações econômicas normais com os cubanos desfrutará de um tsunami desse doce produto... o que destruiria a economia do açúcar de beterraba, mais caro e de menor qualidade.*

O **tabaco** (décimo quarto em valor) é uma planta da família das Solanáceas, a mesma da beladona, que exige calor e umidade sem exageros. Isso significa uma lista muito breve de locais: as Carolinas do Sul e do Norte, nos EUA; a Anatólia; as partes mais secas do Brasil e da Indonésia; uma faixa das porções mais frias das terras altas do Grande Vale do Rifte, na África; bolsões na costa da Índia; e as regiões chinesas de Yunnan, Hunan e Sichuan. Sem alcance global, não só não haverá petróleo ou manufatura globais, como não haverá tabaco global. Se você é fumante e não tem acesso quase imediato a uma dessas zonas de produção, a desglobalização está prestes a ajudá-lo a abandonar o tabagismo. Franceses, poloneses e russos viciados em nicotina enfrentarão dificuldades específicas no acesso a esses bastões cancerígenos e mortais.

As **bananas** (décimo oitavo em valor) variam muito em termos de tipo, mas todas têm três características principais. Primeiro, elas precisam dos trópicos e do calor, da alta umidade, da água constante e da falta de inverno que os acompanham.

Segundo, cultivar e colher bananas é sem dúvida o processo agrícola mais trabalhoso *e* intensivo em fertilizantes. Não basta estar nos trópicos; é preciso um país muito pobre e densamente povoado com acesso internacional confiável.

Terceiro, as bananas — especialmente a variedade Cavendish consumida pelos norte-americanos — são clones, o que as torna eminente e perigosamente vulneráveis a pragas, em especial a doenças fúngicas. Se uma única bananeira for infectada, normalmente toda a plantação deve ser destruída. Os entusiastas de alimentos orgânicos que se recusam a comer qualquer coisa que contenha algo artificial precisam saber que um raio de cerca de 800 metros em torno das plantações orgânicas de banana é praticamente bombardeado com pesticidas, herbicidas e fungicidas (notoriamente *não* orgânicos) para proteger essa sua preferência. Os produtos orgânicos também tendem a ser cultivados em altitudes mais altas e secas para tentar limitar as pragas, o que

---

* Estou falando com vocês, Estados Unidos!

significa que as bananas precisam de irrigação intensa para crescer. O resultado é o produto alimentício com *a* maior pegada química e de carbono, além da maior rotatividade de mão de obra devido a *mortes* dentre todos os produtos em qualquer indústria. Bom apetite.

O **algodão** (décimo sétimo em valor) é uma planta estranha, pois precisa de muita água *e* muito sol e não há muitos lugares no planeta que sejam desertos... com muita chuva. A solução, é claro, é a irrigação. Os egípcios usam o Nilo, os paquistaneses, o Indo, e os turcomenos e uzbeques usam o Amu e o Syr. A desglobalização por si só fará com que esses quatro povos abandonem o algodão que podem vender no exterior para privilegiar culturas que possam comer, e, mesmo que a desglobalização *não* ocorra, qualquer leve mudança climática reduzirá a disponibilidade de água para irrigação.

O algodão chinês enfrenta problemas ainda maiores, não (apenas) porque é cultivado no regime de escravidão, infernal, opressivo e genocida de Xinjiang, mas porque os rios de Xinjiang não fluem para o oceano, mas, sim, para a Bacia do Tarim, interna, terminal e há muito tempo desertificada. Bastariam mudanças incrivelmente pequenas nos padrões climáticos para que esses rios sequem a ponto de se tornarem inúteis, eliminando qualquer esperança de irrigação para os sedentos campos de algodão de Xinjiang. O algodão indiano provavelmente será mais sustentável, mas é totalmente dependente das monções, então sua produção certamente não será tão confiável.

Não importa como você teça essa colcha de retalhos, *teremos* uma escassez global de algodão.

Existem apenas dois grandes produtores que poderão continuar no jogo: o Brasil e os Estados Unidos, ambos no hemisfério ocidental. Esse algodão pode não ser a variedade de fibra longa preferida pelo mundo, mas é produzido no hemisfério mais seguro *e* não requer tanta irrigação, tornando os suprimentos brasileiro e norte-americano muito mais confiáveis no mundo vindouro.

Os **cítricos** (décimo sexto em valor) são um pouco parecidos com o algodão em suas necessidades de calor e água. Felizmente, eles também gostam de muita umidade, expandindo para todos os lugares em que o cultivo é possível. O futuro dos cítricos é bastante claro. Em locais com clima apropriado e chuvas suficientes para que a irrigação não seja necessária — principalmente na Flórida e no Norte do Brasil —, tudo parece muito simples. Mas, em lugares onde os efeitos da Ordem possibilitaram o cultivo por meio da aplicação em massa de capital, fertilizantes e *irrigação* — principalmente Egito e Espanha —, podemos dizer adeus às laranjas e às toranjas.

Qualquer fruto suculento em uma videira precisa de rega consistente e controlada, sejam **uvas** (vigésimo em valor) para consumo ou fabricação de vinho. Pouca água e elas murcham. Água demais e elas racham. A chave é o *controle*, e isso significa climas secos aliados à capacidade de irrigação. Algumas das melhores uvas do mundo vêm das regiões áridas, especialmente dos desertos da Califórnia, Itália, Espanha, Argentina, Austrália, Chile, Irã e do Grande Vale do Rio Columbia, no estado de Washington, EUA.

A oferta *diminuirá*. A irrigação requer capital, o que no mundo do vinho não tem sido um problema nas últimas três décadas. Em breve será. Mas a oferta diminuirá só um pouco. A maioria dos produtores é do Novo Mundo ou — como a África do Sul e a França — pelo menos parcialmente imune ao caos que está por vir.

A demanda, por outro lado, diminuirá *mais*. Um abalo na economia global afetará a demanda global por bebidas caras. No âmbito geral, o vinho é um daqueles raros produtos agrícolas que pode ficar mais barato. Infelizmente, não tenho como prever se o vinho ficará *melhor*.*

O clima preferido para **girassóis** (décimo nono em valor) e **canola** (vigésimo terceiro em valor) — plantas que são esmagadas para extração do óleo — é o de zonas semiáridas e mais frias. Entre os maiores fornecedores do mundo estão a Ucrânia, que provavelmente sairá do mercado, e as províncias da região das pradarias canadenses, que enviam quase toda a sua produção para a China, um mercado que implodirá. Felizmente para os canadenses, a maior parte das terras de cultivo de girassol e canola pode ser reaproveitada para a produção de trigo.

Maçãs e peras (juntas o vigésimo primeiro em valor) costumavam ser uma cultura fácil, mas na Ordem globalizada todos decidimos que maçãs do tamanho de bolas de tênis simplesmente não são suficientes. Se você quer uma maçã do tamanho da sua cabeça, precisa de fertilizante e irrigação. O resultado tem sido um grau extraordinário de segmentação de mercado não apenas entre os países, mas dentro deles. Grande parte dessa variedade requer acesso a diferentes microclimas, e, em um mundo em que não interagiremos tanto, essa variedade será necessariamente limitada. Os maiores exportadores brutos que desaparecerão dos mercados globais são aqueles que simplesmente não conseguem enviar seu produto para o mundo: mais notavelmente a maior parte dos países europeus e a China (cujas maçãs são um tanto horríveis de qualquer maneira). Os grandes mercados em crescimento no Sudeste Asiático e na América Latina devem ficar bem; isso é uma ótima notícia para os produtores nos Estados Unidos, na Argentina e no Chile.

Por fim, chegamos ao produto que torna o glorioso chocolate possível: o **cacau** (vigésimo segundo em valor). Pense nele como uma versão de café mais resistente ao calor e de menor altitude, com preferência pela umidade

---

* No entanto, ficarei muito feliz em ajudar no processo de avaliação.

tropical. Basicamente ele só vem de dois lugares: a produção da África Ocidental enfrenta restrições em segurança, acesso a comércio, insumos materiais e fornecimento de capital (e, provavelmente, clima), enquanto a situação do México parece... muito boa. Se você preferir as variedades centro-americanas ligeiramente frutadas, não terá problemas. Mas, se sua ideia de chocolate é aquela sensação ultradensa, intensa, que o deixa de joelhos implorando "me dê chocolate ou me mate *agora*", pela qual o cacau da África Ocidental é conhecido, sua vida está prestes a ficar muito menos doce.

Valor do Comércio Agrícola Primário Global, 2020

Produto	Valor (em bilhões de USD)
Soja	64,3
Trigo	44,8
Carne suína	37,0
Milho	36,6
Queijo	32,8
Óleo de palma	32,5
Café	30,4
Leite	28,9
Arroz	25,5
Aves	24,5
Carne bovina	23,3
Açúcar	23,1
Frutos silvestres	19,5
Tabaco	19,2
Frutos secos	18,1
Cítricos	16,0
Algodão	14,1
Bananas	13,7
Óleo de girassol	13,4
Uvas	10,6
Maçãs & Peras	10,0
Cacau	9,3
Óleo de canola	4,0

Fonte: UNCTAD © 2022 Zeihan on Geopolitics

A LONGA CAVALGADA DO TERCEIRO CAVALEIRO DO APOCALIPSE

ENTRE OS PERÍODOS DE ANGÚSTIA EXISTENCIAL DURANTE O lockdown da Covid em 2020, eu estava recapitulando minha experiência profissional da última década e cheguei à conclusão de que havia feito mais de seiscentas apresentações. Temas diferentes. Públicos diferentes. Países diferentes. Em uma gama tão variada de temas e lugares, uma pergunta sempre surgia: o que tira seu sono?

Sempre achei a pergunta... curiosa. *Não* sou conhecido como o cara que ilumina e alegra um ambiente com raios de sol e unicórnios.

De qualquer forma, na essência, este capítulo é minha resposta a essa pergunta.

A mesma rede de interconexões invioláveis que nos proporcionou desde financiamentos imobiliários rápidos a smartphones e eletricidade sob demanda também alimentou 8 bilhões de pessoas, inclusive com o inusitado abacate fora de época. Isso em grande parte pertence ao passado. A rede está se desmantelando. Logo além do horizonte se vislumbra um mundo com safras agrícolas menos produtivas e menos confiáveis, marcado por menos variedade. Um mundo com menos energia ou menos produtos manufaturados é a diferença entre riqueza e segurança ou pobreza e conflito. Mas um mundo com menos alimentos é um mundo com menos *pessoas*.

Mais do que a guerra, mais do que as doenças, a *fome* é o maior assassino de nações. E ela não é algo a que a condição humana possa se ajustar com rapidez ou facilidade.

A combinação mágica de industrialização e urbanização é o que torna a modernidade possível, e são precisamente esses fatores entrelaçados que estão sob ameaça extrema. Um abalo nesses fatores — que dirá seu colapso — exigirá no mínimo uma geração inteira para recuperar uma combinação de acesso financeiro, cadeias de suprimentos de manufatura, avanços tecnológicos e forças de trabalho capazes de alimentar 8 bilhões de pessoas. E até conseguirmos fazer *isso*... não *teremos* mais 8 bilhões de pessoas.

A história dos próximos cinquenta anos será sobre como vamos lidar — ou falhar em lidar — com a escassez de alimentos que está por vir. Como essa escassez — em alguns casos com abrangência continental — criará novas mudanças nas circunstâncias. Como os sistemas políticos e econômicos em todo o mundo enfrentarão a única escassez que realmente importa mais do que todas as outras combinadas.

É *isso* que me tira o sono.

EPÍLOGO

ENTÃO... ESSA É A VERSÃO RESUMIDA. OBRIGADO POR ME ACOMpanhar até aqui.

A versão (muito) mais longa é o restante da minha vida profissional, que se expandirá durante algum tempo no futuro para públicos grandes e pequenos. Espero que com um pouco de humor (macabro ou não) para mitigar o pessimismo gerado pelo assunto.

Fiz algumas pausas no meu caminho para *O Fim do Mundo*, mas a mais significativa em termos pessoais envolveu deixar de lado as minhas crenças.

Como estudante de história, sinto que aprecio as vastas melhorias dos últimos 75 anos mais do que a média das pessoas. Como internacionalista, acredito que entendo o quão longe chegamos. Como defensor do meio ambiente, acho que vislumbro um caminho a seguir, mesmo que não seja aquele defendido pela maioria dos ambientalistas. E, como democrata (com *d* minúsculo), *sei* que a participação popular é a "forma de governo menos ruim". Acredite ou não, eu me considero um otimista.

Mas isso pouco importa para o que eu faço. Fazer prognósticos é difícil porque deixar de lado preferências pessoais e ideologias é difícil. Meu trabalho é informar sobre o que *vai* acontecer. Não o que eu *quero* que aconteça. Não importa o público-alvo. Governo, militar ou civil. Manufatura, financiamento ou agricultura. Não gosto de ser o portador de más notícias, e (muitas vezes) acabo deixando as pessoas infelizes.

Com o tempo, *foi* ficando mais fácil. A parte de contar as notícias. Não as notícias em si.

Graças à liderança deprimente e incrivelmente desengajada de Barack Obama e à liderança igualmente deprimente e incrivelmente desconectada de Donald Trump, estamos tão longe do mundo que *desejo* que ficou mais fácil para mim deixar de lado minhas preferências pessoais e continuar com o trabalho de avaliar o estado do mundo. E escrever este livro.

Ele não é um chamado à ação. Na minha opinião, perdemos a chance de seguir uma estrada distinta — uma estrada melhor — há mais de uma década. E, mesmo se eu tivesse um plano viável para o presente, os norte-americanos interessados em desempenhar um papel ativo na reconstrução do mundo com um olhar em direção a um futuro melhor perderam as últimas oito eleições presidenciais. Eu poderia dizer que a única exceção foi a mais recente. Na disputa Trump-Biden, internacionalistas como eu nem sequer tinham um candidato na disputa.

Este projeto tampouco é um lamento por um mundo que poderia ter existido. Quando a Guerra Fria terminou, os norte-americanos tiveram a oportunidade de fazer praticamente qualquer coisa. Em vez disso, tanto na esquerda quanto na direita, começamos uma descida preguiçosa ao populismo narcisista. O histórico das eleições presidenciais que nos levou a Bill Clinton, W. Bush, Obama, Trump e Biden não é uma aberração, mas, sim, um padrão de desinteresse ativo no mundo em geral. Esse *é* o novo padrão. E este livro é sobre aonde esse padrão nos levará.

Mas não há liderança além dos Estados Unidos. Não há uma nova hegemonia à espera, nem países que assumirão uma posição em defesa de uma visão comum. Não há salvador esperando nos bastidores. Em vez disso, as potências secundárias do mundo já retomaram os velhos hábitos de antagonismo mútuo.

Os europeus, no período mais pacífico e rico de sua história, provaram ser incapazes de se unir para uma política comum de queijo, uma política bancária comum, uma política externa comum ou uma política comum de refugiados — que dirá uma política estratégica comum. Sem a globalização, quase três gerações de conquistas desaparecerão. Talvez a resposta europeia à Guerra da Ucrânia prove que estou errado. Espero que sim.

A China e a Rússia já voltaram a agir por instinto, sem levar em conta as lições de suas longas sagas. Na era pós-Guerra Fria, ambos os países foram os que mais se beneficiaram do engajamento norte-americano, já que a Ordem impediu que os poderes que os empobreceram, devastaram e conquistaram ao longo dos séculos se manifestassem plenamente, ao mesmo tempo em que criou as circunstâncias para a maior estabilidade econômica que já conheceram. Em vez de buscar uma reaproximação com os norte-americanos para preservar esse momento mágico, eles trabalharam diligentemente — de modo quase doentio — para desestabilizar o que restava das estruturas globais. A história futura será tão impiedosa para eles quanto seus passados sombrios e perigosos.

No mínimo, o próximo capítulo da humanidade será ainda mais sombrio, pois agora temos o aspecto demográfico a ser considerado. Na maioria dos países, o ponto de não retorno foi ultrapassado por volta de 1980. Foi quando massas de pessoas de vinte e trinta e poucos anos simplesmente pararam de ter filhos. Avance quatro décadas até o presente e essa geração sem filhos está agora se aposentando. A maior parte do mundo desenvolvido enfrenta colapsos iminentes e simultâneos no consumo, na manufatura e nas finanças. O mundo avançado em desenvolvimento — incluindo a China — está, no mínimo, em situação pior. Lá, a urbanização e a industrialização aconteceram muito mais rapidamente, então as taxas de natalidade despencaram ainda mais rápido. Seu envelhecimento ainda mais rápido dita um colapso ainda mais rápido. Os números nos dizem que tudo *deve* acontecer nesta década. Os números nos dizem que isso *sempre* aconteceria nesta década.

Não posso oferecer um caminho melhor. Tampouco posso me lamentar por algo que nunca aconteceu. A geografia não muda. A demografia não mente. E temos uma história repleta de exemplos de como os países e os povos reagem ao seu ambiente.

O que posso fazer, no entanto, é fornecer um mapa. Em forma de livro.

Informação é poder.

Mas é isso! Chega de nuvens sombrias. Vamos falar sobre os pontos positivos do mapa.

Um tema recorrente em todo o meu trabalho, incluindo meus três livros anteriores, é que nosso momento particular na história — o desmantelamento da globalização — é pouco mais do que um período de transição passageiro. Um interregno, se preferir. Esses períodos históricos são famosos, para o bem ou para o mal, por sua instabilidade à medida que o antigo dá lugar ao novo. O interregno entre a competição britânico-alemã e a Guerra Fria incluiu as guerras mundiais e a Grande Depressão. O interregno entre a competição franco-alemã e a competição britânico-alemã incluiu Napoleão. Quando as antigas estruturas desabam, ou "simplesmente" perseveram diante de desafios extremos, peças se partem. Muitas peças.

As décadas de 2020 e 2030 serão extremamente desconfortáveis para muitos, mas isso também passará. E o melhor de tudo é que já podemos ver os raios de sol atravessando as nuvens. Eis alguns pontos a considerar.

A disponibilidade de capital é função da demografia. A aposentadoria em massa dos baby boomers na década de 2020 será prejudicial. O dinheiro *deles* deixará a economia. Mas, até 2040, os millennials *mais jovens* estarão na casa dos quarenta anos, e o dinheiro *deles* inundará o sistema mais uma vez. Em termos demográficos, a década de 2040 terá dois resultados benéficos simultâneos. Os filhos dos millennials mais *jovens* ingressarão na força de trabalho, anunciando uma espécie de retorno ao "normal" para o mercado de trabalho norte-americano. Quase tão importante quanto isso, a estrutura demográfica do México terá a forma de uma chaminé, semelhante à dos Estados Unidos em 2000. Esse foi um momento mágico nos Estados Unidos, em que o país tinha um número semelhante de crianças, trabalhadores jovens e trabalhadores maduros, tornando-o rico em capital, em consumo *e* em produtividade, ao mesmo tempo que *ainda* tinha uma geração futura para planejar e na qual depositar esperança. ¡Viva Mexico!

Entre o presente e 2040, a reindustrialização dos Estados Unidos estará completa. Os elos entre México e EUA serão muito mais estreitos e muito mais significativos do que qualquer relação que os Estados Unidos já tiveram com seu vizinho do norte. A maioria das refinarias norte-americanas usará petróleo bruto produzido na América do Norte em vez de importações extracontinentais. A inflação e o estresse sistêmico decorrentes da rápida duplicação de sua indústria serão passado. Os EUA se lembrarão do choque da desglobalização da mesma forma que pensa na crise do subprime de 2007: como pouco mais do que uma memória desagradável. A década de 2040 deve ser um ótimo momento para viver na América do Norte.

Além disso, até 2040, a comunidade agrícola terá resolvido todos os problemas das técnicas de agricultura de precisão. Uma combinação de avanços digitais, genéticos, de automação e de engenharia permitirá que os agricultores norte-americanos tripliquem sua produção de calorias. Ainda poderão colher cerejas e aspargos à mão, mas a automação será a regra em quase todos os outros aspectos da produção e do processamento de alimentos. Esses e outros avanços não serão suficientes para apagar a memória dos horrores da escassez de alimentos do hemisfério oriental das décadas de 2020 e 2030, mas coletivamente eles fornecerão uma linha de base estável para avançar.

Há uma esperança muito acima da média de que teremos feito grandes avanços na ciência dos materiais, o que *deve ser* suficiente para fornecer baterias melhores do que as compostas de lítio, bem como capacidade de transmissão de eletricidade de longo alcance muito superior. Aliado a esse fato, a década de 2040 será o momento em que a maioria das instalações de geração de eletricidade movidas a gás natural estará pronta para se aposentar. As antigas e confiáveis instalações de combustíveis fósseis serão substituídas por novos e confiáveis sistemas de tecnologias verdes. Com sorte — e estou com os dedos cruzados enquanto digito isso —, os preços dessas novas tecnologias serão suficientemente baixos para que possam ser aplicadas em massa em todo o mundo. Finalmente poderemos *começar* a *verdadeira* transição energética.

EPÍLOGO

Talvez o melhor é que isso tudo *pressupõe* que muitas coisas não deem muito... certo. Grande parte deste livro — grande parte de *todos* os meus livros — narra os momentos não muito bons da história futura que está por vir. Colapsos do capital, da agricultura e da cultura. Rupturas no transporte, na manufatura e na integridade das nações. Mas a América do Norte se destaca geográfica e demograficamente em relação ao caos iminente. O continente servirá como um repositório dos ganhos dos tempos passados e como um laboratório para a era que está por vir.

A verdadeira questão — o verdadeiro mistério — é o que acontecerá *então*? Nunca antes na história da humanidade um interregno destruiu tantos países e culturas em uma faixa tão ampla do planeta. Mesmo o colapso da Idade do Bronze tardia não foi tão abrangente. Chamamos o século XX de "o século americano" porque os Estados Unidos emergiram com predominância global em 1945. Na próxima era, a lacuna entre a América do Norte e a maior parte do mundo será, no mínimo, mais severa. Nunca antes na história da humanidade a principal potência da era anterior emergiu tão incontestavelmente dominante no início da era seguinte.

Desafios e oportunidades acenam no horizonte. Culturais. Econômicos. Tecnológicos. Climáticos. Demográficos. Geopolíticos. Explorar *esse* futuro — explorar esse admirável mundo novo — será um projeto e tanto.

Talvez seja o que farei a seguir.

NOTAS

PARTE I - O FIM DE UMA ERA

1. Para aqueles fascinados por este tópico, temo que isso seja tudo o que meu estômago e o de meu editor conseguem suportar. Mas tenho prazer de indicar a leitura de *Armas, Germes e Aço*, de Jared Diamond, por seu nível de detalhamento sobre as implicações econômico-biológicas da Revolução do Cultivo de Fezes.
2. Este é um padrão que veremos repetidas vezes até o presente. A disputa por quem tem a oportunidade de realizar trabalhos de alto valor agregado ainda persiste nos dias de hoje. Esses empregos geram não apenas os salários mais altos, mas os incrementos tecnológicos e de capital mais rápidos, bem como as maiores bases fiscais.
3. Curiosidade: os esforços do governo Trump para erguer um grande muro fronteiriço exigiriam primeiro a criação de uma rede de estradas para viabilizar a construção e a manutenção do muro. Essa nova infraestrutura tornaria o contrabando de drogas e a imigração ilegal mais *fáceis*, não mais difíceis.
4. O primeiro impulso desse tipo só ocorreu na Segunda Guerra Mundial, 150 anos depois da Alemanha e 200 anos depois da Grã-Bretanha.
5. Temos visto essa atualização atrasada e gradual repetidas vezes nos Estados Unidos, seja para estradas, linhas férreas, redes de energia, telefones, celulares ou banda larga. Esse desenvolvimento gradual pode fazer com que os Estados Unidos pareçam um pouco menos avançados do que países como Alemanha, Japão, Holanda ou Coreia, onde esses processos ocorrem a um ritmo vertiginoso, mas também significa que o processo de modernização norte-americano é (muito) mais barato e menos desgastante para a capacidade financeira do país. Não é um defeito. É uma característica.
6. A velocidade do processo de industrialização, combinada com a geografia alemã, contribuiu para os horrores traumáticos das guerras mundiais. O país não tinha um império ultramarino para absorver populações excedentes. Mesmo em seu auge pré-Primeira Guerra

Mundial, a Alemanha não era tão grande — pouco menor que os estados norte-americanos de Montana e Idaho juntos —, e metade do território é muito acidentado para ser facilmente desenvolvido. Uma vez que as técnicas industriais possibilitaram que a população se expandisse, os alemães rapidamente descobriram que não tinham para *onde* se expandir, parte do motivo pelo qual Hitler estava tão obcecado em buscar novos horizontes.

7. A primeira situação é mais comum em lugares onde o controle centralizado é fraco, como Argentina, Brasil e Ucrânia, enquanto a segunda é a norma em países com reputação de planos nacionais de desenvolvimento, como Índia, China e África do Sul.

8. Tecnicamente, muitas nações do hemisfério ocidental também fizeram parte da primeira rodada da Ordem, pois eram signatárias do Acordo de Bretton Woods, mas a maioria optou por abraçar os aspectos de segurança do sistema (nada de impérios) sem participar significativamente dos aspectos econômicos.

9. Se alguns desses dados e linhas do tempo parecem um pouco inexatos, é porque eles são. Geograficamente, a China é notavelmente complexa, gerando uma história política similarmente complexa — e desunida. Entre a variedade geográfica e a disputa política, não há um caminho singular de desenvolvimento chinês. Lugares como Xangai começaram a se industrializar (de forma desigual) já em 1900, enquanto a maior parte do Norte da China nem sequer começou a experimentar o processo geral até o desastroso Grande Salto Adiante de 1958 a 1962. O resultado no crescimento populacional foi igualmente desigual: algumas das regiões costeiras experimentaram o boom muito mais cedo do que outras. Entre 1950 e 1970, a população da China cresceu de 540 milhões para cerca de 810 milhões. Contrariando isso, o Grande Salto Adiante gerou uma das maiores fomes provocadas pelo homem, resultando entre 15 milhões e 55 milhões de mortes, dependendo de quem escreve a história. Então, a "China" era totalmente *des*industrializada quando Nixon a visitou? Não. Naquela época, a China *já* era responsável por 5% das emissões globais de carbono. Mas o país ainda é *enorme*, então mesmo essas emissões vinham de uma porcentagem muito pequena da população que vive nas cidades costeiras/do Sul mais avançadas.

10. Para os ecologistas de plantão que acham que eu deveria ter optado por um modelo elétrico em vez de a gasolina, eu tentei. Foi mais rápido do que usar uma pá, mas os motores elétricos não têm potência para limpar a neve rapidamente. Com cerca de dez centímetros de neve, eu demoraria aproximadamente cinco horas para limpar a frente da minha casa. Mais do que isso e o motor elétrico ameaçou queimar. A maldita coisa cumpriu sua ameaça pouco depois.

11. "Troca" sugere uma relação de escolha. Os servos eram, em essência, escravos presos à terra. Se um nobre vendia sua terra, os servos normalmente eram incluídos na venda.
12. Vale a pena notar que muitos sistemas que afirmam ser socialistas na realidade são tudo menos isso. A versão que mais assombra a direita norte-americana, por exemplo, é o "socialismo" da Venezuela. Na Venezuela, o socialismo é o nome da marca usada pela elite como amparo político, enquanto ela saqueia tudo, até o que está pregado ao chão, para ganho pessoal. Devemos, *sim*, temê-lo. Mas isso não é socialismo. Isso é cleptocracia. Definitivamente não é um dos -ismos funcionais. Tenho certeza de que existem alguns cientistas políticos e/ou ideólogos clássicos que associam "socialismo" com "trabalhadores detentores dos meios de produção". Isso nunca aconteceu, e eu tendo a ignorar coisas que nunca aconteceram. Os economistas contemporâneos equiparam o termo "socialismo" aos generosos Estados de bem-estar social comuns na Europa, e não vejo necessidade de argumentar com eles.
13. Tenho certeza de que há alguns ideólogos e/ou economistas lendo isso e se perguntando o que eu penso sobre o comunismo "verdadeiro" ou "puro": a ideia de que o Estado existe para ser um mecanismo imparcial de distribuição de bens e serviços daqueles com capacidade para aqueles com necessidade. Desde o tempo de Karl Marx, ninguém o experimentou... e ninguém jamais o fará, simplesmente porque as pessoas são pessoas e, sob tal sistema, aqueles com a capacidade se tornarão preguiçosos ou corrompidos. Discorda? Cresça. Ou vá para o seu próprio planeta povoá-lo com algo que não é humano.
14. Explico os "porquês" e os "comos" do passado, do presente e do futuro desses dois países em meu livro anterior, *Disunited Nations*.
15. Meu livro *Disunited Nations* tem uma seção igualmente extensa sobre essa dupla com histórias entrelaçadas.
16. Estatísticas nacionais, para não mencionar as globais, sobre a Covid são desorganizadas. Não é (apenas) incompetência política. Mais de 40% dos casos de Covid são assintomáticos, portanto, os números reais de infecções e mortes são, sem dúvida, muito maiores do que os reportados.
17. Seria ainda melhor se os norte-americanos conseguissem descomplicar sua estrutura regulatória interna.
18. E a segunda e a terceira mais poderosas marinhas de longo alcance do mundo são de aliados dos EUA — Japão e Reino Unido.
19. A Alemanha também é um sistema federado, embora não por escolha. Após o fim da Segunda Guerra Mundial, os Aliados *escreveram a constituição da Alemanha*. O resultado foi uma estrutura constitucional propositadamente projetada para atrapalhar a rápida tomada de decisões

nacionais e, em especial, para impedir que os alemães atacassem seus vizinhos. Até agora, tem funcionado.

20. Com apenas alguns anos de atraso, a demografia coletiva desse trio está passando pelo mesmo colapso da taxa de natalidade que o México. De uma forma ou de outra, não haverá um grande número de aspirantes a imigrantes caminhando para os Estados Unidos por muito mais tempo.

PARTE II - TRANSPORTE

1. Nesse período, os britânicos eram totalmente insensíveis. Eles não reconheciam os cidadãos norte-americanos naturalizados. Então, qualquer pessoa que nascesse nas "colônias" estava sujeita ao recrutamento forçado. (Nasceu em 1775? Na Filadélfia? Ei, você ainda é um súdito britânico! Já para a minha marinha!)
2. As especificidades variam muito com base no tipo de embarcação e na carga que ela é projetada para transportar, mas um aumento de 80% é uma boa regra geral.
3. Considerando que os meganavios de hoje são tão enormes — o maior navio porta-contêineres do mundo, a classe Evergreen-A, construída na Coreia, é maior do que os maiores edifícios contemporâneos do mundo —, *provavelmente* atingimos o tamanho máximo. Afinal, esses gigantes ainda precisam ser capazes de atracar nos portos, e esses grandalhões exigem mais profundidade de calado do que as maiores baías podem fornecer.

Parte III - FINANÇAS

1. É uma probabilidade. O colapso da civilização do Vale do Indo por volta de 1300 AEC foi tão repentino e holístico que ninguém teve tempo de fazer registros facilmente decifráveis sobre o apocalipse em andamento.
2. Em dias contemporâneos, testemunhamos essa tendência diversas vezes. A explosão tecnológica dos anos 1990 e 2000 nos Estados Unidos não teria sido tão massiva sem o talento importado após o colapso soviético.
3. O dólar ainda era muito novo. Os norte-americanos só criaram o Federal Reserve (equivalente ao Banco Central) e lançaram formalmente a moeda que conhecemos hoje como "dólar" em 1914.
4. Os britânicos tinham a ideia ingênua de que os norte-americanos lhes emprestariam um suprimento infinito de ouro a condições de crédito generosas para que a libra pudesse mais uma vez reinar absoluta. A resposta norte-americana foi gentilmente permitir que os britânicos

cuidassem das designações de assentos na reunião de Bretton Woods. Na verdade, não foi bem assim. Os escoteiros estavam lá para isso.

5. Na verdade, estou subestimando muito os números. Mesmo que os norte-americanos tenham acumulado as maiores reservas de ouro da história, por meio dos lucros da guerra, cerca de 90% do ouro que a humanidade já produziu está em objetos expostos em museus e em alianças de casamento.

6. "Ardiloso Dick", apelido pejorativo de Richard Nixon, em razão da fama de político astuto que usava táticas questionáveis ao longo de sua carreira política. Dick é uma abreviação comum para Richard e permite o trocadilho com o sentido de babaca. [N. da T.]

7. A parte *não* povoada da China tem deserto *de verdade*, tundra *de verdade* e florestas tropicais *de verdade*.

8. Uma das (muitas) razões pelas quais nunca tive confiança no sistema chinês é que os próprios chineses... não confiam. Alguns anos atrás, o governo chinês afrouxou as restrições às transferências financeiras em um esforço para estabelecer o yuan chinês como uma moeda de reserva global. E o tiro saiu pela culatra. Em seis meses, os cidadãos chineses haviam movimentado mais de US$1 trilhão em ativos para bem longe do alcance do governo chinês. Pequim rapidamente abortou os planos e acabou com o sistema de transferência.

9. Em média. A Covid gerou uma certa reação de "cada um por si" em todo o continente, de modo que os dados e resultados variam muito de um lugar para outro.

PARTE IV – ENERGIA

1. Quer dizer, "não demorou muito" em termos relativos. O óleo de baleia teve muitos usos e levou quase sete décadas para que o petróleo o substituísse completamente.

2. Na Califórnia, o aumento do preço está mais perto do triplo, mas isso é porque o estado trapaceia. A Califórnia não mantém um sistema completo de backup de combustíveis fósseis, mas importa energia derivada de combustíveis fósseis de estados vizinhos. Em um ato de trapaça contábil, a Califórnia chama essas importações de carbono zero porque o carbono foi gerado além das fronteiras do estado. Isso causa um certo ceticismo.

3. Isso significa que o armazenamento em larga escala, enquanto conceito, é estúpido? Não. Não é o que estou dizendo. No momento, a maioria das concessionárias de energia mantém instalações secundárias de geração de energia que *só* são ativadas para as necessidades de pico de aquecimento e/ou resfriamento alguns dias por ano. Isso é uma

redundância muito cara. O acréscimo de uma única hora de armazenamento na rede não apenas permite a aposentadoria de muitas dessas instalações de pico, mas essa capacidade de armazenamento pode ser usada *todos* os dias para reduzir a demanda de pico *diária* normal. Com base na localização e no clima, isso reduz o uso de combustível em 4%-8%. Aplique isso em todo o país e, mesmo que não signifique atingir a neutralidade líquida, ainda representa muitas vantagens.

PARTE V - MATERIAIS INDUSTRIAIS

1. As cidades-Estado do antigo rio Indo, sem dúvida, fizeram a mesma coisa, mas todas morreram sem se preocupar em fazer registros durante o colapso de sua civilização, então isso é, na verdade, um palpite semi-informado.

2. Não seja tão duro com os italianos. A rota Mongólia-Crimeia-Constantinopla-Gênova, embora provavelmente tenha sido o primeiro vetor a levar a Peste Negra para a Europa, certamente não foi o único.

3. Graças a Alá, os impérios muçulmanos preservaram os conhecimentos técnicos que encontraram. Se não o tivessem feito, as repetidas desintegrações da Europa pós-Roma teriam levado a um presente muito diferente. Por outro lado, se os impérios muçulmanos tivessem *aplicado* em massa os conhecimentos que detinham, todos nós provavelmente estaríamos de férias em outros sistemas estelares agora. Falando árabe ou turco.

4. No momento em que escrevo, início de 2022, a Tesla colocou em campo uma bateria sem cobalto na China, mas apenas em veículos muito pequenos, quase sem armazenamento interno, predominantes no país, que nunca encontraram um nicho de mercado nos Estados Unidos.

5. Isso também não considera os detalhes desagradáveis como o fato de usarmos alumínio em veículos elétricos em razão do peso, mas aço em carros convencionais em razão da resistência — e, por quilo, o alumínio requer seis vezes mais energia para ser produzido em comparação com o aço. Mesmo considerando que precisamos de menos alumínio em peso para fazer uma estrutura de veículo, ainda estamos falando, de forma conservadora, de uma intensidade de carbono duas vezes maior para a estrutura de um veículo elétrico em comparação com um veículo tradicional.

6. E, como eu disse, *caras*. A PAMP, a maior produtora suíça de barras de ouro, produziu um relatório de estudo de gênero que, em essência, pede desculpas por não ter muitas mulheres trabalhando em suas refinarias de ouro. Os fabricantes de ouro dos Emirados Árabes Unidos — em essência, um Estado escravagista e misógino — não sentiram necessidade de seguir o exemplo.

7. Há também uma corrente dissidente de pensamento na arqueologia afirmando que o uso extensivo de chumbo em aquedutos de Roma contribuiu para a má gestão imperial e a dissociação no final do período romano. Verdade? Não faço ideia, mas certamente não ajudou.
8. Não há melhoria na eficiência de combustível dos veículos sem uma quantidade *significativa* de alumínio e silício. E também não há veículos elétricos. Um aviso aos defensores do meio ambiente: a fundição de alumínio consome muita energia. A forja de silício consome muita energia. A liga entre eles consome muita energia. A estrutura de um veículo elétrico requer aproximadamente *cinco* vezes mais energia do que a de um carro tradicional. Esse é um entre dezenas de detalhes inconvenientes e ecologicamente desfavoráveis que a Tesla não menciona em sua publicidade.

PARTE VI – MANUFATURA

1. Na realidade, o processo ainda não terminou. Se a montagem final acontecer em Chongqing, na China, o veículo será transportado pelo rio Yangtze, uma viagem de oito a onze dias, permanecerá em Xangai por alguns dias e depois será enviado para Los Angeles com um tempo de navegação de vinte dias, antes de ser carregado em um trem a caminho de um centro de distribuição regional e, finalmente, em um daqueles caminhões-cegonha, que vemos cruzando pelas rodovias e que leva o produto final do pátio ferroviário até a concessionária. Mesmo depois de pronto, o veículo ainda levará cerca de seis semanas para chegar a um ponto de venda. Nem "tudo" envolve montagem e transporte. O seguro para o navio provavelmente foi feito em Londres e os regulamentos que impedem que de alguma forma a tampa do tanque de combustível assassine você durante o sono são da UE. (A UE é mais famosa do que a Califórnia por seus regulamentos bizarros.)
2. A razão para os dados incertos é que a maior parte da migração interna na China é estritamente ilegal, algo considerado *muito* mais grave do que a migração da América Central para os Estados Unidos.
3. Não me entenda mal: não fico feliz quando vejo uma nova história sobre um espião chinês que conseguiu transferir tecnologia militar norte-americana para Pequim. Mas, por favor, a análise requer um pouco de perspectiva. A China não descobriu como fazer uma caneta esferográfica sem componentes importados até 2017. A ideia de que a China possa obter documentos de um projeto e, de repente, ser capaz de montar um bombardeiro furtivo ou um sistema avançado de mísseis é um tanto absurda.

Parte VII - AGRICULTURA

1. Há uma tediosa e prolongada saga na África sobre se o Saara Ocidental é uma província marroquina, um território disputado ou uma nação independente. Considerando que o Marrocos tem controlado o Saara Ocidental desde que eu estou vivo, e que este é um capítulo sobre o quanto do mundo vai em breve estar morrendo de fome no escuro, você pode imaginar o quanto eu me importo com tais minúcias.
2. Você gosta de produtos orgânicos e acha que eles podem ajudar a resolver esses problemas? Você é péssimo em matemática. Seus insumos são *muito* maiores. Sementes especializadas. Maiores volumes de água. Pesticidas e herbicidas não químicos e afins são mais caros, bem como mais volumosos para transportar, armazenar e aplicar. A eficácia muito menor dos insumos orgânicos exige pelo menos o quádruplo das aplicações nos campos do que os sintéticos, exigindo ainda mais mão de obra e combustível. Toda essa atividade extra em um campo incentiva maior erosão do solo e contaminação da água do que a agricultura tradicional, o que, por sua vez, exige mais insumos. O principal "fertilizante" orgânico para pomares são *partes de frango inadequadas para consumo humano*. Não é preciso muita imaginação para visualizar a fedorenta e viscosa cadeia logística para as tripas de frango moídas, que, é claro, exigem uma cadeia de refrigeração para evitar níveis totalmente desumanos de fedor, aumentando drasticamente a pegada de carbono dos orgânicos. E, na ponta final, o resultado é uma produção muito mais baixa por hectare, o que significa ainda *mais* terra com ainda *mais* insumos de baixa eficácia necessários para gerar o mesmo volume de alimentos que as práticas mais convencionais. Você pode escolher entre alimentos orgânicos ou ecologicamente corretos. Não pode ter os dois!
3. Mao, em uma decisão que se tornou famosa, para o bem ou para o mal, baniu o uso de alguns fertilizantes alegando que eram caros demais.
4. Aliás, há ampla evidência paleontológica indicando não só que esse tipo de seca atingiu a Europa em várias ocasiões, mas que por vezes toda a Bacia do Mediterrâneo se transformou em uma versão gigantesca do Vale da Morte.

AGRADECIMENTOS

ESTE FOI UM *GRANDE* PROJETO. TENHO TRABALHADO NO TEXTO gradativamente ao longo de pelo menos cinco anos, e absolutamente tudo na minha carreira profissional contribuiu para isso de maneiras grandes e pequenas, gritantes e sutis.

O que significa que não é só fruto do meu trabalho. Nem de longe. Não estou apoiado apenas nos ombros dos gigantes de minha área, mas nos ombros *de todos*. Meu trabalho abrange tudo. E não apenas os meandros do transporte, das finanças, da energia, da manufatura, das commodities industriais e da agricultura, mas de *tudo*. Se eu citasse todos que de alguma forma embasaram ou contribuíram para este trabalho, a bibliografia seria mais longa do que todo o texto que você acabou de ler.

Com isso em mente, algumas contribuições para este livro foram mais significativas do que outras. Então, por favor, permita-me expressar meus efusivos agradecimentos a algumas pessoas em particular.

Vamos começar com as pessoas responsáveis por entabular e atualizar os detalhes sobre o maior dentre os grandes: os Estados Unidos. Agradeço imensamente ao Departamento de Transporte e ao Corpo de Engenheiros do Exército dos Estados Unidos pelas informações sobre tudo, desde estatísticas de transporte rodoviário e ferroviário até os mapas — e a manutenção! — da rede de transporte fluvial dos Estados Unidos. Sou grato às diversas Autoridades Portuárias dos Estados Unidos, não apenas por promoverem as vantagens geográficas dos Estados Unidos no comércio marítimo, mas também por compartilharem estatísticas e percepções comerciais.

Sou um grande admirador do pessoal do Departamento de Trabalho, especialmente os analistas da Secretaria de Estatísticas Trabalhistas, assim como do Federal Reserve e do Internal Revenue Service, todos dos Estados Unidos, por suas informações inestimáveis sobre o funcionamento do trabalho. A maior economia do mundo e a moeda de referência do comércio global não são coisas fáceis de quantificar, e sou grato pelo árduo trabalho que eles fazem por nós.

AGRADECIMENTOS

A demografia é um componente-chave da minha compreensão geopolítica. Tenho uma enorme dívida de gratidão pelos neurônios poupados pelos gênios da Divisão de População da ONU e do Departamento do Censo dos Estados Unidos. Eles oferecem muito mais do que apenas números da população norte-americana ou global, fornecendo informações confiáveis e de qualidade sobre a composição das sociedades individuais, tendências históricas e projeções futuras. Em termos simples, eles coletam e mantêm os dados sobre "nós".

Adicionando contexto e nuances aos dados demográficos, há toda uma série de agências estatais internacionais e organizações sem fins lucrativos. Minha equipe conversou e contou com o apoio de várias pessoas, em especial com a eficiência e a receptividade dos departamentos de Estatística do Canadá, do Japão, da Coreia do Sul e da Austrália, bem como do Eurostat. Seus funcionários trabalham incansavelmente para compilar informações sobre o funcionamento de seus respectivos países, e agradecemos a transparência e a disposição de lidar com nossas inúmeras solicitações de informações — mesmo nos raros e aflitivos casos em que não conseguiram fornecer o que estávamos procurando.

Um agradecimento especial a Richard Hokenson — cujo trabalho me iniciou no caminho para unir a demografia e a economia tantos anos atrás — e Paul Morland por escrever *A Maré Humana*, sem dúvida *o* melhor livro de todos os *tempos* sobre a interseção de demografia, história e poder nacional.

Se algum dia você precisar testar uma teoria relacionada à energia, Vaclav Smil, da Universidade de Manitoba, é o cara. É melhor explicar. Ele escreveu mais livros sobre a realidade da energia do que eu tenho meias, e minha coleção de meias supera facilmente a do primeiro-ministro canadense. Suas obras mais úteis para este projeto foram: *Energia e Civilização: Uma história* e *Prime Movers of Globalization*. Igualmente útil foi Jean-Paul Rodrigue, da Universidade Hofstra, autor de *The Geography of Transport Systems*, de longe o livro mais denso em termos de informação por página que já li.

Precisa de dados sobre energia? Você não chegará a lugar algum sem a Agência de Informações de Energia dos Estados Unidos, que fornece estatísticas sobre tudo, desde produção convencional e de xisto, produção de refinarias, dados históricos de produção de eletricidade até a quantidade de madeira usada na geração de energia de biomassa em Wisconsin.

Além da costa norte-americana, a Agência Internacional de Energia, a *Statistical Review of World Energy* da BP, a Joint Oil Database Initiative da ONU e a OPEC fornecem informações valiosas sobre as tendências globais de produção e consumo. Existem tantas maneiras de monitorar as estatísticas de energia quanto existem órgãos para monitorá-las, mas as equipes por trás desses recursos fornecem uma visão convincente do que abastece... tudo.

Todo meu apreço às equipes da Xcel Energy e da Southern Company por seus esforços — e paciência — em comunicar os detalhes e as complexidades, os "sins" e os "nãos" do que torna um sistema de energia funcional. (A eletricidade é *complicada*!)

Mais interessado em coisas do que em elétrons? Então você precisa do Serviço Geológico e do Centro de Informação Nacional de Minerais, ambos dos Estados Unidos. Eles não apenas monitoram a produção nacional e internacional de quase todos os recursos mineráveis, mas também seus usos.

As perguntas sobre agricultura e manufatura são limitadas apenas pelo apetite do mundo por alimentos e outros itens, e você pode se deliciar com um buffet de informações do Banco Mundial, do Banco de Compensações Internacionais, da Organização de Cooperação e Desenvolvimento, da Comtrade da ONU, da Organização das Nações Unidas para a Alimentação e a Agricultura, do IBISWorld e do Observatório de Complexidade Econômica do MIT. Coletivamente, eles monitoram toda a miríade de itens e preços que fazem parte da experiência humana. Meus agradecimentos especiais a todos na Farm Credit, bem como no Serviço de Pesquisa Econômica do Departamento de Agricultura dos Estados Unidos, e especialmente a Nathan Childs e Michael McConnell pela gentileza de seu tempo.

Eric Snodgrass — que para você é Dr. Snodgrass — é um meteorologista que se tornou professor universitário e depois economista agrícola, e que por acaso é *hilário*. Além de me fazer gargalhar sempre que estou em sua presença, ele é o responsável por grande parte do meu pensamento sobre o que podemos e não podemos prever sobre as mudanças climáticas e como as tendências observáveis respaldadas por décadas de dados existentes *já* estão em ação. Em particular, eu devo a ele a comparação entre os cenários da Austrália e de Illinois na parte que trata da agricultura.

Um pouco mais perto de casa:

Quando a equipe estava encerrando o trabalho em *O Fim do Mundo*, contratamos um novo pesquisador — Quinn Carter — que rapidamente assumiu a árdua tarefa de me dizer em que eu estava errado. *Grrrr*. Bem-vindo a essa equipe de malucos, Quinn!

Melissa Taylor foi minha chefe de pesquisa por seis anos. Um de seus últimos projetos antes de seguir para o próximo capítulo de sua vida foi montar o rascunho base que evoluiu para a parte deste livro que trata do transporte. Eu tremo só de pensar como esse capítulo teria ficado sem ela.

Eu tremo só de pensar como grande parte do meu trabalho recente teria ficado sem ela.

Adam Smith tem cuidado de meus gráficos por anos. Embora eu seja imensamente grato por sua habilidade em tornar tudo lindo e elegante, seu trabalho ainda mais importante é o que ele presta a meus clientes e leitores. Seu bom senso muitas vezes é a primeira linha de defesa entre minha mente ocupada e dispersa e as pessoas comuns. Ele protege você de *muuuuita* coisa.

Wayne Watters e eu estamos juntos há dezoito anos, o que para os padrões gays é mais do que o tempo de vida de Joe Biden. Ele é minha caixa de ressonância, alma gêmea, melhor amigo e contador, não consigo imaginar minha vida sem ele. Apesar de não fazer parte da equipe direta do livro, sem ele *eu* não teria sido uma parte da equipe direta do livro.

Thomas Rehnquist entrou e saiu da equipe enquanto estávamos no meio de *O Fim do Mundo*, mas em seus poucos meses conosco ele causou um grande impacto. Além de lidar com a verificação de fatos primária, o trabalho de Tom forneceu a espinha dorsal para todos os capítulos de commodities industriais. Fico feliz/irritado ao dizer que seu trabalho me impediu de fazer papel de tolo.

Susan Copeland é... o que posso dizer sobre Susan? Tenho trabalhado com ela em algum nível por quinze anos. Tecnicamente, ela é minha administradora, mas é muito mais do que isso. Ela é o tecido conjuntivo organizacional e emocional que mantém todos nós aqui na Zeihan on Geopolitics seguros e sãos. Sou *muito* abençoado por ela não ter se cansado de mim.

Por último, mas não menos importante, Michael Nayebi-Oskoui. Eu trabalho com Michael há mais de uma década. Este é o terceiro livro que contou com sua ajuda. Ele se tornou mais do que meu chefe de gabinete. É um prazer vê-lo evoluir para um analista tão versátil e esgotado quanto eu. A parte que trata da agricultura não seria possível sem ele, que também foi o responsável pela maioria das estruturas intelectuais que tornaram a parte de finanças e a de manufatura possíveis.

Não tenho nada além de incansáveis agradecimentos a todos da Harper Business — mais notavelmente Eric Nelson e James Neidhardt — por me permitirem fazer alguns ajustes e acréscimos de última hora (como esta nota) para abordar acontecimentos tardios. Qualquer trecho em que você ler uma referência à Guerra da Ucrânia ou a fevereiro de 2022 será graças à flexibilidade deles. Essas mudanças estão longe de ser suficientes, considerando a escala de agitação que sei que já está em andamento, mas, considerando nossas restrições de produção e logística, estou feliz com as atualizações que pudemos incluir.

Um último agradecimento a você, leitor (ou ouvinte, caso seja adepto do livro digital). Se você está usando meu livro para ajudar a informar suas decisões de vida e negócios ou simplesmente procurando oportunidades para provar que estou errado, aprecio sinceramente tê-lo ao meu lado nesta jornada. Como presente de despedida, gostaria de direcioná-lo para o meu site. Não é porque tenha um boletim informativo ao qual você pode se inscrever (embora tenha), mas, sim, porque todas as imagens deste livro podem ser encontradas lá em alta definição e cores vivas. Acesse www.zeihan.com/end-of-the-world-maps [conteúdo em inglês] e você encontrará todas elas em toda a glória pretendida por Adam.

Então, como dizem, é isso.

ÍNDICE

A

abastecimento, linhas de 119
administração pública 28
agricultura 7, 358-360
  açúcar 416
  algodão 418
  bananas 417
  Brasil 390
  cacau 419
  café 415
  canola 419
  cítricos 418
  equipamentos 369
  fertilizantes 366-370
  financeirização 370
  girassóis 419
  horticultura digital 383
  maçãs 419
  óleo de palma 415
  organismos geneticamente modificados (OGMs) 382
  peras 419
  tabaco 417
  tecnologias industriais 360
  uvas 418
água 348, 395
alimentos
  cultivo dos 39
  escassez de 52
  Política Agrícola Comum (PAC) 413
aposentadoria 172
aquecimento global 401-402

B

Barack Obama 164
Bill Clinton 164

bolo econômico 55
Bretton Woods, Acordo de 27, 29, 170, 196, 327
Brexit 175-179

C

caçadores-coletores 3
cadeias de suprimentos 111, 252, 286, 294-295, 362-364
capitalismo 56, 186
  desafios 59
carbono, emissões de 241
celeiros alimentares 92
cerâmica 288
China 53, 119
  energia 236
  finanças 155
  hiperindustrialização 264
  industrialização 23
  natalidade 313-317
  natalidade na 44
  Partido Comunista Chinês 157
  produção industrial 299-301
chumbo 267
cidades
  demanda energética 235-236
  expansão das 101, 111
cleptocracia 430
colapsos civilizacionais 141
combustíveis fósseis 232-244
comércio 92
  de bens intermediários 287
  de luxo 94
  internacional 290-291
  transcontinental 10-12
  transregional 140

441

commodities industriais 365
Companhia das Índias Orientais 33, 103
comunismo 57
 desafios 59
controles de capital 182
corporativismo fascista 57
 desafios 59
Covid-19 68, 286-287, 382
criptomoedas 170
crise financeira de 2007 a 2009 163, 175-179

D

deflação 183-185
democracia 28, 58
democrático-socialista, modelo 122
demografia
 europeia 122
 global 47, 51
derivativos climáticos 161
descarbonização 235-236
descivilização
 definição 52
descolonização 195
desevolução XVI
desglobalização 51
desigualdades 185
desindustrialização 116, 349
 na China 136
desinflação 183-185
deslocalização 65
deslocamento sazonal 3
despovoamento 133
desurbanização 381
 na China 136
digitalização 254
Donald Trump 59, 164

E

economia
 de escala 296
 europeia 122
educação 7
elasticidade de preço 216
endividamento 151-152, 176-179
energia 121, 365

armazenamento por bombeamento 239
baterias 238
carvão 289, 330, 396
combustíveis 232-244
convencional 231
demanda por 236-237
diesel 224
eletricidade 235-236
eólica 231
hidrelétrica 235-236
lítio 263, 330
solar 232-244
urânio 277, 330
envelhecimento XV, 171
Estados Unidos
 imigração 23-25
 industrialização 22
 natalidade 53
 pós-Segunda Guerra Mundial 62
 urbanização 20
Europa
 desafios 121
 natalidade 317-318
expansão monetária 166, 184-185
exportações 193
Exxon 160

F

fertilizantes 3
 escassez global de 368
finanças 138
 Arábia Saudita 178-179
 Austrália 176-179
 Brasil 177-179
 China 179
 Colômbia 176-179
 da Grécia 174-179
 dolarização 149-150
 e coronavírus 160
 EUA 167
 Hungria 175-179
 Índia 178-179
 Indonésia 177-179
 modelo asiático 155
 na Alemanha 174-179
 na China 167

pós-Primeira Guerra Mundial
   147-148
regra das 151
Rússia 179
Singapura 175-179
Turquia 179
fome 3, 348
força de trabalho 114
   hiperespecialização da 116
fracking. Consulte xisto, revolução do
França
   natalidade 53
fuga de capital 182-185

G

gás natural 226, 365, 396
geopolítica 94, 229
George W. Bush 164
globalização
   e transportes 104
Grande Depressão 51
Guerra Civil Libanesa 59
Guerra da Ucrânia 202, 424
Guerra Fria XV, 27, 196
   fim da 31
Guerra Irã-Iraque 116
Guerra Mexicano-Americana 21

H

hipercompetitividade 298
hiperfinanceirização 182-185
horticultura 381

I

imigração ilegal 20
imperialismo 60
industrialização 23-25, 254
   e alimentos 353-354
   tecnologias da 36
inflação 183-185
infraestrutura 8-12
insumos 363
   de crescimento 369
   industriais 289

J

Japão

envelhecimento no 65
finanças 151
industrialização 23
Joe Biden 164
just-in-time, produção 295

L

linhas de abastecimento
   interrupção das 127
livre comércio 38, 107
logística 189

M

manufatura 297, 361-364
   capacidade de 127
   moderna 132, 287
mão de obra
   qualificada 290
Mao Zedong 44
materiais 247, 250, 255, 261, 264, 268,
   270, 275, 288, 330
mortalidade 41
mudanças climáticas 228

N

natalidade 53
   e urbanização 170
   global 47
   taxas de 34
navegações 10-12, 93
   e expansão econômica 55
nomadismo 2

O

óleo de baleia 191
ouro 266

P

pecuária
   carne bovina 414
   carne suína 412
   desafios 411-420
   frango 412
   leite de vaca 413
   queijo 413
petróleo 120, 188, 222, 289, 365, 396

disruptividade 217
economia do 218
embargos 196
exportações de 193
exsudações de 192
fracking 275
inseparabilidade 218
produtos petroquímicos 230
rota do 189-190, 198
pirataria 94, 128, 210
estatal 129
política externa
dos Estados Unidos 130
pontocom, bolha das 171
populismo 184-185
Primeira Guerra Mundial 36
produtividade 248, 351
protoimpérios 218

R

Recep Tayyip Erdogan 179
relações internacionais 29
Revolução Industrial 12, 15, 99, 191, 288, 411
e urbanização 111
natalidade antes da 37
Revolução Verde 356
Richard Milhous Nixon 44
rotas comerciais 66
Rússia
economia da 196
industrialização 23, 64
transportes na 98

S

Segunda Guerra Mundial 26, 193
economia 152
fim da 32
segurança marítima 220
semicondutores 277
socialismo 56, 430
desafios 59

T

tecnologia 181-185
eixo Texas-México 312

tecnologias verdes 230-232, 235-236, 264
trabalho
especialização do 8-12
hiperespecialização do 52
impulso à produtividade 254
transformação demográfica 44
transportes 5, 91, 290, 363
conteinerização 108, 131, 295
custos dos 131
industrialização dos 97
operações portuárias 109
segurança 104
terrestres 96

U

União Europeia 313
União Soviética 57, 64
urbanização 7, 8-12, 12, 149
China 395
e energia 242-244
e natalidade 170

V

Vale do Silício 301
vigilância 119
Viktor Orban 175-179

X

xisto, revolução do 163, 207

SOBRE O AUTOR

PETER ZEIHAN É ESTRATEGISTA GEOPOLÍTICO E FUNDADOR DA empresa de consultoria Zeihan on Geopolitics. Seus clientes incluem corporações de energia, instituições financeiras, associações comerciais, grupos de interesses agrícolas, universidades e as forças armadas dos Estados Unidos. Ele é autor dos livros *The Accidental Superpower*, *The Absent Superpower* e *Disunited Nations*. Ele vive no Colorado.

Este livro foi impresso nas oficinas gráficas da Editora Vozes Ltda.,
Rua Frei Luís, 100 – Petrópolis, RJ.